Michael Jahn

HERTHA BSC

Eine Liebe in Berlin

Michael Jahn

Hertha BSC

Eine Liebe in Berlin

VERLAG DIE WERKSTATT

Die Deutsche Bibliothek – CIP-Einheitsaufnahme:
Jahn, Michael:
Hertha BSC : eine Liebe in Berlin / Michael Jahn. – Göttingen : Verl.
Die Werkstatt, 1999
    ISBN 3-89533-257-7

Danksagung
Der Verlag bedankt sich bei Hertha BSC, der Ufa Sports sowie bei allen Freunden
und Sponsoren des Vereins, die das Erscheinen dieses Buches freundlicherweise
unterstützt haben:
Ballwanz & Wustrack / Allianz, Berliner Zeitung, Bewag, ConSell Vermögensanla-
gen, Deutsche Bank, ExNorm Haus, Grundbesitz + Capital, Hotel Villa Schweizer
Häuschen, KPMG Deutsche Treuhandgesellschaft, Nike International, Xerox
Docuplan.

1999   2000   2001   2002   4   3   2   1

Copyright © 1999 Verlag Die Werkstatt GmbH,
Lotzestr. 24a, D-37083 Göttingen
Alle Rechte vorbehalten
Lektorat: Bernd-M. Beyer
Anzeigen: Agentur Adolph
Gestaltung: Verlag Die Werkstatt
Druck und Bindung: Clausen & Bosse

ISBN 3-89533-257-7

Inhalt

Hertha BSC und seine Fans

Namen und Fakten

Das große Hertha-ABC

Statistik

Vorwort

Fritz Walter, Weltmeister 1954 und Ehrenspielführer der deutschen Nationalmannschaft, hatte immer eine besondere Beziehung zu Hertha BSC. Deshalb schrieb er ein Vorwort für dieses Buch. Das Foto zeigt ihn mit Bundestrainer Sepp Herberger nach dem WM-Finale mit dem Jules-Rimet-Pokal.

Als mich die Bitte erreichte, ein Vorwort zu diesem umfangreichen Buch über Hertha BSC Berlin zu schreiben, hatten die Berliner gerade eine lange Durststrecke in der zweiten Liga hinter sich, die erste Saison nach vielen Jahren Abwesenheit in der ersten Bundesliga überstanden und mit dem Klassenerhalt abgeschlossen. Hertha ist endlich wieder dabei, sich dort zu etablieren, wo solch ein traditionsreicher Verein auch hingehört – in der deutschen Eliteklasse. Ich verfolgte zu Hause in Alsenborn vorm Fernseher und in den Zeitungen die große Begeisterung der Berliner für ihre Hertha, die oft gewaltigen Zuschauerzahlen im Kessel des Olympiastadions, die Leidenschaft, mit der die Herthaner um die Punkte kämpfen.

Hertha BSC – dieser Name hat einen guten Klang und erzeugt ein eigenartiges Kribbeln im Bauch. Hertha, das ist ein großes Stück deutscher Fußballgeschichte, das sind zwei Meisterschaften mit dem Idol der

20er und 30er Jahre, Hanne Sobek, an der Spitze. Hertha zählte wie mein 1. FC Kaiserslautern zu den Gründungsmitgliedern der Fußball-Bundesliga und erschütterte diese mit zahlreichen Skandalen und Skandälchen.

Hertha muß man in einem Atemzug mit Nürnberg, mit Schalke oder auch mit Lautern nennen, wenn es um deutsche Fußballgeschichte geht. Meine Mutter war gebürtige Berlinerin, und so besuchte ich oft Hertha-Spiele an der berühmten „Plumpe", dem gefürchteten Hertha-Platz am Gesundbrunnen. Ich bewunderte Hanne Sobek und Willi Kirsei. Selbst habe ich später leider nicht an der „Plumpe" gegen die Berliner gespielt, sondern immer im Olympiastadion.

Hanne Sobek und der Schalker Fritz Szepan, das waren meine großen Vorbilder als Fußballer.

Bemerkenswert fand ich, daß die Hertha Ende der 20er Jahre nach vier vergeblichen Anläufen auf die Deutsche Meisterschaft die Kraft fand, danach noch zweimal den Titel zu holen.

Ich selbst erlebte zahlreiche, hartumkämpfte Duelle mit meinem 1. FC Kaiserslautern gegen die Hertha. Auch das kuriose 14:1 von Lautern gegen eine hilflose Hertha im Jahre 1957 gehört zu den unvergessenen Spielen.

Später, zu Beginn der Bundesliga, verkörperte für mich vor allem der Stürmer Helmut Faeder den Verein Hertha BSC. Faeder war ein guter, ein großer Spieler, den ich auch charakterlich sehr schätzte.

Ich habe der Hertha, dem Berliner Fußball und der Stadt Berlin immer sehr viel Sympathie entgegengebracht, war und bin sehr gern zu Gast in dieser großen turbulenten Stadt mit dem ganz eigenwilligen Charme.

Schön, daß Berlin mit Hertha BSC wieder eine Fußballmannschaft mit und für die Zukunft besitzt. Ich wünsche diesem Buch viel Erfolg und zahlreiche Leser.

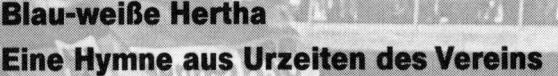

Blau-weiße Hertha
Eine Hymne aus Urzeiten des Vereins

Blau-weiße Hertha, du bist unser Sportverein.
Blau-weiße Hertha, du wirst es immer sein.

Wo du spielst, da rollt das Leder
ungestüm ins Tor.
Wo du schießt, da ruft ein jeder:
Hertha vor – noch ein Tor.
Blau-weiße Hertha, dir gehört der Sieg.
Keiner spielt so schön wie du, schießt wie du, trifft wie du,
du bleibst unser Sportverein.
Schuß – Tor – hinein!

An dem schönen Strand der Spree,
dort spielt Hertha BSC,
der Berliner groß und klein
schwört auf den Verein.
Ob es regnet oder schneit.
Jeder hat für Hertha Zeit.
Sonntags sieht man ganz Berlin
ganz vergnügt zur Plumpe zieh'n.

Blau-weiße Hertha, du bist unser Sportverein.
Blau-weiße Hertha, du wirst es immer sein.

Stimmen zum Verein

„Zweifellos gehört die Hertha zu den Pionieren, zu jenen Klubs also, die den deutschen Fußball ganz entscheidend geprägt haben."
(der ehemalige Präsident des Deutschen Fußball-Bundes, Hermann Neuberger, 1992 anläßlich des 100. Geburtstages von Hertha BSC)

„Mit der Sonne steigen auch die Chancen Herthas."
(altes Schlagwort am Berliner Gesundbrunnen nach dem 2. Weltkrieg)

„Für Hertha zu arbeiten, bedeutet, vorzeitig zu altern. Hinter einer negativen Überraschung lauert nämlich bereits die nächste."
(der langjährige Hertha-Trainer Helmut Kronsbein, 1968)

„Wir zahlen immer 10.000 Mark mehr!"
(der ehemalige Hertha-Präsident Wolfgang Holst Anfang der 70er Jahre)

„Bei Hertha werden die Lichter genauso wenig ausgehen wie die Lichter am Kurfürstendamm."
(Hertha-Präsident Wolfgang Holst nach dem Abstieg in die 2. Bundesliga 1982/83)

„Wer als Trainer zu Hertha geht, ist entweder geisteskrank, fußballdoof oder völlig pleite."
(Trainer Peter Neururer, 1990. Er wurde nach 2:22 Punkten unter seiner Führung in Berlin entlassen)

„Berlin wird erst wieder Bundesliga-Stadt, wenn keiner mehr zu Hertha geht."
(der populäre Kabarettist Wolfgang Gruner, der fanatischer Anhänger von Hertha-Konkurrent Tennis Borussia ist, im Jahre 1991)

„Berlin ist so eine Art Ruhesitz geworden. Die Verantwortlichen haben alles verpennt, als die Mauer weg war. Da waren Spitzenfußballer zu haben."
(der ehemalige Meister-Trainer und spätere Kolumnist Max Merkel im Jahre 1992)

„Sollte mir jemand vor die Nase gesetzt werden, steige ich mit meinem ganzen Geld aus. Mein Nachfolger müßte dann schon einen Koffer voller Geld mitbringen."
(der ehemalige Hertha-Präsident Heinz Roloff, 1993)

„Angesichts der Sünden der Vergangenheit ist die Bezeichnung Sumpf für die Hertha noch eine Beleidigung der norddeutschen Fauna."
(ein leitender Manager des Hamburger Sportrechtehändlers Ufa im Jahre 1994)

„Die Mitglieder sagen, wir seien jetzt Ufa BSC."
(der ehemalige Hertha-Präsident Manfred Zemaitat im November 1995)

„Die zweite Liga ist in Berlin nicht zu verkaufen. Fans, Medien und die Wirtschaft wollen nur die Bundesliga sehen."
(der ehemalige Hertha-Manager Carl-Heinz Rühl im November 1995)

„Berliner fühlen sich als Hauptstädter per se erstklassig."
(der ehemalige Verteidigungsminister Rupert Scholz, Mitglied im Hertha-Aufsichtsrat seit 1996)

„Wenn man mit Leuten über Hertha sprach, war das, als rede man über eine Krankheit."
(Hertha-Trainer Jürgen Röber im Januar 1996)

„Hertha hat weder Botschaft noch Bodenhaftung. Hertha ist eine Blüte, wie sie wohl nur im Berliner Sumpf gedeihen kann."
(die *Frankfurter Rundschau* im Oktober 1996)

„Ich hab' nicht mehr viel Zeit. In ein, zwei Jahren will ich mit Hertha in der ersten Bundesliga sein."
(Hertha-Aufsichtsratschef Robert Schwan, damals 74 Jahre alt, im Juni 1996)

„Jaaanz Berlin knutscht Hertha!"
(Schlagzeile der Boulevardzeitung *BZ* nach dem Aufstieg der Hertha im Frühjahr 1997)

„Ich hab' schon immer gesagt: Hertha BSC Berlin ist ein schlafender Riese."
(Franz Beckenbauer im April 1997)

Freudentanz: Manager Dieter Hoeneß und Torwart Gabor Kiraly.

„Tradition ist ein grundsätzlich positiv besetzter Begriff. Zwischen Tradition und Vereinsmeierei besteht aber nur ein schmaler Grad."
(Hertha-Manager Dieter Hoeneß im August 1997)

„Herthaner, was seid Ihr eigentlich von Beruf?"
(Schlagzeile der *Bild-Zeitung* nach der 0:4-Niederlage von Hertha BSC beim FC Hansa Rostock im September 1997)

„Die Leute müssen merken, daß Hertha keine alte Dame ist, die ein bisserl vor sich hinsummt."
(Aufsichtsratsvorsitzender Robert Schwan im Januar 1998)

„Hertha ist eine Marke mit steigendem Bekanntheitsgrad. Das ist in einer Volkswirtschaft des Überangebots eine wichtige Voraussetzung für kommenden Erfolg."
(Herthas Wirtschaftsrats-Vorsitzender Bernd Schiphorst im Herbst 1998)

„Mit meinem Unternehmen gehöre ich bereits zur Champions League. Mit Hertha BSC will ich irgendwann dorthin."
(Hertha-Präsident Walter Müller, Leiter der Mercedes-Niederlassung Berlin, bei seinem Amtsantritt im September 1998).

„Ich traue mich zu behaupten, daß Hertha innerhalb der nächsten zehn Jahre einmal Deutscher Meister wird."
(Hertha-Manager Dieter Hoeneß im März 1999)

„Wir haben im Zeitraffer gearbeitet. Hertha hat in drei Jahren eine Entwicklung durchgemacht wie andere Vereine in zehn Jahren. Auf der Erfolgsskala, die von null bis hundert geht, haben wir 1996 bei minus 20 angefangen, jetzt stehen wir bei 30 und in drei Jahren vielleicht bei 50. Den FC Bayern zum Vergleich, würde ich bei 95 ansiedeln."
(Hertha-Manager Dieter Hoeneß im März 1999)

„Hertha BSC, een Berlina Phänomen"

„Kalle aus der Kurve", mit bürgerlichem Namen Helmut Karl (Jahrgang 1920), begleitet den Weg von Hertha BSC mit seinen Berlinischen Sprüchen seit vielen Jahren. Seit 1927 (!) besucht „Kalle" die Hertha-Spiele.

Hallo Fääns und janz Fußball-Berlin, Hertha BSC, een Phänomen? Icke, der „Kalle aus der Kurve", sage laut und deutlich: Ja! Die Fußballjeschichte und Jeschichten, die Hertha BSC in Berlin, für Berlin und üba Berlin hinaus jeschrieben hat, sind wohl einmalich, trotz Nürnberg, Schalke und Kaiserslautern. Seit 1892, also heute hundert Jahre und 'n paar zaquetschte, kann man schon 'n stolzen Rückblick machen.

Ick gloobe, der erste Name damals war Hertha 92. Unsre Hertha flog dann in den Fußball-Himmel, bis heute mit allen Freuden und Schmerzen. Und wie fing det allet an? Da sitzen oben im Wedding im Juli 1892 in der Stralsundastraße vier „Berlina piepels" uff 'ner Parkbank, sollen ooch zwee Brüdapaare jewesen sein, hatten wie damals so üblich eenen kleenen Stoffball, bißchen eckich und knödelten so uff det Kopfsteinpflasta. Sie lebten sorglos, denn det war ja die damalije jute Kaiserzeit. Leida nur bis 1914.

Saachten sich die Jungs, paßt uff, wir gründen een'n Fußballvaein. In der Mark Brandenburch hatte eena mal 'n Dampfafahrt jemacht, der Kahn hieß „Hertha" und war blau-weiß jestrichen, und det sind ja ooch heute noch Herthas Vereinsfarben. Der Kahn schippert noch imma üba die Seen bei Neustadt anne Dosse, nur weiß und een anderer Name, ick gloobe „Bär von Berlin". Ejal, 1992, also zum „Hundertjährijen", hatte Obafrosch Pepe den Pott jemietet, blau-weiß jepinselt, und zu beeden

Seiten leuchtete wieda der alte Name „Hertha". Es war een tolla Festtag in Neustadt, Kalle war dabei, so die Vorjeschichte, und det Phänomen „Hertha" nahm seinen Lauf.

Und bald prägte een Spiela wie Phönix aus de Asche den Verein, unvajessen bis heute: Hanne Sobek. Fußball wurde zum Volkssport, Hertha hatte bald seinen eigenen Platz mit dem berühmten Zaubaberg anne „Plumpe", wie der Bereich am Jesundbrunnen im Wedding noch heute heißt. Die Massen strömten bis zu 12.000, da war die Plumpe ausvakooft. In Berlin jabs schon so zehn bis zwölf Vaeine, die ooch alle eenen berühmten Spiela hatten. Tennis Borussia sojar mit Seppl Herberja. Und ab 1926 kam die Sensation, unerreicht bis heute, Hertha sechsmal hintaeinanda im Deutschen Endspiel und 1930 und 1931 ooch die Deutsche Meistaschaft nach Berlin jeholt. Solchen Jubel jabs in diesen Jahren nur noch um Schalke und den 1. FC Nürnberg.

Sponsoren, Jönna und Freunde kamen und kommen in Massen zur Hertha. In Berlin ist Hertha wieda feinste Adresse. Neuet Präsidium, Geschäftsstelle mit viel Personal, Trainer Jürgen Röber hoch verehrt und in der Mannschaft scheint fast allet zu stimmen. Na ja, ab und an spielt ja ooch noch een Deutscher mit, wie heute beim Eishockey und ooch bei allen anderen Bundeslijisten. Europäer, Afrikaner und Südamerikana haben längst die deutsche Bundesliga erobert. Keena kann die Zeit zurückdrehen. Die altdeutschen Namen Schulze, Lehmann, Mülla, Krause muß man schon mit 'ne Lupe suchen. Aba bei Hertha hamwa een'n Müller, Vorname Walter, seines Zeichens Mercedes-Direktor und neua Präsident in Berlin.

Die Zuschaua und Fäns strömen zu Tausenden, da hamwa wieda det Phänomen Hertha, Zuschauarekorde und oft unta die ersten drei. Eeen Stadionprogramm üba 80 Seiten, bunt jemischt „Wir Herthaner", und ooch Kalle darf darin vor Heimspielen seinen „Berlinischen Senf" dazujeben. Die VIP-Lojen sind total ausvakooft, und Polizeialtmeista und Sicherheitschef Rolf Kramell und Sohn Andreas haben Ordnungskräfte und Stadionsichaheit im festen Griff. Bleibt noch det Urproblem Stadionneubau oda Sanierung. Aba det übalassen wa den Schlauköpfen der Politik und den Architekten. Wat da nicht nur in Berlin jeplant ist, ick gloobe mit det neue Jahrtausend fliejen wa ooch uff 'n andern Stern.

Übrijens lieba Lesa und Fußballfreund, Sie können nicht zu jeda Dame jehen – aba imma zu Hertha!

Hertha jubelt: Michael Hartmann, Dariusz Wosz, Michael Preetz (v.l.).

Der Hertha-Kader 1999/2000:

Hintere Reihe von links: Michael Preetz, Hendrik Herzog, Kostas Konstantinidis, Dick van Burik, Ilija Aracic, Eyjölfur Sverrisson, Sixten Veit, Andreas Schmidt, Rob Maas, Marko Rehmer, Ali Daei, Torwarttrainer/Betreuer Nello Di Martino.

Mittlere Reihe von links: Mannschaftsarzt Ulrich Schleicher, Trainer Jürgen Röber, Co-Trainer Bernd Storck, René Tretschok, Ante Covic, Kai

Michalke, Alphonse Tchami, Sergej Mandreko, Andreas Thom,
Piotr Reiss, Sebastian Deisler, Kjetil Rekdal, Anthony Sanneh,
Torwarttrainer Enver Maric.
Untere Reihe von links: Physiotherapeut Peter Bentin, Physiotherapeut
Jörg Drill, Andreas Neuendorf, Dariusz Wosz, Ivica Olic, Gabor Kiraly,
Christian Fiedler, Michael Hartmann, Bryan Roy, Pal Dardai, Zeugwart
Tom Riedel, Betreuer/Busfahrer Oliver Kühnemann.

Die Gründerjahre

Ein Dampfer gab dem Verein seinen Namen

Die Stralsunder Straße im Berliner Stadtbezirk Wedding kann keinen besonderen Charme verbreiten. Rechts und links von der bekannteren Brunnenstraße, die den Wedding mit der Berliner Mitte verbindet und die 28 Jahre lang durch die Mauer zur Bedeutungslosigkeit verurteilt war, verläuft die Stralsunder fast schnurgerade in zwei Richtungen. Linkerseits, wenn man weiter in den Norden der Stadt und damit ins Herz des Wedding will, residiert nicht sehr einladend „Rudis Reste-Rampe" und „Hotte's Imbiß", wo es wenigstens die für Berlin berühmten Curry-Würste gibt. Und genau an dieser Stelle soll vor über einhundert Jahren, exakt am 25. Juli 1892, der bis heute bekannteste und populärste Fußballverein Berlins gegründet worden sein?

Seinerzeit war der Wedding eine ausgesprochene Arme-Leute-Gegend. Düstere Mietskasernen prägten das Stadtbild, in die typischen Hinterhöfe fiel kaum Sonne. Die Bewohner fanden Arbeit in den zahlreichen Industriebetrieben, die sich im Wedding angesiedelt hatten, vor allem bei Schering, das hier noch heute seinen Hauptsitz hat.

Die Hinterhöfe und die wenig belebten Seitenstraßen waren die ersten Spielorte, auf denen die Weddinger Jugendlichen den Fußball für sich entdeckten. Unter ihnen die 16- und 17jährigen Brüderpaare Fritz und Max Lindner sowie Otto und Willi Lorenz. In Bierlaune, so eine Überlieferung, saßen sie auf einer Bank in der Stralsunder Straße. Es soll – und davon sprechen alle Chronisten – ein wunderschöner Sommertag gewesen sein. Der Himmel war blau und wolkenlos, die Sonne meinte es besonders gut. Und die Berliner Jungs beschlossen mal so eben, einen Verein zu gründen.

Sympathisch an dieser Gründungslegende ist eine kleine historische Analogie: Just hier in der Stralsunder ging Jahrzehnte später Weddings berühmtester Fußballsohn in die Schule: Weltmeister Thomas „Icke"

Häßler trottete Tag für Tag in die Ernst-Reuter-Schule und kickte mit vermutlich mehr Enthusiasmus beim Weddinger Verein Meteor 06. Dennoch sind die Chronisten, die den Gründungsort der Hertha auf eine Bank in der Stralsunder Straße verlegen, nicht unbedingt glaubwürdig. Alte Chroniken der Straße besagen nämlich, daß dort gar keine Bänke zum Verweilen vorhanden waren. Das gilt übrigens bis zum heutigen Tag.

Andere Überlieferungen wollen glauben machen, daß Hertha auf dem Vinetaplatz gegründet worden sei. Das klingt etwas wahrscheinlicher, da dort wenigstens Bänke vorhanden sind. Und das in großer Zahl. Der Vinetaplatz ist die Verlängerung der Stralsunder zur rechten Seite, wieder den Blick nach Norden gerichtet. Von der kleinen Parkanlage aus sind schon die Tiefstrahler des Friedrich-Ludwig-Jahn-Sportparks, im benachbarten Prenzlauer Berg gelegen, zum Greifen nahe. Da, wo heute der renovierte Jahnsportpark mit seinen rund 22.000 Plätzen liegt, befand sich vor hundert Jahren der sogenannte Exer, ein riesiges Areal, wo neben vielen anderen auch die ersten Fußballer von Hertha dem Ball nachjagten.

Eine dritte Version der sommerlichen Vereinsgründung verlegt den historischen Schauplatz etwa fünf Fußwegminuten weiter in Richtung Osten. Man muß die Bernauer Straße, wo die Berliner Mauer einst sogar Wohnhäuser in Ost und West teilte und sich unzählige Familiendramen abspielten, überqueren und ist nach wenigen Schritten auf dem Arkonaplatz. Der gehört zum Prenzlauer Berg, besitzt heute Spielplätze und selbstverständlich Ruhebänke im Dutzend – und eine uralte, grün gestrichene öffentliche Berliner Toilette, im Volksmund auch „Café Achteck" genannt. Auch auf diesem Flecken Grün inmitten von alten Wohnhäusern könnten die beiden Lindners und die beiden Lorenz' die Hertha aus der Taufe gehoben haben. Dort hatten sie es nicht weit, ihre Idee in einer nahen Kneipe in der Zionskirchstraße zu begießen, wie alte Chroniken behaupten. Das Lokal gehörte einem Onkel von Fritz Lindner, einem Mann namens Ernst Wisch. Das Bier soll nur fünf Pfennige gekostet haben.

Da das fußballverrückte Männer-Quartett mit 16 und 17 Jahren noch zu jung für eine offizielle Vereinsgründung war, bat man Ernst Wisch, der auch erst 22 Jahre alt gewesen sein soll, das Formelle zu erledigen. So soll es dann geschehen sein. Auf dem Polizeipräsidium, das sich damals

Ernst Wisch. Er fungierte als der erste Vorsitzende des neu gegründeten Vereins BFC Hertha 92.

am Molkenmarkt nahe beim alten Nikolaiviertel befand, wurde der BFC Hertha 92 ein eingetragener Verein. Zuvor aber hatten sich Lindner und Freunde nach bierseligen Diskussionen auf den für einen Fußballverein eher ungewöhnlichen Namen Hertha geeinigt. Damals überwogen Namen wie Germania, Allemania oder Teutonia, die Treue zu Kaiser und Vaterland verhießen. Aber Hertha? Der Vorschlag kam von Fritz Lindner, der mit seinem Vater eine Dampferfahrt auf der Havel erlebt hatte, die offenbar Eindruck hinterließ. Der Dampfer trug den Namen Hertha, und die Reedereifarben, aufgetragen auf dem Schornstein, waren weiß mit blauen Streifen und dazu ein gelber Stern, der später beim gleichnamigen Fußballverein im Emblem verlorenging. Fortan, so beschlossen die jungen Leute damals, waren die Vereinsfarben blau und weiß.

Ob Stralsunder Straße, Vineta- oder Arkonaplatz, ganz genau ist es bis heute nicht geklärt, wo die Bank gestanden hat, die als Gründungsort genügte. Allerdings hat einer der Mitbegründer, Otto Lorenz, der 1948 verstarb, später einmal in geselliger Runde versichert, daß es auf dem Arkonaplatz gewesen sei. In der benachbarten Rheinsberger Straße habe er, Lorenz, damals das erste Torgerüst bei einem ansässigen Zimmermeister erworben. Glauben wir dem Zeitzeugen Lorenz und verlegen wir die Hertha-Gründung an die heutige Schnittstelle zwischen Wedding und Prenzlauer Berg.

Der BFC Hertha 92 beginnt den Spielbetrieb

Einen Verein zu gründen und eintragen zu lassen, war damals nicht allzu schwierig. Komplizierter schien es, den Verein am Leben zu erhalten, Mitglieder zu gewinnen und eine Mannschaft aufzubauen.

Die Gründermannschaft des BFC Hertha 92. Stehend von links: F. Rosenthal, W. Hoffmann, Walter Brandt, Willi Frentsch, H. Lambert sen., Lothar Winistädt, Wilhelm Steffen, H. Frentsch, W. Mörsch; Mitte von links: Willy Lorenz, Alfred Lorenz, Albert Lambert jun.; vorn v.l.: Reinhold Kern, Heinrich Dwelk.

Wisch übernahm so etwas wie den ersten Vorsitz, und der junge Verein umfaßte bald 22 Mitglieder. Immerhin.

Die Konkurrenz für den BFC Hertha 92 war groß. Andere Vereine konnten bereits auf größere Erfahrung verweisen, waren besser organisiert und schnappten viele fußballbegeisterte Berliner Jungen weg. Im Berliner Norden, wo sich alle als Spiel- und Treffpunkt den sogenannten „Exer" oder auch „Platz an der einsamen Pappel", an der Schönhauser Allee im Prenzlauer Berg gelegen, teilten, waren Alemannia 90 und der BFC Teutonia die führenden Vereine, die viele Jugendliche anzogen.

Und da gab es noch die ältesten Fußballvereine der Stadt: den vom Hessen Georg Leux 1885 gegründeten „Berliner Fußball-Klub Frankfurt", der älteste deutsche Fußballverein überhaupt, der sich nach einigen sportlichen Erfolgen allerdings bald auflöste. Und vor allem gab es den FC Germania 88, den ältesten heute noch bestehenden Verein. Gymnasiasten hatten Germania am 15. April 1888 gegründet, gut vier Jahre, bevor Hertha auf den Plan trat. Dort wurden – wie es der Name bereits vermuten läßt – vor allem Ordnung, Disziplin und vaterländische Gesinnung gepflegt. Nach Torerfolgen gab es zuerst Hochrufe auf den Kaiser.

Der „Exer", wo Hertha 92 zuerst spielte, war der Exerzierplatz des Alexander-Regiments. Die riesige Fläche, die für Dutzende Fußballfelder Platz bot, und das Tempelhofer Feld im Süden der Stadt waren die wichtigsten Treffpunkte für die ständig neu entstehenden Fußballvereine. Nur eingetragene Vereine durften sich der noch immer jungen Kunst des Fußballspiels auf dem „Exer" widmen. Das freundliche Entgegenkommen der Militärs an der Schönhauser Allee war allerdings nicht nur in deren purer Sportfreundlichkeit begründet. Mit der Wehrfähigkeit und Tüchtigkeit der Berliner stand es laut Statistiken nicht zum Besten. Die schwierigen Bedingungen, unter denen viele Arbeiter ihr tägliches Brot verdienen mußten, sowie schlechte gesundheitliche und hygienische Verhältnisse ruinierten die körperliche Verfassung derjenigen, die im wehrfähigen Alter waren. Die Militärs des Alexander-Regiments erhofften sich durch die aktiven Fußballer auch wehrtüchtige junge Männer, die sie später rekrutieren könnten.

Konkurrent Alemannia (später Allemania) sollte für die weitere Entwicklung der Hertha bald eine enorme Bedeutung bekommen. Die Alemannen betrieben für die damalige Zeit bereits eine sehr gut funktionierende Jugendarbeit, unterhielten sogar eine eigene Lehrlingsabteilung. Zahlreiche Spieler dieser Abteilung – Alemannia profitierte u.a. von einem schottischen Trainer namens McKean – wechselten schon 1893 zum BFC Hertha 92. Mit diesen talentierten Kickern avancierte Hertha sehr schnell zu einem ebenbürtigen Gegner der Alemannen oder der Teutonen. Spielpartner waren damals rar, oft drehte sich der sogenannte Spielbetrieb nur im Kreise, duellierten sich immer wieder die gleichen Vereine, was zu einer gewissen Langeweile führte.

Überliefert ist ein Kassenbericht der Hertha aus dem Jahre 1893. Der wies für die halbe Saison 8,50 Mark an Beiträgen und insgesamt 17,65 Mark an Einnahmen auf. Demgegenüber betrugen die Ausgaben 10,40 Mark, davon wurden allein zwei Mark an den Platzwart namens Fischer auf dem „Exer" gezahlt, 40 Pfennige verbrauchte man für die Reparatur der Bälle. Der teuerste Posten unter der Rubrik „Ausgaben" waren die Kosten für einen gutaufgelegten **Vier Goldmark für den Mann am Klavier** Klavierspieler bei einer der beliebten geselligen Zusammenkünfte. Solch ein Meister am Klavier bekam in der Regel drei oder auch vier Goldmark.

Der damalige Schatzmeister oder Kassenwart, sollte es ihn denn bereits gegeben haben, konnte also noch mit übersichtlichen Summen hantieren. Ein paar der geringen Einnahmen resultierten aus Zuspätkommen bei fest verabredeten Spielen: 10 Pfennige mußte der Sünder in die Vereinskasse zahlen. Viel kam nicht zusammen. Ein gewisser Moersch zahlte sein Vereinsabzeichen für 75 Pfennige in zwei Raten ab...

Die Ausrüstung der Spieler war seinerzeit äußerst einfach. Zuerst durfte jeder das Spielfeld so betreten, wie er erschien. Einheitliche Trikots gab es noch nicht. Nur die Mütze hatte sich als traditionelles und einheitliches Kleidungsstück herausgebildet. Die Kopfbedeckung der Herthaner war weiß und blau gekordelt, wie es eben die Farben der Reederei vorgegeben hatten, die den Dampfer namens Hertha unterhielt. Unter Leitung des tüchtigen Torhüters Winistädt, der später auch einmal als erster Vorsitzender amtierte, kam das Vereinsleben in Schwung. Hertha schloß sich dem Deutschen Fußball- und Cricket-Bund (DFCB) an und wurde bereits 1894 Meister der 2. Klasse. Die Formation dieser Mannschaft, die sich als erste in der Klubgeschichte mit dem Meisterlorbeer, wenn auch nur zweitklassig, schmücken durfte, ist bekannt:

▶ Winistädt, F. Proske, Robel, Harch, Hoffmann, Steffen, W. Lorenz, Hahn, Lange, Dwelk und Kolze.

Hertha stieg in die oberste Spielklasse des DFCB auf und mußte hernach einen schweren sportlichen Rückschlag, den ersten in der jungen Geschichte, hinnehmen: Mit dem unglaublichen Torverhältnis von 2:72 und 0:26 Punkten, also ohne Sieg, blieb natürlich nur der letzte Platz.

Als lokalen Dachverband wählte sich Hertha die „Freie Berliner Fußballvereinigung" aus, nicht den im Jahre 1897 gegründeten Verband Deutscher Ballspielvereine (VDB), den späteren VBB (letzter Vorgänger des heutigen Berliner Fußball-Verbandes). Denn der VDB hatte Hertha 92 nahegelegt, sich einem großen Fußballverein anzuschließen. Solchem Diktat beugte sich Hertha nicht, man wollte seine junge Eigenständigkeit bewahren und nicht bereits nach wenigen Jahren wieder einbüßen. Später, 1899, trat man dann dem VBB bei, der nun keine Forderungen mehr an den BFC Hertha 92 stellte. Hertha hatte sich inzwischen mit guten sportlichen Leistungen einen Namen gemacht. 1902 erreichte die erste Mannschaft hinter der berühmten Viktoria 89 den zweiten Rang in der Staffel B. Viktoria schlug seinerzeit den Ersten der Staffel A, Britannia 92, in drei Entscheidungsspielen mit 2:1, 2:5 und 5:1.

Fußball um 1900 in Berlin (Preußen gegen Britannia). Der Schiedsrichter trug noch Zivilkleidung, manche Spieler Mützen.

Das Kassenbuch weist in jenem Jahr im Monat April 39,63 Mark an Einnahmen und 29,85 Mark an Ausgaben aus. Man konnte getrost von einem völlig gesunden Verein sprechen. In diese Zeit fiel auch die Fusion mit dem FC Sevilla (so hieß tatsächlich ein Berliner Verein), die viele neue und durchaus spielstarke Akteure für den BFC Hertha 92 brachte. So traute man sich auch erstmals an auswärtige Gegner heran. Für 110 Goldmark wurde der Hamburger Fußballklub Britannia verpflichtet. Das Match wurde an der Radrennbahn in Halensee ausgetragen, wo es einen umzäunten Platz gab und man deshalb Eintrittsgeld nehmen konnte. Hertha gewann 2:1 und das Rückspiel in Hamburg gar mit 8:2, was in Fußball-Deutschland durchaus Beachtung fand.

Der Monatsbeitrag bei Hertha betrug lange Zeit 50 Pfennige, wurde erst 1906 auf 60 und später auf 75 Pfennige erhöht. Ein guter Fußball kostete damals etwa 13 Mark, Fußballschuhe 10 bis 15 Mark.

Vom „Exer" zur legendären „Plumpe"

1904 verabschiedete sich der Verein von seiner ersten Spielstätte, dem „Exer". Dort benötigte jeder Fußballklub die Erlaubnis vom Alexander-Regiment, die jährlich erneuert werden mußte. Die Hertha-Führung hatte beobachtet, wie der Gastwirt Joseph Schebera Anfang 1900 am Bahnhof Gesundbrunnen im Wedding an der Ecke Behm-/Bellermann-straße einen umzäunten Platz angelegt hatte. Diese Anlage, nicht sehr weit vom „Exer" entfernt, war für den als Pächter tätigen und 1893 gegründeten BFC Rapide Wedding gedacht. Die Rapidler konnten aber die finanziellen Mittel nicht aufbringen. Hertha schloß mit dem Gastwirt einen Vertrag ab. Zum Gelände gehörten ein umzäunter Fußball-platz, ein Übungsplatz und eine Eisbahn, die in den Wintermonaten starken Zuspruch fand. Letztere befand sich auf der anderen Seite der Behmstraße, wo Hertha später auf seinem berühmten Platz an der „Plumpe" seine großen Triumphe erringen sollte. Die Verbindung Hertha mit Schebera brachte beiden Seiten Vorteile. Hertha besaß einen ordentlichen Platz, wo oft um die 200 Zuschauer die Spiele verfolgten (Gesamteinnahme bei 200 Zahlenden: rund 100 Mark). Gastwirt Schebera konnte die Anhänger nach den Spielen oft in seiner Kneipe begrü-ßen, wo Siege und natürlich auch Niederlagen ordentlich begossen wur-den. 1905/06 feierte der BFC Hertha 92 auf dem sogenannten Schebera-Platz seinen bislang größten Erfolg. Im entscheidenden Spiel um die Berliner Meisterschaft wurde Britannia 92 (später der BSV 92) mit 3:2 bezwungen. Die Mannschaft von 1906:

Hertha wird erstmals Berliner Meister

▶ Thiel, J. Haase, Hirth, Zargus, Wopp, F. Schulze, M. Haase, O. Haupt, R. Haupt, Fritze, Lorenz.

Hertha 92 hatte in 14 Spielen neun Siege erzielt, dazu vier Remis und nur einmal verloren. Das Torverhältnis lautete: 50:23. Erstmals zog man in die Endrunde um die Deutsche Meisterschaft ein, die 1905/06 der VfB Leipzig als neuer Meister beenden sollte. In Dresden wurde Schlesien Breslau, Meister des Südostdeutschen Verbandes, hoch mit 7:1 bezwungen. Aber im Halbfinale, ausgetragen auf dem Viktoria-Platz in Berlin-Mariendorf, unterlag Hertha 92 vor 2.000 Zuschauern dem VfB Leipzig knapp mit 2:3. So stand es bereits zur Halbzeit.

Ende der erfolgreichen Saison 1905/06 kam es zu einem Krach zwi-schen Hertha und Schebera. In Folge des Streits, wo es um finanzielle

Die erste Berliner Meisterelf des BFC Hertha 92 im Jahr 1905/06. Stehend von links: O. Haupt, Hirth, R. Haupt, Thiel, J. Haase, Lorenz, Wopp, Fritze, Schulz, Zargus, M. Haase.

Dinge, wahrscheinlich um die Erhöhung der Pacht ging, wechselte Hertha kurzzeitig die Spielstätte. Für zwei Jahre ging man nach Reinickendorf, wo der Gastronom Kuhrmann ganz in der Nähe des heutigen Rathauses eine Gastwirtschaft mit angeschlossenem Fußballplatz unterhielt. Reinickendorf blieb aber nur eine Marginalie in der langen Vereinsgeschichte. Schon 1909 einigte man sich mit Schebera und kehrte auf das vertraute Gelände am Gesundbrunnen zurück. Auch die Stammzuschauer fanden sich sehr schnell wieder im Wedding ein. Hertha war als Verein des Berliner Nordens etabliert und beliebt.

Zu diesem Zeitpunkt fand mit Wilhelm Wernicke, der damals Vorsitzender von Nordstern war, ein Mann zu Hertha, der später wie kaum ein anderer Funktionär die Geschicke des Vereins lenken und leiten sollte – in guten wie in schlechten Zeiten. Wernicke wurde im Herbst 1909 zum neuen Vorsitzenden gewählt. Der damals 27jährige Bankkaufmann löste Emil Schlag ab. Die Wahl fand in der Schönhauser Allee, im Lokal Crescio, statt und soll einstimmig ausgefallen sein.

Unter Führung Wernickes entwickelte sich der Verein prächtig. In der Saison 1909/10 verzeichnete BFC Hertha 92 immerhin 177 passive und aktive Mitglieder. 17.172 Zuschauer waren zu den Spielen gekommen – eine beachtliche Zahl. Hertha, so scheint es, war bereits damals auf dem Weg zum Zuschauer-Krösus. Der Umsatz 1909/10 betrug 20.020,14 Goldmark. Drei Betreuer sorgten sich um die Jugendmannschaften.

Hertha spielt international

Die hohen Zuschauerzahlen resultierten auch aus dem regen Freundschaftsspiel-Betrieb, den die Hertha-Verantwortlichen pflegten. Am 4. Mai 1910 wurde mit dem FC Southend United ein führender englischer Profiverein in den Wedding eingeladen. Die Eintrittspreise schnellten in stolze Höhen. 1,25 Mark (2. Platz), zwei Mark (1. Platz) und drei Mark (Sitzplatz) wurden verlangt. Trotzdem war der Schebera-Platz voll besetzt. Die Zuschauer erlebten eine Sensation. Hertha siegte mit 3:1. Es war der erste Sieg einer Mannschaft vom Kontinent gegen eine Mannschaft der englischen Halbprofis. Dieser Erfolg brachte den Herthanern Anerkennung weit über die Grenzen Deutschlands hinaus und machte sie zu durchaus begehrten Partnern in diversen Testspielen.

Der ehemalige Hertha-Vorsitzende aus den Gründerjahren, Emil Schlag, schrieb später einmal in seinen Erinnerungen: „Unsere Herthaner spielten englischer als die Engländer. Zwölf Tage später unterlagen wir an gleicher Stelle dem Oxford City mit viel Pech mit 0:1, einer Elf, die später gegen Southend United mit 10:1 regelrecht einging. So groß auch all die sportlichen Erfolge waren, sie reichten zu ihrer Zeit nicht immer aus, um den Verein aller finanzieller Sorgen zu entheben. Immer wieder mußten unsere Mitglieder in ihre eigenen Taschen greifen, um das Fehlende beizusteuern. Als es einmal, ich glaube, es war 1898, gelang, 100 Goldmark bares Geld in der Kasse zu haben, da kamen wir sogar in den Verruf eines sehr reichen Vereins. Wie schon erwähnt, erhielten wir 1900 die ersten Jerseys. Sie waren in den schräggeteilten Farben Blau und Weiß gehalten. 1908 erschienen zum ersten Mal die blau-weiß geringelten Jerseys, die man bis zur Fusion mit dem BSC auch beibehalten hatte."

In diese Zeit der vielen Testspiele gegen internationale Gegnerschaft zwischen 1910 und 1914 fielen u.a. Begegnungen gegen Tottenham Hotspur (England/1:4), Ferencvaros Budapest (Ungarn/2:4), Woolwich Arsenal (England/0:5), Quick den Haag (Niederlande/3:0) oder die Blackburn Rovers (England/1:4). In der Jubiläumsausgabe „60 Jahre

Hertha BSC" aus dem Jahre 1952 heißt es zu diesem umtriebigen internationalen Spielbetrieb: „In nunmehr 80 internationalen Spielen haben wir unsere Kräfte mit Gegnern gemessen, die fast ausnahmslos zu ihrer Zeit zur Extraklasse ihrer Nationen zählten. Besondere Freundschaft verband uns mit den Vereinen DFC Prag, Ferencvaros Budapest, Admira Wien, Hertha Wien, Teplitzer FK, Vienna Wien, Rapid Wien und SK Bratislava Pressburg."

Erster Weltkrieg – und erster Skandal

In die Zeit des Ersten Weltkrieges fielen für Hertha 92 gleich drei sogenannte Kriegsmeisterschaften, die aber angesichts des Leids, das über Deutschland und Europa kam, kaum von Gewicht in der Vereinsgeschichte sind. Insgesamt gab es bei Ausbruch des Ersten Weltkrieges in und um Berlin 183 Fußballvereine mit gut 18.000 Aktiven.

Die Berliner Titel der Jahre 1914/15, 1916/17 und 1917/18 kamen unter oft nicht regulären Bedingungen zustande. Viele Mannschaften waren personell geschwächt, da ihre Spieler an die Front abgezogen wurden. Im ersten Kriegsjahr 1914 passierte auf deutschen Fußballfeldern lange Zeit nichts. Erst als abzusehen war, daß der Krieg doch viel länger dauern würde, als man allgemein angenommen und die Propaganda versprochen hatte, versuchte man vielerorts, den Spielbetrieb wieder in Gang zu bringen. Das traf vor allem auf Hamburg und Berlin zu. Trotzdem blieben solcherart Meisterschaften Stückwerk. Viele Aktive waren an der Front, und die Mannschaften mußten mit Jugendlichen aufgefüllt werden. Endrunden um die Deutsche Meisterschaft gab es nicht.

1917/18 hatte man in Berlin aus einer Zehner-Staffel sogar eine mit 18 Mannschaften geschaffen. Hertha 92, Tabellenführer dieser Staffel, sprach stolz „vom intensivsten Spielbetrieb seit Kriegsausbruch", aber Lokalrivale BFC Preussen, damals auf dem dritten Rang plaziert, monierte, daß „einige Vereine infolge Befreiung vom Heeresdienst mit ausgesprochenen Friedensmannschaften aufwarten konnten".

Am 26. Mai 1918 wurde die Konkurrenz abgebrochen, da die Stimmung im kriegsmüden Volk, vor allem auch in Berlin, viel zu gereizt war. Hertha 92 spielte damals u.a. mit folgender Mannschaft:
▶ G. Haberstroh, W. Haberstroh, Petrokowski, P. Krüger, E. Krüger, Schmidt, L. Knesebeck, Richnow, Grampe, Füger, Hirth.

Trotz der Hertha-Erfolge in den Kriegsjahren blieb der Verein nicht von den Kriegswirren verschont. Viele Männer aus den damals 13 existierenden Mannschaften wurden eingezogen, einige kamen nicht zurück aus dem schrecklichen Krieg. Manche der älteren Jugendlichen hatten sich sogar freiwillig zum Kriegsdienst gemeldet. Alte Chroniken berichten, daß insgesamt 36 Mitglieder von Hertha 92 im Krieg fielen oder in Gefangenschaft gerieten.

Die erste sehnlichst erwartete Nachkriegs-Saison 1918/19 sollte für die Hertha zum Skandal werden und sie zum ersten Mal mit verbotenen Geldzahlungen in die Negativschlagzeilen bringen, was im weiteren Verlauf der Vereinsgeschichte leider mehrfach vorkam. Wenn man so will, waren die Ereignisse aus dieser Saison der Auftakt für das spätere Skandalimage des Vereins, das diesem bis in die 90er Jahre anhaftete.

Weihnachten 1918 wurde die Mannschaft von BFC Hertha 92 vom Berliner Verband disqualifiziert. Die Spiele der Rückrunde wurden jeweils kampflos für die Gegner gewertet. Chronisten jener Zeit haben zwei Varianten für die Disqualifikation überliefert.

Verbotene Handgelder?

Einmal heißt es, Hertha habe Handgelder an einige Spieler gezahlt, was natürlich streng verboten war. Andere bevorzugen diese Variante: Der Verein hatte ein Freundschaftsspiel mit MTK Budapest ausgehandelt. Der Vorverkauf war glänzend angelaufen. Als die zahlreichen Zuschauer ins Poststadion in Moabit nahe dem Lehrter Bahnhof kamen, trafen sie aber nicht die bekannte ungarische Mannschaft an, sondern Minerva 92, die Hertha kurzfristig als Testpartner engagiert hatte, weil die Budapester plötzlich abgesagt hätten. Die Zuschauer fühlten sich betrogen, protestierten, und der Verband sah sich zum Handeln gezwungen.

Angesichts der weiteren Entwicklung des Vereins scheint die erste Variante für die harte Bestrafung recht wahrscheinlich. Einige Hertha-Spieler werden wohl Handgelder kassiert haben, was damals außerhalb jeglicher Legalität lag. Diese Spieler seien Profis, behauptete der Berliner Verband und handelte. Die erste Mannschaft wurde disqualifiziert; sie lag sowieso am Tabellenende. Untere Mannschaften des Vereins durften allerdings weiter am Punktspielbetrieb teilnehmen. Erst zum Schluß der Saison, die allerdings am 25. Mai 1919 abgebrochen wurde, gab es einen Nachlaß der Strafe. Die erste Hertha-Mannschaft durfte wenigstens Freundschaftsspiele austragen. In Berlin ging es drunter und drüber, die Ernährungslage war schlecht, viele Aktive körperlich geschwächt. Der Abbruch der Meisterschaft war die Folge.

Prügel für den braven Artur

Erich Fischer, später Leiter der Gesangsabteilung des Vereins, hat eine herrliche Anekdote aus dieser schwierigen Zeit überliefert, die gerne an Stammtischen neu erzählt und mit weiteren Details ausgeschmückt wird. Held dieser Anekdote, die im Jahre 1919 spielt, war der ehemalige Hertha-Aktive und spätere fanatische Anhänger Artur Friedemann. Hertha 92 stand in einem vorentscheidenden Spiel gegen den Abstieg. Gegner war der Berliner FV von 1910. Es stand 0:0, als bei einem gefährlichen Angriff des Gegners der Hertha-Torwart namens Uredat schon geschlagen schien. Das Leder rollte unaufhaltsam Richtung Linie des Hertha-Tores. Da hielt es den braven Artur Friedemann, der als Zuschauer litt und bangte, nicht länger hinter der Absperrung des Spielfeldes. Mit einem eleganten Satz soll er die Bande genommen haben, sei auf das Spielfeld in den Hertha-Strafraum gerannt und habe den Ball ins Feld zurückgeschlagen. Es soll eine riesige Aufregung gegeben haben, die Spieler vom Berliner FV protestierten lange und wütend, aber der Ball war nicht im Hertha-Tor gelandet. Es blieb beim 0:0, ein wertvoller Punkt für Hertha 92. Im folgenden Entscheidungsspiel gegen Wacker-Tegel entging Hertha dem Abstieg – auch dank des unerlaubten und kuriosen Einsatzes des Artur Friedemann. Der allerdings soll später eine gehörige Tracht Prügel von den Anhängern des Berliner FV bekommen haben. Friedemann gehörte übrigens der Hertha-Mannschaft an, die im Kriegsjahr 1914/15 die Berliner Meisterschaft errungen hatte.

Die Disqualifikation von der Berliner Meisterschaft 1919 sollte allerdings nicht ohne sportliche und vor allem finanzielle Folgen bleiben. In der Jubiläumsausgabe des Vereins zum 60. Geburtstag heißt es dazu: „Zwar gelang es dem Vorstand, wenigstens die allgemeine Sperre rückgängig zu machen, aber es dauerte Jahre, bis sich der Verein von diesem Schlag wieder erholt hatte. Es soll hier nicht der Platz sein, über die Berechtigung dieser Verbandsmaßnahme zu wägen und zu urteilen, doch gesagt muß werden, daß der Vorwurf, der damals unserer Ersten gemacht wurde (Profitum), allen 18 Ligavereinen mit der gleichen Berechtigung hätte gemacht werden können."

In der harten Nachkriegszeit versucht vor allem der Vorsitzende Wilhelm Wernicke, der während des Krieges beruflich meist in Hamburg weilte, den Verein wirtschaftlich wieder auf solide Beine zu stellen. In der Vereinszeitung klagte Wernicke: „Man darf gar nicht an frühere Zeiten denken. Als der unselige Krieg begann, hatten wir allein zehn Männermannschaften auf den grünen Rasen zu schicken. Heute sind es ganze vier. War es früher Ehrensache, auch als Ersatzmann zum Spiel zu kommen, ist es heute schwer, überhaupt elf Spieler auf den Platz zu bringen. Noch schlimmer steht es um die Jugend. Es spricht Bände, daß sich die Jugendlichen schon für das Versprechen einiger Tafeln Schokolade oder einiger Päckchen Zigaretten zu anderen Vereinen weglotsen lassen! Und das Vereinsleben selbst? Auch hier muß dringend Abhilfe geschaffen werden. Es gibt Vorstandsmitglieder, die wohl ein Amt übernommen, aber noch an keiner Sitzung teilgenommen haben. Alle denken nur noch an sich. Gleichgültigkeit, Egoismus und Materialismus herrschen in der krassesten Form. Das sind die Stichworte, unter denen sich unser heutiges Vereinsleben abspielt. Gewiß läßt es sich nicht von der Hand weisen, daß der überstandene Krieg schuld daran ist, vereint mit den sich daraus ergebenden wirtschaftlichen Schwierigkeiten. Aber höchstens zu 50 Prozent. Die andere Hälfte müssen wir uns selbst ankreiden. Aufgewacht Herthaner, alle Mann an Deck! Es geht um Herthas Ehre und Größe!"

Die Fusion mit dem Berliner Sportclub

Die enorme Massenarbeitslosigkeit nach dem Weltkrieg brachte auch Hertha 92 in Probleme. Nur gut 50 Vereinsmitglieder waren in der Lage, regelmäßig ihren Beitrag zu entrichten. Hertha machte Schulden und konnte kaum noch die Pacht für den Schebera-Platz aufbringen. Wernicke versuchte, mit einem großen „Lumpenball" am 13. März 1920 Geld in die leeren Vereinskassen zu bekommen. Doch das Fest im Schloß Niederschönhausen wurde ein totaler Flop, weil am gleichen Tag der Kapp-Putsch ausbrach. Viele Verkehrsverbindungen waren unterbrochen, niemand traute sich auf die Straße. Wernicke saß, als Gauner kostümiert, fast allein in Niederschönhausen.

In diese Zeit tiefer Depression fiel das Tauziehen zwischen dem BFC Hertha 92 und Norden-Nordwest 98 um den von der sogenannten Wollankschen Stiftung verwalteten Schebera-Platz. Die beiden Vereine waren an einem Kauf interessiert, die Verhandlungen zogen sich über viele Wochen hin. Die NNW-Unterhändler waren bei der entscheidenden Verhandlung schneller. Schebera verkaufte an Norden-Nordwest, Hertha 92 war plötzlich heimatlos und ohne eigene Spielstätte. Es blieb nur ein Ausweg: die Fusion mit einem anderen, im Wedding ansässigen Verein. Wernicke hatte den Berliner Sportclub von 1899 im Auge. Der besaß zwar nur eine sportlich schwache Fußballmannschaft, aber dafür das Gelände an der Millionenbrücke, gleich in der Nähe des alten Schebera-Platzes, wo im Winter eine Eisbahn für Vergnügen sorgte. Die Vorstandskollegen fielen Wilhelm Wernicke ob seiner Fusionspläne nicht gerade um den Hals, der aber setzte sich nach unzähligen Diskussionen durch und sagte später: „Ohne die Fusion wären wir tot gewesen."

Finanzstarke BSC-Mitglieder gründeten am 1. Juli 1923 eine Sportplatz-Bau- und Betriebs-GmbH, die mit dem Tag der Gründung das Gelände der ehemaligen Eisbahn erwarb. In die neue Ehe brachte also der Berliner Sportclub den Platz und der BFC Hertha 92 den Namen und vor allem die bekannte und sportlich erfolgreiche Fußballmannschaft ein. Am 7. August 1923 war es soweit: Das neue Gebilde hieß „Berliner Fußball-Club Hertha 1892 e.V. - Hertha BSC." Die Fußballabteilung des neuen Vereins, also Hertha, war zuerst eine Unterabteilung des Vereins und sollte finanzielle Überschüsse an den Hauptverein abführen. Herthas Kicker trugen ab sofort auf ihren blau-weißen Hemden den gelben BSC-Adler auf schwarzem Grund.

Unmittelbar nach der Fusion ging man an den Ausbau des Platzes, der später zum beliebtesten Berliner Fußballstadion avancieren sollte. Sogar eine Holztribüne mit 3.600 Sitzplätzen wurde errichtet. Das Einweihungsspiel verlor Hertha gegen den Namensvetter Hertha Wien allerdings mit 0:5. Möglich wurde der Bau des Platzes durch vermögende BSC-Mitglieder, die einige tausend Schweizer Franken spendiert hatten.

Spätestens an dieser Stelle müssen die Begriffe „Gesundbrunnen", „Plumpe", „Millionenbrücke", „Uhrenberg" und „Zauberberg" erklärt werden, die für die Zukunft der Hertha von Bedeutung waren.

In den 60er Jahren des 19. Jahrhunderts entstand im Stadtteil Wedding im Norden Berlins der Ortsteil Gesundbrunnen. Schon 1757 war eine Heilquelle Anlaß, Kur- und Badeanlagen zu bauen. Das Quellwasser galt besonders für Gallen- und Nierenkranke als sehr wirksames Heilmittel. Man wurde halt an diesem Brunnen gesund...

Von „Plumpe"
und dem
„Zauberberg"

Die Weddinger selbst nannten das Gebiet um den Gesundbrunnen wenig respektvoll „Plumpe", ein Berliner Ausdruck für Pumpe. Der Brunnen erhielt dann seinen Namen am 12. Juli 1809. Chronisten berichten von einem Volksfest. 500 Gäste tranken und speisten an langen Tafeln an den Ufern des Flüßchens Panke. Lange Jahre behielt der Gesundbrunnen seine gesundheitsfördernde Funktion, später entdeckten aber vor allem Kneipenwirte das Gebiet um den Gesundbrunnen und ließen vor allem Bier „pumpen". Die Quelle des Gesundbrunnens versiegte schließlich in den 80er Jahren des letzten Jahrhunderts, noch bevor der BFC Hertha 92 gegründet wurde. Der Name „Plumpe" blieb bis heute erhalten.

Direkt am Hertha-Platz lag eine Bahnstrecke. Über das Gelände hinweg – vom Wedding in den Prenzlauer Berg – mußte eine Brücke gebaut werden, deren Kosten enorme Höhen erreichten. Man nannte sie deshalb schnell die „Millionenbrücke."

1926 begann dann bereits der Bau der beiden Stehplatztribünen, Uhren- und Zauberberg genannt. Der Uhrenberg waren die steilaufragenden Ränge an der Ostseite des Platzes, dort war eine große Uhr montiert. Gegenüber, bei den meisten Zuschauern beliebter, lag der Zauberberg, so genannt, weil die Hertha-Spieler in ihren großen Jahren der Meisterschaften, wenn sie in diese Richtung spielten, kunstvoll mit dem Leder zauberten.

„Uff'n Wedding" – Die Wiege der Hertha

Ein ganz normaler Tag im Wedding. Die Müllerstraße mit ihren großen Konsumtempeln, den Kaufhäusern der republikbekannten Unternehmen, ist voller Menschen. Die meisten hasten die bekannte Einkaufsstraße des Nordberliner Stadtbezirks entlang, genau wie anderswo in Berlin. Keine Zeit, keine Zeit! Die vielen Obst- und Gemüsehändler, oft türkischer Herkunft, überbieten sich an Lautstärke, um ihre Waren feilzubieten. Ein wenig Basar-Atmosphäre macht sich hier und da breit. Neben den klotzigen Kaufhäusern dominieren Spielsalons mit verhangenen Fenstern, kleine Zeitungsläden, die auch Bier in Dosen führen, und Dönerbuden das Bild. Die Müllerstraße ist weiß Gott nicht der Kurfürstendamm oder die Friedrichstraße, besitzt nicht mal den Hauch verblichener Eleganz wie die Schloßstraße in Steglitz oder eine gewisse Ruhe und Gemütlichkeit wie die Berliner Allee in Weißensee. Ein hohes Tempo scheint angesagt.

Im Strom der hastenden Menschen befinden sich auffällig viele Fremde. 170.000 Menschen leben im Wedding, rund 30 Prozent von ihnen sind Ausländer. Die Schlangen vor dem Arbeitsamt sind besonders lang. Nur in Kreuzberg sind mehr Arbeitslose als im Wedding registriert. Wer etwas auf sich hält, der zieht nicht unbedingt in diesen Stadtbezirk, der auch viele schöne, sanierte Ecken und reichlich Grün aufzuweisen hat.

Das ist so wie früher, als der Wedding als Gebiet der Armen und später, bedingt durch einen sehr hohen Anteil an Fabrikarbeitern, als der „Rote Wedding" galt. Rot als Symbol der politischen Gesinnung.

Bürgerlicher Klub im „Roten Wedding"

„Uff'n Wedding", wie der Berliner gern schnoddrig sagt, oder „an de Plumpe", da wohnten noch nie die betuchten Bürger der Stadt. Da wohnten am Beginn des Industriezeitalters vor allem die unzähligen Tagelöhner, die Arbeiter und Dienstmädchen, die die vage Aussicht nach einem schlechtbezahlten Job vom Lande in die Stadt getrieben hatte. Wie im benachbarten Prenzlauer Berg wurden im Wedding (erste urkundliche Erwähnung am 22. Mai 1251 als „Dorf, welches Weddinge hieß") die berühmt-berüchtigten Mietskasernen mit den unzähligen dunklen Hinterhöfen gebaut, mit denen man die Menschen mit Wohnungen erschlug, wie der Maler Heinrich Zille es gern ausdrückte und auf unzähligen Skizzen drastisch festhielt. Später, mit der Ansiedlung großer Fabriken, entwickelte sich der Wedding natürlich zu einem Zentrum der Arbeiterklasse, wo zahlreiche „linke Wähler" zu Hause waren. Traditionell bekamen hier die Sozialdemokratie und auch die Kommunisten die meisten Stimmen. Es war Wilhelm Liebknecht (1826-1900), einer der Mitbegründer der Sozialdemokratie und Vater des 1919 in Berlin ermordeten Karl Liebknecht, der viele Jahre der parlamentarische Vertreter der Arbeiter aus dem Wedding war. Über sieben Jahrzehnte später war es der SPD-Spitzenpolitiker und Bundeskanzler Willy Brandt (1913-1992), der in seinem Weddinger Wahlkreis an der Brunnenstraße bis zu sagenhafte 75 Prozent der Stimmen sammeln konnte. Brandt amtierte von 1957 bis 1966 als Regierender Bürgermeister von Berlin.

Der Ruf des Stadtbezirks als „Roter Wedding" festigte sich in den Ereignissen und Machtverhältnissen unmittelbar nach Ende des Zweiten Weltkriegs. Der erste Bezirksbürgermeister, von der sowjetischen Siegermacht eingesetzt, war Vertreter der Kommunistischen Partei Deutschlands (KPD), die lange Zeit versuchte, den Stadtbezirk unter ihre Kontrolle zu bekommen.

Zurück zum Fußball. Hier im Wedding fand der Fußballverein Hertha BSC seine erste richtige Heimat, hier feierte er die großen sportlichen Erfolge Ende der 20er und Anfang der 30er Jahre, hier wurden die Meisterspieler auf den Schultern begeisterter Anhänger 1930 und 1931 durch die Straßen getragen und in den Atlantic-Festsälen am Gesundbrunnen gefeiert. Hier stieg der Sportplatz an der berühmten „Plumpe" am Gesundbrunnen zum bis dato populärsten, an Erinnerungen und Emotionen reichsten Stadion dieser großen Stadt auf.

Hertha, das war lange ein Verein aus dem Wedding, nicht nur, weil er von Jungs aus diesem Bezirk aus der Taufe gehoben wurde. Da gab es das Hertha-Domizil an der Ecke Behm-/Bellermannstraße, da residierte die Geschäftsstelle, und im Wedding entstand unmittelbar nach dem Zweiten Weltkrieg in der sogenannten Kommunalsportgruppe Gesundbrunnen zögerlich wieder das Vereinsleben von Hertha BSC.

Bis 1963, zur Gründung der Fußball-Bundesliga, lebte die Hertha gut mit dem Ruf, ein Verein aus dem Wedding zu sein. Mit dem Beginn des großen Spektakels um Punkte, Tore und Millionen wurde der Wedding zu eng. Hertha zog aus Kapazitätsgründen ins seinerzeit über 88.000 Zuschauer fassende Olympiastadion um, ins noble Charlottenburg. Und als man 1974 das endgültig letzte Spiel an der „Plumpe" absolviert hatte, hatte man sich endgültig vom Image eines Weddinger Klubs verabschiedet.

Von den Arbeitern des Wedding innig geliebt, war Hertha BSC allerdings nie ein „reiner" Arbeiterklub. Der Verein galt als ausgesprochen volksnah, aber auch als „bürgerlich". Schon in den ersten Vorständen waren vorwiegend Kaufleute, Handwerker und Rechtsanwälte vertreten. Auch der langjährige Vorsitzende Wernicke war ein Kaufmann. Daß er zugleich der SPD angehörte, dokumentierte aber seine Verbundenheit mit der proletarischen Umgebung.

Spurensuche im Wedding heute

Die ehemaligen Insignien des geliebten Fußballvereins sind im Wedding fast verschwunden. Auf dem ehemaligen Platz an der „Plumpe" thronen neun- und zehnstöckige Wohnblöcke aus Beton. Auf einer kleinen Wiese, an den Häusern Behmstraße 38-42, stehen vier Bronzefiguren auf kleinen Sockeln, die sehr unscheinbar an die große fußballerische Vergangenheit des Ortes erinnern sollen. Drei Figuren symbolisieren Fußballer bei ihrem Job, auf einem Sockel wird ein Zweikampf dargestellt. Ein Hinweis auf Hertha BSC oder den Künstler fehlt. Ein paar Schritte weiter zerfällt das einstige Hertha-Domizil an der Bellermannstraße 14. Und eine unscheinbare Straße weiter in dieser „Einfache-Leute-Gegend", an der Ecke Bellermann- / Zingster Straße wird Bier in einer Kneipe namens „Zingster Quelle" gezapft. Das Lokal muß einmal „Lehmann" geheißen haben. Dort bekamen die ersten Hertha-Spieler nach Kriegsschluß 1945 öfters eine warme Suppe und trafen sich zum Plausch. Nichts weist mehr auf den traditionsreichen Fußballverein hin. Nur an der Ecke Bellermann- / Grünthaler Straße zeigt ein Schild in der Kneipe „Zum durstigen Weddinger" an, daß man ein Vereinslokal für

Alt-Wedding 89 und die Alten Herren von Hertha BSC sei. Die Fußball-stars von heute verirren sich kaum noch in diese Gegend. Sie wohnen meist in der Nähe ihres Arbeitsplatzes am Olympiastadion in Charlot-tenburg, im nahen Spandau oder im südwestlichen „Speckgürtel" der Stadt, in Orten wie Kleinmachnow oder Teltow, die einst auf DDR-Gebiet lagen und Blickkontakt zum nahen Westen besaßen.

Und da, wo einst die Massen am Wochenende aus dem S- und U-Bahnhof Gesundbrunnen strömten, um zur nahen „Plumpe" zu pil-gern, thront als Ausdruck der neuen Zeit das riesige „Gesundbrunnen-Center", ein gläserner, futuristisch anmutender Einkaufspalast, der in dieser Gegend auf den ersten Blick wie ein Fremdkörper wirkt.

Hertha BSC betrieb später Geschäftsstellen in der Pommernallee (Charlottenburg), in der noblen Reichsstraße (Neu-Westend) und in der Heerstraße (Charlottenburg) und residiert seit 1997 in großzügigen Büroräumen, ausgelegt mit blau-weißem Fußbodenbelag, direkt am Olympiastadion auf dem Gelände der ehemaligen britischen Alliierten. Der ehemalige Wedding-Klub ist längst auf dem Weg, ein wirklich Gesamtberliner Verein zu werden. Die Fans kommen nach wie vor zahl-reich aus dem Wedding, aber auch längst aus Prenzlauer Berg, Fried-richshain und den ehemals Ostberliner Neubausiedlungen Marzahn, Hellersdorf und Hohenschönhausen. Aus Kreuzberg, Steglitz, Neu-kölln oder Zehlendorf sowieso. Längst hat das Brandenburger Umland den Verein entdeckt und sorgt dafür, daß Hertha BSC zum Zuschauer-Krösus der Liga aufsteigt.

Die wenigsten der zumeist jugendlichen Fans wissen, daß Hertha lange Zeit gleichbedeutend mit dem Wedding war. Der Verein versucht bei aller notwendigen Modernisierung und Professionalisierung eini-germaßen erfolgreich, seine Bindungen zum Bezirk der armen Leute nicht vollends zu kappen. Die repräsentative Fußballstudie des Ham-burger Sportrechte-Vermarkters Ufa aus dem Jahr 1998 bescheinigt Hertha BSC jedenfalls im speziellen Imageprofil die Attribute „traditi-onsbewußt", „regional verwurzelt" und „volksnah". Wenigstens da läßt der Wedding noch grüßen. ∎

Goldene und bittere Jahre

Hanne Sobek kommt

Als Hertha BSC in der Saison 1924/25 zum fünften Mal den Berliner Meistertitel gewann, da ahnten die Zuschauer noch nicht, daß sie in den Endspielen Herthas künftigen Star gesehen hatten – auf des Gegners Seite.

Hertha hatte seine sportlichen Erfolge nach der Fusion fortgesetzt. In der Staffel A der Berlin-Brandenburger Meisterschaft war Rang eins mit einem Punkt Vorsprung vor Union Oberschöneweide und sechs Zählern vor dem Spandauer SV gelungen. In Staffel B, jede Staffel umfaßte damals zehn Mannschaften, hatte sich Alemannia 90 vor Tennis Borussia durchgesetzt. Die beiden Entscheidungsspiele gewann Hertha BSC deutlich mit 3:1 und 3:2 gegen die Alemannen und zog erneut in die Spiele um die Deutsche Meisterschaft ein. „Diese beiden Spiele sind insofern von historischem Wert, weil Herthas schärfster Gegner niemand anders war als Hans Sobek, der alle Treffer für Alemannia erzielte und seinen Verein beide Male in Führung brachte", schreibt Friedebert Becker im „Kicker-Buch" namens „Deutsche Fußballmeister" aus dem Jahre 1942. Ein Jahr später stand Sobek in den Reihen der Hertha.

Zunächst gab es nach den beiden Erfolgen gegen Alemannia einen schwer erkämpften 3:2-Auswärtssieg beim VfB Königsberg. Vor 3.000 Zuschauern gelang Willi Kirsei der Siegtreffer in der Verlängerung. Es folgte ein 4:1-Sieg in Berlin gegen Turu Düsseldorf, den 10.000 Zuschauer auf dem Preussen-Platz in Tempelhof bejubelten. Erst im Halbfinale war für die Berliner Endstation. Im Fürther Ronhof sahen 12.000 Menschen den FSV Frankfurt mit 1:0 siegen. Allerdings gab sich Hertha erst in der Verlängerung geschlagen.

Erst im Sommer des Jahres 1925 wurde der Grundstein für die bislang erfolgreichste Ära in der Vereinsgeschichte gelegt. Heute würde man von spektakulären Spielertransfers reden und schreiben. Damals ging der Vereinswechsel zweier ungemein wichtiger Spieler viel ruhiger über die Bühne. Hanne Sobek und Hanne Ruch, beide bereits gemeinsam in den beliebten Städtespielen für Berlin auf dem rechten Angriffsflügel sehr erfolgreich, meldeten sich bei Hertha BSC an. Sobek kam von Alemannia 90, Ruch von Union 92. Just nach solch einem Städtevergleich sollen beide damals im Vereinslokal der Hertha erschienen sein, wo sie sehr bald mit Spielausschußobmann Piechotta Einigung erzielten. Dem Vorwurf einer Abwerbung wies Hertha weit von sich. In den Vereins-Chroniken hieß es: „Beide kamen ohne jegliche Aufforderung zu uns. Sie baten höchst überraschend um Aufnahme."

Handgelder bekamen beide Spieler damals nicht. Einzige Bedingung für den Wechsel war laut Sobek die Zusage für einen Arbeitsplatz. Gerade Sobek konnte sein erstes Spiel für die Hertha kaum erwarten. Trotz damals bereits bestehender Wechselfristen wollte er im blau-weißen Trikot auflaufen. Die Hertha-Verantwortlichen erfüllten dem begnadeten Halbstürmer diesen Wunsch und setzten ihn in einem Freundschaftsspiel in Eberswalde ein – allerdings unter falschem Namen. Sobek hieß auf dem Spielberichtsbogen Erich Poppe. Solch Täuschungsversuch blieb natürlich nicht verborgen, zumal dieser vermeintliche Poppe alias Sobek hervorragend spielte und sich die Zuschauer in Eberswalde immer wieder fragten, wer das denn sei. Ein solch starker Spieler namens Poppe war niemandem bekannt. Der Schwindel flog auf, und Hertha BSC mußte zur Strafe die gesamten Einnahmen aus diesem Freundschaftsspiel an den Berliner Fußballverband abgeben. Hanne Sobek selbst ging straffrei aus.

Vergebliche Anläufe zur Deutschen Meisterschaft

Unter Sobeks Regie begann die glorreiche Zeit der Hertha, die insgesamt sechsmal in Folge ins Endspiel um die Deutsche Fußballmeisterschaft einziehen sollte und den Titel schließlich zweimal nach Berlin entführen konnte. Bemerkenswert ist, daß die Mannschaft in ihrer personellen Zusammensetzung bis auf wenige Ergänzungen zusammenblieb. Außer Sobek und Ruch besaß man mit Alfred Götze einen Tau-

Die Hertha-Mannschaft, die 1927/28 Berliner Meister wurde. Von links: Leuschner, Ruch, Sobek, Domscheid, Gehlhaar, Müller, Grenzel, Völker, Kirsei, Fischer, Gülle.

sendsassa im Tor, hatte mit Emil Domscheid und Max Fischer erfahrene Verteidiger und die glanzvolle Läuferreihe mit Otto Leuschner, Karl Tewes und Willi Völker. Vorn standen neben Sobek und Ruch Mittelstürmer Hans Grenzel, Willi Kirsei und Erich Gülle. Insgesamt kamen in den sechs Finalteilnahmen nur 23 Spieler zum Einsatz. Welch Kontinuität in der Formation!

In der Berliner Meisterschaft 1925/26 hatte man Staffel-Konkurrenten Tennis Borussia am Ende mit fünf Punkten Vorsprung abgehängt. Die beiden Entscheidungsspiele gegen den Sieger der Staffel B, SV Norden-Nordwest, waren reine Formsache. Hertha siegte mit 7:0 und 2:1. In den Endrundenspielen begann man furios: 4:0 gegen Königsberg und 8:2 gegen den FSV Frankfurt. Im Halbfinale wurde der Hamburger SV mit 4:2 bezwungen. 45.000 waren im Grunewaldstadion dabei. Hertha stand damit zum ersten Mal in seiner Geschichte im Endspiel um die Deutsche Meisterschaft.

Das wurde am 13. Juni 1926 im Frankfurter Waldstadion ausgetragen. 40.000 Fans waren vor Ort. Der Gegner hieß SpVgg. Fürth und galt als der klare Favorit. Erstmals wurde ein Fußball-Endspiel live im Radio übertragen.

Vor dem Anpfiff schien sich alles gegen die Berliner verschworen zu haben: Der Mannschaftsbus verfuhr sich auf dem Weg ins Stadion, eine schwarze Katze lief über die Straße, in der Sicht behinderte Zuschauer holten eine Hertha-Fahne vom Mast – und als auch noch der von einem Flugzeug abgeworfene Spielball im Hertha-Netz landete, die Blumen jedoch in der Spielhälfte der Fürther, schien schon alles gelaufen. Und so kam es denn auch. Trotz einer 1:0-Führung durch Ruch unterlag Hertha deutlich mit 1:4. Bereits nach 68 Minuten stand das spätere Endergebnis fest. Die Fürther zeigten in diesem Finale all ihre bekannten Stärken: Spielwitz, glänzende Technik, Kampfkraft und Torgefährlichkeit. Die Süddeutschen gewann völlig verdient den Titel. Das anerkannten auch die enttäuschten Hertha-Spieler.

Trotz der empfindlichen und deutlichen Niederlage empfingen viele Berliner Fußballanhänger ihre Mannschaft auf dem Anhalter Bahnhof. Die Männer um Hanne Sobek waren mit dem D-Zug von Nürnberg-Fürth zurück nach Berlin gereist und hatten sich bereits auf der Rücktour geschworen, im kommenden Jahr erneut anzugreifen. Der Titel blieb das große Ziel.

Vor dem erneuten Gewinn der Berliner Meisterschaft in der Saison 1926/27 gilt es, ein internationales Spiel zu erwähnen. Die damals weltbekannte Mannschaft von Penarol Montevideo aus Uruguay kam nach Berlin. Da deren Auftritt einiges kostete, teilten sich Hertha, der Hamburger SV und der Dresdner SC, wo die Urus auch spielten, das finanzielle Risiko und finanzierten gemeinsam die weite Reise für die Gäste aus Südamerika. Das Berliner Poststadion war bis zum Rand gefüllt, obwohl ein Logenplatz immerhin 14 Mark kostete. Bei herrlichem Wetter gewann Hertha mit 1:0. Während später die Hamburger und die Dresdner bei miesem Wetter finanzielle Einbußen erlitten, füllte sich bei Hertha die Kasse. Seitdem spricht man bei gutem Wetter und prächtiger Kulisse, die eine ebenso prächtige Einnahme verspricht, vom sogenannten „Hertha-Wetter".

In der Berliner Meisterschaft hängte man erneut den Dauerrivalen Tennis Borussia mit fünf Zählern Vorsprung ab. Der Sieger der zweiten Staffel, Kickers 1900, wurde mit 4:1 und 6:2 regelrecht abgefertigt. Hertha hatte damals in Berlin keinen Konkurrenten zu fürchten. Wieder stand man in der Endrunde um den deutschen Titel, den die Hauptstadt so sehnsüchtig erwartete. Der VfB Königsberg wurde auswärts mit 2:1

bezwungen. Es folgte ein 4:2 gegen Holstein Kiel und im Halbfinale, ausgetragen in Leipzig, ein 2:1-Sieg gegen den Titelverteidiger aus Fürth. Das Spiel fand in Probstheida statt, wo sonst der VfB Leipzig spielte. Unter den 25.000 Zuschauern

befanden sich auch 1.500 Anhänger der Hertha aus Berlin. Das ist von besonderer Bedeutung, weil auf der Fahrt mit einem Sonderzug der Schlachtruf „Ha-Ho-He – Hertha BSC" ins Leben gerufen wurde. Und den gibt es bis heute.

Das Endspiel sollte Hertha eigentlich begünstigen, denn es fand im Berliner Grunewaldstadion statt, wo am 12. Juni 1927 50.000 auf einen Sieg der Hertha hofften. Gegner war der vierfache Deutsche Meister 1. FC Nürnberg, der mit dem Austragungsort natürlich nicht einverstanden war, aber vergeblich beim Deutschen Fußball-Bund interveniert hatte. Insgeheim hatte der „Club" mit einem Endspielpartner aus Fürth geliebäugelt und einem Endspiel im nahen München.

Bei Anpfiff waren die Querelen um den Finalort allerdings vergessen. Die Nürnberger erwischten an diesem Tage eine Hertha-Mannschaft, die nicht ihre Bestform aufwies, und gewannen verdient mit 2:0. Hertha versuchte es mit einer verstärkten Abwehr und mit der berühmten Abseitsfalle. Die Nürnberger setzten alles auf Angriff und hatten damit Erfolg. Hans Kalb schoß mit einem direkt verwandelten Freistoß die Führung heraus, Heinrich Träg besorgte in der zweiten Halbzeit das entscheidende 2:0. Nach dieser Vorentscheidung wurde es noch turbulent. Träg mußte nach einem Foul an Sobek vom Platz, und Emil Domscheid verschoß gar einen Foulstrafstoß. Weltklassemann Stuhlfauth im Nürnberger Tor meisterte den Ball. Der verpatzte Elfmeter paßte ins Bild einer schwachen Hertha-Mannschaft, die ausgerechnet im Endspiel weit unter ihren Möglichkeiten geblieben war.

Doch die Herthaner fielen nach diesem zweiten Mißerfolg in einem Finale nicht etwa auseinander. Im Gegenteil. Wie Hanne Sobek später oft berichtete, haben diese Mißerfolge das Team eher zusammengeschweißt als auseinandergetrieben. „Wir glaubten schließlich alle noch an den ganz großen Sieg."

Die Neuerer aus Berlin –
Herthaner kreieren Abseitsfalle und
Stoppertaktik

Das Abseits gehört zum Fußball wie der Elfmeter oder die Halbzeit. Dennoch können die wenigsten diese Regel, die oft für Emotionen in den Stadien sorgt, in knappen Worten erklären.

Laut Fußball-Lexikon: „Regelverstoß, der besagt, daß ein Angreifer sich in der gegnerischen Spielhälfte u. vor dem Ball befindet u. nur noch einen Abwehrspieler vor sich hat. Ein Angreifer wird nur dann abseits erklärt u. für eine Abseitsstellung bestraft, wenn er – in dem Moment, da ein Spieler seiner Mannschaft den Ball spielt oder berührt – nach Ansicht des Schiedsrichters versucht, aus seiner Abseitsstellung einen Vorteil zu ziehen oder das Spiel bzw. einen Gegner beeinflußt."

Auch Hertha-Akteure trugen wesentlich dazu bei, das verflixte Abseits zu perfektionieren und für den Gegner zur Falle werden zu lassen.

Es war die Zeit, als sich die große Hertha-Mannschaft formierte, die Ende der 20er Jahre im deutschen Fußball eine dominierende Rolle spielen sollte. Tewes, Kirsei, Leuschner und Domscheid stießen zum Gesundbrunnen, Fischer spielte schon seit 1913 bei Hertha, war von Tasmania gekommen. Er und Domscheid gingen als sogenannte Neuerer in die Historie ein und gelten in den Überlieferungen als die Erfinder der Abseitsfalle. Hunderte von Angreifern tappten in eben diese Falle, die die beiden bis zur Perfektion aufbauten. Oft soll nur ein kleiner Wink genügt haben, eine unauffällige Bewegung einer der beiden Abwehrrecken, und schon liefen die gegnerischen Stürmer ins Abseits.

Ein gewisses Risiko war natürlich beim Aufbau dieser Abseitsfalle immer dabei. Auch die Schiedsrichter mußten in den Regeln gut bewandert und beim Abseits möglichst günstig plaziert sein. Fischer und Domscheid traten wie auf ein geheimes Kommando – Grundlage war ihr absolutes Eingespieltsein in der Berliner Abwehr – wenige Schritte in Richtung gegnerisches Tor und stellten so bei der Ballabgabe den gegnerischen Stürmer, der sich zu weit nach vorne gewagt hatte, ins

Karl Tewes, der Erfinder der Stoppertaktik.

Abseits. Die Abseitsregel war gerade im Jahre 1925 vom Weltfußballverband (FIFA) geändert worden. Danach stand ein Stürmer nicht im Abseits, wenn er mindestens zwei Abwehrspieler zwischen sich und des Gegners Tor hatte. Bis dahin waren zum Nichtabseits noch mindestens drei Gegner nötig.

Damit nicht genug des damaligen Erfindergeistes der aufstrebenden Herthaner. Karl Tewes, eisenharter Abwehrmann und von Viktoria 89 zur Hertha gestoßen (Spitzname: „Kaiser Karl") soll – so behaupten die Überlieferungen – die Stoppertaktik als erster deutscher Fußballer kreiert haben. Tewes, immerhin mit sechs Einsätzen in der deutschen Nationalmannschaft als offensiver Mittelläufer bedacht, galt als äußerst sparsam, um nicht zu sagen, als ausgesprochener Geizhals. Er soll die Stoppertaktik bei einem Hallenfußballturnier per Zufall erfunden haben. Das war am 28. März 1926 in der Dortmunder Westfalenhalle, wo auf einer Spielfläche von 70 Meter mal 35 Meter elf Mann gegen elf Mann antraten – das muß nach heutigen Verhältnissen ein unglaubliches Gedränge gewesen sein. Der Boden war mit Häcksel bestreut, und bei jedem Schritt wirbelte der Staub meterhoch. 22 Leute – je elf von Hertha BSC und von Union Dortmund – kämpften um den Sieg. Das dauerte, bis es Karl Tewes zu bunt wurde. Er eilte mit Riesenschritten nach vorn und drosch den Ball zum 4:2-Sieg für die Berliner ins gegnerische Tor. Es war, so heißt es, sein erster Treffer für Hertha. Die Mannschaftskameraden tobten und freuten sich riesig. War doch vor dem Spiel ausgemacht worden, daß der Schütze des möglichen Siegtreffers eine Lage Bier zahlen mußte. Das hatte Geizhals Tewes im Spiel schlicht vergessen. Er mußte schweren Herzens 68 Mark für Bier ausgeben. Das soll den Mann bewogen haben, sich in Zukunft nur noch in der Defensive aufzuhalten und als Stopper zu fungieren.

Auch der Nachfolger von Karl Tewes auf dem Posten des Abwehrorganisators, des Stoppers, der treffliche Ernst Müller, hat später den Stopper moderner Prägung ausgesprochen zuverlässig interpretiert. Ob Tewes oder Müller – der Stopper gehört Hertha BSC. Um korrekt mit den Begriffen umzugehen: Die Erfindung der Stopper-Taktik oder auch der des sogenannten „Ausputzers" (letzter Abwehrspieler in der Abwehrkette vor dem Torhüter, deshalb oft auch als letzter Mann bezeichnet) gebürt sicherlich den Hertha-Abwehrrecken der 20er Jahre, nicht aber die Erfindung des Liberos, der zumindest italienisch übersetzt der „freie Mann" heißt. Der Libero löste den klassischen Stopper oder auch Ausputzer ab. Er gilt als Abwehrmann ohne direkten Gegenspieler, der gefährliche Situationen im eigenen Strafraum bereinigen muß, aber darüber hinaus im Gegensatz zum Ausputzer sich in den Angriff einschalten soll, wenn es die Situation erfordert und erlaubt. Karl Tewes, der alte Herthaner, war kein Libero. Schon sein Geiz wird ihn davon abgehalten haben, sich in die eigenen Angriffsbemühungen einzuschalten und etwa Tore zu erzielen. Noch eine Runde Bier auszugeben, das wollte er nicht riskieren. ■

Versuche Nr. 3 und Nr. 4

In der Saison 1927/28 dürfte der eigentliche Ursprung für die bis zum heutigen Tag anhaltende Rivalität zwischen den beiden Großen des Berliner Fußballs – Hertha BSC und Tennis Borussia – liegen. Erstmals spielten beide die Berliner Meisterschaft nicht in der gleichen Staffel aus. Hertha gewann erwartungsgemäß in der Staffel A vor dem Spandauer SV, Tennis Borussia, meist nur TeBe genannt, siegte in Staffel B vor Minerva 93. Erst in drei Spielen zwischen den Rivalen stand mit Hertha der Meister fest. Zuerst gewann Hertha mit 3:2, unterlag dann mit 1:2, um das entscheidende Duell klar mit 4:0 zu gewinnen. Insgesamt besuchten 98.000 Zuschauer die drei Spiele. Das war neuer Rekord.

In den Endrundenspielen um die Deutsche Meisterschaft, der nunmehr dritte Anlauf für Hertha, wurden zuerst die Sportfreunde aus Breslau mit 7:0 bezwungen. Es folgte ein ebenso souveräner 4:0-Auswärtssieg bei Holstein Kiel. Im Halbfinale wurde schließlich Wacker München nach einem 2:1 nach Hause geschickt. Hertha BSC schien reif für den ersten Titel, hatte allein in der Meisterschaft 74 Treffer erzielt und nochmal 13 Tore in der Endrunde folgen lassen. Endspielgegner war am 29. Juli 1928 im Altonaer Stadion zu Hamburg ausgerechnet der Hamburger SV. 42.000 Zuschauer waren erschienen, und berittene Poli-

Der ewige Kampf der alten Rivalen in Berlin: Hertha kontra Tennis Borussia. Am herauslaufenden TeBe-Torwart Patrzek vorbei schießt Hertha-Stürmer Willi Kirsei ins Tor.

In voller Aktion: Hertha-Stürmer Willi Kirsei.

zei mußte für Ruhe und Ordnung sorgen, weil viele Besucher zunächst sogar das Spielfeld bevölkerten. Beide Mannschaften konnten in Bestbesetzung auflaufen, und es entwickelte sich ein spannendes Spiel. Hertha besaß inzwischen mit dem aus Königsberg abgeworbenen Paul Gehlhaar einen reaktionsschnellen und erfahrenen Torwart. Der mußte aber schnell hinter sich greifen. Der *Kicker* schrieb damals: „Mit der schier tödlichen Wucht des Bleies war Harder einer Vorlage von Halvorsen nachgefolgt, nun schwamm er lustig wie eine Boje im Hertha-Tor."

Die Berliner unter den Zuschauern skandierten trotzdem „Ha-Ho-He – die Deutsche kommt zur Spree!" Doch Herthas Abseitsfalle, oft ein Garant für Erfolge, funktionierte nicht. Als es zur Halbzeit in die Kabinen ging, führte der HSV bereits mit 3:1. Auch nach der Pause dominierten die Hamburger deutlich und zogen gar auf 5:1 davon, ehe Grenzel mit seinem Treffer für die Berliner das Endresultat in erträglichen Dimensionen hielt.

Am Ende stand es 5:2 für den HSV, Hertha konnte einfach in einem Endspiel nicht über den eigenen Schatten springen und gewinnen. Verärgert verließen die Herthaner das Stadion, schlugen eine Einladung des Siegers zu einem gemeinsamen Essen aus. Vorsitzender Wernicke gefiel das nicht. Zunächst versammelte er seine Verlierer in einem Grogkeller um sich, und nach einigen Lagen Hochprozentigem lockerte sich die Stimmung. In mehreren Taxen fuhr man schließlich zum HSV-Gebäude und wurde unter großem Beifall in den Festsaal geführt. Die gemeinsame Feier mit den Hamburgern soll noch sehr lustig und feucht-fröhlich gewesen sein.

Die folgende Saison 1928/29 verlief ähnlich der vorhergegangenen. Hertha dominierte seine Staffel in Berlin und siegte klar vor Wacker 04 Tegel. In der zweiten Staffel besaß erneut Tennis Borussia das beste Ende für sich. Und wieder bedurfte es dreier Entscheidungsspiele, um die beste Berliner Mannschaft zu küren. Sage und schreibe 115.000 Zuschauer pilgerten zu den drei Begegnungen. Hertha gewann 1:0, unterlag dann 0:1, um schließlich mit 5:2 zu triumphieren.

Danach wurde Preußen Hindenburg mit 8:1 überrollt und Schalke 04 auswärts in Dortmund mit 4:1 bezwungen. Im Halbfinale ließ man beim 3:2 dem 1. FC Nürnberg keine Chance. Die vierte Endspielteilnahme in Folge war erreicht. Eine starke Leistung, der aber bislang die Krönung fehlte.

Am 26. Juli 1929 war im Nürnberger Stadion der Fast-Nürnberger Verein SpVgg. Fürth – Dauerrivale des 1. FC Nürnberg – der Final-Kontrahent. Es sollte ein hektisches Spiel werden, das leider tragisch für die Berliner endete. Auf dem Rasen spielten sich häßliche Szenen ab. Aus anfangs hartem Spiel wurden bald Unfairneß und Rüpelei. Zuletzt endete es in einer „schonungslosen Schlacht", wie Gazetten berichteten. Der Nürnberger Leinberger hatte den Herthaner Gerhard Schulz so böse gefoult, daß dieser nach 63 Minuten das Feld verlassen mußte. Die Berliner mußten mit zehn Mann auskommen. Da stand es noch 1:1. Am Ende siegten die Fürther bei zwei Gegentoren durch Hanne Sobek mit 3:2.

Gerhard Schulz hatte es so schwer getroffen, daß er über Nacht im Koma in einem Nürnberger Krankenhaus lag und erst am nächsten Morgen aus seiner Ohnmacht erwachte. Ein schwerer Schädelbruch wurde schließlich diagnostiziert. Die Herthaner waren zum vierten Mal kurz vor dem ganz großen Ziel gescheitert.

Beim 6:3-Sieg der Hertha gegen den 1. FC Nürnberg im Halbfinale um die Deutsche Meisterschaft 1930 ist Hanne Sobek (links) kaum zu bremsen.

Langsam nahm diese Situation tragische Züge an. Verbittert und enttäuscht kehrte die Mannschaft nach Berlin zurück – um sich schon wenig später erneut der Herausforderung zu stellen, die Deutsche Meisterschaft hieß. Bewundernswert.

Derweil gelangte die Wirtschaftskrise in Deutschland langsam auf ihren Höhepunkt. Die Masse der normalen Stadionbesucher hatte kaum noch Geld; trotzdem wurden erneut insgesamt 50.000 Zuschauer

gezählt, als Hertha in der folgenden Saison wieder auf Tennis Borussia traf, um in diesmal nur zwei Entscheidungsspielen zu zeigen, wer die Nummer eins in der Hauptstadt war. 3:1 und 2:0 endeten die beiden Spiele. Auf dem Weg ins fünfte Finalspiel wurde der Beuthener SV mit 3:2 bezwungen, danach die SpVgg. Sülz 07 in zwei Spielen mit 1:1 n.V. und in der Wiederholung mit 8:1. Im Halbfinale ließ man dem alten Kontrahenten 1. FC Nürnberg beim 6:3 (in Leipzig) keine Chance.

Wieder stand man im Endspiel, diesmal im Düsseldorfer Rheinstadion. Man schrieb den 22. Juni 1930, der wohl auf alle Ewigkeit in den Annalen des Klubs eine entscheidende Rolle spielen sollte. Gegner in der fünften Finalteilnahme in Folge – schon das galt als einmalige Leistung im deutschen Fußball – war Holstein Kiel.

Endlich: Der erste Titelgewinn 1930

Brütende Hitze lastete über dem Rheinstadion in Düsseldorf, in das 40.000 Zuschauer geströmt waren, um das Endspiel um die Deutsche Meisterschaft zwischen Hertha BSC und Holstein Kiel zu erleben. Sie sahen ein hochdramatisches Finale, dessen Ausgang bis zur letzten Minute offen blieb und das die Zuschauer mitriß wie kaum ein anderes Meisterschaftsendspiel.

Die Vereinschronisten schildern im Buch „90 Jahre Hertha BSC" die Ereignisse so:

„Im vollbesetzten Düsseldorfer Stadion war auch eine kleine Gruppe getreuer Herthaner, denen der Verein für ihre Verdienste Hin- und Rückfahrt bezahlte, Verpflegung, Übernachtung und zusätzlich ein Taschengeld von 50 Mark. In mehreren Sonderzügen waren darüber hinaus Tausende von Berliner Schlachtenbummlern an den Rhein gefahren – sie wollten endlich den ersten Triumph ihrer Hertha-Elf erleben. Doch der Auftakt brachte den Schock für den favorisierten Vizemeister. Nach acht Minuten führten die Kieler durch Tore von Widmayer und Ritter 2:0! Sollten wieder alle Anstrengungen vergeblich gewesen sein? Und die Rheinländer im Stadion jubelten den Kielern zu – alle Sympathien gehörten ja dem vorher vermeintlich Schwächeren, den ein Fehler von Gehlhaar beim 1:0 und ein Zögern von Rudi Wilhelm vor dem 2:0 begünstigt hatten.

Hanne Sobek gab das Signal zum Gegenangriff. Mit der Reife des Könners brachte er wieder Ruhe in das konfuse Spiel der Blau-Weißen, die endlich im richtigen Takt waren. Zunächst verpaßte Hanne Ruch noch eine gute Chance, dann aber führte ein Solo von Sobek zum Anschlußtreffer. 'Ha-ho-he – Hertha BSC' dröhnte es durch das Stadion, die Gesundbrunner schöpften wieder Hoffnung. Männe Hahn, wieselflink und gewitzt, entwischte seinem Bewacher am linken Flügel, flankte zur Mitte, und der völlig ungedeckte Sobek traf mit einem Kopfball – 2:2 nach 25 Minuten.

Noch war der Kampfgeist der Kieler nicht erloschen. Kraftvoll schlugen sie zurück. Ludwig schloß eine schöne Kombination des gesamten Angriffs mit dem 3:2 ab. Aber auch Hertha steckte nicht auf. Ihre Kombinationen wirkten ökonomischer, gefälliger als der Husarenstil der Norddeutschen. Wieder bahnte sich über den Flügel, diesmal auf der

Stets torgefährlich: Hertha-Angreifer Grenzel.

rechten Seite, ein Hertha-Treffer an. Ruch flankte, und in der Mitte knallte der kraftstrotzende Lehmann das Leder zum 3:3 ins Netz. Noch 36 Minuten! Das hohe Tempo flaute in der Schwüle kaum ab. Sobek wuchtete den Ball gegen den Pfosten, den Abpraller drosch der Holstein-Verteidiger Lagerquist abermals gegen das Holz, und dann erst zur Ecke. Aufregender ging es nimmer.

Mit der Routine einer in vielen Kämpfen gegen erstklassige Gegner gestählten Klassemannschaft schnürte Hertha den Gegner minutenlang ein. Zunächst hämmerte Kirsei den Ball an den Pfosten, doch die Berliner ließen sich durch dieses Schußpech nicht entmutigen. Sie drehten trotz Gluthitze noch einmal voll auf. Das 4:3 war der Lohn – Lehmanns Treffer nach Vorarbeit von Sobek-Hahn bedeutete praktisch die Entscheidung gegen die aufopferungsvoll verteidigenden Kieler. Aufgepeitscht von den Düsseldorfer Zuschauern mobilisierten die Norddeutschen ungeahnte Kräfte. Der Kieler Ritter, Holstein hatte zuvor Ludwig nach einem Platzverweis verloren, was das Publikum aufbrachte und weiter gegen Hertha einnahm, raffte sich zu einer Energieleistung auf und traf zum 4:4.

Wie ein Ruck ging es nochmal durch die Herthaner. Ruch schoß flach an dem sich vergeblich streckenden Torwart Kramer vorbei ein. 5:4 für Hertha, das mußte der Sieg sein. Drei **Siegtreffer in der** Minuten später rissen die Berliner jubelnd die **87. Minute: 5:4** Arme hoch. Sie waren Deutscher Meister! Endlich war der große Wurf geglückt. Die fairen Kieler gratulierten zuerst. Der Hertha-Bus aber wurde mit Steinen bombardiert. Die Mannschaft verzichtete auf das Bankett. Dafür großer Bahnhof in Berlin. Auf den Schultern der Menge wurden die Spieler auf dem Bahnhof Friedrichstraße aus den Zugabteilungen gehoben und unter Jubelchören bis zu den Atlantic-Festsälen am Bahnhof Gesundbrunnen gebracht. Dort stieg die feucht-fröhliche Meisterfeier."

In einer dünnen Jubiläumsausgabe zum 60jährigen Jubiläum von Hertha BSC, also aus dem Jahre 1952, erinnert sich das Vereinsmitglied Erich Fischer an den Tag des Endspiels von Düsseldorf. Er schreibt u.a.: „Im Vorstand wurde beschlossen, einige Kameraden, die dem Verein schon lange angehörten und Verdienste um den Verein hatten, auf Vereinskosten mitzunehmen. Ich durfte dabei sein. Über den Spielverlauf mögen andere berichten, ich will nur noch sagen, daß es auch für uns

Zuschauer eine Nervenmühle war und daß Holstein Kiel durch eine harte Entscheidung des sonst hervorragenden Schiris benachteiligt wurde. Leider nahm das westdeutsche Publikum auch gegen uns Stellung, und das waren die paar Wermutstropfen, die in unseren Freudenbecher fielen. Am Schluß des Spiels lagen wir uns alle in den Armen, und im Hotel wurde da sogar Sekt getrunken. Die Rückfahrt war einmalig. U.a. mußte ich dem Zugkontrolleur eine neue Dienstmütze bezahlen, die Tute Lehmann als Stellvertreter beim Herauslehnen aus dem Fenster weggeflogen war. Der Speisewagen war trotz mehrfacher Ergänzung restlos ausverkauft. Die Ankunft war sensationell, kein Fürst ist je so empfangen worden. Die Heimatstadt stand hinter Hertha. Ha-ho-he! Einige hundert Mark waren für abgebrochene Trittbretter und eingedrückte Scheiben zu bezahlen. Aber wir waren Deutscher Fußballmeister!"

Geschafft. Hertha BSC ist 1930 erstmals Deutscher Fußballmeister. Stehend von links: Willi Völker, Hanne Sobek, Paul Gehlhaar, Gerhard Schulz, Hans Ruch, Bruno Lehmann, Willi Kirsei, Ernst Müller; sitzend: Otto Leuschner, Emil Domscheidt, Manfred Hahn.

Die erste Meisterschaft –
eine Originalreportage von 1930

Da Berlin und die Hertha so lange auf diesen Tag gewartet hatten, soll an dieser Stelle der erste Triumph noch einmal ausführlich gewürdigt werden, indem die Reportage von E. Werner in der *Fußballwoche* aus dem Jahre 1930 wortgetreu wiedergegeben wird. Die in Berlin erscheinende Zeitung schrieb damals über den bislang größten Tag in der Geschichte von Hertha BSC:

„Hertha BSC ist Meister! Was vier Jahre ein unerfüllter Traum der Berliner Fußballgemeinde war, ist beim fünften Versuch Tatsache geworden. Berlin beherbergt Deutschlands Fußballmeister, seit neunzehn langen Jahren zum ersten Mal wieder. Ein unbeschreiblich köstliches Gefühl der Freude und des Stolzes bewegt uns: Hertha BSC ist Meister! Hurrah!

In einem ungemein bewegten, von Minute zu Minute an Spannung gewinnenden Kampfe, in einem Endspiel, das, was den dramatischen Moment anbelangt, soweit die Erinnerung reicht, keinesgleichen findet, hat Berlins Vertreter als die bessere Elf die Oberhand behalten. Endspiele um die Deutsche Meisterschaft sind von jeher in erster Linie Nervenproben. Die Erfahrung hat häufig genug gelehrt, daß alles technische Rüstzeug, alles technische Können wertlos ist, wenn eine Mannschaft im Finale die Nerven nicht beisammen behält. Es gibt aber keine Elf, die in den Nachkriegsjahren im Endspiel gestanden und so hart und rücksichtslos – man ist versucht zu sagen – grausam auf die Nerven geprüft worden ist wie Hertha BSC und Holstein.

Ich stelle Berlins Stolz mit Bedacht voran, weil Herthas Probe noch um vieles härter war. Der werte Leser mag sich nur den Spielverlauf vergegenwärtigen: Innerhalb von vier Minuten (4. und 8. Minute) ging Holstein mit zwei Toren in Front. Grund genug, um einen weniger willensstarken und energiegeladenen Gegner den Wind vollends aus den Segeln zu nehmen. Hertha dagegen kämpfte, kniete sich in die während weniger Minuten so schwer gewordene Aufgabe hinein, war hartnäckig, sah unentwegt nur das eine Ziel vor Augen. Und es gelang: Wiederum innerhalb der kurzen Periode von vier Minuten (22. und 26. Minute) war die blau-weiße Elf mit dem Gegner auf gleicher Höhe.

Endspiel um die Deutsche Meisterschaft 1930. Hertha kontra Holstein Kiel (5:4). Sobek (links) enteilt seinem Kieler Bewacher.

Aber auch Holstein ließ sich durch diese unerwartete Wendung, die alle Hoffnungen so jäh zerstörte, nicht aus der Fassung bringen. Das große Ringen ging fort, unerhörter Kräfteeinsatz auf beiden Seiten, keiner wollte weichen, keinen Fuß opfern. Dann in der 29. Minute 3:2 für Holstein und sieben Minuten später 3:3. Allein diese nackten Daten, ohne eine genaue Schilderung der Einzelheiten, jener zahlreichen Duelle und gefährlichen Situationen im Torraum genügen, um das ungeheure, bei wenigen Spielen erlebte Ausmaß von Spannung zu vermitteln, das das Rheinstadion am gestrigen Sonntag erfüllte. Obwohl niemand unter den Anwesenden eine Steigerung der Dramatik, die diesen Kampf kennzeichnete, für möglich hielt, wurde der Gipfelpunkt erst in der 82. Minute erreicht. Als (Schiedsrichter) Guyenz Holsteins Mittelstürmer Ludwig vom Feld schickte, als

„Das Rheinstadion glich einem Pulverfaß" diese Strafe allen Zuschauern zu hart erschien und das Düsseldorfer Publikum geschlossen ins Holsteiner Lager überging, da glich die Atmosphäre im Rheinstadion einem Pulverfaß, von dem die Lunte nur noch wenige Zentimeter entfernt war.

Der Riesenskandal brachte noch in der Endphase Herthas schon so sicher scheinenden Sieg und das Endspiel überhaupt in Gefahr. Es wäre ein furchtbarer Schicksalsschlag gewesen, wenn auch nur eins von beiden Tatsachen geworden wäre. Guyenz Entscheidung verminderte zwar Holstein um einen Mann, um den durchreißerischen gefährlichen Ludwig, aber ihre Wirkung fiel ganz auf Hertha BSC zurück.

Das Publikum, das zwar von Beginn an, aber doch in einem durchaus erträglichen Maße mit den Holsteinern sympathisiert hatte, fühlte sich nach dem Platzverweis veranlaßt, sein Mitgefühl mit der durch schiedsrichterliches Urteil geschwächten Partei in einer Form zum Ausdruck bringen, die nicht nur alle Hertha-Anhänger, sondern auch jeden objektiv eingestellten Zuschauer mit Bitterkeit erfüllen mußte. Es ließ unsere Hertha BSC ein nach seiner Meinung falsches Urteil, an dem die Berliner doch in keiner Weise beteiligt waren, büßen. Das Publikum im Düsseldorfer Rheinstadion war restlos seiner Kurzsichtigkeit und Ungerechtigkeit verfallen, lärmte, sobald die Berliner etwas unternahmen, stachelte dagegen Holstein zu einer letzten Energieleistung an, 'dopte' es förmlich. Hertha BSC, dessen höhere Klasse im Verlauf der zweiten

Hanne Sobek bei der Ankunft in Berlin nach dem Gewinn der Deutschen Meisterschaft 1930.

Hälfte sich doch durchgesetzt und zu einer immerhin deutlichen Spielführung geführt hatte, verlor plötzlich in diesem Hexenkessel die schwer, ja sogar sehr schwer erkämpfte Sicherheit. Ritter erreichte tatsächlich abermals den Gleichstand, und alle Berliner, die schon bereit waren, ihren Meister zu feiern, sahen pessimistischer als in den vorangegangenen Minuten in die nächste Zukunft.

Es läßt sich nicht ausdenken, was geschehen wäre, wenn Holstein ein fünftes Tor erzielt hätte. Trieb tatsächlich ein böser Kobold sein Narrenspiel mit unserer Hertha? Hatte er sie näher als in den vorangegangenen Versuchen an die heißersehnte Krone herankommen lassen, um sie im letzten Augenblick zu seinem teuflischen Vergnügen zurückzustoßen?

Kein Kobold störte Berlins Kreise. Aber die letzte Phase war sicherlich die schwerste Strecke, die ein Meister auf dem dornenbesäten Weg zum Ziel gegangen ist. Wahrhaftig, ist keine Variation geblieben, in der sich die 'glorreiche Ungewißheit' im Fußballspiel zu zeigen vermag. Es war der Berliner größtes nur in Superlativen zu kennzeichnendes und nicht zu überschätzendes Verdienst, daß sie bei diesem Hexensabbath nach einer kurzen Benommenheit den Kopf klar behielten und energisch kalt und besonnen dem Ziele zusteuerten.

Nun zu Hertha BSC, zu unserem und Deutschlands neuem Meister. Der Erfolg liegt, wie die Erringung jeder Meisterschaft natürlich, in der Mannschaftsleistung, wenn auch die einzelnen Teile zu verschiedenen Zeitpunkten verschieden stark an der Entwicklung beteiligt waren. Läufer und Verteidiger begannen unter ihrer sonstigen Form. Vielleicht war die ungewöhnliche Hitze, vielleicht auch Holsteins Spielweise, die die Auswahl der taktischen Mittel erschwerte, schuld daran. Auf alle Fälle kostete der schwache Beginn Hertha BSC zwei Tore. Dann rissen der Sturm durch klares Handeln und insbesondere Sobek durch zwei Prachttore das Spiel aus dem Feuer.

Nach der Pause bekam Berlins Spiel Linie; das bessere Können, die überlegenere Routine und die größere Reife setzten sich durch. Das vierte Tor für Hertha BSC fiel, und es waren nicht wenige, die glaubten, das es das entscheidende wäre. Ludwigs Platzverweis und seine Folgen zerstörten diese Hoffnung. War es vorher der Angriff, der sich ausgezeichnet hatte, so war es jetzt die Hintermannschaft, die in den Vordergrund rückte und vieles von dem schwachen Beginn gutmachte. Hertha BSC als Mannschaft war so, wie es eine Meisterelf sein muß.

Nur zwei Namen mögen hervorgehoben werden: Leuschner und Sobek, von denen die eigene Mannschaft sagt, daß die die besten gewesen wären. Dieses Urteil ist ebenso neidlos wie richtig. Leuschner wuchs vornehmlich nach der Pause zu einem Läufer von ganz großem Format heran. Er, dem man sonst, nicht ohne Recht, Langsamkeit und Phlegma nachsagt, war mit Begeisterung bei der Sache, arbeitete ohne Pause und sehr vernünftig, mit einem Wort: Er war großartig.

Besonderen Anteil am Erfolg hatte Hanne Sobek. Einmal schoß er die beiden so bedeutungsvollen ersten beiden Tore, dann aber war er auch der Führer, der Ratgeber, das Fußballgenie, das Hertha BSC in schwierigen Situationen immer von neuem so dringend brauchte. Der Erfolg, der seiner Aufopferung in erster Linie mit zu verdanken ist, ist Sobek zu gönnen, zumal er der größte in seiner immerhin ereignisreichen Laufbahn ist.

Ein Wort noch zum Schiedsrichter, damit die obige breite Schilderung des bedauerlichen Zwischenfalls keinen falschen Eindruck hervorruft. Guyenz war gut, leitete absolut einwandfrei, wenn ihm auch die Berliner gram sind, daß er die beiden Schüsse an den Torpfosten nicht als vollgültige Treffer anerkannte. Aber er hat absolut korrekt entschieden, bis er in der Schlußphase die verhängnisvolle Entscheidung traf, die Hertha BSC zwang, acht Minuten lang nicht nur gegen zehn zum letzten entschlossenen Holsteinspieler, sondern außerdem gegen vierzigtausend außer Rand und Band geratene Zuschauer zu spielen. Hertha BSC schaffte es und ist nun Meister! Bravo! (Nach einem Telephonat von E. Werner)."

Die zweite Meisterschaft 1931

Bei Hertha BSC, das ist nachzutragen, hatten sich bereits 1929 die beiden Fusionspartner von 1923, Hertha 92 und der Berliner Sportclub, nach längeren Auseinandersetzungen getrennt. Hertha durfte den Namen beibehalten und zahlte dafür 76.000 Reichsmark an den Berliner Sportclub. Der sportliche Aufschwung litt nicht unter diesem Streit, den zuletzt nur die Rechtsanwälte ausgetragen hatten. Vielleicht ärgerten sich die Verantwortlichen des Berliner Sportclubs hinterher, denn so besaßen sie keinen Anteil mehr an den beiden Meistertiteln der Jahre 1930 und 1931. Auch 1931 errang der Deutsche Meister wie selbstverständlich den Titel in Berlin, mußte aber erheblichen Widerstand brechen. Vor allem war es wieder einmal Tennis Borussia, das den Herthanern das Leben schwermachte.

In der Endrunde der Deutschen Meisterschaft bezwang Hertha nacheinander den VfB Bielefeld (5:2), die SpVgg. Fürth (3:1) und im Halbfinale den Hamburger SV mit 3:2 n.v. Im Endspiel, das man sensationellerweise zum sechsten Mal in Folge erreicht hatte, wartete 1860 München auf die Berliner.

Das Finale stieg am 14. Juni 1931 im Köln-Müngersdorfer Stadion. Die Chronisten berichten in „90 Jahre Hertha BSC" u.a.:

„Mit jugendlicher Frische, angeborenen technischen Fähigkeiten und den Sympathien der Kölner Zuschauer als Rückenstärkung wollten die Münchner Löwen den Titelverteidiger stürzen. Aber den im Schnitt viel jüngeren Münchnern stand eine in vielen Stürmen erprobte Mannschaft gegenüber. Das bewährte Schlußdreieck mit dem großartigen Torwart Gehlhaar. Dann die Läuferreihe mit dem eisernen Tewes-Nachfolger Ernst Müller, seinen 19jährigen Assistenten Stahr und Appel. Im Sturm die traumhaft aufeinander abgestimmten Recken, alle mit Endspielerfahrung, alle aber auch schon aus den besten Fußballjahren heraus. Die beiden Hannes am rechten Flügel, der Kopf der Mannschaft, Hanne Sobek, und sein Nebenmann Hanne Ruch, beide wie Kirsei schon zum sechsten Mal im Finale. In der Mitte der 33jährige 'Tute' Lehmann, noch ein Torjäger mit bulliger Kraft, und am linken Flügel die quirligen Flitzer Kirsei und Hahn. Die Münchner gingen mit 1:0 in Führung. Doch Hanne Sobek gelang noch vor dem Pausenpfiff der Ausgleich mit einem Volleyschuß. Doch der Jubel der Berliner verebbte schnell. München gelang postwendend das 2:1. München diktierte auch nach der Pause das Spiel, doch wurden viele Chancen leichtfertig vergeben. Wieder war es Hertha-Kapitän Sobek, der den Ausgleich markierte. Da, eine Minute vor dem Abpfiff der regulären Spielzeit, erhielt Hanne Sobek das Leder, behielt die Nerven, servierte dem noch günstiger postierten Kirsei, der in der Aufregung nicht voll traf. Die Chance schien verpatzt, als Kirsei noch mit hurtigen Schritten nachsetzte und aus unwahrscheinlich spitzem Winkel die Kugel zum 3:2 ins Netz rammte. Das war der Sieg, die nicht mehr erwartete Wendung."

Wieder bereitete Berlin der Mannschaft einen triumphalen Empfang, die Meisterspieler der Hertha galten als die Helden der großen Stadt.

Herthas Meisterelf 1931, die nach dem Titelgewinn in eine leichte Krise geriet. Obere Reihe von links: Ruch, Wilhelm, Appel, Lehmann; mittlere Reihe: Völker, Sobek, Stahr; untere Reihe: Kirsei, Gehlhaar, Müller, Hahn.

Mit dem zweiten Meistertitel ging allerdings die ganz große Zeit von Hertha BSC zu Ende. Es rächte sich immer mehr, daß der eigene Nachwuchs vernachlässigt und lieber attraktiven Neuerwerbungen der Vorzug gegeben worden war. Die Mannschaft war überaltert, und in den kommenden Jahren dominierte man selbst in Berlin nicht mehr so souverän wie lange Jahre zuvor. 1931/32 verspielte man die Berliner Meisterschaft gegen Minerva 93, das wiederum in einer Art Endrunde mit Tennis Borussia und dem Stettiner SC, dem Pommernmeister, TeBe den Titel überlassen mußte. 1932/33 wurde Hertha zwar erneut Berliner Meister, scheiterte aber in der Vorrunde zur Deutschen Meisterschaft an Hindenburg Allenstein mit 1:4.

Friedebert Becker schreibt in „Deutschands Fußball-Meister" von 1942: „Hertha BSC hat, geschichtlich gesehen, das Unglück gehabt, ihre Bestform zu einer Zeit zu erreichen, als Nürnberg-Fürth und Hamburger SV in Überform waren. Nur die Tatsache, daß die Mannschaft in ihren ersten Endspielen stets unter ihrem sonstigen Können blieb, hat verhindert, daß die große Klasse der technisch hervorragenden Elf im Reich Anerkennung fand."

Berlin feiert seinen Meister

Welche Bedeutung der Gewinn der Meisterschaft 1931 für die Berliner hatte, verdeutlicht eine Reportage aus der *Berliner Morgenpost* vom 16. Juni 1931:

„Am Bahnhof Friedrichstraße konnte man gestern nachmittag um 6 Uhr viele Tausende beobachten, unter denen sich auffallend viele junge Leute befanden. Man sah eifrig debattierende Gruppen, flatternde blau-weiße Fahnen, hörte begeisterte Hochrufe. Und doch war es keine politische Demonstration... Eine nach Tausenden, ja fast Zehntausend zählende Menschenmenge bereitete der aus Köln zurückkehrenden deutschen Meistermannschaft von Hertha BSC einen Empfang, von dem man sagen darf: er war triumphal.

Die Hertha-Mannschaft, die unter Führung von Sobek, dem in Berlin so überaus populären Hanne Sobek, sechs Jahre hintereinander im Endspiel um die Deutsche Fußballmeisterschaft stand und sie nun zwei Jahre hintereinander hält, kam mit dem Paris-Warschauer Schnellzug pünktlich um 15 Minuten nach 6 Uhr auf dem Bahnsteig an. Aber schon über eine Stunde vorher waren die Massen zum Empfang des neuen und alten Deutschen Meisters auf den Bahnsteig gekommen, hatten den Platz vor dem Bahnhof gefüllt, standen auf den Dächern und Trittbrettern der vielen Droschken, ritten auf den Masten der Straßenschilder und Laternen und hielten die Fahnen und Fähnchen in den Farben von Hertha zur Begrüßung bereit... Die Rufe vereinigten sich zu dem donnernden Begrüßungsschrei 'Ha-Ho-He – Hertha BSC', das durch die Halle brauste, als die Wagenkette langsam ausrollte...

Die Spieler werden begeistert auf den Schultern der Anhänger von dannen getragen. Sobek will sich schnell durch die Menge durchschlagen und strebt ständig grüßend dem Ausgang zu. Aber auf halbem Wege wird er 'gefaßt', und schon reitet auch er auf den Schultern umjubelt wie seine Kameraden, die Treppe hinunter durch die Sperre und hinaus auf die Straße, wo vor dem Haupteingang des Bahnhofs die Autobusse warten..." ∎

Gleichschaltung in der Nazizeit

In Deutschland wurden 1932 rund sechs Millionen Arbeitslose registriert, und die NSDAP kam bei den Landtagswahlen immer stärker auf. Das Ende der Demokratie rückte näher. Nach der Machtübernahme der Nazis begannen diese, auch den Sport in den Griff zu nehmen. Im Mai 1933 erhielten alle Vereine eine Einheitssatzung, die das Führerprinzip vorsah. Die bis dato demokratischen Strukturen sollten damit aufgehoben und zerschlagen werden. Die Vereinsführungen sollten im nationalsozialistischem Sinne und Gedankengut gleichgeschaltet werden. Zu diesem Zweck wurde die Position des Vereinsvorsitzenden meist mit einem Mitglied der NSDAP oder der SA neu besetzt. Bei Hertha BSC mißfiel den Nationalsozialisten das Engagement des vereinsloyalen Sozialdemokraten Wernicke. Daher setzten die braunen Machthaber einen gewissen Hans Pfeiffer als neuen Vorsitzenden ein. Der verfügte in der Vereinszeitung vom Mai 1933: „Die früheren Vereinssitzungen finden nicht mehr statt" und machte sich daran, Hertha BSC „auf Linie" zu bringen.

Sein erster Aufsatz vom November 1933 gipfelte in den Worten: „Das unfruchtbare parlamentarische System im Clubleben hat endgültig aufgehört zu existieren. Der Führer soll nicht nur Führer, sondern der beste Kamerad des anderen sein. Die Vereinssitzungen finden nicht mehr statt. Der Zweck war meist kein idealer. Sie dienten dem Fortschritt nur selten."

Der Vereinsführer, wie er bald im offiziellen Sprachgebrauch hieß, besaß sehr viele Vollmachten, konnte fast sämtliche Positionen in der Führung des Vereins selbst bestimmen. Die Mitgliederversammlung bekam immer weniger Rechte zugesprochen.

Die Fußballwoche vom 1. Mai 1933 veröffentlichte ein Interview mit dem Reichs-Sportkommissar Hauptmann a.D. von Tschammer und Osten. Darin heißt es u.a.: „Die erste Aufgabe des Sports für die Zukunft ist rein vaterländischen Charakters. Es muß jedem Deutschen klar sein, wenn er sich sportlich betätigt, daß er es nur aus dem Gefühl heraus tun kann, sich an dem Aufbau des deutschen Volkes freiwillig, nicht aus Zwang, zu beteiligen. Wenn der Sport der Wehrhaftigkeit dienen soll, dann ist damit gesagt, daß er der Gesundheit aller Volksgenossen und damit dem Volke selbst dient… Die jetzt schon allenthalben im Lande begonnenen Umstellungen und Gleichschaltungen, deren erster Grundsatz die Beseitigung der Vielköpfigkeit und die Übergabe des Sports in die Hände weniger vertrauenswürdiger Männer zu sein scheint, begrüße ich…"

Bereist am 10. Mai 1933 brachte *Die Fußballwoche* Auszüge aus einem Radio-Interview mit von Tschammer und Osten. Darin heißt es: „Die Leibesübungen des deutschen Menschen haben, wenn sie überhaupt kulturellen Wert gewinnen sollen, der Erhaltung und Förderung unserer Rasse und ihrer Eigenart zu dienen. Unter diesem Gesichtspunkt verdient allerdings die Mitgliedschaft von Nichtariern bei Sport- und Turnorganisationen eine starke und durch nichts beeinflußte Prüfung."

Solch Worte machten überdeutlich, wohin der deutsche Sport und damit auch der Fußball gebracht werden sollte. Vor allem die jüdischen Mitglieder sollten aus den Vereinen gedrängt werden; der Sport hatte der Nazi-Ideologie und der „Wehrhaftmachung" des Volkes zu dienen.

Am 6. Juni 1933 zitierte *Die Fußballwoche* einen Dr. Klein, damals Führer des Westdeutschen Spielverbandes, der eine Ordnung erlassen hatte, die wahrscheinlich als vorbildhaft galt. Darin wird auch die „einheitliche Ausführung des Hitlergrußes" festgelegt. Es heißt: „Nach der Seitenwahl stellen sich beide Mannschaften auf dem Mittelkreis des Spielfeldes auf, jede Mannschaft besetzt den Halbkreis, der in ihrer Spielhälfte liegt. Front nach innen. Der Schiedsrichter tritt mit den Linienrichtern in den so gebildeten Kreis der Spieler. Die begrüßen Gegner

Karikatur aus der Fußballwoche 1933: „Fräulein Hertha, Sie werden noch fleißig üben müssen, wenn Sie in diesem erstklassigen Orchester mitspielen wollen!"

und Schiedsrichter durch Aufheben der rechten Hand vorwärts, etwa in Schulterhöhe. Das Zeichen zum Gruß gibt der Schiedsrichter, der selber mitgrüßt, um die kameradschaftliche Verbindung zwischen ihm und den Spielern zu bekunden. Der Gruß ist stumm, es wird nicht gerufen." Offenbar fügten sich zahlreiche Hertha-Mitglieder der nationalsozialistischen Linie nur widerwillig. Darauf deutet die Bemerkung des neuen Vorstands hin, daß „das Gros der Mitglieder den neuen Gedanken zunächst fremd gegenüberstand". Doch schnell paßten sich die meisten den neuen Gegebenheiten an. Auch bei Hertha hieß es bald im Ton der neuen Zeit: „Wehrhafte Sportsleute sind im neuen Staat besonders willkommene Mitglieder", denn ein „körperlich gesunder Mensch mit gutem, festen Charakter" sei für die Volksgemeinschaft wertvoller, als ein „geistreicher Schwächling".

Schwierige Zeiten

Die Nazis veränderten rigoros die Struktur der Fußball-Ligen. Der Verband Brandenburgischer Ballspielvereine wurde 1933 aufgelöst. Der ehemalige Bezirk Pommern bildete den sogenannten Gau II unter Einbeziehung von Hinterpommern. Berlin und die Mark Brandenburg bildeten mit dem ehemaligen Bezirk Niederlausitz des Südostdeutschen Fußball-Verbandes den Gau III (Brandenburg).

Von Hertha BSC ist aus den folgenden Jahren sportlich nichts Weltbewegendes zu berichten; die ganz großen Jahre waren erst einmal vorbei. 1935 wird man erneut Berliner Meister und landet in der Gruppe 1 der Endrunde um die Deutsche Meisterschaft auf Rang zwei hinter Polizei Chemnitz. 1936 bleibt in Berlin nur Rang drei hinter dem Berliner SV 92 und Minerva 93. 1937 langt es wieder zum Titel in Berlin. Diesmal ist die Mannschaft entschieden verjüngt worden, nur der inzwischen 36jährige Sobek und der 31jährige Wilhelm gehören aus den einstigen Meisterzeiten noch zum Team. 1938 wird man Zweiter in der Hauptstadt hinter dem Berliner SV 92, auch 1939 muß man einer anderen Mannschaft den Vortritt lassen. Diesmal Blau-Weiß 90. Es folgen die Plätze fünf (1940), zwei (1941), drei (1942) und nochmal drei (1943). Erst 1944 gelingt es, den 15. Berliner Meistertitel zu erringen.

Doch die sportlichen Resultate rückten in den Jahren des Krieges immer mehr in den Hintergrund, der Kampf um die Existenz überla-

gerte solch Nebensächlichkeiten wie den Sport. In den Nachrichten von Hertha BSC vom März 1941, deren Titelblatt auch das Hakenkreuz zierte, hieß es u.a. in einem Brief der Front an die Heimat: „Nun stehen wir wieder mitten im Alltag, tun unsere Pflicht und erwarten von unserem Führer den Befehl 'Tritt gefaßt!' Daß eine Entscheidung in diesem Kampf um die Lebensexistenz unseres Volkes in den kommenden Monaten zu erwarten ist, wissen wir aus dem Munde des Führers. Bis zu diesem Einsatzbefehl wollen wir aber in unseren Mußestunden mit der Heimat verbunden bleiben und uns mit unseren Kameraden in der Heimat freuen, daß trotz des Krieges das sportliche Leben in unserem Club so stark ist…

Und wenn man bedenkt, daß sich die Zahl der Sol-

daten in unserem Club noch wesentlich vergrößert hat und ein Drittel aller Mitglieder unter Waffen steht, dann erst erfüllt uns Soldaten unser starkes sportliches Leben im Club mit besonderer Freude, und wir wissen, unser Erbe wird gut verwaltet."

In der folgenden Ausgabe der *Clubnachrichten* antwortete die „Heimat" mit einem Brief an die Front. Darin hieß es u.a.: „Jedenfalls sagen wir allen unseren Kameraden den allerherzlichsten Dank und wollen mit ihnen hoffen, daß die Wünsche, das neue Jahr möge Siege und Frieden bringen, erfüllt werden… Gewiß trägt zu dem harmonischen Vereinsleben auch das gute Abschneiden unserer I. Mannschaft bei. Sonntags treffen wir uns nach den Spielen ständig in unserem Vereinslokal 'Atlantik', und man kann fast immer den einen oder anderen Urlauber begrüßen."

Viel heile Welt wurde da vorgegaukelt in einer Zeit, die unendlich viel Leid über Europa und schließlich auch über Deutschland bringen sollte.

Im Juni 1941 gab Hitler den Befehl für den Überfall auf die Sowjetunion. Der Krieg eskalierte.

Interessant und die Zeit beleuchtend sind auch die Aussagen, die 1941 in den *Hertha-BSC-Nachrichten* über die fußballbegeisterte Jugend gemacht wurden. Da heißt es u.a.: „Oft müssen wir von Hertha BSC Jugendlichen eine Absage erteilen, die anfragen, ob sie bei uns Mitglied werden können. Warum? Weil wir uns bei der Aufnahme von Jugendlichen strengstens nach den bestehenden Vorschriften richten müssen… Grundsätzlich kann ein Junge, der noch nicht 14 Jahre alt ist, überhaupt nicht Mitglied eines Sportvereins sein. Der Junge gehört dem Deutschen Jungvolk an, ist dort in einem Fähnlein eingesetzt und macht dort seinen Jungvolkdienst. Innerhalb dieses Fähnleins kann er sich nur einer Sportgruppe anschließen und den Sport wählen, dem er zugetan ist… Bei einem Hitlerjungen, im Alter von 14 bis 18 Jahren, sieht das ein wenig anders aus. Dieser Junge kann sich den Verein wählen. Jedoch spielt auch hier wieder der Wohnort und die Gegend eine ausschlaggebende Rolle. Genau wie beim Jungvolk ist auch hier das ganze Stadtgebiet von Berlin in Banne eingeteilt, und jedem Verein sind nun ein Stammbann und zusätzliche Banne zugeteilt. Unser Stammbann ist der Bann 6, er umfaßt das Gebiet Wedding-Reinickendorf. Zusätzliche Banne sind für uns der Bann 21, der das Gebiet Horst Wessel Stadt -

Die Engländer von Brentford vor dem Spiel gegen Hertha im Jahr 1937. Auch die Gäste erwidern den Hitlergruß. Brentford siegte mit 4:0.

Prenzlauer Berg, umschließt und der Bann 155, mit dem Gebiet Kreuzberg-Mitte. Wer in diesen Gebieten wohnt, das 14. Lebensjahr vollendet hat und Mitglied der HJ (Hitlerjugend) ist und auch dort regelmäßig seinen Dienst versieht, der kann auch bei uns Mitglied der Jugendabteilung werden."

Viele Jugendliche endeten allerdings als Nothelfer im Krieg, ehe sie jemals Mitglied eines Fußballvereins werden konnten. In Berlin jedenfalls wurde noch lange mitten im Krieg Fußball gespielt, was heute kaum vorstellbar scheint. Die Meisterschaft begann trotz des immer näher an die Stadt heranrückenden Kriegsgeschehens im Herbst 1944 und wurde erst im April 1945 abgebrochen. Hertha stand auf dem letzten Tabellenplatz und wäre abgestiegen. Ein Umstand, der angesichts der schrecklichen Kriegsereignisse nur noch nebensächlich war.

Hanne Sobek – der erste Hertha-Star

Hanne Sobek als Junge.

Der Mann, der zum ersten Star bei Hertha BSC aufstieg und der im Berlin der goldenen Zwanziger gleichsam wie ein Filmschauspieler verehrt wurde, trug eigentlich den Namen Paul Friedrich Max Johannes Wiechmann. Seine Mutter heiratete später noch einmal einen gebürtigen Sobek.

Als Hanne Sobek ging der Halbstürmer in die Annalen des Berliner Traditionsvereins ein und darüberhinaus in die des Berliner und des deutschen Fußballs. Sobek war der erste Balltreter, der sich in der besten Berliner Gesellschaft etablierte, obwohl er dabei immer er selbst blieb und sich nicht verbiegen mußte: ein ehrlicher, unterhaltsamer Mann mit Prinzipien.

Sobek stammt – wie viele Berliner Fußballer – nicht aus Berlin. Er wurde im kleinen, recht idyllisch am großen Müritzsee gelegenen Mirow geboren. Also ein Mecklenburger, denen man im allgemeinen Sturheit nachsagt. Auf Sobek traf diese Eigenschaft allerdings nicht zu. In Mirow blieb der kleine Johannes bis zu seinem zehnten Lebensjahr. Dann zog er mit seiner Mutter nach Berlin. Das war 1910. Erzogen wurde er nur durch die Mutter, die später einen Herrn Sobek kennen- und liebenlernte. Der adoptierte Johannes.

Und da sind wir bereits beim ewig währenden Streit um die Schreibweise des Namens des bislang berühmtesten Berliner Fußballers: Sobek oder Sobeck heißt die Frage.

Bis 1965 schrieb sich Hanne Sobek wie der Vater mit einem einfachen „k". Auch alle Autogrammkarten signierte er mit „k" am Ende. Nach dem Tode seiner Mutter stellte er fest, daß in standesamtlichen Papieren der Name mit „ck" geschrieben wurde. Hanne Sobeks Sohn Bernd (Jahrgang 1943) schrieb sich fortan wieder mit „ck", „aber Vater wollte stets nur mit k geschrieben werden", berichtet Bernd Sobeck, der als Lehrer in Berlin-Zehlendorf lebt.

Auch in diesem Buch hält sich der Autor an die private Schreibweise des großen Fußballers: also Sobek.

Der zehnjährige Johannes begann in Berlin bei Bavaria 09 mit dem Fußballspielen, ging dann zu Alemannia 90. Als Mitglied dieses Vereins bestritt er auch die ersten beiden seiner insgesamt zehn Länderspiele für Deutschland. Das war am 3. Juni 1923 in Basel gegen die Schweiz und 1925 in Amsterdam gegen die Niederlande. Sobek stürmte seinerzeit auf der halbrechten Position, Mittelstürmer war der spätere Bundestrainer Sepp Herberger, zu dem Sobeks Verhältnis eher unterkühlt blieb. Herberger, der später bei Tennis Borussia in Berlin kickte, erreichte als Spieler nie auch nur annähernd die Popularität eines Hanne Sobek.

Sobek (Mitte) in einem Spiel der Berliner Meisterschaft 1925.

Später, nach seinem Wechsel zu Hertha BSC, stieg Sobek zur Symbolfigur des gesamten Berliner Fußballs auf. Sechsmal in Folge führte er Hertha ins Endspiel um die Deutsche Fußballmeisterschaft. Auch nach vier Niederlagen hintereinander – die Mannschaft blieb fast unverändert beisammen – besaß Hertha, angetrieben von Sobek, die Moral, immer wieder anzugreifen.

Sobek erzählte viele Jahre später einmal über die erste Meisterschaft 1930: „Bei allem, was ich in meiner langen fußballerischen Laufbahn erreichte, zählt dieser letzte Junisonntag 1930, zählt dieses Meisterschaftsendspiel gegen Holstein Kiel zu meinen schönsten Erinnerungen. Wir waren damals eine verschworene Truppe, trotz aller vorausgegangener Enttäuschungen buchstäblich durch nichts zu erschüttern. Wir setzten die Maxime des ehemaligen Berliner Fußballtrainers Richard Girulatis spielend und kämpfend in die Tat um, die da besagt, daß man elf Freunde sein müsse, um Siege zu erringen."

Die Mannschaft um Sobek wurde in Berlin euphorisch gefeiert. Hanne Sobeks spielgestaltende Regie stand dabei meist im Mittelpunkt der überschwenglichen Zeitungsreportagen. Über viele Jahre hinweg zeigte er sich in körperlicher und geistiger Höchstform, was bis heute äußerst selten für einen Fußballspieler ist. Selbst der spätere FIFA-Präsident, der englische Referee Stanley Rous, rühmte die Spielweise und das Auftreten von Sobek. „Vor allem die Übersicht des Hertha-Kapitäns, dessen sich auf das gesamte Geschehen auswirkende Technik, die kalt berechnende kluge Taktik, die weiten Paßbälle, der Kampfeinsatz, der Rieseneifer, die Pferdelunge sind bewundernswert", lobte Sir Stanley Rous, „und nicht zu vergessen seine stets faire Haltung, seine geradezu beruhigende Ausstrahlung auf seine Mitspieler."

Ludwig Maibohm, ein alter Wegbegleiter und Kollege des späteren Rundfunkreporters Sobek schrieb einmal in einer Laudatio: „Bei allem internationalen Lob, das Hanne Sobek in Wort und Schrift in der langen Zeit seines Wirkens gewidmet wurde, blieb er stets der bescheidene, ganz im Mannschaftlichen aufgehende Sportler. Er genoß hinsichtlich seiner Haltung und seiner Leistung eine Sonderstellung. Die Berliner trugen ihn buchstäblich auf Händen, wie an jenem Montagnachmittag des Jahres 1930, als er zusammen mit der Mannschaft zum ersten Male als Deutscher Fußballmeister nach Berlin zurückkehrte. Im Triumphzug trug man ihn vom Bahnhof Friedrichstraße zu den bereitstehenden

Nach dem Titelgewinn 1931 gegen den TSV 1860 München: Hanne Sobek wird von begeisterten Berliner Anhängern vom Platz getragen.

Wagen und hinauf zur Brunnenstraße bis in die festlich geschmückten Räume des Restaurants 'Atlantik'.

Sobek faszinierte die Massen. Und das nicht nur auf dem Fußballfeld. Daß der Film nicht an ihm vorbeigehen konnte, lag auf der Hand. Schon in der stummen Zeit stand er neben dem in Torwartrollen eingesetzten jungen Willi Forst, der blonden Evelyn Holdt unter dem Titel 'Elf Teufel' vor der Kamera. Auf der Bühne des Weltstadtvarietés Wintergarten assistierte er persönlich dem weltberühmten Jongleur Enrico Rastelli, später sicherte sich der Rundfunk das Mitwirken von Sobek. In der Berliner Gesellschaft saß er an den Stammtischen des bekannten Prominentenlokals 'Bei Peltzer' in der Neuen Wilhelmstraße neben dem Dichter Joachim Ringelnatz, dem Flieger Ernst Udet und vor allem neben seinem besten und langjährigen Freund Hans Albers. Mit Albers verbrachte er über Jahre hinweg immer seinen Urlaub auf der Nordseeinsel Helgoland."

Soweit die Erinnerungen des Rundfunk-Kollegen Maibohm. Hanne Sobek als Reporter beim Berliner Rundfunk, das war die Zeit zwischen

1938 und 1945. Sohn Bernd erinnert sich: „Vater belegte zuvor Sprach-
kurse, um sein Talent als Unterhalter und großartiger Rhetoriker weiter
zu perfektionieren. Er hielt ja bei allen möglichen Anlässen sehr launige
Reden. Er nahm die Arbeit beim Rundfunk sehr ernst. Er berichtete
dabei bei weitem nicht nur von Fußballereignissen, sondern auch von
anderen Sportarten, wie etwa der Ski-Weltmeisterschaft im finnischen
Lahti."

Hanne Sobek zog insgesamt dreimal um in seiner Zeit in Berlin. Er
wohnte zuerst mit seiner Mutter nach dem Umzug vom kleinen Mirow
in die Großstadt in der Stargarder Straße an der Grenze zwischen Pankow und Prenzlauer Berg und ging in eine Schule in der Pappelallee.
Der berühmte „Exer", das heutige Friedrich-Ludwig-Jahn-Stadion, lag
nur einige Steinwürfe entfernt. Nach dem Krieg zog Familie Sobek,
schon mit dem kleinen Sohn Bernd, zum Kaiserdamm nach Charlottenburg und noch später nach Neu-Westend in die Akazienallee. Letzter
Wohnsitz im Alter war die Niklasstraße, eine ruhige Nebenstraße, in
Zehlendorf.

Sohn Bernd, der später bei Tennis Borussia und bei Wacker 04 einen
guten Ball spielte, aber nie an die überragenden Fähigkeiten seines Vaters
heranreichte, berichtet über die Vor- und Nachteile, den Namen Sobek
zu tragen. „Ich spielte 1953 bei den Jungen von Tennis Borussia, kam –
auch wegen des Namens Sobek – sofort in das erste Jugend-Team. Vor
dem Spiel von TeBe gegen Sao Paulo bestritten wir das vierte Vorspiel.
Meine Mutter war seinerzeit auch unter den 40.000 Zuschauern im Poststadion. Ich war gerade mal neun Jahre alt. Plötzlich sagte der Stadion-
Nachbar meiner Mutter: 'Der kleine Sobek wird nie wie sein Vater.' Seitdem ging meine Mutter nie mehr zu einem Fußballspiel von mir."

Bernd Sobeck bestätigt, daß sein Vater auch zu Hause in der Familie
derjenige war, den er nach außen verkörperte: „Ein ganz lieber Mensch,
ein fürsorglicher Vater." Bernd Sobeck schwärmt: „Er war immer für
meine Mutter und mich da. Wir führten wirklich ein wunderschönes,
harmonisches Familienleben. Ich glaube, ich habe nie eine Ohrfeige
bekommen." Auch die Nazizeit habe Hanne Sobek politisch integer
überstanden. Er habe nie einer politischen Gruppierung angehörte; Versuche der Nationalsozialisten, ihn zu vereinnahmen, habe er zurückge-
wiesen. Daraufhin hätten die Machthaber den populären Star in Ruhe
gelassen. Sohn Bernd: „Er hat sich halt geschickt verhalten."

Hanne Sobek (rechts) und Sohn Bernd in den fünfziger Jahren.

Als Trainer konnte Hanne Sobek nach 1945 nicht die ganz großen Erfolge aufweisen. Er betreute u.a. die Berliner Stadtauswahl, Union 06 und natürlich, von 1960 bis zur Einführung der Bundesliga 1963, seine Hertha. Es hieß, als Fußball-Lehrer wäre er zu fein, zu rücksichtsvoll gewesen.

Schwer traf Sobek die Rückstufung der Hertha 1965, als der Verein wegen Zahlung überhöhter Gehälter die Bundesliga verlassen mußte. Zwischenzeitlich amtierte Sobek als Notvorstand, um mit dem Gewicht seiner Persönlichkeit den größten Schaden vom Verein abwenden zu können. „Damals", sagt Sohn Bernd, „wurde mein Vater auch benutzt. Er wußte das, aber sein Pflichtgefühl war stärker. Selbstlos stellte er sich vor seine Hertha."

Als Hanne Sobek am 17. Februar 1989 starb, schrieb der Hertha-Kenner und Sportjournalist Günter Weise in der *Fußballwoche* vom 20. Februar 1989 in der Rubrik „Plauderei" u.a.:

„Der Hauch der Wehmut lag über dem Olympiastadion, als die Gedenkminute Herthas Spiel gegen Solingen unterbrach. Das Leben des letzten Repräsentanten einer versunkenen Zeit hat sich erfüllt... Hanne Sobecks Wirkungsstätten der 20er und 30er Jahre sind längst eingeebnet: Der 'Exer' hat sich in den Jahnsportpark verwandelt, der Zauberberg an der 'Plumpe' mußte dem Wohnungsbau weichen. Dort, an der Millionenbrücke, machte Hanne mit seiner Meister-Mannschaft den um Anerkennung ringenden Fußball salonfähig. Er tat es in ungewöhnlicher Weise, denn das Auftreten des Hertha-Kapitäns entsprach keineswegs dem Bild des althergebrachten Volkssports. Hanne wirkte stets 'vornehm', wie der Berliner zu sagen pflegt. Es schmerzte ihn, wenn jemand mir und mich verwechselte... So hatte auch sein Spiel etwas Majestätisches an sich. Die langen Schritte wirkten manchmal staksig, aber der Ball klebte an seinem Fuß, und der Blick für den Nebenmann war halt traumhaft...

Der Grandseigneur blieb seiner Hertha selbst in schwärzesten Stunden treu. Als der Bestechungsskandal die Grundfesten des Clubs bis ins Mark erschütterte, war er wie selbstverständlich zu Hilfe bereit. Doch das weiche Herz des einst so starken Mannes ertrug nicht den Schmerz um für ihn unbegreifliche Vorgänge: seine Stimme versagte...

Wir suchen den Horizont nach einem neuen Hanne Sobeck ab – und wir fürchten, noch lange warten zu müssen."

Günter Weise behielt recht. Ein neuer Hanne Sobek ist Fußball-Berlin und Hertha BSC noch nicht wieder vorgekommen. ∎

Hertha zwischen Ost und West

Bittere Bestandsaufnahme 1945

Nicht zu Unrecht sahen die siegreichen Alliierten die gleichgeschaltete deutsche Sportbewegung als Teil der nationalsozialistischen Machtmaschinerie. Daher drängten sie auch im Fußball auf neue organisatorische Strukturen. Für die Vereine bedeutete dies einen tiefen Einschnitt. Karl Windgassen, der erste Vorsitzende von Hertha BSC, schrieb in der Jubiläumsausgabe „60 Jahre Hertha BSC" über die Nachkriegszeit: „Mit Beendigung des Zweiten Weltkrieges trat praktisch zunächst ein völliger Niederbruch des Vereins ein. Kommunalsport, politische Verfolgung der Funktionäre, Zerstörung und Enteignung der Sportanlagen des Vereins und eine völlige Zwangsauflösung aller Mannschaften, die bis zum Ende des Krieges bestanden, waren gerade für Hertha BSC das Fazit des Krieges. Die letzten 10 Jahre unseres Vereins sind praktisch gleichzustellen einem Neuaufbau, wobei Voraussetzungen seiner Durchführung in ideeller, finanzieller und leistungsmäßiger Hinsicht wesentlich schwieriger waren als in dem ersten halben Jahrhundert des Bestehens des Vereins. Gewiß – aller Anfang ist schwer. Dieser Satz galt aber besonders für Hertha BSC nach Beendigung des Krieges, nachdem in Auswirkung der damaligen politischen Einstellung zum freien Vereinssport und insbesondere zu der alten, traditionsreichen Hertha BSC ihr alle Existenzgrundlagen – wie keinem anderen Verein in Berlin – genommen waren. Tatsächlich war es nur die große Tradition Hertha BSC, die in den letzten 10 Jahren die verbliebenen Herthaner verband und half, den Wiederaufbau des Vereins zu schaffen."

Wilhelm Wernicke, der langjährige Vorsitzende von Hertha, war es, der 1945 unermüdlich arbeitete, um den Verein am Leben zu erhalten – oder wenigstens das, was von ihm übriggeblieben war. Die Erinnerungen des Wilhelm Wernicke an die sogenannte Stunde Null schildern beeindruckend die damaligen Verhältnisse: „Anfang des Jahres 1945 gelang es uns unter schwierigsten Umständen, den Sportbetrieb mit den aus allen Gauen Deutschlands und Österreichs bei uns als Gastspieler tätigen Kameraden aufrechtzuerhalten. Je näher die Front rückte, je weniger Spielermaterial stand zur Verfügung, und die Kameraden, die nicht zur Front mußten, hatten den Volkssturm zu verstärken. Die letzten Spiele im April 1945 gegen Tennis Borussia und Nordwest/Hellas wurden hoch verloren, und der Tabellenstand ließ uns den vorletzten Platz einnehmen.

Als die Russen im April in Berlin einrückten und unsere Truppen sich im Hochbunker im Humboldthain zurückziehen mußten, der mit Tausenden von Zivilpersonen bereits übervoll war, stand dieser Tag und Nacht unter schwerem Feuer. Am Mittag des 2. Mai war die Besatzung des Bunkers gezwungen, den Widerstand aufzugeben und die Kampfhandlungen damit als beendet anzusehen. Unser Geschäftszimmer konnte noch nicht betreten werden, da hier russische Soldaten Quartier bezogen und sich häuslich eingerichtet hatten. Unser Sportplatz war nicht wiederzuerkennen.

200 Bombentreffer auf dem Spielfeld

Tellerminen lagen überall herum und zwangen zu größter Vorsicht. Die Spielfläche hatte über 200 Bombentreffer aufzuweisen und sah umgepflügt aus. Hinter dem Uhrenberge türmten sich Mengen an Munition, Gewehren und Uniformstücken. Die toten Soldaten brachten wir zur hinteren Seitentribüne, um später für eine würdige Grabstätte sorgen zu können. Nach Abzug der Kampftruppen konnten wir unser Geschäftszimmer notdürftig aufräumen und dabei feststellen, daß viele schöne Erinnerungspreise nicht mehr vorhanden waren und von Volksgenossen in eigene Sicherheit gebracht worden waren. In der Nacht vom Sonntag des 6. Mai zum Montag erhellte ein riesiger Feuerschein unsere Gegend, der seinen Ursprung in dem Brand unserer Tribüne hatte. Wasser stand uns nicht zur Verfügung, und nur durch Abstoßen der brennenden Teile gelang es uns, einen Teil der vorderen Seitentribüne zu retten, die uns bis zum Umbau des Platzes gute Dienste geleistet hat.

Der allgemeine Wirrwarr nach den Kampfhandlungen löste sich allmählich, und langsam kam Ordnung in das wirtschaftliche Leben. Auf

Die Plumpe um 1950. Wiederaufbau war angesagt.

sportlichem Gebiete wurde eine radikale Änderung dadurch herbeigeführt, daß sämtliche Vereine als aufgelöst galten, kein Vereinsname mehr in Erscheinung treten durfte und damit dem Sport das Herz zu nehmen drohte. Vom Bezirksrat für Volks- und Bildungswesen im Bezirk Wedding wurde ich mit der Bildung einer Sportgruppe in unserem Bezirk betraut. Wenige Getreue waren nur noch vorhanden, und da nur Sportler sich in einer Gruppe betätigen durften, wenn auch der Wohnsitz bezirklich übereinstimmte, war der Kreis sehr stark begrenzt.

Die alten Vereine, insbesondere die Ligavereine, hatten das größte Interesse an ein Wiedererstehen und damit die Zulassung des ausgelöschten Namens. Unter Ausschluß der Öffentlichkeit tagten Vertreter der Vereine, in fast allen Fällen die alten Funktionäre, in unserem Geschäftszimmer. Verbindung mit den Sportoffizieren der Amerikaner und Engländer wurden aufgenommen und unter Schilderung der augenblicklichen Zustände versucht, die Zulassung der Vereine wieder zu erwirken."

In den Tiefbauakten des Bezirks Wedding findet sich aus jener Nachkriegszeit folgender Vermerk: „Der Hertha-Verein ist als nationalsozialistischer Fußball-Club im Jahre 1945 nach Kriegsschluß verboten worden. Rechtsnachfolger ist das Bezirksamt Wedding, Abt. Sport." Das damals in den wichtigsten Positionen mehrheitlich zur KPD orientierte Weddinger Bezirksamt, das vom Juni 1945 bis Dezember 1946 amtierte, stufte Hertha BSC als bürgerlichen Verein mit zu großer Nähe zum Nationalsozialismus ein. Die Geschäftsstelle wurde beschlagnahmt. Ehemalige Hertha-Mitglieder und solche von NNW bildeten die sogenannte Sportgruppe Gesundbrunnen. Hinter der SG Wilmersdorf verbargen sich vor allem Spieler vom Berliner SV 92 und hinter der SG Prenzlauer Berg West die Kicker von Alemannia 90. Im Laufe der Saison 1948/49 – die Sportgemeinschaften hatten in einer sogenannten Stadtliga gespielt – bekamen die meisten bekannten Vereine ihre alten Namen zurück. Zu den ersten gehörten: der VfB Pankow, VfL Humboldt, SC Südring, Adlershofer BC, SV Treptow, Reinickendorfer Füchse, VfL Friedrichshain und Lichtenberg 47.

Die Herthaner mußten noch warten. Nach zähem Ringen wurde Hertha BSC erst am 1. August 1949 wieder als Verein zugelassen, und das unter dem alten, traditionsreichen Namen. Das wichtige und langersehnte Schreiben war von Oberbürgermeisterin Louise Schroeder unterzeichnet. Die Mitglieder hatten sich im NNW-Casino im Wedding an der Behmstraße mit 113:7 Stimmen für den alten Namen Hertha BSC ausgesprochen. Erst am 28. Februar 1950 genehmigte dann Oberbürgermeister Ernst Reuter die neue Satzung des Vereins unter dem Vorsitzenden Karl Windgassen. Im Amtsgericht Charlottenburg wurde der Verein unter dem Aktenzeichen 66-VR 618/NZ in das Vereinsregister eingetragen.

Bis es dazu kam, hatte der unermüdliche Wilhelm Wernicke, der am besten in die Vereinsangelegenheiten involviert war, 29 Anträge ausfüllen müssen, davon 16 Exemplare in deutsch, sechs in englisch, vier in russisch und drei in französisch. Die Vereinsgründer oder besser Wiedergründer mußten Formulare mit 131 Fragen nach besten Wissen und Gewissen beantworten.

Das Gespann Windgassen/Wernicke wirbelte unermüdlich und konzentrierte sich in Folge auf die Wiederherrichtung des Hertha-Platzes. Der Berliner Magistrat hatte ursprünglich den Bau eines größeren Stadions im Humboldthain favorisiert, ließ sich aber vom Wiederaufbau des Hertha-Platzes überzeugen. Die Renovierung der Anlage dauerte bis Ende 1950 an. Am 10. Dezember 1950 folgte das Einweihungsspiel gegen Wacker 04, welches friedlich 1:1 endete. Es begann die Liaison von Hertha BSC mit dem Dresdner SC, die ein ganz besonderes Kapitel der Vereinsgeschichte bedeutet.

Lutz Rosenzweig:
„Gesundbrunner auf Kartoffelreise"

Lutz Rosenzweig (geb. 28. August 1921) war als Halbstürmer und Linksaußen in den Jahren 1936 bis 1953 bei Hertha BSC im Einsatz und bestritt in der ersten und zweiten Mannschaft über 60 Spiele. Rosenzweig gehörte nach dem Krieg 1945 zur ersten Elf der sogenannten Kommunalsportgruppe Gesundbrunnen, der späteren Hertha-Mannschaft. Rosenzweig (Spitzname „Lutte") arbeitete später als Journalist in Berlin (u.a. für die *Tägliche Rundschau,* der *Abend, Kurier, Sportkurier, BZ* und *Fußballwoche).*

Herr Rosenzweig, Sie kamen in der Zeit, als die Nationalsozialisten an der Macht waren und auch den Sport gleichgeschaltet hatten, zu Hertha BSC. Welche Auswirkungen hatte das Nazi-Regime auf das Leben im Verein?

Die NSDAP hatte ja einen gewissen Pfeiffer als Vorsitzenden oder Vereinsführer, wie es damals hieß, eingesetzt. Der sollte restriktive Maßnahmen durchsetzen, blieb aber nicht allzu lange bei Hertha BSC. Die Hertha war und blieb ein bürgerlicher Verein, der sich natürlich den politischen Verhältnissen anpaßte. Wir hatten allerdings nur Ärger mit der Hitlerjugend, mußten alle drei Wochen für die sogenannte Bann-Auswahl spielen. Da wurden Spieler von Wacker, von NNW und von Hertha zusammengeholt. Und vor den Spielen mußte man antreten, den Hitlergruß zeigen – dann wurde Fußball gespielt.

Sie selbst haben noch mit dem großen Hanne Sobek zusammengespielt?

Ja, ab und an. Sobek spielte ja noch mit 40 Jahren in der ersten Mannschaft und hat uns junge Leute immer arg angetrieben und auch angemeckert. Aber er war trotzdem unser aller Liebling, ein großartiger Zuspieler und Torschütze. Der bleibt ein Phänomen.

Erinnern Sie sich noch an Ihr erstes Spiel im Hertha-Trikot?

Ja, an das erste Spiel in der ersten Mannschaft. Gegner war der VfB Pankow, und wir gewannen. Danach bekamen wir als Belohnung Bienenstich und Kaffee. Für Spesen – ich war mit der Straßenbahn gekommen – bekam ich 45 Pfennige zurück.

Was fanden Sie denn nach Beendigung des Krieges bei Hertha am Gesundbrunnen vor?

Nicht viel. Der alte Hertha-Platz glich einem Trümmerhaufen, es gab keinerlei Sportmaterial und kaum Lebensmittel. Die Voraussetzungen, um wieder Fußball zu spielen, waren also sehr schlecht. Die Alliierten, die äußerst mißtrauisch waren, ließen damals nur sogenannte Sportgruppen zu, in denen nur spielen durfte, wer auch in einem gewissen Gebiet wohnte. Ich ging zur Kommunalsportgruppe Gesundbrunnen. Dort sammelten sich vor allem ehemalige Herthaner, aber auch Spieler von NNW und vom Berliner Sportclub, mit dem Hertha ja 1923 fusioniert war und sich später wieder getrennt hatte. Hertha-Trikots gab es keine mehr, die Geschäftsstelle im Wedding war ja auch geplündert worden und der Name Hertha BSC nicht zugelassen. Aber die Spieler von NNW besaßen noch einen kompletten Satz an Trikots: rote Hemden und weiße Hosen. So traten wir dann zuerst auch an. Erst nach zwei, drei Jahren gab es neue Trikots.

Die erste Elf der Kommunalsportgruppe Gesundbrunnen mit Lutz Rosenzweig (stehend, dritter von links). Stehend von links: Vossen, Köhler, Rosenzweig, Schneider, Hawellek, Heider, Jakubke, Romanus; hockend von links: Quasebarth, Wenske, Hippler, Hausmann, Schünke.

Wer gehörte alles zu dieser Kommunalsportgruppe Gesundbrunnen?
Zur ersten Elf gehörten damals Köhler, Schneider, Hawellek, Heider, Jakubke, Quasebarth, Wenske, Hippler, Hausmann, Schünke und ich. Wir waren spielerisch eine ganz gute Mannschaft. Es gab vier Stadtliga-Staffeln, und die Sieger spielten dann die Stadtmeisterschaft aus. Da traten wir als Gesundbrunnen dann gegen Wilmersdorf an, dahinter verbarg sich der Berliner SV 92, oder gegen Prenzlauer Berg. Das waren vor allem Spieler von Alemannia 90. Die SG Gesundbrunnen und später wieder Hertha spielte damals aber eher eine untergeordnete Rolle im Berliner Fußball.

Die Truppe ging in die Vereins-Annalen ein als Mannschaft, die vor allem Kartoffel-Reisen oder Kalorien-Reisen unternahm?
Ja. Wir fuhren sehr viel über Land, nach Thüringen und Sachsen, nahmen Verbindungen zu ehemaligen Spielpartnern in Eisenach oder in Dresden auf und absolvierten dort Freundschaftsspiele, für die wir Naturalien bekamen. Kartoffeln, Eier, Wurst und andere Lebensmittel. Es ging ja auch ums Überleben. Im Vereinslokal in der Bellermannstraße in Wedding bekamen wir Spieler dann regelmäßig eine warme Suppe. Der Wirt namens Lehmann, ein sehr netter Mensch, hat uns damals regelrecht durchgefüttert.

Wie war denn unter diesen Umständen damals das Niveau der Spiele?
Der Berliner Fußball war allgemein schwach. Berliner Vereine waren meist hintendran. Von einem hohen Niveau konnte man nicht sprechen. Trainiert wurde auch meist recht lasch. Erst viel später, als aus der Sportgruppe Gesundbrunnen wieder Hertha BSC wurde – das war 1950 – besserte sich auch das Niveau, kamen neue Spieler zum Verein – allen voran Helmut Schön und seine Dresdner. ■

Gescheitert: Die Fusion der Meister

In der heutigen Zeit würde man von der Fusion zweier Riesen sprechen. Damals, 1950, in den Wirren der Nachkriegszeit, behandelte man die Tatsache, daß fast eine komplette Mannschaft aus dem Osten Deutschlands in den Berliner Westen wechselte, eine Nummer kleiner. Dabei bot die spektakuläre Allianz der Nachfahren zweier ehemaliger Deutscher Fußballmeister ungeheures Potential, eine große Mannschaft zu schaffen. Hertha BSC, Meister von 1930 und 1931, sowie der Dresdner SC (Meister 1943 und 1944), dessen Nachfolger die SG Dresden-Friedrichstadt war, galten einst als hervorragende Adressen im deutschen Fußball. Die Flucht eines Dutzend Dresdner Spieler, die 1950 Hertha BSC beitraten, hatte ihre Vorgeschichte in der kuriosen Entscheidung um den ersten Titel der neugeschaffenen DDR-Oberliga. Die Fußballsaison im Osten war noch vor Gründung der DDR (7. Oktober 1949) im September mit 14 Mannschaften gestartet worden. Da nannte man sie noch Ostzonenmeisterschaft, später Fußball-Oberliga der demokratischen Sportbewegung. Von den 14 Teams waren 13 bereits sogenannte Betriebssportgemeinschaften (BSG) und nannten sich z.B. BSG Einheit Meerane, BSG Gera-Süd oder Anker Wismar. Nur Dresden-Friedrichstadt spielte unter seinem alten Namen und war keinem Großbetrieb zugeordnet worden. Der Verein galt noch immer als eher bürgerlich und wurde deshalb argwöhnisch beobachtet.

Nach einer spannenden Saison – die Friedrichstädter aus Elbflorenz konnten sich oft über Kulissen von 30.000 oder 40.000 Zuschauern im heimischen Ostragehege freuen – lief alles auf ein richtiges Endspiel am letzten Spieltag hinaus. Da empfing die SG Dresden-Friedrichstadt den hartnäckigen und von den DDR-Fußball-Oberen bevorzugten Konkurrenten ZSG Horch Zwickau. Das Horch-Unternehmen produzierte zuerst Traktoren, später PKW der in der DDR sehr beliebten Marke P70 und zuletzt den berühmten Kleinwagen Trabant. Horch entwickelte sich nach dem Kriege schnell zu einem Vorzeigebetrieb der sozialistischen Planwirtschaft. In solch einem Umfeld (mit fußballverrückten Funktionären) konnte auch eine starke Fußballmannschaft aufblühen. Die Dresdner dagegen galten weiter als bürgerlicher Verein, dessen nahes Ende im gerade gegründeten Arbeiter- und Bauernstaat vorgezeichnet war. Bereits vor dem entscheidenden Duell um die Meister-

Helmut Schön, Anfang 1950 Spieler und Trainer bei Hertha BSC, in einem Länderspiel für Deutschland gegen Dänemark im Jahr 1940.

schaft machten in Dresden Gerüchte vom nahen Aus des Vereins die Runde. Doch davon wollten sich an jenem 16. April 1950 die Friedrichstädter um Spielertrainer Helmut Schön, Spielmacher Hans Kreische oder Torjäger Kurt Lehmann, der am Ende 17 Saisontreffer zu verzeichnen hatte, nicht beeinflussen lassen. 60.000 Menschen jubelten ihnen zu und mußten später entsetzt mit ansehen, wie die Dresdner mit 1:5 untergingen. Es soll nach Augenzeugenberichten aber nicht sauber zugegangen sein. Der Unparteiische, ein Herr Schmidt aus Schönebeck, zeigte sich äußerst parteiisch und übersah immer wieder großzügig zahlreiche böse Fouls der Zwickauer. Die Dresdner und ihr Anhang fühlten sich betrogen. Berittene Polizei mußte nach Abpfiff die aufgebrachte Menge unter Kontrolle bringen. Später, bei der Meisterehrung, soll sich Walter Ulbricht, damals stellvertretender Ministerpräsident der DDR und später viele Jahre starker Mann im Staate, mit einem Bonmot hervorgetan haben. An die Zwickauer gewandt, sagte er: „Ihr wart mir von Anfang an sympathisch, weil ihr die roten Hemden getragen habt."

Wie Helmut Schön als Zonenflüchtling zur Hertha kam

Die Dresdner schließlich, die bereits vor dem Spiel mit einem Wechsel nach Berlin geliebäugelt haben sollen, verließen wenig später auf unterschiedlichen Wegen ihre Heimatstadt. Genau elf waren es, die den Absprung wagten: Neben Helmut Schön, Hans Kreische und Kurt Lehmann noch Birkner, Drognitz, Hövermann, Jungnickel, Max Kreische, Kunstmann, Küchenmeister und Seiffert. Sie alle suchten bei Hertha BSC einen Neuanfang, eine neue Existenz.

In Berlin war gerade das Vertragsspielerstatut eingeführt worden, also der bezahlte Fußball. Die Sächsisch-Berlinische Symbiose sollte aber nur eine Saison lang halten. Hertha, das oft nur mit zwei oder drei Berlinern antrat und eher einer ehemaligen Dresdner Auswahl glich, erreichte hinter Tennis Borussia und Union 06 den dritten Tabellenrang. Die ehemaligen Dresdner Lehmann (18 Tore) und Drognitz (9) avancierten zu den besten Schützen. Helmut Schön, der Trainer, schlüpfte selbst nur noch dreimal als Spieler ins Hertha-Trikot. Dabei gab es folgende Resultate: Gegen BFC Südring 5:0, bei Alemannia 90 4:2 und gegen Viktoria 89 0:1.

Die Sachsen dominierten damals die Berliner Mannschaft, was schnell Neid und Mißgunst erzeugte. So wurden die starken Fußballer nie richtig heimisch und verließen zum Großteil nach nur einer Spielzeit Berlin. Man hatte sie mehr oder weniger vergrault. Die meisten Kicker aus Sachsen wechselten für geringe Ablösesummen nach Heidelberg. Nach diesem Aderlaß taumelte die Hertha in eine sportliche und finanzielle Krise. In der *Fußballwoche* hieß es: „Es ist heute billig, die schweren Fehler nachzuzeichnen, die am Gesundbrunnen gemacht worden sind. Der Gewaltstreich, die gesamte DSC-Elf an die Plumpe zu verpflanzen, gelang nicht, weil die Dresdner außer ihren Frauen auch ihren Vorstand mitbrachten und sich dagegen wehrten, Berliner Spieler in die Hertha-Elf eindringen zu lassen."

Die ganze Angelegenheit hatte für Hertha BSC auch noch ein politisches Nachspiel. Nach der Übersiedlung der Dresdner nach Westberlin reagierte der Sportausschuß der 1949 gegründeten DDR. Fußballmannschaften der DDR durften nicht mehr gegen Hertha antreten, jeglicher Spielverkehr war untersagt. Der Bann hielt gut ein Jahr an.

Hans Kreische:
Sachsen-Power in Berlin

Hans Kreische (geb. 7. Dezember 1922) gehörte Anfang der 50er Jahre zu den besten Halbstürmern im deutschen Nachkriegsfußball. Er spielte für den berühmten Dresdner SC und dessen Nachfolge-Verein SG Dresden-Friedrichstadt, den DSC Heidelberg und Dynamo Dresden. Kreische kam in der Landesauswahl Sachsens und der Stadtauswahl von Berlin zum Einsatz. Er bestritt Spiele in der sogenannten Ostzonenauswahl, die damals vom Dresdner Helmut Schön trainiert wurde. 1950 gehörte er zu den Dresdner Spielern, die in einer einmaligen Aktion zu Hertha BSC überwechselten. Für Hertha bestritt Kreische in der Saison 1950/51 in der Vertragsliga 19 Spiele (7 Tore). Kreisches Sohn Hans-Jürgen (geb. am 19. Juli 1947) spielte später erfolgreich bei Dynamo Dresden, absolvierte 50 Länderspiele für die DDR und war WM-Teilnehmer 1974. Hans Kreische war bei der Deutschen Reichsbahn in Dresden im Stückgutverkehr beschäftigt. Er lebt in Weißig bei Dresden.

Herr Kreische, was war letztendlich der Auslöser für den spektakulären Weggang, man kann auch sagen, für die Flucht von einem Dutzend Spielern der SG Dresden-Friedrichstadt, deren Kapitän Sie waren, zu Hertha BSC?

Das kam alles richtig ins Rollen, nachdem man unsere Mannschaft von Dresden-Friedrichstadt im vorletzten und entscheidenden Spiel um die erste DDR-Meisterschaft gegen Horch Zwickau betrogen hatte. Das passierte am 16. April 1950. Fast 60.000 Zuschauer drängelten sich im Ostragehege, unserem Stadion. Wir spielten mit Helmut Schön, mit Birkner im Tor, mit Drognitz, mit Torjäger Lehmann. Doch wir unterlagen sang- und klanglos mit 1:5, nachdem der Schiedsrichter im Zweifelsfall immer für die Zwickauer entschieden hatte, deren überhartes und unfaires Spiel nicht unterbunden wurde. Wir wurden jedenfalls mächtig verschaukelt. Helmut Schön schrieb viel später einmal in einem Buch: „Es ist mir heute noch ein Rätsel, warum dieses Spiel von höherer Stelle in so unsportliche Bahnen gelenkt wurde." Man wollte uns damals nicht als Meister, weil wir als bürgerlicher Verein galten, als Nachfolger des berühmten Dresdner SC. Die SG Dresden-Friedrichstadt wurde später aufgelöst. Ein Teil der Spieler machte bei der Betriebssportgemeinschaft Tabak Dresden weiter.

Helmut Schön, der später so erfolgreiche Bundestrainer, hatte sehr großen Einfluß auf die Entscheidung, die gerade gegründete DDR zu verlassen und in Westberlin einen Neuanfang zu suchen?

Richtig. Schön war als erster weg. Der war schon alleine abgehauen. Der kannte einen zuverlässigen Spediteur, nahm Urlaub und verschwand mit seinen Möbeln nach Berlin. Wir anderen Spieler beschlossen dann, ebenfalls zu Hertha zu wechseln. Ich hatte zu dieser verrückten Zeit noch ein Angebot, nach Wuppertal zu gehen, die hatten schon einen Einkäufer wegen mir nach Dresden geschickt. Das war mir aber zu riskant. Wir sind dann mit einer Taxe von Dresden nach Berlin gefahren. Drognitz, Kessler, mein Bruder Max und ich. Das war damals alles geheim.

Es heißt, der heutige Vorsitzende des Zentralrats der Juden in Deutschland, Ignatz Bubis, habe damals Ihre Flucht unterstützt?

Ignatz Bubis hatte einen Laden in Dresden, da wurden Tauschgeschäfte abgewickelt. Der hat sich mit viel Fleiß nach oben gearbeitet. Bubis war ein fußballverrückter Mann. Der trainierte oft bei uns, bei Friedrichstadt, mit. Als Geschäftsmann unterstützte er uns auch ab und an, gab mal ein Mittagessen aus oder steckte uns eine Flasche Likör zu. Bubis war bereits 1950 nach Westberlin gegangen, riet uns, zu Hertha zu wechseln – und wenn ich mich richtig erinnere, organisierte er einen großen Wagen, mit dem einige Spieler dann nach Berlin fuhren.

Wie wurden Sie bei der Hertha empfangen?

Mit offenen Armen. Ich persönlich hatte nie Probleme mit den Berlinern, nicht mit den Mitspielern, den Funktionären oder den Zuschauern. Ich wohnte damals in einer Pension im Wedding in der Togostraße. Meine Frau kam mit meinem kleinen Sohn Hans-Jürgen nach. In der Nachbarschaft wohnte der Bürgermeister vom Wedding, ein freundlicher Mann, der uns allen sehr geholfen hatte.

Die ersten Probleme zwischen den zugereisten Dresdnern und den alteingesessenen Berlinern gab es aber bereits nach dem ersten Spiel?

Ja, das stimmt. Das war nur ein Probespiel, eigentlich zum Kennenlernen der Stärken und Schwächen aller, die in Zukunft zusammenspie-

Der Dresdner Hans Kreische (Mitte) in Aktion.

len sollten und wollten. Wir Sachsen gewannen bei diesem Test gegen die Berliner bei der Hertha mit 4:2. Helmut Schön spielte da einen guten Ball, und vorne gelangen „Bomber" Lehmann die Tore. Schon da begannen die ersten Mißverständnisse, kam erster Neid auf.

Weil die Dresdner damals einfach die besseren Fußballer waren?

Naja, wir spielten schon einen ansehnlichen Ball. Vor allem einen technisch gepflegten Fußball. Bei der SG Dresden-Friedrichstadt umschrieb man unseren Stil einmal anerkennend mit Salonfußball, attraktiv und anständig. Wir waren damals immer froh, wenn es bei einem Spiel regnete. Da kam unsere Technik besser zur Geltung, da konntest du mit Körpertäuschungen viel erreichen. Wenn es regnete, hieß es immer, das ist der DSG-Boden.

Der Frust der Ur-Berliner bei Hertha war aber verständlich, denn teilweise spielten später neun Dresdner und mit Manfred Wenske und Harry Jakubke nur zwei Alt-Herthaner?

Das war ein bißchen einseitig zugunsten von uns Sachsen. Das erzeugte dann sehr schnell Neid und Mißgunst. Das Verhältnis zwischen den beiden Mannschafts-Parteien war gestört. Wir waren auch im Charakter, in der Mentalität zu unterschiedlich. Das alles kam nie richtig unter einen Hut. Dazu kamen auch Streitereien in der Vereinsführung. Wir kamen halt aus Sachsen und aus dem Osten, die anderen waren Großstädter und aus dem Westen.

Nach nur einer Saison, Hertha war mit den Dresdnern in der Berliner Vertragsliga hinter Tennis Borussia und dem SC Union 06 Dritter geworden, verließen die meisten Sachsen Hertha BSC und gingen nach Heidelberg. Was ist Ihnen am meisten haften geblieben aus Ihrer Berliner Zeit?

Hanne Sobek. Ich hatte einen guten Stand bei ihm. Der war damals Trainer der Berliner Stadtauswahl, ein sehr guter Mann und sympathischer, ehrlicher Mensch. Dem gefiel damals mein technisches Spiel, irgendwie hatten wir wohl sehr ähnliche Auffassungen vom Fußball. Und sonst? Es war trotz der Mißgunst im Team eine gute Zeit. Vor allem mit den Spielern von Tennis Borussia und auch den Unionern habe ich mich gut verstanden. Ich sollte später auch zu TeBe kommen, was ich aber nicht wollte. Und dann war da natürlich unser Stadion, die „Plumpe" im Wedding. Wir haben damals teilweise auf einem Hartplatz gespielt, es war aber immer eine gute Kulissse.

Der Weggang der Dresdner Fraktion von Hertha nach Heidelberg verlief damals auch nicht glücklich. Dort wurden Sie nie heimisch?

Das war im nachhinein ein großer Fehler. Wir kamen vom Regen in die Traufe. Ich bekam damals sehr viele Angebote. Vom FC Metz aus Frankreich, die mir 15.000 Mark Handgeld, gleiches Monatsgehalt und eine Wohnung boten. Auch die Offenbacher Kickers, damals eine gute Adresse, und der FC St. Pauli wollten mich haben. Aber mich überfiel wie oft das Heimweh. Auch meine Frau wollte endlich wieder zurück nach Dresden. Wir wurden 1953 wieder Dresdner.

Verfolgen Sie noch heute die aktuelle Entwicklung von Hertha BSC?

Natürlich. Ich gönne denen, daß sie wieder eine gute Fußballmannschaft haben. Berlin braucht eine starke Hertha. Mein Glück wäre aber erst vollkommen, wenn auch der Dresdner Fußball wieder erstklassig ist. Wir haben auch solch eine Tradition wie die Hertha. ■

Der schwere Weg in die Bundesliga

Nach dem Abgang der Dresdner Spieler nach Heidelberg drückten die Hertha wieder einmal finanzielle Sorgen. Man hatte für die spielstarken Sachsen insgesamt nur 15.000 Mark an Ablösesummen eingestrichen. Kosten waren aufgelaufen, weil man den Hertha-Platz umbauen ließ. Die Verbindlichkeiten betrugen rund 300.000 Mark, zuvor hatte der Berliner Senat dem Verein bereits 70.000 Mark erlassen. Die Situation war äußerst schwierig. Einher mit der finanziellen Misere ging – auch durch das Ausscheiden der Dresdner Fraktion – eine deutliche Schwächung der sportlichen Substanz der Mannschaft. Das wiederum brachte schlechte Resultate und weniger Zuschauer. Ein teuflischer Kreislauf.

Doch es fanden sich wieder einmal hilfreiche Kräfte. Der Berliner Fußballverband und die Toto-GmbH unterstützten die Hertha und verhinderten den Ruin. Sportlich war die Talfahrt allerdings nicht aufzuhalten. Hertha BSC belegte in der Spielzeit 1952/53 in der Berliner Vertragsliga nur den 13. und damit letzten Platz. Nur drei Spiele konnten gewonnen werden, bei sechs Unentschieden und 15 Niederlagen. Die Amateurliga war Herthas Schauplatz in der Saison 1953/54. Die Gegner hießen plötzlich nur noch VfL Nord, BSC Rehberge oder SSC Südwest.

Herthas Vertragsligamannschaft 1961/62. Hinten von links: Trainer Sobek, Schüler, Faeder, Eder, Heuer, Altendorff, Lange; vorn: Schmiege, Steinert, Tillich, Schimmöller, Groß.

Dr. Schüler als Libero führte eine sehr junge Mannschaft, zu der auch der damals gerade 18jährige Helmut Faeder gestoßen war. Die spätere Leitfigur der Berliner, der auch zu einem Einsatz in der Nationalmannschaft kam, wechselte von Buchholz an den Gesundbrunnen. Die neue Hertha kam punktgleich mit dem BFC Südring auf Rang eins der Tabelle und wurde nach Entscheidungsspielen (2:1 und 1:1) Amateurmeister. Rekordbesuch gab es an der „Plumpe" gegen den alten Rivalen Tasmania 1900 mit 10.000 Fans. Hertha gewann hoch mit 6:2. Bester Torschütze in der Saison bei den Amateuren war bereits Helmut Faeder mit 19 Treffern. Daß der kräftige Mittelstürmer in der Torjägerliste ganz oben stand, wurde bald zu einem Dauerzustand bei Hertha BSC.

In der folgenden Vertragsliga-Spielzeit rangierten sich die Herthaner auf Platz 7 ein, ein Jahr später blieb nur der 10. Rang, und man entging nur äußerst knapp dem erneuten Abstieg. Das bessere Torverhältnis gegenüber Alemannia 90 gab den Ausschlag. Wieder war Faeder mit zehn Treffern der erfolgreichste Schütze.

In der Saison 1956/57 wurde die Mannschaft personell verstärkt. Vor allem Hans-Günter Schimmöller, der von Alemannia kam, avancierte zu einem sehr wertvollen Spieler, der später in der Bundesliga zum stellvertretenden Spielführer aufstieg. Bis zum letzten Spieltag lieferte sich Hertha ein spannendes Kopf-an-Kopf-Rennen mit dem Erzrivalen Tennis Borussia. 78.486 Zuschauer pilgerten ins Olympiastadion und verbreiteten endlich einmal wieder große Fußball-Atmosphäre. Thiel, Faeder und Taube trafen zum umjubelten 3:0-Erfolg der Hertha, die damit endlich wieder den Titel des Berliner Meisters einheimste. Natürlich stand Faeder in der Torschützenliste ganz oben. Diemal hatte er 18mal getroffen. Die Meisterelf spielte mit:

▶ Großmann, Schimmöller, Götsch, Manthei, Schüler, Feldhahn, Lange, Taube, Faeder, Thiel und Bölk.

Fritz Walter & Co. siegen 14:1 gegen Hertha

Leider folgte in den Spielen der Endrunde um die Deutsche Meisterschaft, für die sich Hertha als Meister qualifiziert hatte, die große Ernüchterung. Das erste Spiel, auf neutralem Boden in Wuppertal gegen den 1. FC Kaiserslautern ausgetragen, ging als eines der schlimmsten in die Historie der Berliner ein. Hertha war mit 1:0 in Führung gegangen, unterlag am Ende aber sensationell mit 1:14. Die Lauterer um Nationalspieler Fritz Walter hatten die Hertha deklassiert und total auseinandergenommen. Sogar der große Fritz Walter wunderte sich über die desolate Hertha und darüber, wie einfach es war, gegen die Berliner an diesem Tage Tore zu erzielen. Bei Hertha selbst suchte man für das Versagen lange nach den Ursachen, fand aber nie eine Antwort. Gegen die Offenbacher Kickers (1:3) und gegen Borusssia Dortmund (1:2) konnten die Herthaner wenigstens ihr Gesicht wahren. Mehr aber auch nicht.

Es folgten Platz 6 (1957/58) und Rang 3 (1958/59) sowie 1959/60 die Vizemeisterschaft hinter Tasmania 1900. Um die Jahreswende 1958/59 sorgte wieder einmal eine Fusionsidee für viel Wirbel in Berlin. Hertha, erneut von Geldsorgen geplagt, da die Finanzbehörde eine Hypotheken-Gewinnabgabe in Höhe von 160.000 Mark forderte, kam der helfende Arm von Tennis Borussia gerade recht. TeBe-Vorsitzender Fritz Gretzschel und Hertha-Präsident Heinz Heydebreck wollten einen starken Großverein schaffen, der sich in der geplanten Bundesliga behaupten sollte. Doch die beiden obersten Vereins-Repräsentanten handelten im Alleingang. Vor allem in der Mitgliedschaft der Hertha rührte sich sofort heftiger Widerstand gegen die Fusionspläne der beiden ewigen Rivalen. Mit 263:3 Stimmen lehnten die Hertha-Mitglieder die geplante Elefanten-Hochzeit ab.

Zu unterschiedlich schien die Geschichte der beiden Vereine und vor allem ihre soziale Struktur: Während Hertha seinen Ruf als volksnaher Verein bewahrt hatte und in der Mitgliedschaft Arbeiter und Angestellte dominierten, galt TeBe immer schon als Verein der feinen Gesellschaft. Begüterte Bürger, Künstler und Theaterleute prägten das Erscheinungsbild von TeBe, und mehr als in jedem anderen Berliner Verein gehörten Millionäre zu ihrem Umfeld.

Vorbehalte gegen „Millionärsklub" TeBe

1960/61 errang Hertha erneut die Berliner Meisterschaft, besaß allerdings in der Endrunde um die Deutsche Meisterschaft wieder keine Chance und landete hinter dem 1. FC Nürnberg, Werder Bremen und dem 1. FC Köln nur auf Platz 4.

1961/62 reichte es hinter dem hartnäckigen Rivalen um einen Platz in der neuen Bundesliga, Tasmania 1900, nur zu Platz 2. Aber 1962/63, in der letzten Saison vor Einführung der neuen Eliteklasse in Deutschland, schaffte man den Titel mit sechs Zählern Vorsprung vor den Neuköllnern von Tas. Das war für den Deutschen Fußball-Bund ausschlaggebend, Hertha BSC als Berliner Vertreter für die Bundesliga zu nominieren. Ein neues Fußball-Zeitalter begann.

Die „Plumpe" – mehr als ein Fußballplatz

Den Berlinern wird ein starkes Kiezbewußtsein nachgesagt. Früher wie heute. Bezirksreformen, wie derzeit in Berlin aktuell, wo traditionell gewachsene Stadtteile aus Kostengründen zusammengelegt und einheitlich verwaltet werden sollen, sind dem Berliner zuwider. Er will möglichst alles, was er zum Leben braucht in seinem unmittelbaren Umfeld, in seinem Kiez, vereint wissen. Auch die geliebte Fußballmannschaft, den verehrten Verein.

So strömten früher auch die Fans aus Reinickendorf zumeist zu Wakker, die aus Wilmersdorf zum BSV 92, die Köpenicker zu ihrer Union. Nur zur „Plumpe", dem Fußballplatz von Hertha BSC am Gesundbrunnen, unmittelbar an der sogenannten Millionenbrücke gelegen, die den Wedding mit dem Prenzlauer Berg verbindet, strömten alle, die sich in der großen Stadt als Fußballanhänger wähnten. Kiezbewußtsein oder kleinkariertes Vereinsdenken zählten plötzlich nicht mehr. Die familiäre, unglaublich dichte Atmosphäre auf den steilaufragenden Stehplatzrängen, dem Zauber- und dem Uhrenberg, zog alle in ihren Bann – vergleichbar am ehesten mit der gedrängten Atmosphäre in den englischen Stadien, die ohne Laufbahn angelegt sind.

Der Platz, der vor dem Zweiten Weltkrieg rund 35.000 Menschen faßte und später nur noch etwa 20.000, wurde damit zu einer Art Schmelztiegel der unterschiedlichen gesellschaftlichen Klassen und Schichten. Buntgemischt wie das Fußball-Publikum nun einmal ist, zeigte es sich an der „Plumpe" auf engstem Raum. Das Ursprüngliche des Fußballspiels, der Kampf Mann gegen Mann, Team gegen Team, war geradezu greifbar. Und jeder, der dicht daneben auf den Traversen stand, hatte unmittelbar Anteil an diesem Kampf seiner Lieblinge, war mithin selbst Akteur.

In den *Hertha-Nachrichten* aus dem Jahr 1928 gibt es eine treffliche Beschreibung der Zustände: „Im Fußballstadion an der Plumpe, zu dessen unmittelbarem Einzugsgebiet die Arbeiterquartiere des Nordens gehörten, konnten die Gefühle für eine kurze Zeitspanne entfesselt

Der Uhrenberg, die Stehplatztribüne an der Plumpe.

Am Eingang zur Plumpe. Szene nach dem 2. Weltkrieg (vierter von links: der langjährige Hertha-Vorsitzende Wilhelm Wernicke).

werden. Hier durfte der Gegner oder Konkurrent bekämpft, gehaßt, ausgebuht werden, und alle Phasen des Kampfes lagen sinnfällig offen vor Spieler und Zuschauer. Hier traten einige wenige stellvertretend für die große Masse der Zuschauer heraus aus der Bedeutungslosigkeit, zu der die meisten in der Arbeitswelt verurteilt waren. Hier gab es in der Stunde des Spiels keine Herkunfts- und Vermögensunterschiede, nur Könner und Nichtkönner, und dies sei eine Form des 'sozialen Ausgleichs', wie sie sonst nur in der Utopie existiert."

Wie alte Chroniken berichten, trafen sich auf den Tribünen der „Plumpe" auch ansonsten verfeindete Lager und fanden in der Anfeuerung der Hertha-Mannschaft einen gemeinsamen Nenner. Da stand auf der einen Seite das sogenannte „bürgerliche" Lager, zu dem allgemein die Herthaner gerechnet wurden, und das im Wedding stets ambitionierte „sozialistische oder gar kommunistische" Lager. Die „Plumpe" also als Ort des sozialen Friedens? Wenigstens für 90 Spielminuten und das Bier danach schien es so.

1936 stieg die „Plumpe" in den Rang einer olympischen Arena auf. Das während der Olympischen Sommerspiele wenig beachtete Fußballturnier brachte dem Stadion im Wedding drei Spiele ein. Japan - Schweden (3:2), Peru - Finnland (7:3) und Peru - Österreich (abgebrochen) gingen dort über die Bühne. Bei Peru kontra Finnland konstatiert ein Olympiabuch „ziemlich leere Ränge. Hier zog nur immer Hertha BSC!" Und beim Auftritt der Südamerikaner gegen Österreich (4:2 n.V.) stürmten Anhänger der Peruaner den Platz und griffen österreichische Spieler an. Eine Spielwiederholung wurde angeordnet, die Peruaner traten aber nicht mehr an.

Nur wenige Jahre später, nach dem Zweiten Weltkrieg, war auch die „Plumpe" nahezu völlig zerstört. Die Spielfläche war von Bombenkratern übersät, überall lagen Minen und Munition herum. Mühsam machte man sich daran, den Platz wieder bespielbar zu gestalten.

Den größten Andrang auf dieser vielgelobten, mit großem Einsatz und finanziellem Aufwand wieder aufgebauten Sportstätte gab es allerdings später nicht beim Fußball, sondern bei einem politischen Großereignis. Am 24. Juni 1948 sollen sich nach Augenzeugenberichten rund 80.000 Menschen auf dem Gelände der „Plumpe" gedrängt haben. Anlaß: die Sozialdemokratische Partei Deutschlands (SPD) hatte zu einer Kundgebung aufgerufen. In der Nacht zuvor hatte die sowjetische

Militäradministration die Blockade über die Land- und Wasserwege für die westlichen Bezirke der Stadt verhängt, eine Reaktion auf die Kontroversen der drei Westalliierten (USA, England und Frankreich) mit der Sowjetunion um den künftigen Status der Stadt Berlin. 80.000 Menschen verfolgten eine begeisternde Rede des Berliner Oberbürgermeisters Ernst Reuter. Später ging dieser dramatische Abschnitt Berliner und deutscher Nachkriegsgeschichte als „Luftbrücke" in die Historie ein. Die USA versorgten die westlichen Bezirke der Stadt aus der Luft durch Flugzeuge, die man später liebevoll „Rosinenbomber" nannte.

Noch lange Zeit erfreuten zahlreiche Jahrgänge von Hertha-Fußballern an der „Plumpe" ihr Publikum. Mit Einführung der Fußball-Bundesliga im Jahre 1963 verlor der traditionsreiche Platz aber stark an Bedeutung. Hertha BSC zog für Punktspiele und internationale Vergleiche ins große Olympiastadion nach Charlottenburg um und war später mitverantwortlich für den vielkritisierten Abriß des Platzes. Große Teile der Anhängerschaft sprachen damals von „Verrat".

Der sogenannte Bundesliga-Skandal 1971, in dem auch zahlreiche Hertha-Spieler der Bestechlichkeit überführt wurden, hatte den sonst oft vergötterten Blau-Weißen in der großen Anhängerschaft viele Sympathien gekostet. Mit solch unlauteren Methoden wollte sich der Berli-

Training an der Plumpe 1964 (rechts Trainer Jupp Schneider, in der Mitte Helmut Faeder).

ner Fußballfreund, der stets ehrliche Leistung honoriert, nicht abfinden und blieb fortan dem Geschehen auf dem Rasen öfters fern. Der gewaltige Zuschauerschnitt aus der Saison 1970/71 mit 43.833 Fans fiel in der Folge rapide ab. 1971/72 wollten im Schnitt nur noch 23.793 Anhänger die Hertha-Spiele sehen, ein Jahr später waren es mit 24.417 nicht viele mehr. Die Folge: Der Verein geriet in große finanzielle Schwierigkeiten. 1972 stimmte die Mitgliederversammlung von Hertha BSC dem Notverkauf der „Plumpe" mit 163 Ja-Stimmen, 15 Enthaltungen und 57 Gegenstimmen zu. Für 1.950.000 Mark sollte das Areal an das Bezirksamt Wedding veräußert werden. Vorsitzender Heinz Warneke hatte zuvor gedroht: „Wenn wir nicht verkaufen, gehen wir in Konkurs!"

1973 aber wurde zum ersten Mal eine Münchner Wohnungsbaugesellschaft als Käufer genannt. Nach vielem Hin und Her und einem allgemeinen Hickhack stimmte das Berliner Abgeordnetenhaus der Umwidmung des Sportplatzes in Baugelände zu. In diesem Parlament und im Berliner Senat besaß Hertha BSC offenbar wichtige Freunde. Warneke hatte zuvor nochmals mit einem Hilfeschrei die Verbindlichkeiten des Vereins öffentlich gemacht: 6.650.000 Mark plus ein Senatskredit von 550.000 Mark. Für fast die gesamte Schuldensumme wurde die „Plumpe" schließlich an die Münchner Baugesellschaft verkauft – exakt 6,2 Millionen Mark. Am 22. Oktober 1974 wollte Hertha BSC zum letzten Mal an der „Plumpe" auflaufen.

Zum Abschiedsspiel hatte man sich den alten Rivalen 1. FC Nürnberg eingeladen. Der *Tagesspiegel* schrieb: „Abschied von der Plumpe ohne Sentimentalität". Mit Blasmusik und Streichholz-Feuerwerk sollte es gegen den „Club" gehen. Doch das Spiel fiel buchstäblich ins Wasser. Der *Tagesspiegel* vom 23. Oktober 1974: „Da der Hertha-Platz an der Plumpe unter Wasser stand, reisten die Nürnberger erst gar nicht an." Irgendwie paßte der traurige Abschied zur Gesamtsituation. Wenige Tage später begannen die Abrißbirnen und Bagger ihr Werk. Hertha BSC hatte seine Heimat verloren. Ein hoher Preis fürs Überleben im Bundesligageschäft. Da, wo es einst unzählige unvergeßliche Fußballspiele gegeben hatte, wurden 440 neue Wohnungen errichtet. Kostenpunkt: 70 Millionen Mark. ∎

Abenteuer Bundesliga

Irgendwie hat Fritz Walter, der Kapitän der deutschen Weltmeister-mannschaft von 1954 und Urgestein aus Kaiserslautern, die Einführung der Fußball-Bundesliga zur Saison 1963/64 ein wenig beschleunigt. Und das zuerst ohne eigenes Zutun. Im Jahr 1957, Walter stand noch immer in der Blüte seiner Laufbahn, wollte der renommierte spanische Spitzenklub Atletico Madrid den Pfälzer ködern. 225.000 Mark Hand-geld plus 6.000 Mark monatliche Festbezüge wollten die Madrilenen für den in ganz Europa populären Weltmeister investieren. Eine für die damalige Zeit enorme Summe. Ein fast unwiderstehliches Angebot.

Zum Vergleich: In den deutschen Oberligen durften Gehälter und Prämien die Summe von 400 Mark monatlich nicht übersteigen. Eine

Die Hertha-Mannschaft in der Bundesliga-Saison 1964/65. Stehend von links: Trainer Schneider, Eder, Sundermann, Altendorff, Faeder, Rühl, Kram-pitz, Steinert, Kremer; vorn von links: Klimaschefski, Schimmöller, Fahrian, Krumnow, Rehhagel, Heuer.

Am 8. Dezember 1962 gab der DFB seinen Nominierungsschlüssel bekannt: Danach sollten je fünf Vereine aus dem Süden und dem Westen, drei aus dem Norden, zwei aus dem Südwesten und einer aus Berlin einen Platz finden. Pro Stadt galt, daß nur ein Klub dabei sein durfte. Das traf besonders Berlin und auch München (mit 1860 und dem FC Bayern). Wütende Proteste folgten. Der Süden forderte zum Beispiel sieben Plätze, wurde aber in seinen Forderungen gebremst und abgeschmettert.

46 Vereine bewarben sich um einen Platz an der Sonne. Aus Berlin waren das Hertha BSC (Berliner Meister von 1957, 1961 und 1963), Tasmania 1900 (Berliner Meister 1959, 1960 und 1962) und Viktoria 89 (Berliner Meister 1955 und 1956). Der DFB wollte ein Zehnjahressystem an Punkten zur Nominierung heranziehen und veröffentlichte zum ersten Mal am 10. Januar 1963 die Namen von neun Vereinen, die den DFB-Auflagen genügten und Aufnahme in die Bundesliga finden sollten. Aus dem Norden waren es der Hamburger SV und Werder Bremen, aus dem Westen Schalke 04, Borussia Dortmund und der 1. FC Köln, aus dem Süden Eintracht Frankfurt und der 1. FC Nürnberg, aus dem Südwesten der 1. FC Saarbrücken und schließlich aus Berlin Hertha BSC.

In den Oberligen begann ein Hauen und Stechen um die verbliebenen sieben Plätze, die schließlich an Braunschweig, Münster, Meiderich, den Karlsruher SC, 1860 München, den VfB Stuttgart und den 1. FC Kaiserslautern gingen.

Dazwischen passierte einiges. Auch in Berlin. Wolfgang Holst, 1962 von der Mitgliederversammlung von Hertha BSC in den Vorstand gewählt und als Spielausschuß-Obmann tätig, erinnert sich: „Wir wußten damals nicht ganz genau, welche Kriterien für die Aufnahme in die Bundesliga zu erfüllen waren. Mit Tasmania und mit Viktoria besaßen wir auch hartnäckige Konkurrenten in der eigenen Stadt."

Holst überlegte sich einen Kunstgriff. Er aktivierte die alten Hertha-Haudegen Karl Tewes, der als Erfinder der Stoppertaktik in den 20er Jahren galt, und den in ganz Deutschland populären und als untadeligen Sportsmann bekannten Hanne Sobek, der bei Hertha noch als Trainer tätig war. Heute würde man sagen, Holst benutzte beide als Lobbyisten. Holst: „Wir schlossen damals, es war im August 1962, ein Freundschaftsspiel bei Kickers Offenbach ab, um in die Nähe der DFB-Zentrale nach

Frankfurt/Main zu kommen. Wir nahmen Tewes und Sobek als Ehrengäste mit. DFB-Generalsekretär Paßlack empfing uns zum Essen und führte die beiden Haudegen durch die Zentrale. Ich suchte den Kontakt zu Paßlack und entführte ihn nach dem Essen zu einem Spaziergang und einem Vier-Augen-Gespräch."

Holst fragte Paßlack direkt: „Welche Kriterien müssen wir erfüllen, um als Berliner Vertreter in die Bundesliga zu kommen?" Paßlack antwortete kurz und knapp: „Werden Sie Berliner Meister!"

Mit dieser Botschaft kehrten Holst und das Team nach Berlin zurück. Der Spielausschuß-Obmann motivierte die Mannschaft für die alles entscheidende Saison. Mit Hans „Gustav" Eder wurde ein wichtiger Spieler vom Konkurrenten Tennis Borussia geholt. „Als Signal", so Holst. Hertha wurde mit großem Abstand zu den Verfolgern Berliner Champion, besaß bereits Anfang Januar einen riesigen Vorsprung von acht Punkten auf den Spandauer SV und sogar zehn Punkten auf den Hauptrivalen Tasmania 1900. Am Saisonende siegte Hertha BSC mit sechs Zählern Vorsprung vor Tasmania, was dem DFB natürlich gefiel und in seiner Entscheidung pro Hertha bestätigte. Tasmania protestierte beim DFB – wie auch die ausgebooteten Traditionsvereine Alemannia Aachen und Kickers Offenbach – gegen die angebliche Benachteiligung. Vergeblich. Für Tasmania, das Hertha BSC gefälschte Bilanzen vorwarf, kam die Stunde des Einzugs in die neue Eliteklasse schneller als vermutet. Und Hertha BSC besaß daran seinen Anteil. Doch das ist ein neues, für Hertha unrühmliches und für Tasmania unglückliches Kapitel aus dem Jahr 1965.

Helmut Faeder:
der fast vollkommene Star

Helmut Faeder (geb. am 3. Juli 1935) war derjenige Spieler von Hertha BSC, der in den 50er und Anfang der 60er Jahre den Begriff „Star" verdient hatte. Der durchschlagskräftige Halbstürmer – Regisseur und Torjäger in Personalunion – prägte lange den Stil der Berliner. Faeder, in Buchholz im Norden Berlins geboren, spielte in seiner langen Laufbahn nur für den SV Buchholz, Hertha BSC und für Hertha Zehlendorf. Faeder hält noch immer einige wichtige Rekorde in der Geschichte von Hertha BSC: Mit insgesamt 351 Pflichtspielen (1. Bundesliga, Vertragsliga, Regionalliga und

Helmut Faeder, der Hertha-Star der 50er und 60er Jahre.

Amateurliga) ist er weit enteilter Rekordspieler. Faeder führt auch die „ewige" Torschützenliste des Vereins mit großem Abstand an. Insgesamt traf er 212mal für Hertha BSC. Helmut Faeder absolvierte 1958 beim 1:2 in Kairo gegen Ägypten ein Länderspiel für Deutschland. Er bestritt zwischen 1954 und 1971 insgesamt 61 Städtespiele für Berlin. Faeder führte viele Jahre erfolgreich einen Obst- und Gemüse-Großhandel in Berlin. Schon seine Eltern und Großeltern waren in der gleichen Branche tätig. Er lebt mit seiner Frau Brigitte in Buchholz.

Herr Faeder, in Fußball-Deutschland ist Ihr Name untrennbar mit Hertha BSC verbunden. Macht Sie das stolz?
   Ja, sicher. Ich denke schon, daß der Verein mir viel zu verdanken hat.

Sie kamen 1953 vom kleinen SV Buchholz zur großen Hertha und waren damals gerade 18 Jahre jung. Erinnern Sie sich noch an Ihren Einstand?
Na klar. Im November 1953 spielten wir gegen Concordia Wittenau. Hertha gewann mit 5:1, und mir gelangen zum Einstand gleich zwei Treffer. Was willst du mehr?

Bis zum Start der Fußball-Bundesliga stürmten Sie in der Berliner Vertragsliga gegen die ewigen Kontrahenten Tennis Borussia oder Tasmania. War das eigentlich die richtige Vorbereitung auf die große Showbühne Bundesliga?
Das war eigentlich nur eine Stadtmeisterschaft. Ich glaube, der Fußball-Westen und auch der Süden, die hatten schon in den 50er Jahren sowas wie eine Bundesliga, nimmt man das Niveau oder die Konzentration von starken Mannschaften auf engem Raum zum Maßstab. Schalke gegen Dortmund im Westen oder Nürnberg gegen Stuttgart im Süden, das war schon immer was anderes als etwa Hertha BSC gegen BFC Südring. Wir fuhren zu den Auswärtsspielen nur ein paar Kilometer quer durch die Stadt und brachten unsere Anhänger mit. Da fehlte auf Dauer schon die starke Konkurrenz. Durch die politische Isolation Westberlins bekamen wir später wenigstens durch das Auswärtige Amt oft einen Ausgleich und konnten viel zu interessanten Testspielen ins Ausland reisen. So kam ich mit Hertha fast um die gesamte Welt, nach Amerika, nach Afrika. Und ich traf auf viele Weltklassespieler, spielte gegen Pelé, gegen di Stefano, gegen Beckenbauer. Und dann gab's damals noch die beliebten Städtespiele. Berlin, Wien, Leipzig – alle trafen häufig aufeinander. So konnten wir Herthaner unser Niveau halten und gingen nicht unvorbereitet in die neue Bundesliga.

Als 1963 die Bundesliga aus der Taufe gehoben wurde, war aus Berlin Hertha BSC nominiert worden und nicht Konkurrent Tasmania 1900, der sich auch berechtigte Hoffnungen gemacht hatte. Wie haben Sie das damals empfunden?
Der Deutsche Fußball-Bund war sich ein wenig unsicher bei der Auswahl der Mannschaften. Tasmania und Hertha hatten Ende der 50er Jahre wechselseitig den Berliner Meistertitel geholt. Tasmania war 1961/62 Meister, wir in der entscheidenden Saison 1962/63. Da war es nur normal, daß der Meister in die Bundesliga aufgenommen wurde. Ich habe das schon als gerecht empfunden.

Wie war damals im ersten Bundesliga-Jahr die Atmosphäre im Team, das als 14. der Tabelle den Abstieg gerade so verhindern konnte?

Die war sehr locker. Wir hatten ja auch einige unglaubliche Spaßvögel dabei. Vor allem Uwe Klimaschefski. Der hat mal in Homburg einen Platzwart an den Torpfosten gebunden und sehr, sehr viel Unsinn angestellt. Die Mannschaft war ja enorm verstärkt worden. Otto Rehhagel kam aus Essen, Carl-Heinz Rühl aus Köln. Natürlich war das auch ein Gewöhnungsprozeß an die Bundesliga. Weder Mannschaft noch Trainer, Umfeld, Presse oder Publikum waren zu Beginn bundesligareif. Das dauerte. Aber so kraß wie vielleicht erwartet war spielerisch der Unterschied zwischen Vertragsliga und Bundesliga nicht.

Wie sah damals ein normaler Tag als Bundesligaspieler aus?

Sicher nicht viel anderes als heute. Wir haben auch schon zweimal am Tag trainiert, sind ab und an in die Sauna gegangen. Aber die Betreuung war natürlich viel primitiver als heute. Wir hatten nur einen Masseur um uns, die ganzen medizinischen Dinge wurden noch nicht wissenschaftlich betrieben. Trotzdem waren wir nicht so oft verletzt wie die Spieler in der heutigen Zeit. Das verwundert mich immer wieder. Eines empfand ich als sehr schön: Nach jedem Bundesligaspiel war es üblich, daß sich beide Mannschaften anschließend zu einem kleinen Bankett trafen. Da wurde beim Bier sofort alles ausgeräumt. Heute laufen alle auseinander. Einige treffen sich beim Italiener oder in anderen Restaurants, und das befördert die Cliquenbildung. Heute werden Unstimmigkeiten, die im Spiel auftraten, meist bis Mitte der nächsten Woche mit rumgeschleppt oder in der Presse ausgetragen.

Immer mehr Spieler wurden damals von Westdeutschland zu Hertha nach Berlin gelockt. Schnell wurde von Differenzen gesprochen, weil die Zugereisten mehr Geld verdienten als die alteingesessenen Berliner?

Das war doch normal. Ein Otto Rehhagel hätte auch von Essen zu Schalke 04 oder zu Borussia Dortmund gehen können. Man mußte denen damals schon ein bißchen mehr bieten, damit sie nach Berlin kamen. Wir waren doch eingemauert. Das war nicht jedermanns Sache. Ich persönlich habe die Kluft nicht so empfunden. Mit den meisten ehemaligen Spielern aus Westdeutschland bin ich noch immer gut befreundet. Das spricht doch für sich.

Welches System hat Hertha BSC damals gespielt?

Das bekannte WM-System. Ich bot den klassischen Halbstürmer, halbrechts. Calli Rühl spielte Rechtsaußen. Wir verteidigten ohne Libero und nur Mann gegen Mann. Als Halbstürmer mußte ich bei die-

Szene aus dem Bundesligaspiel Hertha BSC gegen Borussia Neunkirchen mit den Herthanern Eder und Faeder.

ser Spielweise sehr viel rennen, auch oft hinten aushelfen. Ich schoß aber viel lieber Tore. Ein später übliches 4-2-4-System hätte mir wahrscheinlich besser gelegen.

Was haben Sie damals ungefähr verdient?

Ich weiß es wirklich nicht mehr genau. Ich glaube später um die 3.000 Mark. Und es gab Handgelder von 10.000 Mark.

Apropos Handgelder. Schon 1965 mußte Hertha BSC den Zwangsabstieg in Kauf nehmen, weil man überhöhte Handgelder und überhaupt zu hohe Gehälter gezahlt hatte.

Das war alles ganz furchtbar. Siegfried Held, der noch bei den Offenbacher Kickers spielte, bekam wohl schon monatelang von Hertha 500 Mark überwiesen, damit er später zu uns kommen sollte. Das soll der Verein nicht selbst bezahlt haben, sondern Mäzene. Auch überhöhte Handgelder wurden gezahlt, vor allem eben an die Spieler, die aus Westdeutschland gekommen waren. Ich erinnere mich genau. Wir hatten mit einem 1:0-Sieg in Karlsruhe den Abstieg verhindert und lagen uns glücklich in den Armen. Schon als wir vom Platz gingen, kamen einige

KSC-Spieler zu uns und fragten, warum wir uns so freuten. „Ihr steigt sowieso ab!" hielten die uns entgegen. Wir waren regelrecht geschockt.

Es folgten zwei vergebliche Anläufe, aus der Regionalliga sofort wieder ins Oberhaus zu kommen. Zweimal scheiterte Hertha in der Relegation. 1967 kam dann auch für Sie als 32jährigen das etwas abrupte Aus bei Hertha?

Das letzte Spiel der Aufstiegsrunde bei Bayern Hof stand bevor. Der Vorstand hatte uns noch zuvor – als wir uns auf der Hinreise befanden – die Kündigungsschreiben geschickt. Es ging um Eder, Schimmöller, Steinert, Schulz und mich. Meine Frau Brigitte öffnete zu Hause in Berlin das Schreiben von Trainer Helmut Kronsbein und fiel aus allen Wolken. Tränenüberströmt rief sie mich in Hof noch vor dem Spiel an. Es kam zu einer Art Rebellion. Wir fünf wollten natürlich nicht spielen. Kronsbein überredete uns dann. Wir verloren mit 1:2. Es war mein letztes Spiel für Hertha BSC und ein schäbiger Abschied. Das alles passierte damals auf Betreiben von Wolfgang Holst. Daß ein Schnitt in der überalterten Mannschaft gemacht werden mußte, war klar. Aber doch nicht so. Für mich kam das damals wirklich wie aus heiterem Himmel. Ich bin zwar immer Mitglied bei Hertha BSC geblieben, aber ich holte mir sofort meinen Spielerpaß und wechselte zu Hertha Zehlendorf. Da gab es noch auf dem Hertha-Platz an der Plumpe ein sogenanntes Ablösespiel für mich. Ich spielte schon für Zehlendorf, und wir schlugen damals die große Hertha mit 4:1. Das war wie eine kleine Genugtuung für mich.

Sie haben viel mit der Hertha erlebt. Was ist am meisten haften geblieben?

Ach, da gäbe es hunderte Episoden. Es war schon eine sehr schöne Zeit. Wir spielten einmal in Berlin gegen die Nationalmannschaft von Peru, unterlagen 2:4. Ein paar Monate später reisten wir nach Mexiko und trafen dort auf Toluca. Plötzlich fiel mir ein Spieler von Toluca auf dem Platz um den Hals. Es war einer aus der peruanischen Nationalmannschaft. Das hat mich damals sehr bewegt. Oder: Der große FC Santos mit dem noch größeren Pelé kam zum Auftakt einer Europatournee nach Berlin. Wir lagen schnell mit 0:2 zurück, Pelé wurde ausgewechselt, sollte geschont werden. Da gelangen mir zwei sehr schöne Tore zum zwischenzeitlichen 2:2, und Pelé kam wieder ins Spiel, obwohl solcherart Wechsel nicht geplant war. Wir verloren noch mit 2:4, und für Santos waren die hohen Antrittsprämien auf der weiteren Tournee gerettet.

Viele sagen, daß Ihre Fähigkeiten mit nur einem Länderspiel für Deutschland nicht die entsprechende Würdigung gefunden haben. Sehen Sie das auch so?

Wenn ich mich sportlich hätte schneller weiterentwickeln sollen, hätte ich Berlin und Hertha verlassen müssen. Angebote gab es. Von Stuttgart oder auch aus Duisburg. Aber ich bin ein bodenständiger Typ, wollte nie aus Berlin weg. Ich war ja in der U-23 und auch in der B-Nationalmannschaft. Als mich Bundestrainer Sepp Herberger 1958 einlud, befand sich die Mannschaft im Umbruch. Die Weltmeisterschaft in Schweden war vorbei. Damals kam ich nicht ins Aufgebot. Auf meiner Position spielte Fritz Walter. Da kam ich nicht vorbei. So ein Klassemann war ich nicht. Wir flogen dann über Weihnachten und Silvester 1958 nach Ägypten, Nasser war Präsident, sein Bruder der Sportminister. Mit dabei waren unter anderem Helmut Rahn, der sich Silvester als einziger seine Biere leistete, während Max Morlock und ich mit Selters anstießen. Auch Hans Tilkowski und Karl-Heinz Schnellinger waren dabei. Wir hatten zwei Spiele gegen die Ägypter auf dem Plan. Das erste Spiel sollte ein Test- oder Freundschaftsspiel sein, das zweite ein offizielles Länderspiel. Zuerst gab es ein 1:2, im zweiten Spiel gewannen wir mit 2:1. Die Ägypter drehten das Ganze um und werteten schließlich ihren Sieg als Länderspiel. So habe auch ich eine negative Länderspielbilanz. Seitdem hat Deutschland noch nie wieder ein Länderspiel gegen die Ägypter ausgetragen. Das ist schon eine kuriose Geschichte.

Ich glaubte jedenfalls nach meinem ersten Auftritt gegen Ägypten, ordentlich gespielt zu haben, stürmte damals neben Rahn von Rot-Weiß Essen, Morlock von Nürnberg, Biesinger vom BC Augsburg und Klöckner von Schwarz-Weiß Essen. Doch Herberger gab mir anschließend nie wieder eine Chance. Der war mit Berliner Spielern vorsichtig, was die Nominierung für die Nationalmannschaft anbetraf. Er hatte ja einst selbst in Berlin bei Tennis Borussia gespielt und kannte den Moloch Berlin. Er fürchtete oft um den Lebenswandel der Berliner Spieler. Trotzdem: Ich kann sagen, Nationalspieler gewesen zu sein.

Was begründet eigentlich den Mythos Hertha BSC, warum halten die Fans dem Verein immer wieder die Treue und strömen ins Olympiastadion?

Das liegt wohl in den Wurzeln des Vereins begründet. Und im Erfolg. Besonders nach dem Krieg war Hertha in Berlin und später auch in der Bundesliga erfolgreich. Da Hertha lange am Gesundbrunnen, mitten im Arbeiterbezirk Wedding seine Heimat besaß, gab es eine starke Bindung zwischen Anhängern, oft einfachen Leuten, und dem Verein. Diese Wurzeln spürt man auch heute noch. ■

Der Auftakt

Hertha startete am 24. August 1963 mit den anderen 15 Mannschaften in die neue Ära namens Bundesliga. 55.000 Zuschauer kamen erwartungsfroh ins Berliner Olympiastadion – das Fachmagazin *Kicker* registrierte sogar 60.000 – um ihre Hertha im ewig jungen Duell gegen den 1. FC Nürnberg zu sehen. In der Hertha-Mannschaft standen neue Spieler, die für satte Handgelder vor allem aus dem Fußball-Westen nach Berlin gelotst wurden: Rehhagel (Rot-Weiß Essen), Klimaschefski (Bayer Leverkusen), Rühl (Viktoria Köln) und Beyer (Preußen Münster). Im *Kicker* hieß es: „Latte und Pfosten hatten einiges auszuhalten. Viermal halfen sie Hertha bei Kapitalschüssen der Nürnberger." Das Auftaktspiel endete 1:1. Der Weltmeister von 1954, Max Morlock, inzwischen bereits 38 Jahre alt, hatte die Gäste in Führung gebracht. Danach unterlief ausgerechnet dem Schützen im eigenen Strafraum ein Handspiel. Der Strafstoß, den Schiedsrichter Seekampf aus Hamburg verhängt hatte, verwandelte Berlins Verteidiger Hans-Günter Schimmöller zum Ausgleich. Im ersten Bundesligaspiel liefen für Hertha auf: ▶ Tillich, Rehhagel, Schimmöller, Schlesinger, Eder, Altendorff, Rühl, Klimaschefski, Beyer, Faeder und Steinert. Trainer war Jupp Schneider, der dieses Amt von Hanne Sobek übernommen hatte.

In den *Hertha-Clubnachrichten* vom Juli 1963 waren die Neuverpflichtungen so angekündigt worden: „Carl-Heinz Rühl ist 23 Jahre alt, verheiratet, er kam mit den besten Referenzen nach Berlin, aus dem Jugend-Nationalspieler wurde ein sechsfacher Nationalspieler für die deutsche Amateur-Länderelf. Der Ex-Münsteraner Harald Beyer ist ein stabiler, schneller Bursche, der keinen Nahkampf scheut. Uwe Klimaschefskis Stärken sind sein feiner Sinn, ein Spiel aus dem Mittelfeld heraus zu lenken und seine ausgeprägte Technik. Otto Rehhagel schließlich kann Verteidiger, Seitenläufer und Halbstürmer spielen. Er ist der einzige unter den vielen Neuen, der nicht verheiratet ist."

Hans Eder, genannt „Gustav", erinnert sich und charakterisiert die Mannschaft, die gegen Nürnberg auflief und Historie schrieb:

„Tillich im Tor war ein wenig phlegmatisch, der war ein Bulle, ein Gemütsmensch und ein sehr zuverlässiger Keeper.

Dann war da der Otto Rehhagel. Der war bissig, sehr ehrgeizig und hat sich fußballerisch alles sehr hart erarbeitet. Bei Niederlagen hat der fast geheult, der konnte nicht verlieren.

Schimmöller war ein guter linker Verteidiger, spielte manchmal ein wenig egoistisch.

Schlesinger galt als Frohnatur, war technisch sehr versiert, aber konditionell nicht auf der Höhe der Situation.

Hansi Altendorff stand immer richtig, war ein Instinktfußballer, der unglaubliche Tore schoß. Ein typischer Torjäger und Kumpel dazu.

Carl-Heinz Rühl hatte es zu Beginn schwer, Fuß zu fassen. Er setzte sich aber durch, war sehr schnell und besaß mit dem rechten Fuß einen unheimlichen Bumms.

Hans-Joachim Altendorff, Herthas torgefährlicher Angreifer.

Uwe Klimaschefski war für alle ein Phänomen, ein Verrückter. Der war technisch sehr gut. Ein Mann mit einer positiven Macke.

Mittelstürmer Bayer war von Münster gekommen und von Trainer Dettmar Cramer empfohlen worden. In Berlin kam er aber nicht so recht zum Zuge.

Helmut Faeder war damals der wichtigste Mann im Team. Der konnte alles.

Und Steinert wurde 'Husche' genannt, war schnell und schoß auch viele Tore."

Soweit die Erinnerungen von Hans Eder, einem der Männer der ersten Stunde.

Die Eintrittspreise im Olympiastadion von 1963 waren im Vergleich zu heute sehr moderat: Tribüne 14 Mark, Unterring 8 und

Stehplätze gab's für ganze 2,50 Mark

6 Mark, Oberring 4 Mark, Stehplätze Marathontreppe 2,50 Mark. Jugendliche bis 16 Jahre (nur Oberring) 1 Mark. Trotzdem moserte das Publikum anfangs wegen der Preise, gewöhnte sich aber schnell daran und machte Hertha zu einem der Zuschauer-Magneten der Bundesliga. Beim dritten Heimspiel – es war der 21. September 1963 – strömten 81.111 Fans in den Kessel des überfüllten Olympiastadions. Gegner war

der 1. FC Köln, der spätere Meister. Die Berliner unterlagen enttäuschend klar mit 0:3, konnten aber wenigstens eine prall gefüllte Vereinskasse registrieren. Die Einnahme betrug damals 304.000 Mark. Schatzmeister Günter Herzog rieb sich die Hände, die Konkurrenz schaute ein wenig neidisch nach Berlin. Die Einnahmen der ersten vier Spiele waren schon beeindruckend: Nürnberg (1:1 / 50.000 Zuschauer): 200.000 Mark; Kaiserslautern (2:2 / 44.000): 175.000 Mark; Köln (0:3 / 81.111): 304.000 Mark; Braunschweig (1:2 / 30.000): 116.000 Mark. Allerdings hielt der sportliche Erfolg auf dem Rasen nicht Schritt mit der riesigen Erwartungshaltung der Fans. Zwischenzeitlich fand man sich gar auf einem der Abstiegsränge wieder. Auf den ersten Heimsieg mußte Berlin sogar bis zum 23. November 1963 warten, als Hertha den 1. FC Saarbrücken mit 3:2 bezwang. Am Ende reichte es wenigstens zu Platz 14; Preußen Münster und Saarbrücken mußten absteigen.

Mit dem 3:1-Sieg im letzten Heimspiel gegen 1860 München wurde der Klassenerhalt gesichert, und Schatzmeister Herzog ließ es sich nicht nehmen, über den Stadionlautsprecher mit zittriger Stimme zu verkünden: „Hertha bleibt in der Bundesliga!"

Ein Topverein war Hertha allerdings in der Zuschauergunst: Mit 34.687 Zuschauern im Schnitt erreichte man Platz zwei hinter dem VfB Stuttgart. Die Berliner Fans hatten aus verschiedenen Gründen der Bundesliga entgegengefiebert. Die örtliche Vertragsliga war nach vielen Jahren kaum noch attraktiv; man war ja fast unter sich, und der Spielverkehr drehte sich im Kreise. Meist waren nur wenige Duelle – etwa gegen TeBe, Tasmania oder Wacker – von Interesse, und verglichen mit den west- oder süddeutschen Oberligen war die Spielstärke nicht sonderlich hoch. Der Mauerbau im August 1961 hatte diese Situation noch verschärft. Der Sportverkehr mit der DDR kam faktisch zum Erliegen, und die Fahrt in die Bundesrepublik war beschwerlich. Die Bundesliga gab dem entwöhnten Fußballvolk die Chance, die sportliche Isolation zu durchbrechen. Mit dem Gang ins Olympiastadion konnte man Verbundenheit mit dem fernen Westen dokumentieren, dessen Fußballstars bewundern und sich mit den alten Rivalen aus Nürnberg, Hamburg oder Schalke messen. Ein trotziges Wir-Gefühl verband Stadt, Verein und Fans.

Der Zwangsabstieg

Nach der ersten Saison war den Verantwortlichen klar: Ohne personelle Verstärkungen aus Westdeutschland würde der Klassenerhalt kaum zu schaffen sein. So kamen Jürgen Sundermann aus Oberhausen, Willibert Kremer von Viktoria Köln, Michael Krampitz von Hertha Zehlendorf, und vom SSV Ulm eiste man Nationaltorwart Wolfgang Fahrian los. Im Mittelfeld wollte man am Ende der zweiten Saison ankommen, „mit dem Blick nach oben" (Präsident Siegfried Schmidt). Doch es wurde eine Spielzeit des großen Zitterns. Meist bewegte man sich an der Schnittstelle zur Abstiegszone, rappelte sich mit einigen Siegen immer wieder hoch. Doch mehr als erneut Platz 14 kam nicht heraus. Immerhin ließ man den Karlsruher SC und Schalke 04 in der Tabelle hinter sich, die zum Abstieg verurteilt waren. So schien es jedenfalls sehr lange…

Vertragsunterzeichnung bei Hertha BSC. Von links: Vorsitzender Schmidt, Kremer, Obmann Holst, Sundermann, Schatzmeister Herzog, Fahrian. Es wurden überhöhte Handgelder gezahlt, wie später bekannt wurde.

Zwischenzeitlich brodelte es in der Berliner Mannschaft, als es auf dem Rasen nicht wie erhofft lief. Vor allem die Insellage der Stadt machte dem Berliner Fußball-Krösus nun zu schaffen. Zwar hatte die besondere politische Situation der Stadt zum Zuschauerboom der ersten Saison beigetragen, doch bei der Spielerrekrutierung erwies sich die spezielle Berliner Geographie als großer Nachteil. Ein regionales Umland, aus dem jugendlicher Nachwuchs gesichtet und gefördert werden konnte, fehlte. Und bei den gestandenen Profikickern galt das eingemauerte Berlin nicht unbedingt als erste Adresse. Die Bewegungsfreiheit war doch erheblich eingeschränkt; die dauernde Fliegerei nach Westdeutschland war nervenaufreibend und kostete natürlich auch eine Menge Geld. Um gute Spieler nach Berlin zu locken, mußte schon einiges geboten werden: Vergünstigungen, überhöhte Gehälter und zu hohe Handgelder.

„Schon im ersten Jahr der Bundesliga griffen wir tief in die Tasche" erinnert sich Wolfgang Holst, der Spielausschuß-Obmann. „Spieler wie Rühl, Klimaschefski oder Beyer haben sehr viel bekommen. Nur der Otto Rehhagel blieb damals von den Neuzugängen im Limit. Der sagte eines Tages zu mir: 'Nehmen Sie mich, Herr Holst!' Wir überzogen natürlich, wie aber alle anderen Vereine auch."

Die Gehaltspolitik von Holst & Co., die den meist aus Westdeutschland geholten Kickern mehr zahlten als den einheimischen Berlinern, ging Letzteren auf die Nerven. Hans-Günter Schimmöller, stellvertretender Mannschaftskapitän und somit ein Mann, dessen Wort Gewicht besaß, machte sich zum Sprecher einiger unzufriedener Kollegen. Für Aufsehen sorgte sein Interview im *Tagesspiegel* vom 27. Januar 1965, einem Beitrag von Eberhard Wittig. „Hertha-Spieler fordern Rücktritt von Holst" lautete die Schlagzeile, und in der Unterzeile hieß es: „Stellv. Mannschaftskapitän Schimmöller: 'Wir wollen Hanne Sobek!'"

„Unsere schwache Tabellensituation ist nicht Schuld des Trainers Jupp Schneider und auch nicht Alleinschuld der Spieler. Sie basiert auf dem fehlendem Vertrauen zu einem Teil des Vorstandes und hier in erster Linie zum Spielausschuß-Obmann Wolfgang Holst", sagte Schimmöller. Weiter heißt es: „Es gibt nach Auffassung der meisten Spieler nur eine Möglichkeit – sofortiger Rücktritt von Holst und Übernahme der Funktion durch Sobek."

Schimmöller ließ seinem Frust freien Lauf: „Das Fernziel von Holst scheint zu sein, eine Mannschaft ohne Berliner Spieler aufzubauen. Die Westdeutschen werden von ihm in einer Art bevorzugt, die uns Berlinern natürlich nicht schmeckt. Nur deshalb ist die Kluft vorhanden, die zwischen uns und den anderen besteht. Das beginnt bei der Bezahlung. Hans Eder und ich haben z.b. unsere Berufe aufgegeben, damit wir uns voll und ganz dem Fußball und dem Verein widmen können. Weshalb bekommen wir zwei als monatliches Grundgehalt 250 DM weniger als Willibert Kremer, der aus Köln kam? Sind wir wirklich weniger wert?"

Der stellvertretende Mannschaftskapitän der Hertha Hans-Günter Schimmöller.

Auch über die psychologische Betreuung von Holst zeigte sich Schimmöller erbost: „Er ist zu kurze Zeit Herthaner und deshalb mit unserer Mentalität nicht vertraut, sonst würde er mehr Fingerspitzengefühl haben." Weiter Schimmöller: „Jupp Schneiders Autorität litt darunter, daß Schneider nach den Satzungen des Vereins praktisch keine Chance hat, die Mannschaft allein aufzustellen. Es gibt genügend Fälle, in denen Schneiders Aufstellungen von denen abwichen, die am Ende spielten."

Der aufmüpfige Spieler Schimmöller wurde vom Disziplinarausschuß des Vereins wegen dieses Interviews mit einer Rüge bestraft. Grund: „Unangemessenes Verhalten in kritischer Situation des Vereins."

Die Spieler gaben später wieder Ruhe, aber den Hertha-Vorständlern mit dem Vorsitzenden Siegfried Schmidt (Schleifmittelfabrikant), Spielausschuß-Obmann Wolfgang Holst (Automatenaufsteller und Kneipier) und Schatzmeister Günter Herzog (Bestattungs-Unternehmer) drohte nun große Gefahr aus Richtung Frankfurt/Main, dem Sitz des Deutschen Fußball-Bundes. Schon vor dem ersten Pfiff zur Saison 1964/65 war man beim DFB auf Hertha aufmerksam geworden, weil Nationaltorhüter Fahrian, der eigentlich bereits einen Vertrag bei Eintracht Frankfurt unterschrieben hatte, nach Berlin ging. Dabei soll er mehr als das erlaubte Handgeld von 10.000 Mark bekommen haben, was aber zuerst nicht nachzuweisen war.

Auch Horst-Gregorio Canellas, Gemüsehändler und Präsident der Offenbacher Kickers, der 1971 traurige Berühmtheit im Bundesliga-Skandal erlangte, machte den DFB auf die Berliner aufmerksam. Er warf Hertha vor, dem Offenbacher Spieler Siegfried Held monatlich 500 Mark zu überweisen, um sich ein Vorkaufsrecht auf den talentieren Stürmer zu sichern. Solche Geschichten interessierten den DFB und vor allem den Kontrollausschußvorsitzenden Dr. Claeßen. Der ließ einen neutralen Finanzbuchhalter namens Dr. Ziegler, einen studierten Betriebswirt, bei Hertha BSC einfliegen. Und dessen Gesetzbuch war das Bundesligastatut, genauer Punkt VI: „Die Bezahlung der Spieler" – Gesamtbruttobezüge und Sonderleistungen.

Paragraph 18 besagte: „Die Bezüge eines Spielers der Bundesliga setzen sich aus dem Grundgehalt und Leistungsprämien zusammen. Das Grundgehalt muß mindestens DM 250,- monatlich betragen und darf ohne vorherige Genehmigung des Bundesliga-Ausschusses den Betrag von DM 1200,- monatlich nicht übersteigen. Auf Antrag kann der Bundesliga-Ausschuß in Sonderfällen ein höheres Grundgehalt zulassen. Leistungsprämien dürfen im Monatsdurchschnitt pro Spiel bis zum Betrag von DM 250,- bezahlt werden."

Diesen knapp bemessenen Spielraum überschritten damals wohl ausnahmslos alle Bundesligaklubs, Hertha BSC aber wurde dabei erwischt.

In der Jahreshauptversammlung ging Schatzmeister Günter Herzog ans Mikrofon und wehrte sich gegen Angriffe seines eigenen Vorsitzenden, der das finanzielle Tohuwabohu rügte.

Hertha besaß trotz der hohen Zuschauereinnahmen kaum Geld. „Ich habe oft bei finanziellen Dingen mein Veto eingelegt", rief Herzog, „Wir säßen jetzt nicht so in der Tinte, wäre der Vorstand beim Einkauf der Spieler planmäßiger vorgegangen." Und dann sagte Herzog vor dem Auditorium einen Satz, der folgenschwer sein sollte und eine Art Lawine auslöste, die Hertha BSC überrollen sollte: „Ich darf hier im Interesse des Vereins nicht alles sagen, würde ich es tun, würde Hertha BSC nicht mehr bestehen!"

Das Chaos in der Hertha-Führung nahm seinen Lauf. Es gab einen Mißtrauensantrag gegen das komplette Präsidium, der ehemalige langjährige Präsident Wilhelm Wernicke übernahm die Leitung der turbulenten Versammlung, auch Idol Hanne Sobek griff ein.

Einen Tag nach dem Chaos benannte das Amtsgericht Charlottenburg einen Notvorstand: „Der Kaufmann Johannes Sobek wurde als erster Vorsitzender bestellt." An seiner Seite agierten Wolfgang Holst und Günter Herzog. Holst versprach, daß es keine Unterschiede mehr zwischen Berliner und westdeutschen Spielern geben werde. Eine Genugtuung für den gescholtenen stellvertretenden Spielführer Schimmöller. Doch es sollte keine Ruhe eintreten bei Hertha. Im Gegenteil. DFB-Kontrollausschuß-Chef Hubert Claeßen sah die Zeit gekommen, um in Berlin eine Tiefenprüfung anzusetzen. Im Februar 1965 hatte DFB-Buchprüfer Dr. Ziegler bei seinen Recherchen ein Loch in der Hertha-Kasse in Höhe von 192.000 DM festgestellt. Schatzmeister Herzog wollte glauben machen, daß das Geld bei der Hausbank angewiesen sei. Dort rief Dr. Ziegler an und erfuhr zu seinem Erstaunen, daß Hertha einen Kredit in Höhe von 192.000 Mark beantragt hatte. Ziegler sprach von „schwerer Irreführung".

Wohin verschwanden 192.000 Mark?

Die Lawine kam ins Rollen, an deren Ende die Höchststrafe für Lizenzverstöße, der Zwangsabstieg, stehen sollte. Hertha kam vors Sportgericht. Auch Hanne Sobek, der Notvorstand, versuchte kraft seiner Autorität, seines guten Rufes als untadeliger Sportsmann zu retten, was eventuell zu retten war. Hertha argumentierte damit, daß die fehlende Summe noch aus der Zeit vor der Einführung der Bundesliga stammte. Damals, im Frühsommer 1963, wurden die gesamten Schiebungen und Unregelmäßigkeiten in den deutschen Oberligen mit einer Generalamnestie erledigt. Hertha rechnete ganz stark mit dem politischen Bonus, daß der DFB den Verein als Politikum in der Liga halten würde. Herthas ehemaliger Präsident Schmidt packte aus und beschrieb das Dilemma der Hertha: „Um unsere Spieler in Berlin zu halten, um gegen die zahlreichen lukrativen Angebote aus dem Westen konkurrenzfähig zu sein, mußten wir Versprechungen machen und erhebliche Beträge zahlen. Seit diesem Zeitpunkt wurde das Loch in unserer Kasse immer größer." Auch konkrete Zahlen wurden genannt. 10.000 Mark für Helmut Faeder, 10.000 für Günter Schüler, 8.000 für Hans Eder.

Doch die Flucht in die jüngste Vergangenheit nützte den Berlinern nichts. Dr. Ziegler warf Hertha vor, aufgrund falscher Finanzangaben zur Bundesliga zugelassen worden zu sein. Der stellvertretende Vorsitzende des DFB-Kontrollausschusses Kurt Ott meinte: „Trotz der Sonderstellung Berlins kann Hertha BSC keine Sonderbehandlung erwarten." Er forderte die Rückversetzung in die Amateurliga. Das Urteil lautete: „Weil Hertha BSC Verstöße gegen das Vertragsliga-Statut des DFB beging, außerdem die Kontrollbehörden irreführte und fortgesetzt Verstöße gegen das Bundesligastatut festgestellt wurden, verliert Hertha BSC zwar nicht die Lizenz, wird aber in die Regionalliga zurückversetzt."

Zwar gestand der DFB Hertha in der Urteilsbegründung „edle Motive" zu, aber das half niemandem mehr. Es hieß u.a.: „Herthas Motive mögen edel gewesen sein, aber gegenüber den anderen Vereinen waren sie nicht edel. Ehrlichkeit bei der Aussage und Hanne Sobeks dankenswertes Eintreten für Sauberkeit bei Hertha BSC wurden bei der Urteilsfindung berücksichtigt."

Als am 18. Mai 1965 das Urteil gesprochen war, war Sobek der Tränen und einem Zusammenbruch nahe. Die Berliner gingen in die Berufung, aber das DFB-Bundesgericht bestätigte das Urteil der ersten Instanz. Auch ein späteres Gnadengesuch scheiterte. Siegfried Schmidt, der ehemalige Präsident, in dessen Regentschaft die Verfehlungen reichen, sagte in seinem Schlußwort vor dem Bundesgericht: „Im Mai 1963 sind wir nach Westdeutschland gefahren, haben aber keine Spieler von Rang und Namen unter Vertrag nehmen können. Es war eine Mission für Berlin. Wir benötigten Verstärkungen und wollten in aller Legalität eine Mannschaft aufbauen. Auswärtige Spieler forderten Beträge, die wir nicht zahlen konnten. Wir waren entsetzt über die Erfahrungen, die wir im Westen machen mußten."

Hertha klagt die Liga an

Nun suchten die Berliner die Flucht nach vorn. Der Vorstand hatte einstimmig beschlossen, das vorhandene Insiderwissen über Satzungsverstöße anderer Bundesligavereine öffentlich zu machen. Vorher hatte Schatzmeister Herzog erklärt, man habe das Sportgericht und das Bundesgericht darauf hingewiesen, daß die meisten Bundesligavereine gegen das Statut verstießen. Der DFB habe nicht reagiert.

So kam es im Sender Freies Berlin (SFB) zu einer sensationellen Enthüllungssendung. Wolfgang Holst beschuldigte 14 Bundesligisten,

Hertha am Boden – letzte Szenen aus der Bundesliga. Hans „Gustav" Eder im Zweikampf mit Uwe Seeler vom HSV.

überhöhte Handgelder und Ablösesummen gezahlt zu haben. Nur zwei Klubs ließ er aus: die beiden sportlichen Absteiger Karlsruher SC und Schalke 04.

Die Namen von zwanzig Spielern nannte Holst in den 30 Minuten Sendezeit, fünfzehn weitere habe man in petto, wurde verkündet. Folgendes kam u.a. zum Vorschein: Eintracht Frankfurt habe Wolfgang Fahrian 60.000 DM Handgeld geboten, der VfB Stuttgart 80.000 DM. Hertha habe 80.000 DM an Fahrian gezahlt. Der 1. FC Kaiserslautern habe für den Holländer Co Prins, einem der ersten Ausländer in der Liga, 120.000 DM bezahlt. Nationalspieler Willi Schulz habe von Hannover 96 90.000 DM gefordert und vom Hamburger SV schließlich 80.000 DM bekommen. Hertha zahlte für Carl-Heinz Rühl 30.000 DM, der Meidericher SV 50.000 DM. Weitere Namen und verbotene Summen folgten. Hertha zeigte als Beweise Fotokopien von Verträgen. Selbst Hanne Sobek, der sich in seiner Rolle nicht wohl fühlte, forderte vom DFB angesichts des Materials „Freizügigkeit bei Handgeldern und Ablösesummen."

Doch der nach diesen Enthüllungen erhoffte Eklat blieb aus. Der Berliner Fußballverband distanzierte sich von der „Art und Weise des Vorgehens der Hertha", die betroffenen Vereine reagierten mit öffentlicher Entrüstung und Empörung. Der DFB blieb stumm. Er verwies die genannten Sünder lediglich auf den ordentlichen Rechtsweg und das Mittel der Beleidigungsklage. Doch kein Verein verklagte Hertha BSC. Die Konkurrenz war schlichtweg pfiffiger beim Vertuschen der Verfehlungen, Hertha BSC traf allein der Bannstrahl des DFB. Der bekannte Berliner Strafverteidiger Dr. Ronge, ein Mann, der Monokel trug, hatte Hertha in der letzten Instanz vertreten und meinte abschließend zum längst überholungsbedürftigen Bundesliga-Statut: „Es hat den Nachteil seines größten Vorzugs: seine Schöpfer waren Idealisten."

Wolfgang Holst, der damals vor die TV-Kameras ging und als Ankläger gegen die anderen Vereine auftrat, um den eigenen Verein reinzuwaschen, sagt mit dem Abstand der Jahre: „Das war eine große Geschichte. Die Präsidenten der von mir angeklagten Vereine haben mich damals wie einen Leprakranken behandelt, nur der Präsident von Hannover 96, Strothe, verhielt sich normal. Rot-Weiß Oberhausen klagte mich damals persönlich an, aber die Sache wurde abgewiesen." Und aus München kam die Nachricht, daß Herthas Schatzmeister Herzog vor dem Spiel der Berliner bei 1860 München am 7. Dezember 1963 dem damaligen Münchner Mittelläufer Alfons Stemmer Geld zugesteckt haben soll. Hertha gewann damals mit 2:1 bei 1860. Doch diese Behauptungen verliefen im Sande, Hertha BSC war mit dem Zwangsabstieg genügend bestraft.

Wie verlogen der Umgang mit den DFB-Statuten in der neuen Bundesliga damals war, erfuhr Wolfgang Holst sehr drastisch. Als er im Frühjahr 1963 renommierte Spieler suchte („Wenn ich keine guten Spieler als Werte habe, steige ich ab"), kam es auch in München zu Vertragsverhandlungen mit Nationalspieler Willi Giesemann (14 Länderspiele) vom FC Bayern. Als Holst schließlich eine konkrete Summe anbot, breitete Giesemann, der später zum Hamburger SV wechselte, die Arme hilfesuchend aus und rief erstaunt: „Herr Holst, ich wußte, daß Berlin ein ganzes Stück entfernt ist. Aber das es so weit weg ist, das hätte ich nicht gedacht. Berlin liegt ja auf dem Mond."

Günter Herzog:
Schatzmeister auf Abwegen

Günter Herzog (geb. 12. Januar 1922) gehört zu den langjährigsten Mitgliedern von Hertha BSC. Herzog trat bereits am 30. Juni 1936, also als 14jähriger Junge, dem Verein bei und hält ihm bis heute die Treue. Herzog ging als der erste Schatzmeister der Hertha in der ersten Bundesliga in die Historie ein und wird stets in Zusammenhang mit den Ereignissen genannt, die 1965 zum Zwangsabstieg führten. Mit unüberlegten Aussagen hatte Herzog den DFB auf den Berliner Verein aufmerksam gemacht. Herzog begann seine Funktionärslaufbahn 1961 als

Ex-Schatzmeister Günter Herzog.

sogenannter Verbandsvertreter bei Hertha BSC und stieg danach zum Schatzmeister auf. Diese Position bekleidete er mehrere Jahre, später agierte er als sogenannter Klubsekretär. Seit 1997 amtiert Herzog als Vorsitzender des Ältestenrates von Hertha BSC, dem insgesamt fünf Personen angehören. Herzog betreibt seit 1945 ein Bestattungsunternehmen im Stadtbezirk Schöneberg.

Herr Herzog, was fanden Sie in der Vereinskasse vor, als Sie vor der ersten Bundesliga-Saison 1963/64 die Funktion des Schatzmeisters übernahmen?
    Nicht viel. Außer einem Loch. Es fehlten rund 190.000 Mark in der Kasse, die später noch eine ungeahnte Bedeutung erlangen sollten. Ansonsten lebte Hertha nur von der Hand in den Mund, was sich lange Jahre nicht ändern sollte. Fielen zum Beispiel wegen schlechten Wetters

in den Wintermonaten Spiele aus, gerieten wir sofort in eine finanzielle Durststrecke. Man besaß kein Polster, keine Rücklagen. Wir lebten von den Tageseinnahmen und haben so den gesamten Betrieb abgewickelt.

Aber diese Probleme entstanden doch auch, weil man in einer eingemauerten Stadt saß und Spieler aus Westdeutschland mit viel Geld – mehr als vom Deutschen Fußball-Bund laut Statut erlaubt war – nach Berlin locken mußte.

Das ist richtig. Das begann ja schon in der eigenen Stadt. Und noch vor dem Start der Bundesliga. In der letzten Regionalliga-Saison vor dem Liga-Start spielte Hans Eder, später als „Gustav" Eder bekanntes Hertha-Urgestein, noch beim Stadt-Rivalen Tennis Borussia. Eder, einer der besten Spieler der Stadt, wollte wechseln. Tasmania 1900 oder Hertha BSC kamen in Frage. Und beide Vereine buhlten ja um Aufnahme in den erlauchten Kreis der damals 16 Bundesligisten. Ich sagte damals zu den wichtigen Leuten bei Hertha: „Wo der Eder spielen wird, der Verein wird auch in der Bundesliga spielen." Das Problem: Tennis Borussia wollte 60.000 Mark Ablösesumme für Eder haben. Eine beachtliche Summe für die damalige Zeit. Der Hertha-Vorstand bestand seinerzeit aus neun Personen. Wir übernahmen sozusagen kollektiv die Bürgschaft, besorgten uns einen Kredit von der Bank und lotsten Hans Eder zu Hertha BSC. Wenn man so will, waren diese Summen, die bei dem Transfer bewegt wurden, schon statutenwidrig. Aber was blieb Hertha übrig? Man wollte ja unbedingt konkurrenzfähig sein und möglichst über Jahre auch bleiben.

Das spätere Unheil für Hertha, der Zwangsabstieg, der ja auch mit Ihrem Namen verbunden ist, nahm aber bereits 1963/64 mit diversen Spielerverpflichtungen seinen Lauf.

Vor der ersten Saison wurden Otto Rehhagel (Rot-Weiß Essen), Uwe Klimaschefski (Bayer Leverkusen), Carl-Heinz Rühl (Viktoria Köln) und Harald Beyer von Preußen Münster geholt, im zweiten Jahr Jürgen Sundermann (Rot-Weiß Oberhausen), Willibert Kremer (Viktoria Köln) und Nationaltorhüter Wolfgang Fahrian vom SSV Ulm. Natürlich wurden die zu überhöhten Bezügen nach Berlin gelockt. Aber ohne solche namhafte Verstärkungen wären wir gegen die finanzkräftigen westdeutschen Vereine untergegangen. Alle, so meines Wissens, alle Bundesligavereine zahlten damals mehr, als erlaubt war. Berlin war eine abgeschnittene Stadt, nicht unbedingt attraktiv für Profis, und so mußten wir meist etwas mehr bieten.

Hertha BSC hatte nach der ersten Bundesliga-Saison dank der vielen Fans – es kamen insgesamt fast eine halbe Million Zuschauer – Einnahmen in Höhe von 1.956.578 Mark. Es gab entsprechende Ausgaben wie etwa die Stadionmiete von 195.000 Mark, Reisekosten von rund 150.000 Mark oder die Posten Spielerkäufe mit offiziell 202.000 Mark und Spielergehälter mit 600.000 Mark. Wie war die finanzielle Lage wirklich?

Ich sagte immer, wir waren ein gesunder Verein, aber kein reicher Verein, wie man angesichts der vielen treuen Zuschauer annehmen konnte. Wir hatten nie etwas auf der hohen Kante.

Schon während der ersten Saison 1963/64 sollen Sie und Wolfgang Holst mit unlauteren Mitteln vorgegangen sein, um den Erfolg zu sichern. Es gab den Fall Alfons Stemmer?

Ja, das ist richtig. Wir steckten noch im Abstiegskampf, und 1860 München kam nach Berlin. Es war wohl der vorletzte Spieltag. Holst erklärte vorher, man könne wohl den Münchner Mannschaftskapitän und Abwehrspieler Alfons Stemmer mit einer Geldzuwendung beeinflussen. Es ging um 15.000 Mark, die Stemmer auch von uns bekam – einen Tag nach dem Spiel, abgezählt in Hundertern. Das Spiel gewann Hertha mit 3:1. Später kam die Sache ans Licht, und es kam zu einem Prozeß. Das Berliner Landgericht entschied damals, daß man behaupten darf, daß Stemmer 15.000 Mark erhielt, um das Spiel zu beeinflussen.

Der DFB schrieb damals Höchstgehälter von 1.200 Mark monatlich vor, Handgelder durften 10.000 Mark nicht überschreiten. War das wirklichkeitsfremd?

Das stimmt so nicht exakt. Es durften Gehälter bis zu 1.200 Mark gezahlt werden, aber – und das wird bei Veröffentlichungen und Diskussionen oft vergessen – auch noch 1.000 Mark an Siegprämien. Jeder kam also pro Monat auf 2.200 Mark. Diese Prämien wurden meines Wissens überall ausgezahlt. Natürlich ging mit dieser Begrenzung vieles an der Realität vorbei. Im Nachhinein ist es ja kurioserweise so, daß der Fall Hertha BSC später beim DFB langsam ein Umdenken ausgelöst hatte, daß die Gehälter später freigegeben wurden. Durch das Bekanntwerden unserer Überzahlungen kam es letztendlich dazu, daß bald offiziell mehr gezahlt werden durfte (der DFB erhöhte nach dem Hertha-Prozeß die Summe der erlaubten Handgelder um 5.000 Mark/d.A.).

Wie kam denn konkret der DFB Ihrem Verein 1965 auf die Schliche? Es heißt immer, eine Äußerung von Ihnen war daran schuld?

Ja, so war es. Auf einer außerordentlichen Mitgliederversammlung von Hertha BSC am 15. Februar 1965 sagte ich in meiner bilanzierenden Rede – der Verein stand sportlich wie finanziell schlecht da – folgenden Satz: „Ich darf hier im Interesse des Vereins nicht alles sagen, würde ich es tun, würde Hertha BSC nicht mehr bestehen!" Diese Worte beinhalteten schon, daß da Fakten sein müssen, die nicht den Regeln und Statuten entsprechen. Sie waren schon als Warnung gedacht.

Und danach tauchte Wirtschaftsprüfer Dr. Ziegler, eingesetzt vom DFB, in Berlin auf, der die Verfehlungen aufdeckte?

Dr. Ziegler war bereits vor unserer Mitgliederversammlung mit meiner bewußten Rede in Berlin. Zweimal erbrachten seine Tiefenprüfungen unserer Bücher keinerlei Unregelmäßigkeiten. Aber er kam ein drittes Mal, einen Tag nach der Versammlung. Er stellte dann einen Fehlbetrag von 192.000 Mark fest. Es wurden von uns in den Jahren 1963 und 1964 Summen für die Spieler Rühl, Fahrian, Klimaschefski und Sundermann bezahlt, die in den Bilanzen nicht erkennbar waren, nicht ausgewiesen waren.

Aber der DFB wurde auch vom damaligen Präsidenten von Kickers Offenbach, Horst-Gregorio Canellas, der 1971 im Zusammenhang mit dem Bundesliga-Skandal zweifelhafte Berühmtheit erlangte, auf Hertha aufmerksam. Canellas behauptete, daß Hertha dem Spieler Siegfried Held aus Offenbach monatlich 500 Mark auf dessen Konto überwies, um ihn für ein späteres Engagement bei Hertha zu beeinflussen?

Ja, das trifft zu. Es gab ja dann auch ein Extraverfahren des DFB gegen Hertha in Sachen Held. Wir zahlten damals 500 Mark pro Monat Vorauskasse. Das war rechtlich eine Lohnzahlung für nicht erbrachte Leistungen. Der hat auch alles immer fleißig genommen. Das Verfahren wurde aber später wegen Geringfügigkeit eingestellt. Held kam aber nie zu Hertha BSC. (Held, der später 41 Länderspiele für Deutschland bestritt, wurde vom DFB zu 15.000 Mark Geldstrafe verurteilt, weil er regelmäßig Vorauszahlungen erhalten hatte/d.A.). Wir haben natürlich einige Dinge getan – mein engster Mitsteiter Wolfgang Holst würde sagen: die am Rande der Legalität passierten.

Sie kamen auch mit den Steuerbehörden in Konflikt?

Exakt. Dabei kam es zu einem Kuriosum. Wir hatten damals an Spieler Gehälter bezahlt und auch versteuert, die das Geld nie bekommen haben. Wir haben diese Gelder auf dem Verrechnungswege mit anderen Spielern verrechnet. Der Richter im Steuerprozeß sagte damals sinngemäß: „Das ist einmalig, daß ein Arbeitgeber mehr Steuer für jemand bezahlt, der das Geld gar nicht bekommen hat, aber mit diesem Geld wurden andere Dinge abgedeckt." Die Höchststrafe für uns Hertha-Funktionäre war damals 800 Mark.

Fast legendär erscheint schon in alten Beschreibungen der Hertha-Verfehlungen Ihr verbotener Coup mit Eintrittskarten, die Sie als Bestattungs-Unternehmer in Särgen versteckt haben sollen?

Naja. Die Idee, Eintrittskarten schwarz drucken zu lassen, war ja nicht ganz neu. Der Deutsche Fußball-Bund untersuchte Hertha BSC bereits 1930 einmal in diesem Zusammenhang, konnte aber nichts feststellen. Bei meiner Amtsübernahme als Schatzmeister der Hertha fehlten – wie gesagt – rund 190.000 Mark in der Kasse. Diese Summe durfte natürlich nicht auf Dauer fehlen. Der damalige Geschäftsführer drängte mich, etwas zu tun. Wir druckten also schwarz 55.000 Karten, die dann in unsere Bücher kamen. Über diesen Weg, der Erlös waren rund 165.000 Mark, haben wir auch die ersten beiden Besuche von Finanzprüfer Dr. Ziegler überstanden. Ich habe damals diese vielen Karten tatsächlich in Särgen in meinem Unternehmen gelagert und versteckt. Auch da kam es zu einem Verfahren. Ich wurde aber in drei Instanzen freigesprochen. ∎

Tasmania 1900 blamiert sich

Hertha BSC also mußte absteigen, und um den freigewordenen Platz gab es ein mehrwöchiges Gerangel. Schließlich schlug der DFB den Weg des geringsten Widerstands ein. Die beiden sportlichen Absteiger Karlsruhe und Schalke blieben drin; die bereits sportlich qualifizierten Aufsteiger Bayern München und Borussia Mönchengladbach durften in die Eliteliga (wo sie bald Furore machten). Der letzte und 18. Platz aber sollte einem Berliner Verein vorbehalten bleiben – wohl auch eine politische Demonstration zugunsten der isolierten Großstadt. Sportlich wurde die Entscheidung allerdings zum Desaster.

Ausgerechnet Tasmania 1900, bei Einführung der Bundesliga nur zweiter Sieger hinter Hertha, wurde in den exklusiven Zirkel aufgenommen. Dabei war Tasmania in der Saison 1964/65 in der Berliner Meisterschaft nur Dritter geworden – hinter Tennis Borussia und dem Spandauer SV. Da TeBe in der Aufstiegsrunde zur Bundesliga kläglich gescheitert war (gegen Bayern München, 1. FC Saarbrücken und Alemannia Aachen) kamen die Charlottenburger beim DFB nicht für den freien Platz in Frage. Und der Spandauer SV hatte wohlweislich dankend abgewunken. Nicht so die Tasmanen aus Neukölln. Sie kabelten nach Frankfurt/Main: „Ja, wir nehmen den Platz in der Bundesliga an!" Die Spieler erfuhren von diesem Abenteuer alle im Urlaub. Radio Luxemburg und der Deutschlandfunk sendeten pausenlos die berühmten Reiserufe: „Tasmanen-Spieler bitte sofort in Berlin melden!" Als letzter wurde der Spieler Helmut Fiebach, der später 18 Bundesliga-Begegnungen erleben sollte, gefunden. Die österreichische Gendarmerie gabelte den Urlauber auf einem Campingplatz auf.

„Nee, nee, wir hätten sagen müssen: Schönen Dank, lieber DFB, aber nicht für diese Saison. Wir bereiten uns man lieber für das nächste Jahr vor!" Diese Worte stammen vom damaligen Tas-Kapitän Hans-Günter „Atze" Becker. Doch auf den Kapitän wollte niemand hören. Becker selbst hatte den Notruf nach Berlin im Urlaub an der Ostsee bei Radio Luxemburg gehört und sich sofort auf den Weg nach Berlin gemacht. „Mir war klar, das wird ein Himmelfahrtskommando. Ich habe immer wieder davor gewarnt", erinnert sich Becker, „aber die Euphorie war einfach zu groß. Und natürlich auch eine gewisse Genugtuung gegenüber dem alten Kontrahenten Hertha BSC."

Was beim Abenteuer Bundesliga herauskam, ist bekannt und bereitet vor allem Statistikern immer wieder enorme Freude. Die Bilanz von Tasmania 1900 nach einem Jahr in der Beletage des deutschen Fußballs liest sich noch heute verheerend: Mit 8:60 Punkten und 15:108 Toren landete man abgeschlagen auf dem 18. und letzten Tabellenrang. Lediglich zwei Siege gab es, dazu vier Remis und sonst nur Niederlagen. 31 Spiele in Folge blieb man sieglos. Tasmania führt die folgende Bundesliga-Ranglisten an: „wenigste Tore" (15), „meiste Gegentore" (108), „wenigste Punkte" (8), „wenigste Siege" (2), „meiste Niederlagen" (28), „schlechtbesuchtestes Spiel" (827 Zuschauer bei Tas gegen Mönchengladbach), „schlechteste Heimbilanz" (7:27 Punkte / 8:46 Tore), „am längsten sieglos" (31 Spiele vom 14. August 1965 bis 21. Juni 1966) und „meiste Niederlagen in Folge" (10). Welch Bilanz für die Ewigkeit.

Negativrekord für die Ewigkeit: 8:60 Punkte, 15:108 Tore

Zwar hatte man mit Horst Szymaniak, dem Vater der Grätsche, einen Nationalspieler nach Berlin geholt, aber auch „Schimmi" konnte den Verein nicht retten. Trotz ordentlicher Leistungen und stets ungebrochener Kampfkraft. „Atze" Becker sieht die Demontage noch immer mit Humor. „Ich sage immer: Seht, Jungs, wir peitschen die gesamte deutsche Elite vor uns her, und das seit 1966."

Tasmania hat das mißglückte Abenteuer Bundesliga bis zum heutigen Tag nicht überwunden. Zwar kam man durch die Verkäufe der Stars Szymaniak in die Schweiz zum FC Biel und von Ingo Usbeck zum 1. FC Nürnberg finanziell noch einigermaßen glimpflich davon. Doch die anschließenden Versuche, noch einmal regulär aufzusteigen, waren ungeheuer kostenintensiv und trieben den Verein an den finanziellen Abgrund. Noch dreimal scheiterte Tasmania in der Aufstiegsrunde zur Bundesliga (1969, 1971 und 1972), danach kam das Aus. 1973 meldete Tas Konkurs an und hatte 800.000 Mark Schulden – eine für heutige Verhältnisse vergleichsweise geringe Summe. Der Nachfolgeverein Tasmania 73 mußte in der untersten Spielklasse beginnen. 1998/99 stieg man als Letzter der Oberliga Nord in die Verbandsliga ab.

Horst Szymaniak:
Protagonist einer unglücklichen Ära

Horst Szymaniak (geb. 29. August 1934) lebt in Melle in der Nähe von Osnabrück. Der defensive Abwehrspieler bestritt 43 Länderspiele für Deutschland und nahm an den Weltmeisterschafts-Endrunden 1958 in Schweden und 1962 in Chile teil. Als einer der ersten deutschen Fußballer zog er Anfang der 60er Jahre aus, um in Italien sein Glück zu suchen. Seine wichtigsten Stationen als Spieler: SpVgg. Erkenschwick, Wuppertaler SV, Karlsruher SC, CC Catania, Inter Mailand, US Varese, Tasmania 1900 Berlin, FC Biel, St. Louis Stars, Chicago Spurs. Szymaniak versuchte sich später mit mäßigem Erfolg als Trainer bei unterklassigen Mannschaften wie SV Steinheim, SV Ennigloh und TuRa Melle. Er arbeitete als Gastwirt („Haus der sieben Biere") und Schulbusfahrer bei der britischen Armee.

Herr Szymaniak, immer wenn in der Fußball-Bundesliga eine Mannschaft eine lange Negativserie durchleiden muß, wird die schreckliche Bilanz der Berliner von Tasmania

Horst Szymaniak half Tasmania 1965 in der Bundesliga aus.

1900 aus der Saison 1965/66 als Vergleich und zugleich drohende Warnung für folgende Spielergenerationen hervorgekramt und in den Zeitungen veröffentlicht. Meist fällt dann auch Ihr Name als einer der Hauptdarsteller dieser unglücklichen Ära. Mit Tasmania verbinden sich fast sämtliche gültigen Negativrekorde der Liga. Stört Sie das?

Überhaupt nicht. Ich bin fest davon überzeugt, daß diese Mannschaft von Tasmania, in der ich damals ein Jahr mitspielte, alles gegeben und alles aus sich herausgeholt hat, was möglich war. Viele Spieler sind ja damals direkt aus dem Urlaub geholt worden, als nach der Verbannung von Hertha BSC der alte Rivale aus Neukölln überraschend in die Bundesliga eingegliedert wurde. Manche kamen erst unmittelbar vor Beginn der Saison aus dem Auslandsurlaub zurück nach Berlin, schnürten die Stiefel und fielen unvorbereitet ins Abenteuer Bundesliga.

Wie war das denn bei Ihnen?

Eigentlich wollte ich noch in Italien bleiben. Ich bin ja 1961 zuerst nach Sizilien zu Catania. Da spielte ich vier Jahre und habe fast alle Saisonspiele absolviert. Das war für mich die schönste Station in Italien. Es gab begeisterte Fans, und man hatte als Spieler viel Freiheit. Auch später, in Norditalien bei Inter und in Varese, war Fußball sowas wie eine Religion. Das alles hätte ruhig noch ein wenig länger für mich andauern können, aber dann ist meine Frau Marga krank geworden und mußte in Deutschland operiert werden. Aus diesem Grund wollte ich dann nach Deutschland zurückkehren. Da Tasmania noch kurzfristig in die Bundesliga kam, hat mich ein Spielervermittler mit den Berlinern in Verbindung gebracht.

Wie hoch war seinerzeit die Ablösesumme für Sie als Nationalspieler?

Das weiß ich wirklich nicht. Ich wußte in Italien nie die exakten Ablösesummen. (Inter Mailand zahlte 1963 1,1 Million Mark an Catania, Varese 1964 1 Million Mark an Inter, d.A.).

Was wußten Sie damals über Tasmania?

Nicht viel. Mir war bekannt, daß Tasmania eine kampfstarke Mannschaft war und in der Vergangenheit einige Male um die Deutsche Meisterschaft mitgespielt hatte. Und ich wußte seinerzeit, daß sie gute Abwehrspieler besaßen.

Was reizte Sie, für die Berliner, die ja von vornherein als krasser Außenseiter galten, zu spielen?

Mich reizte zuerst die Stadt Berlin. Und ich war der Meinung, daß wir mit Tas überhaupt nichts zu verlieren hatten. Ich glaubte, daß wir die Großen der Liga doch mächtig ärgern könnten. Die beiden Trainer, Franz Linken und Heinz Schmitt, haben im Laufe der Zeit zuviele taktische Fehler begangen. Wir haben halt einige Male viel zu hoch verloren.

Wie war damals die Kameradschaft im Team? Mißerfolge zermürben normalerweise eine Mannschaft sehr schnell und lösen Streit aus?

Das war bei Tasmania ganz anders. Die Kameradschaft war 100 Prozent. Es gab weder im Training, noch in den Spielen Zank und Streit oder irgendwelche Probleme und Eifersüchteleien. Ich habe mich wirklich oft darüber gewundert.

Wo sehen Sie mit dem Abstand vieler Jahre die Hauptursache für das sehr schlechte Abschneiden von Tas in der Bundesliga?

Die Mannschaft war insgesamt viel zu alt. Es war sowieso ein großer Fehler vom Deutschen Fußball-Bund, Tasmania für Hertha BSC in die Bundesliga zu hieven, nur damit Berlin weiter ganz oben dabei sein konnte. Die großen finanziellen Probleme, die Tas nach einem Jahr Bundesliga bekam, hätte eigentlich der DFB lösen müssen.

Was ist Ihnen aus der Berliner Zeit am meisten haften geblieben?

Mir ist in Erinnerung geblieben, daß ich in dieser Tas-Truppe sehr viel Spaß hatte. Das lag bestimmt auch an der Berliner Mentalität.

Tasmania verkaufte Sie später für die Summe von 91.000 Mark an den Schweizer Verein FC Biel. Hätte Sie nicht ein Wechsel zum großen Rivalen Hertha BSC gereizt?

Doch. Mich hätte ein Wechsel zu Hertha interessiert. Aber Hertha hat sich nie bei mir gemeldet. Und ich wollte mich nicht anbiedern. Das war nie meine Art.

Sie machten ja in den 60er Jahren die sogenannte „Grätsche" hoffähig, galten als harter Typ und als einer der besten defensiven Mittelfeldspieler ihrer Zeit. Ihre Karriere endete ein wenig unauffällig in den USA?

Ja, nach einem dreiviertel Jahr in Biel ging ich nach Amerika, spielte für die St. Louis Stars Chicago und später für die Chicago Spurs. Das war ein deutsch-amerikanisches Team. Ich hatte dort noch eine gute Zeit. Der Kurs stand günstig. Für einen Dollar gab's 4,20 DM. Nach einem Jahr bekamen die Spurs aber Zahlungsprobleme, und ich beendete meine Laufbahn. ∎

1965 bis 1980

Höhenflüge und Skandale

Zu stark für die Regionalliga

Bei Hertha BSC konnte man sich nur schwer mit der Schmach des Zwangsabstiegs abfinden. Man wähnte sich nach wie vor als die Nummer eins im Berliner Fußball und strebte mit aller Macht den Wiederaufstieg an. Für die Regionalliga-Saison 1965/66 hatte man noch immer eine sehr namhafte Mannschaft beisammen. Hertha deklassierte die Berliner Kontrahenten, besaß am Saisonende 14 Punkte Vorsprung vor Tennis Borussia und mußte nur eine Niederlage einstecken (1:3 beim Spandauer SV). Lichterfelde wurde mit 11:0 bezwungen, selbst Tennis Borussia wurde am letzten Spieltag vor 10.108 Zuschauern – es war der 22. Mai 1966 – mit 8:1 regelrecht gedemütigt. Auch Hermsdorf, Tegel oder Lichterfelde wurden jeweils mit 6:0 nach Hause geschickt. Helmut Faeder schoß unermüdlich und wie in besten Zeiten seine Tore, insgesamt 32 an der Zahl. Doch es folgte die große Ernüchterung in der Aufstiegsrunde zur Bundesliga. Hertha mußte Fortuna Düsseldorf und dem FK Pirmasens in der Aufstiegsgruppe den Vorrang lassen, ließ lediglich die Offenbacher Kickers hinter sich. Zum ersten Spiel gegen Pirmasens (1:1) kamen sogar 80.000 Zuschauer ins Olympiastadion, später ließ das Interesse nach, und es pilgerten nur noch jeweils 35.000 Fans zu den Heimspielen gegen Düsseldorf (3:2) und Offenbach (2:1). Hertha hatte den Aufstieg auswärts verpaßt, wo man in allen drei Spielen ohne Erfolg blieb. Hertha spielte damals gegen Pirmasens in folgender Besetzung:
▶ Fahrian, Heuer, Schimmöller, Sundermann, Eder, Altendorff, Groß, Faeder, Schulz, Krampitz, Kremer.

In der Spielzeit 1966/67 zog die Hertha erneut in der Regionalliga einsam ihre Kreise. Am Ende gewann man die Berliner Meisterschaft mit sieben Zählern Vorsprung vor Tennis Borussia. Doch die sich anschließende Aufstiegsrunde wurde zu einer einzigen Enttäuschung. Hinter Borussia Neunkirchen, Schwarz-Weiß Essen, Arminia Hannover und Bayern Hof blieb man auf dem letzten Rang der Aufstiegsgruppe hängen, obwohl zu Beginn die Zuschauer in Strömen ins Olympiastadion kamen: 70.000 gegen Bayern Hof und nochmal 70.000 gegen Neunkirchen. Das Interesse ließ abrupt nach, als die Blau-Weißen keine Aufstiegschance mehr besaßen. Nur noch 3.000 wollten das Spiel gegen Essen sehen.

Blieb nur der dritte Anlauf in der Saison 1967/68. Eine Niederlage (1:2 bei Tennis Borussia) erlaubte sich Hertha in der Regionalliga, für die die Mannschaft zu stark war. Mit fünf Zählern Vorsprung vor TeBe gewann man die Meisterschaft und lockte zum Rückspiel gegen den ewigen Konkurrenten Tennis Borussia immerhin 20.000 Besucher an (2:0).

In der Aufstiegsrunde, die inzwischen bei Spielern, Funktionären und Fans ungute Gefühle auslöste, hatte man es mit Rot-Weiß Essen, dem berühmten Dorfverein SV Alsenborn aus der Pfalz, Göttingen 05 und Bayern Hof zu tun.

Die Fans wollten endlich wieder erstklassigen Fußball sehen und verhielten sich erstklassig. 70.300 kamen zum Spiel gegen Göttingen 05 (1:0), 65.000 gegen Bayern Hof (2:0) und sage und schreibe 80.000 zum abschließenden Spiel gegen Alsenborn (1:1), obwohl die Mannschaft eine Woche zuvor schon den Aufstieg beim 3:2-Erfolg in Hof perfekt gemacht hatte. Später fuhren Trainer Helmut Kronsbein und die Spieler in 17 offenen Wagen im Triumphzug über die Heerstraße, den Kaiserdamm, die Tauentzien- und Martin-Luther-Straße entlang bis zum Rathaus Schöneberg. Dort gratulierte der Regierende Bürgermeister Klaus Schütz, und Tausende Berliner feierten die Rückkehr ins Oberhaus. Das Wir-Gefühl stieg, endlich war man wieder dort, wo man glaubte, hinzugehören: oben.

88.000 Zuschauer im Olympiastadion

Die erste Saison in Liga eins nach drei langen Jahren Abstinenz brachte den Männern um Trainer Kronsbein eine ungeheure Zuschauerflut. Im Schnitt pilgerten über 42.000 ins Olympiastadion – Ausdruck für den Hunger nach großem Fußball und einer starken Hertha, die es den eta-

Hertha kontra Rot-Weiß Essen in der Aufstiegsrunde zur ersten Bundesliga. Werner Ipta (rechts) trifft für die Berliner.

blierten Vereinen endlich zeigen sollte. Man hatte sich mit den Nürnbergern Brungs, Ferschl und Wild verstärkt und sogar den österreichischen Nationaltorhüter Gernot Fraydl nach Berlin beordert. Der mußte sich allerdings einem ungewöhnlichen Wechselspiel stellen. Trainer „Fiffi" Kronsbein, enger Vertrauter von Wolfgang Holst, stellte Fraydl meist im Wechsel mit Volkmar Groß ins Berliner Tor. Eine Maßnahme, die heutzutage in der Bundesliga undenkbar wäre. Hertha landete nach zwischenzeitlichen Höhenflügen am Ende auf Rang 14 und hatte Kaiserslautern, Dortmund, Nürnberg und Offenbach hinter sich gelassen. Noch fürchtete sich die schier übermächtige Konkurrenz aus dem Fußball-Westen, dem Süden oder auch dem Norden nicht vor den wiedererstarkten Berlinern. Das sollte sich aber sehr schnell ändern.

Vor allem die Abteilung Angriff sollte für die Saison 1969/70 verstärkt werden. Zu wenig hatten die Stürmer in der zurückliegenden Spielzeit geboten, Brungs war mit gerade einmal sieben Toren bester Berliner Schütze, gefolgt von Ipta mit fünf Toren. Vom SV Alsenborn holte man den gefährlichen Angreifer Lorenz Horr nach Berlin, der in

Folge zu einem der erfolgreichsten Stürmer in der Hertha-Historie aufsteigen sollte. Und vom Wiener SK kam Wolfgang Gayer, ein eleganter Spieler. Für die Abwehr verpflichtete man den gebürtigen Berliner Bernd Patzke, der als junger Bursche in seiner Heimatstadt das Schornsteinfegerhandwerk erlernt hatte. Aus diesem guten Grund wollten Berlins Sportfotografen den späteren Nationalspieler auch gern hoch oben über den Dächern der Riesenstadt ablichten, möglichst in der schwarzen Kluft seiner ehemaligen Zunft. Patzke spielte ab und an mit.

Als am 26. September 1969 der 1. FC Köln am sechsten Spieltag nach Berlin kam, machten sich unglaublich viele Fans auf den Weg ins Olympiastadion. Am Ende zählten die Kassierer 88.075 Zuschauer – Rekord. Es sollte ein Rekord für die Ewigkeit werden, denn das Olympiastadion faßt nach Umbauten für die Weltmeisterschaften 1974 nur noch rund 76.000 Besucher, und größere Arenen gibt es in Deutschland bislang

Torwart Volkmar Groß war 1968 ein großer Rückhalt der Berliner.

nicht. Die 88.000 erlebten einen 1:0-Sieg der Hertha (Torschütze: Gayer) und schwebten auf Wolke sieben. Man war wieder wer. Zwischenzeitliche Erfolgsserien – sieben Spiele ohne Niederlage – und überraschende Auswärtserfolge (u.a. 2:1 beim FC Bayern) brachten die Berliner ins obere Tabellendrittel.

Noch eine Bestmarke wurde in dieser Spielzeit aufgestellt, die mit dem dritten Tabellenplatz hinter Meister Mönchengladbach und dem

FC Bayern einen überragenden Erfolg brach-
te: Mit 9:1 wurde Borussia Dortmund nach
Hause geschickt. Das ist bis heute der höchste
Sieg einer Hertha-Mannschaft in Liga eins.

Am 18. April 1970 gelang dieser Kantersieg. Franz Brungs avancierte
mit 15 Treffern noch einmal zum besten Saisonschützen, schon gefolgt
von den Neu-Berlinern Horr und Gayer (je 13 Tore). Mit Rang drei
hatte man sich selbst unter Zugzwang für die kommende Serie gesetzt.
Berlin hoffte, daß die Hertha mit um die Meisterschaft spielen könnte.

Die Odyssee des Zoltan Varga

Vor der Saison 1970/71, die mit einem unglaublichen Skandal enden
sollte, muß man die Geschichte des Neu-Herthaners Zoltan Varga kurz
Revue passieren lassen.

Der Versuch, diesen begnadeten ungarischen Fußballer nach Berlin
zu locken, geht bis ins Jahr 1967 zurück. Hertha, damals noch zwangsweise in den Niederungen des Fußballs, sprich in der Berliner Regionalliga, lud sich, um wettbewerbsfähig zu bleiben, häufig ausländische
Mannschaften nach Berlin ein. Man spielte u.a. gegen Dukla Prag und
auch gegen die ungarische Spitzenmannschaft von Ferencvaros Budapest. Dort stürmte ein gewisser Florian Albert, einer der besten Angreifer der Magyaren. Wolfgang Holst fragte, was denn dieser Albert koste.
Die ungarischen Vertreter von Ferencvaros winkten ab und signalisier-
ten, daß dieser unverkäuflich sei. Aber sie verwiesen auf einen jungen
Mann namens Zoltan Varga. Dieser hatte bereits mit 17 Jahren in der
ersten Mannschaft von Ferencvaros debütiert, war zum Nationalspieler
aufgestiegen und gehörte zur Olympiamannschaft seines Landes.

Das olympische Fußballturnier, im Westen wenig beachtet, besaß in
den damaligen sozialistischen Ländern noch eine immense Bedeutung.
Dort waren Goldmedaillen, Ruhm und Ehre fürs Vaterland zu holen.
Bei den Olympischen Spielen 1968 in Mexiko-Stadt sollten Ungarns
Fußballer alte Glanzzeiten zurückholen. Schon 1967 wollte das Olym-
piateam auf einer Reise nach Mexiko die dortigen Verhältnisse testen.
Varga war dabei. Doch als Varga in Budapest seine Sachen packte, war
ihm klar, daß es ein Abschied für viele Jahre oder gar für ewig werden

sollte. In Mexiko setzte er sich von seiner Delegation ab. Varga, der fortan als prominenter Flüchtling galt, tauchte in Amerika unter.

Roger Petit, damals Manager beim belgischen Spitzenklub Standard Lüttich, war in die Pläne Vargas eingeweiht und holte ihn nach Brüssel. Varga, vom Fußball-Weltverband FIFA zwei Jahre weltweit gesperrt, sollte einen Vertrag bei Standard bekommen. Man hoffte auf frühe Gnade der FIFA. Der Ungar wurde zuerst in Verviers versteckt. Doch die Kunde vom Aufenthaltsort des Weltklassespielers drang bis zum umtriebigen Wolfgang Holst. Auch der hatte sich, seit er Vargas Künste live erlebt hatte, in den Kopf gesetzt, den Ungarn nach Berlin zu lotsen. Im Schloßhotel in Verviers traf er auf Varga und Petit. Er schilderte Berlin und Hertha BSC in den schillerndsten Farben, malte die enormen Möglichkeiten der Stadt und des Vereins aus, und es gelang ihm, Varga neugierig auf Berlin zu machen. Wie viele Gesprächspartner von Holst erlag auch der junge Ungar, damals gerade 23 Jahre alt, dem Charme und den Überredungskünsten von Holst. Eine Nacht- und Nebel-Aktion nahm ihren Lauf, die in der Nachschau zwei unterschiedliche Varianten kennt. Die erste lautet so: An der Grenze zwischen Belgien und Deutschland verweigerten deutsche Beamte dem damals noch paßlosen Ungarn die Einreise. Holst suchte einen anderen Grenzübergang und soll Varga im Kofferraum versteckt haben. Diesmal erreichte das Duo unbehelligt deutschen Boden.

Fußballstar im Kofferraum

Variante zwei stammt vom Beteiligten Holst selbst: „Varga besaß nur die Aufenthaltserlaubnis für die Benelux-Staaten. Wir versuchten, an drei, vier verschiedenen Grenzübergängen von Belgien nach Deutschland zu kommen, was nicht gelang. Wir fuhren dann bis ins holländische Enschede, wo ein Holländer den Varga schwarz über die Grenze brachte." Danach strengte der Oberstaatsanwalt in Aachen sogar ein Verfahren gegen Holst an. Grund: Beihilfe zum illegalen Grenzübertritt. Die Sache wurde aber schnell niedergeschlagen.

Laut Holst habe er sogar den damaligen Berliner Senator Neubauer, einen ausgewiesenen Hertha-Freund, angerufen und um Hilfe gebeten. Neubauer soll geantwortet haben: „Holst, bringen Sie den Mann normal rüber."

Der Deal mit Varga stieß aber im Rest-Präsidium von Hertha auf viel Widerstand. Der ist von der FIFA gesperrt, was sollen wir mit ihm? So lautete der allgemeine Tenor. Es gab seinerzeit sogar ein Trainingsverbot für Varga. Doch Holst hatte sich partout in den Kopf gesetzt, Varga zum Herthaner zu machen – koste es, was es wolle. Und es kostete viel. Holst hatte persönlich die Kosten der Varga-Flucht, die Roger Petit von Standard Lüttlich erwachsen waren, bei den Belgiern beglichen. Es handelte sich um 39.000 Mark. Dabei hätte der Gastronom später durchaus mit Varga ein persönlich lukratives Geschäft machen können. Der AC Bologna aus Italiens Serie A hatte sich gemeldet und bot für den ungarischen Rastelli 400.000 Dollar. Holst wären bei diesem Transfer etwa 850.000 Mark zugefallen. Doch Holst erteilte den Italienern eine Abfuhr und behielt Varga („das war später fast ein Adoptiv-Verhältnis") in Berlin. Holst fuhr seinen Alleingang weiter. Er besorgte Varga eine Wohnung, kaufte für 12.000 Mark Möbel und stellte ihn in einer Automatenzentrale an, für ein Monatsgehalt von 2.500 Mark. Holst meldete Varga bei Hellas-Nordwest an und erreichte schließlich, daß dieser wenigstens bei Hertha mittrainieren durfte. Im Hintergrund arbeitete Holst an der Verkürzung der FIFA-Sperre von zwei Jahren. Er reiste persönlich zu Dr. Käser, dem damaligen UEFA-Generalsekretär, und versuchte, Einfluß auf den Dringlichkeitsausschuß der UEFA zu nehmen. Selbst SPD-Politiker Herbert Wehner, der gute Beziehungen zu Ungarn pflegte, soll Einfluß auf der politischen Schiene genommen haben.

Varga selbst formulierte einen Bittbrief an den damaligen FIFA-Boß Sir Stanley Rous aus England. Vergeblich. Er mußte volle zwei Jahre ohne Spielpraxis bleiben. Hertha BSC blieb geduldig. Seit Trainer Helmut Kronsbein Varga das erstemal im Training erlebt hatte, („unglaublich!", „Welch ein Fußballer!") war klar, daß man ausharren würde. Vargas Sperre endete schließlich am 13. Oktober 1970. Der Ungar erklärte einmal zu seinen Motiven, sein Land damals fluchtartig verlassen zu haben: „Es war unehrlicher Fußball. In meinem Paß stand als Berufsangabe Bäcker. Doch ich habe nie eine Backstube von innen gesehen."

Varga imponierte schnell auf dem Rasen. Beim 3:1 in Frankfurt, es war der 13. Spieltag, gelang ihm ein herrlicher Treffer für die Berliner, und Bundestrainer Helmut Schön bescheinigte den Berlinern, mit Varga einen Weltklassemann verpflichtet zu haben. Es lief gut für die Hertha. Im heimischen Olympiastadion war für niemanden etwas zu holen. Eine Auswahl der Resultate: Kaiserslautern 5:3, Oberhausen 3:1,

Köln 3:2, Stuttgart 2:0, Mönchengladbach 4:2. In der Rückrunde rückte Hertha gar auf Rang 3 vor. Der Pfälzer Lorenz Horr besaß so etwas wie eine eingebaute Torgarantie. 20 Treffer standen am Ende für ihn zu Buche, auch Varga schaffte noch insgesamt 22 Einsätze und erzielte fünf Tore für seinen neuen Verein.

5. Juni 1971: Das Skandalspiel gegen Bielefeld

Hertha war bis zum letzten Spieltag der Saison – der 3. Platz stand fest, nur ganz vorn rangelten Bayern München und Mönchengladbach noch um den Titel – im Olympiastadion ungeschlagen geblieben. Zum Abschluß erwartete man die auswärtsschwache Arminia aus Bielefeld, deren Team auf dem drittletzten Platz stand und damit stark abstiegsgefährdet war. Der Spieltag, der 5. Juni 1971, sollte ungeahnte Folgen haben.

Bekanntester Spieler der Mannschaft von der Alm war seinerzeit wohl Gerd Roggensack. Ausgerechnet diesem gelang das Tor zum 1:0-Sieg der Arminia in Berlin. Die Fans auf den Rängen, 35.000 waren zum Halali gekommen, trauten ob der schwachen Leistung ihrer Hertha-Mannschaft den eigenen Augen nicht. „Schiebung! Schiebung!", tönte es von den Traversen. Auf der anschließenden Pressekonferenz schimpfte Hertha-Trainer Kronsbein wie ein Rohrspatz: „Das war eine Zumutung, was meine Leute geboten haben."

Das eigentliche Nachspiel begann einen Tag später. Horst-Gregorio Canellas, seines Zeichens Präsident der ob des Arminen-Erfolgs abgestiegenen Offenbacher Kickers, feierte seinen 50. Geburtstag. Es war der berühmte Tag, als Canellas ein Tonband einspielte, auf dem er Telefongespräche mitgeschnitten hatte, die Bestechungsversuche und Bestechungen belegten. Der Bundesliga-Skandal nahm seinen Lauf, und Hertha BSC war mittendrin. Auf den Tonbandmitschnitten waren auch die Stimmen der beiden Berliner Profis Bernd Patzke und Tasso Wild zu hören. Canellas hatte beiden einflußreichen Spielern fingierte Angebote gemacht, weil er erfahren hatte, daß Rivale Bielefeld sich mit Bestechungsgeldern an mehrere Vereine, u.a. auch die Hertha, gewandt hatte.

Canellas bot per Telefon den beiden Herthanern an, 120.000 Mark zu zahlen, wenn Hertha gegen Bielefeld gewinnt. „Gestern war schon einer

Herthas Tasso Wild war maßgeblich in den Bundesligaskandal 1971 verwickelt.

aus Bielefeld da, aber wir haben uns noch nicht entschieden", war die Stimme von Patzke zu vernehmen. Später schaltete sich Wild in das Telefonat ein: „Vom anderen Verein bekommen wir mehr. 230.000 Mark in bar."

Patzke und Wild gaben angesichts der drückenden Beweislast zu, mit Canellas verhandelt zu haben. Sie hätten sein Angebot allerdings nicht ernst genommen. Dafür erklärte der Bielefelder Geldbote, in Berlin seine 250.000 Mark abgeliefert zu haben, die unter den Hertha-Spielern aufgeteilt worden waren. Alle Spieler beteuerten zunächst, nichts genommen zu haben und das auf „Ehre und Gewissen". Erst viel später kam die Wahrheit ans Licht, als der Spieler Jürgen Rumor, der wie Torjäger Lorenz Horr (der war verletzt) nicht gegen Bielefeld gespielt hatte, sein Gewissen erleichterte.

Unterschiedliche Summen machten die Runde. Canellas habe für die Offenbacher den Hertha-Spielern rund 140.000 Mark versprochen, wenn sie gegen Bielefeld gewinnen. Die Arminia wiederum hatte wohl für eine Niederlage der Berliner rund 300.000 Mark geboten. Die Bielefelder gaben nach anfänglichem Leugnen alles zu und wurden aus der Bundesliga ausgeschlossen. Schon am 17. Juni hatte der Deutsche Fußball-Bund Anklage gegen die auf den Tonbändern von Gemüsehändler Canellas erkannten Spieler erhoben. Und gegen den Verein Kickers Offenbach. Wenige Tage später erging bereits das Urteil. Manfred Manglitz, damals Torhüter beim 1. FC Köln, war ebenfalls an Manipulationen beteiligt und hatte Gelder kassiert. Der Keeper und Herthas Tasso Wild wurden auf Lebenszeit gesperrt, Bernd Patzke für zehn Jahre. Canellas war verboten, jemals wieder einen Verein zu führen. Die sportlich abgestiegenen Offenbacher Kickers durften frühestens 1972/73 um eine neue Bundesliga-Lizenz nachsuchen.

Kurios: Die gekauften Spiele, u.a. Schalke-Bielefeld, Stuttgart-Bielefeld, Hertha-Bielefeld, gingen sportlich und statistisch korrekt in die Liga-Historie ein. Auch zahlreiche andere Spiele, deren Endresultate zumindest einen sensationellen Anstrich besaßen, wurden nie überprüft, darunter das 7:0 des FC Bayern München gegen einen 1. FC Köln, dessen Torhüter Manfred Manglitz hieß.

In Berlin wollte man den Skandal und vor allem die Beteiligung von Hertha-Spielern zuerst nicht wahrhaben. Zwar überschrieb ein Fritz Clauss seinen Bericht vom Spiel der Hertha gegen Bielefeld in der *Fuß-*

ballwoche vom 7. Juni 1971 mit „Herthas Saison-Abschied ein Ärgernis", aber der Berichterstatter wollte das mehr auf das Resultat von 0:1 gemünzt wissen als auf die Umstände. In dem Bericht heißt es u.a. „Es gab vereinzelte Schieber-Rufe. Das ging natürlich zu weit, eine unheimliche Unterstellung, eine Beleidigung der Mannschaft und ihres Trainers."

Interessant in diesem Zusammenhang war in der *Fußballwoche* die Bewertung der Spieler in der gleichnamigen Rubrik.

„Für die Nationalmannschaft empfohlen": keiner;

„Bestform": Groß, Patzke, Wild, Steffenhagen, Brungs;

„Normalform": Witt, Gergely, Gayer, Sperlich, Varga, Weber, Ferschl;

„Unter Form": keiner.

Die Berichterstatter ahnten also nichts, konnten oder wollten von Betrug nichts wissen. Bielefelds Trainer Piechaczek, der in die Vorgänge involviert war, sagte nach dem Spiel: „Berlin ist eine wunderbare Stadt, in der wir das Glück gepachtet zu haben scheinen."

Herthas Trainer Helmut Kronsbein meinte: „Ich schäme mich nach der blamablen Leistung für meine Mannschaft. Hier gelang nichts, obwohl ich mich bei irgendwelchen Manipulationsverdachten vor meine Mannschaft stellen muß. Das sind böswillige Verleumdungen."

Kurios, daß Kronsbein vor dem Bielefeld-Spiel anonyme Anrufe bekommen hatte. In seinem Buch „Fiffi – gefeiert und gefeuert" schreibt Kronsbein u.a.: „Etwa zehn Tage vor unserem Saison-Schlußspiel gegen Arminia Bielefeld ging der Rummel auch bei mir los. Ich sollte gekauft werden! Das Telefon rasselte, Drohungen wurden ausgestoßen. Sofort alarmierte ich die Öffentlichkeit." Kronsbein wandte sich an Redakteure der *Bild-Zeitung* in Berlin. Die schreiben u.a. zu den Vorfällen: „Neben Drohbriefen erhielt der Hertha-Coach den Anruf eines Unbekannten! ’30.000 DM für die Mannschaft und 30.000 DM für Sie, wenn Arminia Bielefeld in Berlin einen Punkt gewinnt’, sagte die Stimme am Telefon."

Der Skandal ereilte die Liga allerdings erst mit Verzögerung und großer Wucht in der Saison 1971/72. Immer neue Details kamen ans Licht. Bielefeld hatte nicht nur im Falle Hertha BSC gemeinsam mit den Berlinern ein unlauteres Spiel getrieben, sondern hatte nachgewiesenermaßen gleich in fünf Fällen manipuliert und mit Bestechungsgeldern gearbeitet. Das betraf die Spiele gegen Schalke, Duisburg, Stuttgart, Hertha und die für den Abstiegskampf wichtige Partie Braunschweig gegen Oberhausen, in die man als dritte Kraft auch eingegriffen hatte.

Hertha BSC indessen handelte in Vorahnung, daß garantiert noch Enthüllungen folgen würden. Die Mannschaft wurde mit fünf neuen Spielern aufgestockt und verstärkt. Vor allem Erich Beer, der später in Berlin zum Nationalspieler aufsteigen sollte, spielte fortan eine dominierende Rolle. Dazu kamen der rustikale Kämpfer Erwin Hermandung aus Aachen und der 18jährige Junior Michael Sziedat vom BFC Preussen. Der sollte später zum Rekordspieler der Berliner in Liga eins avancieren. Trotz ansprechender Leistungen pilgerten die Berliner nicht mehr in solch Scharen wie zuvor ins Stadion. Der Betrug steckte vielen tief in den Kleidern. Und Trainer Helmut Kronsbein hatte es seinen Profis noch nicht verziehen, daß die Aktion zum Bielefeld-Spiel angeblich hinter seinem Rücken über die Bühne gegangen war.

Die Herthaner Varga und Gergely wurden mit Beginn der Rückrunde wegen Bestechlichkeit gesperrt (sie hatten zusätzliche Gelder in Höhe von je 15.000 Mark von Bielefeld verlangt), die Bielefelder durften die Saison zu Ende spielen, mußten aber in die Regionalliga zurück. Ende April 1972 schließlich erklärten die Spieler von Hertha BSC, „mit Ausnahme von Lorenz Horr alle Geld von Bielefeld genommen zu haben". 15 Spieler wurden gesperrt, und Herthas Mannschaft, am Ende der Saison 1971/72 auf Rang 6, zerbrach. Es war dabei wohl ein Verdienst von Uwe Witt, der die Initiative ergriff, um die Berliner Öffentlichkeit aufzuklären. Nach dem Spiel gegen Bielefeld an jenem verhängnisvollen 5. Juni 1971 hatten zwölf Spieler darüber abgestimmt, das Geld zu nehmen oder nicht. Sieben waren für die Annahme, fünf dagegen. Es wurde aufgeteilt. Die Hertha-Spieler Jürgen Rumor und Tasso Wild sollen als Geldboten und Verteiler aufgetreten sein.

Blieb nur ein sportliches Phänomen offen: Zoltan Varga, auch einer, der Gelder angenommen hatte, zirkelte in jenem Spiel einen Freistoß zentimetergenau ans Gebälk des Bielefelder Tores. Perfektion oder Glück? Oder war es nur Wut? Überlieferungen zufolge soll Varga in der Halbzeit des Spiels, es stand noch immer 0:0, zu Hause angerufen haben, ob bereits extra geordertes Bestechungsgeld eingetroffen sei. Als seine Frau das verneinte, soll er das Leder erstmal wutentbrannt an das Gebälk des Arminia-Tores gedonnert haben…

Wolfgang Holst:
Die graue Eminenz

Wolfgang Holst (geb. 30. Juni 1922), Gastronom am Bahnhof Zoo („Holst am Zoo – die Fußball-Kneipe Deutschlands"), beeinflußte über Jahrzehnte maßgeblich die Entwicklung, vornehmlich die Personalpolitik von Hertha BSC. Für den Verein war der fußballverrückte Holst in vielen Funktionen tätig, von 1979 bis 1985 sogar als Präsident. Den Bundesligaskandal 1971 erlebte Holst als 2. Vorsitzender von Hertha BSC und Verantwortlicher für die Lizenzspielerabteilung mit. Heute würde man ihn als Manager bezeichnen. Im Zuge des bis-

Herthas Strippenzieher: Wolfgang Holst.

lang größten Skandals der Bundesligageschichte wurden insgesamt 52 Spieler, darunter 15 von Hertha BSC, bestraft und gesperrt. Auch sechs Funktionäre, darunter Wolfgang Holst, bekamen drastische Strafen. Holst wurde vom 24. März 1973 auf fünf Jahre für sämtliche Vereinsämter gesperrt und am 20. Dezember 1977 vom DFB begnadigt.

Herr Holst, der 5. Juni 1971 gilt als schwarzer Tag in der Geschichte von Hertha BSC und der gesamten Bundesliga. Hertha unterlag im heimischen Olympiastadion Arminia Bielefeld sensationell mit 0:1. Es hieß, das Spiel sei verschoben worden, weil die Hertha-Spieler Bestechungsgelder angenommen hatten. Leidtragender Verein war zuerst Kickers Offenbach, der absteigen mußte. Wie haben Sie damals die Situation tatsächlich erlebt?

Die ganze Sache hat eine Vorgeschichte, die zeigt, daß wir von Hertha BSC damals kein Interesse besaßen, daß die Offenbacher Kickers absteigen sollten. Wir hatten seinerzeit eine spielstarke Mannschaft, die ich als Verantwortlicher für die Spielerkäufe noch durch die Zwillinge Erwin und Helmut Kremers ergänzen wollte. Beide waren seinerzeit in Offenbach unter Vertrag. Ich war fast befreundet mit dem Präsidenten der Kickers, dem Obst- und Gemüsehändler Horst-Gregorio Canellas. Er empfing mich in Offenbach, und ich machte ihm eine Offerte für die Kremers-Zwillinge. Wir wurden uns auch einig, daß beide Spieler zu Hertha wechseln dürften. Einzige Bedingung: die Kickers mußten die erste Bundesliga erhalten. Bei einem Abstieg wären die Verträge der beiden Kremers ohnehin hinfällig gewesen. Also hatte ich ein ureigenes Interesse, daß die Kickers nicht abstiegen.

Dann nahte das Spiel im Olympiastadion gegen den Offenbacher Konkurrenten im Abstiegskampf, die Arminia aus Bielefeld.

Wir als Hertha hatten uns zu diesem Zeitpunkt auf dem dritten Tabellenplatz etabliert, konnten weder Meisterschafts-Zweiter noch im Negativfall Vierter werden. Das Spiel gegen Arminia besaß aus unserer Sicht keinerlei tabellarischen Wert. Ich selbst weilte geschäftlich einige Tage in Bad Wörishofen und kehrte erst am 4. Juni nach Berlin zurück. Unser Trainer Helmut Kronsbein suchte mich auf und glaubte, daß mit der Mannschaft irgendetwas nicht stimme. Ich lud die Mannschaft am vormittag des Spiels in den „Schweizer Hof" zu einem gemeinsamen Frühstück ein und wollte sie einschwören auf das Bielefeld-Spiel. Meine Rede war lang und sollte alle noch einmal richtig aufmöbeln und in eine gute Stimmung vor dem Spiel versetzen. Wir hatten pro Spieler bei einem Sieg eine Prämie von rund 5.000 bis 6.000 Mark ausgelobt. Das Geld kam damals von Ausrüster adidas und auch aus dem Hause Springer, das Hertha ja ab und an unterstützte. Das war damals als Siegprämie viel Geld in meinen Augen. Ich hatte ja den Vergleich in der Liga. Allerdings gab es einen Anruf von Offenbachs Präsident Canellas bei mir. Der fragte freundlich und unverbindlich nach unserem 1:1 in Hannover: „Soll ich eure Siegprämie gegen Bielefeld erhöhen?" Ich antwortete kurz und knapp: „Nein."

Wie sahen Sie dann das 0:1 im Olympiastadion, für das die Mannschaft gellende Pfiffe erntete?

Aus meiner Sicht wollte unsere Mannschaft gewinnen. Gut 80 Minuten schnürten wir die Bielefelder ein. Es gab Latten- und Pfostenschüsse durch unsere Spieler, aber eben keinen Treffer. Der gelang Bielefeld durch einen Konter von Roggensack. Für mich war das unmittelbar nach dem Abpfiff eine herbe Niederlage. Offenbach war abgestiegen. *Was war aber tatsächlich hinter den Kulissen passiert?*

Unsere Spieler Bernd Patzke und Tasso Wild hatten bei Offenbachs Präsident Canellas angerufen. Der zeichnete die Gespräche auf. Wild und Patzke forderten von Offenbach 250.000 Mark für die Mannschaft, wenn sie gegen Bielefeld nicht verlieren sollte. Die Mannschaft habe das dann diskutiert. Canellas bot schließlich 140.000 Mark. Unsere Spieler wollten also bei einem Sieg gegen Bielefeld das Geld von Canellas und unsere eigene Siegprämie kassieren. Der damalige Vizepräsident der Offenbacher, ein Herr Klein, reiste dann tatsächlich mit einem Koffer voller Geld, eben jenen 140.000 Mark, nach Berlin. Der saß beim Bielefeld-Spiel in Block B, bewacht von zwei Leuten. Nach dem 0:1 verschwand Klein unverrichteter Dinge. Jürgen Rumor, einer unserer Spieler, der damals auch wegen einer Verletzung fehlte, sagte zur Mannschaft: „Leute, seid nicht traurig, jetzt holen wir uns eben das Geld von Bielefeld." Die hatten tatsächlich rund 250.000 Mark für eine Hertha-Niederlage geboten. Ein Bielefelder Bote saß in einem Berliner Hotel und übergab das Geld. Man hatte also Geld von Bielefeld genommen für eine Leistung, die man eigentlich gar nicht richtig erbracht hatte. Einen Tag später spielte dann der Offenbacher Präsident Canellas das berühmte Tonband mit den Bestechungsangeboten ab. Der Skandal nahm seinen Lauf. Später befragte ich alle Spieler einzeln und sehr intensiv. Das war im Juli in einer Sportschule in Hessen, wo wir eine Art Trainingslager abhielten. Alle beteiligten Spieler gestanden mir ihre Schuld ein und gaben die eingenommenen Bestechungsgelder zu. Ich stellte mir die Frage, was machst du nun mit diesen Geständnissen?

Und was taten Sie?

Meinem Präsidium konnte ich es nicht sagen, das wäre nervlich zusammengebrochen. Auch Trainer Kronsbein konnte ich nicht einweihen, der wußte ja nichts, hatte nur eine vage Ahnung, ein Gefühl. Ich entschied mich, die ganze Sache hinauszuzögern, stellte also Vereinsinteressen vor Verbandsinteressen, was man mir später vom DFB natürlich zu Recht vorwarf. Ich bekniete die Spieler, nur noch das auszusagen, was mit mir abgesprochen war. Patzke und Wild, deren Verfehlungen durch die Tonbandmitschnitte ja öffentlich geworden waren, wurden sofort bestraft. Wild zuerst lebenslang, Patzke für zehn Jahre. Ich wollte erstmal alles solange unter der Decke halten, bis wir in der Saison 1971/72 die nötigen Punkte in der Liga gesammelt hatten. Ich ahnte ja, daß wir weitere Spieler verlieren würden, wenn alles ans Tageslicht kommt. Der DFB hatte bis zum 1. Mai eine Frist gestellt. Wer bis dahin aussagen würde, könnte mit einer milderen Strafe rechnen. Meineid zu schwören, wie die Schalker Spieler, das wollte ich meinen Männern nicht zumuten. Es kam also zu weiteren Aussagen von Hertha-Spielern, die dann gesperrt wurden. Auch ich wurde sofort gesperrt und arbeitete symbolisch für eine Mark Gehalt im Monat bei unserem neuen Präsidenten Heinz Warneke als Berater.

Was bleibt als Fazit?

Wir nahmen später bei Hertha BSC keinen einzigen dieser Sünder mehr zurück. Es wurde damals auch kein Toto-Spieler betrogen. Aus meiner Sicht war der Sieg von Arminia Bielefeld am 5. Juni 1971 exakt. Das Spiel wurde ja auch mit 0:1 für Bielefeld gewertet. Schamlos war, daß sich die Hertha-Spieler damals praktisch doppelt verkauft hatten. Das war natürlich unmöglich und eine schlimme Sache. Der Schaden für Hertha war immens. Einmal litt das Image gewaltig. Wir werden ja noch heute immer wieder mit diesem Skandal in Verbindung gebracht, konnten diesen schlechten Ruf ewig nicht loswerden. Auch finanziell war die Sache natürlich ein Desaster. Für die gesperrten und abgewanderten Spieler bekamen wir ja kaum Geld, deren Marktwert war unglaublich gefallen, unsere Zuschauer nahmen uns die Bestechungsaffäre zu Recht sehr übel. Es kamen viel weniger Besucher ins Olympiastadion als zuvor. Und schließlich mußten wir mit ungeheurem Aufwand eine neue Mannschaft zusammenstellen. Auch das kostete sehr viel Geld. ∎

Zoltan Varga:
Der gesperrte Virtuose

Der Ungar Zoltan Varga (geb. 1. Januar 1945) spielte von 1970 bis 1972 bei Hertha BSC und absolvierte 34 Bundesligaspiele/9 Tore für die Berliner. Varga spielte mit 17 Jahren zum ersten Mal in der höchsten ungarischen Spielklasse bei Ferencvaros Budapest. Er galt als das größte Talent des ungarischen Fußballs, kam 15mal in der Juniorenauswahl zum Einsatz, bestritt 13 Länderspiele und zwei Einsätze in der Olympiauswahl. 1967 flüchtete er in Mexiko-City in den Westen und wurde vom Fußball-Weltverband mit einer zweijährigen Sperre belegt. Varga spielte später u.a. für Hertha BSC,

Schillernde Figur: der Ungar Zoltan Varga.

den FC Aberdeen (Schottland), Ajax Amsterdam und Borussia Dortmund. Varga ist seit 1998 Trainer und Manager beim ungarischen Erstligisten FC Dunaferr.

Herr Varga, mit dem Abstand fast dreier Jahrzehnte, warum verließen Sie damals ihre ungarische Heimat, wo Sie auf dem Wege zum Fußballstar waren, und flüchteten in den Westen?

Da ist meine Antwort noch immer die gleiche wie vor knapp 30 Jahren: In Ungarn wurde unehrlicher Fußball gespielt. Wir galten als Amateure und wurden so der Bevölkerung verkauft, in Wahrheit waren wir Profis. Das wollte ich damals nicht mehr mitmachen. Ich wollte ehrlichen Fußball spielen, als offizieller Profi, nicht als Staatsamateur. Ich setzte mich damals in Mexiko-City von Ungarns Olympiamannschaft ab. Roger Petit, damals Manager beim belgischen Spitzenklub Standard Lüttich, wußte von meinen Plänen und organisierte meine Ausreise nach Brüssel.

In Berlin wurde der strenge Helmut Kronsbein Ihr Trainer. Wie kamen Sie mit dem zurecht?

Um es gleich zu sagen, Kronsbein gehört nicht zu meinen besten Trainern. Im Gegenteil. Ich hatte einige gute Übungsleiter, vor allem in Ungarn, bevor ich das Land verließ, und später auch in Schottland bei Aberdeen oder bei Borussia Dortmund. Später lernte ich auch den Max Merkel kennen. Kronsbein steht in dieser Reihe ganz weit hinten.

Weil er Sie häufig auswechselte oder Ihre virtuose Art, Fußball zu spielen, nicht genügend tolerierte?

Nein. Der war in meinen Augen fachmännisch einfach schlecht. Der hat viel Glück gehabt in seinem Job. Und der ist überschätzt worden.

Ihre Karriere bei Hertha BSC nahm ein unfreiwilliges Ende. Sie waren mit 14 anderen Mitspielern in den Bundesligaskandal verwickelt, haben Bestechungsgelder angenommen und wurden später von Januar 1972 bis Juni 1974 gesperrt, allerdings mit einer Freigabe ab Juli 1972 fürs Ausland. Dazu kam eine Geldstrafe in Höhe von 15.000 Mark. Hand aufs Herz und mit dem Abstand der vielen Jahre: War es nicht ein riesengroßer Fehler, bei diesem Betrug mitgemacht zu haben?

Das war unvermeidbar. Man konnte damals nicht raus. Das war alles abgesprochen. Nur Lorenz Horr, unser Torjäger, kam da raus. Der war verletzt und spielte gegen die Arminia nicht mit. Es ist so gelaufen, daß da wirklich keiner aus der Sache rauskonnte. Selbst wenn einer wollte. Und wenn man schon in die Geschichte zurückgeht, muß man sagen, daß auch Wolfgang Holst Bescheid wußte, daß da irgendetwas Verbotenes läuft. Den habe ich persönlich vor dem Bielefeld-Spiel informiert, der hat aber die Sache nicht verhindert. Die Gefahr, daß nicht nur einzelne Spieler, sondern der Verein Hertha BSC gesperrt würde, war seinerzeit groß. Nach meiner Meinung und meinen Kenntnissen hat vor allem Verleger Springer dafür gesorgt, daß der Verein am Leben blieb.

Holst galt jahrelang als eine Art Pate für Sie. Sie waren doch eng befreundet?

Der Kontakt ist schon sehr lange abgebrochen. Wolfgang Holst hat irgendwann Abstand genommen von unserer Freundschaft. Er hat viel für mich getan, aber er hat auch sehr stark von mir profitiert. Durch mich gelangte er permanent in die Schlagzeilen, was sicherlich für seine beruflichen Geschäfte von großem Nutzen war. Trotzdem: Ich war sehr gern in Berlin, bin damals nach dem Skandal nur ungern gegangen. Die Stadt selbst hat mir sehr gut gefallen, und auch die Menschen, die mich und meine Familie damals sehr offen und freundlich aufgenommen haben.

Es heißt, Sie wurden nach Ihrer Flucht über Mexiko und Belgien nach Berlin in Ihrer ungarischen Heimat in Abwesenheit zu einigen Jahren Zuchthaus verurteilt?

Ja, zu insgesamt neun Jahren. Meine Wohnung wurde mir damals weggenommen, meine Familie terrorisiert. Offiziell wurde mir später nicht bekannt, ob ich unter eine Amnestie gefallen bin. Ich gehe aber davon aus. Ich habe Ende 1981 erstmals einen Visa-Antrag gestellt, um nach Ungarn zu kommen. Und das hat auch geklappt. Das ist seitdem kein Problem.

Heute arbeiten Sie in Ungarn erfolgreich als Trainer. Der Job des ungarischen Nationaltrainers, reizt der Sie nicht?

Doch. Ich war bereits einige Male für diesen Posten im Gespräch. Aber in der ungarischen Presse und Öffentlichkeit habe ich einen schweren Stand, weil ich immer sehr deutlich meine Meinung sage. Das paßt vielen Leuten nicht. Denen bin ich zu unbequem. Die haben es bisher verstanden, mich vom Posten des Nationaltrainers fernzuhalten. Aber, ich arbeite sehr erfolgreich im Verein, irgendwann kommen diese Leute nicht an mir vorbei. Ich denke, Sie werden noch von Zoltan Varga hören. ∎

Mühsame Aufbauarbeit nach dem Skandal

Wie sollte man bei Hertha mit den bestechlichen Spielern in Blau-Weiß umgehen? Wie würde das Berliner Publikum reagieren? Die Zuschauerzahlen sanken dramatisch. Berlins Fans wollten ehrlichen Fußball sehen, keine gekauften Siege oder verkaufte Spiele. Waren in der Saison 1970/71 im Schnitt 43.358 Zuchauer ins Olympiastadion gepilgert, waren es 1971/72 nur noch schlappe 23.273. Ein Jahr später, nach der Spielzeit 1972/73 konnte der Schatzmeister nur noch 22.586 Zuschauer im Schnitt bei den Heimspielen der Hertha angeben. Das bedeutete einen Tiefstand in der Bundesliga-Geschichte der Berliner. „Wir wollen sie nie wieder sehen!" titelte die *Fußball-Woche* und drückte den Wunsch und Willen vieler Fußballanhänger Berlins sehr drastisch aus. Das Fußballvolk fühlte sich von seinen einstigen Helden hintergangen, die monatelang geleugnet hatten, Bestechungsgelder entgegengenommen zu haben.

Der Liebesentzug der Fans beschäftigte natürlich auch die verbliebenen Profis und die vielen Neuzugänge, die in einer schwierigen Atmosphäre ihre Arbeit verrichten mußten. Von der Mannschaft aus der Spielzeit 1971/72 waren nur noch die unbelasteten Lorenz Horr, Erich Beer, Erwin Hermandung und Peter Gutzeit übriggeblieben. Dazu kam Reserve-Keeper Zander. Nach der Sperre von insgesamt 15 Profis, für die Hertha kaum Transfererlöse bekam, mußte ein kompletter Neuaufbau angegangen werden. Doch die Finanzlage war prekär, schnelle Hilfe nicht in Sicht.

Bis sich der Berliner Senat doch noch durchrang, Berlins fußballerisches Flaggschiff, auch wenn es arg angeschlagen war, zu unterstützen. Der Senat stellte Hertha für den Neuaufbau der Mannschaft zwei Millionen Mark als Darlehen zur Verfügung, das sehr langfristig zurückzuzahlen war. Und die Berliner Politik verband mit ihrer Hilfsaktion auch die Forderung nach einer neuen Hertha-Führung. Das Geld sollte nur fließen, wenn auch ein dem Senat genehmer Präsident die Führung des Vereins übernehmen würde. Solch ein integrer Mann wurde in Heinz Warneke gefunden, der damals der Chef der Deutschlandhalle war und in dieser Funktion sehr gute Kontakte zu Politik, Wirtschaft und Kultur besaß. Warneke löste den Brauerei-Direktor Gerhard Bautz ab. Warneke erinnert sich: „Als ich von einer Dienstreise nach Berlin zurückkehrte und in Tempelhof gelandet war, sagte mir der damalige Chef von PanAm: „Du bist der neue Hertha-Präsident."

Ein schweres Erbe: „Uns drückten rund 6,5 Millionen Mark Schulden, wir standen vor der Pleite." Doch Warneke glaubte, den nötigen Abstand zu den gewachsenen Strukturen im Verein zu besitzen und wollte die Hertha nach Deutschlandhallen-Prinzip führen – „gewinnorientiert. Mit attraktivem Fußball viele Zuschauer anlocken."

Der Verkauf der Plumpe

Warneke ließ damals keinen Zweifel, daß nur der Verkauf der altehrwürdigen „Plumpe", des traditionsreichen Hertha-Platzes im Wedding, den Verein noch vor dem Konkurs retten könne. Der Plan, dieses Herzstück der Hertha zu opfern, war vielen Mitgliedern nur sehr schwer beizubringen. Enorme Überzeugungsarbeit war notwendig. Warneke erklärte vor der entscheidenden Mitgliederversammlung: „Wenn wir den Platz nicht verkaufen, gehen wir in den Konkurs."

Zuerst sollte die „Plumpe" an den Berliner Senat verkauft werden, der rund zwei Millionen Mark zahlen wollte. Aber eine Baugesellschaft, die auf dem Gelände später Wohnungen errichten wollte, bot das Dreifache. Mit einem Schlag wäre Hertha seine Schuldenlast los. Die Mitgliederversammlung stimmte schließlich dem Verkauf zu. Das Ergebnis fiel relativ deutlich aus: 163 Ja-Stimmen standen 57 Nein-Stimmen gegenüber. 15 Mitglieder enthielten sich der Stimme.

Daß öffentliche Hilfen für den angeschlagenen Verein sinnvoll und keineswegs eine Einbahnstraße seien, unterstrich Warneke in einer vielbeachteten Rede zum 80jährigen Bestehen des Vereins im Juli 1972: „Ein Bundesligaverein hat eine Bilanzsumme von vier bis sechs Millionen Mark. In

Präsident und Mäzen: Hertha-Boss Heinz Warneke (links) und Verleger Axel Cäsar Springer.

der Saison 1970/71 hatte Hertha BSC 717.079 Zuschauer bei den Bundesligaspielen mit Einnahmen von über vier Millionen Mark. Die Zuschauer benutzten BVG, U- und S-Bahn. Sie kauften Zeitungen und Programmhefte, sie wetteten im Fußballtoto. Sie verzehren im Stadion im Laufe des Jahres für fast zwei Millionen Mark Bier, andere Getränke, Zigaretten oder einen Imbiß. Auswärtige Vereine und ihre Anhänger wohnen in Berliner Hotels. Hertha selbst fliegt mindestens zwanzigmal im Jahr aus Berlin aus. Und von den all genannten wirtschaftlichen Vorgängen bekommt der Staat seine zustehenden Steuern."

Unter Warnekes Führung gelang die langsame Genesung des Vereins Hertha BSC, den der Bundesliga-Skandal mit alle seinen Auswirkungen fast in den Ruin getrieben hätte. Platz 13 blieb nach einer durchwachsenen Saison 1972/73.

In die Ära Warneke fiel die kuriose Geschichte um die Verpflichtung von Fußball-Trainer Dettmar Cramer als Nachfolger des im achten Jahr in Berlin müde gewordenen Helmut Kronsbein. Warneke: „Kronsbein war ein sehr fähiger Trainer mit eher rustikalen Methoden, die sich im Laufe der Jahre abgenutzt hatten. Die neue, die junge Generation der Spieler verstand ihn nicht mehr sehr gut." Kronsbein arbeitete noch in der Saison 1973/74 bis März 1974, ehe Co-Trainer Hans Eder das Amt übernahm und später an Georg Kessler weiterreichte. Dazwischen wurde der international renommierte Cramer im Juli 1974 als neuer Chef präsentiert. Der trat seinen Posten aber nie an und bat zur Überraschung aller Beteiligten, „aus rein persönlichen Gründen" von seinen eingegangenen Verpflichtungen entbunden zu werden.

Die Saison 1973/74, als Spielzeit der weiteren Konsolidierung nach dem Skandal gedacht, endete mit einem achten Platz. Der wuchtige Erwin Hermandung avancierte mit 11 Treffern zum besten Torschützen. Er, „Luggi" Müller und Holger Brück bestritten sämtliche 34 Saisonspiele. Den 31jährigen Müller hatte man für 60.000 Mark Ablöse plus 70.000 Mark Handgeld in Zeiten größter Geldnot von Borussia Mönchengladbach geholt. Eine Investition, die sich auszahlte, obwohl sie zunächst unter einem schlechten Stern gestanden hatte: In einem der legendären Europapokalspiele der Gladbacher gegen Inter Mailand war Müller einer rüden Attacke von Boninsegna zum Opfer gefallen und mußte zehn Monate pausieren. Trotz eines Silbernagels im Bein schaffte er mit speziellem Training den Anschluß.

Dettmar Cramer – Trainer für einen Tag

1974 bereicherte Hertha BSC das Sammelsurium an Kuriosa um ein weiteres, bis heute nicht bis ins Detail geklärtes Kapitel. Trainer Helmut Kronsbein ging vorzeitig zu Hannover 96 zurück, um seine Nachfolge gab es unzählige Spekulationen. Max Merkels Name fiel häufig, auch der von Georg Gawliczek. Am Ende präsentierte Deutschlandhallen-Direktor und Hertha-Boss Heinz Warneke mit Dettmar Cramer einen weltgewandten Fußball-Lehrer, der die Beinamen „Professor" oder auch „Napoleon" trug. Cramer war schon damals ein Weltreisender in Sachen Fußball, trainierte häufig im Auftrag des Weltfußball-Verbandes (FIFA) Vereine und Nationalmannschaften in aller Welt. Cramer, am 4. April 1925 geboren, war vor seinem Engagement bei Hertha Cheftrainer des Westdeutschen Fußball-Verbandes, DFB-Trainer und FIFA-Fußball-Lehrer.

Am 9. Juli 1974 sollte er mit großem Brimborium in Berlin der Öffentlichkeit präsentiert werden. Er erschien auch mit der Mannschaft zum ersten Training auf dem Hertha-Platz am Gesundbrunnen. Danach annullierte er seinen Vertrag, der über drei Jahre laufen sollte. Cramer ging als „Trainer für einen Tag" in die Klubhistorie ein, was so aber nicht exakt ist. Cramer erinnert sich: „Nach dem Eröffnungstraining gab es eine Pressekonferenz und danach die Vorstandssitzung. Dort löste ich meinen Vertrag auf." Die Gründe will Cramer bis heute nicht preisgeben, und so gibt er Spekulationen weiter Nahrung. Cramer: „Mir wurden Vereins-Internas bekannt. Danach annullierte ich meinen Kontrakt. Mehr ist dazu nicht zu sagen."

Viele glaubten, Cramer habe bereits Kontakt mit dem FC Bayern München aufgenommen, mit dem er 1975 und 1976 Deutscher Meister und Europacupsieger wurde. Andere nahmen an, nur 14 Hertha-Profis seien dem Trainer zu wenig Potential, und er könne in Berlin an Image verlieren. Wieder andere Gerüchte meinten, Cramer wären bekannte Spieler als Neuzugänge versprochen worden (u.a. Berti Vogts, Paul Breitner und Uli Hoeneß), die allerdings nicht nach Berlin kamen.

Dettmar Cramer, den Bayern-Keeper Sepp Maier einmal den „laufenden Meter" taufte, fuhr allerdings nach seinem abrupten Rückzug noch mit der Hertha-Mannschaft ins von ihm geplante und organisierte Trainingslager nach Herzogenaurach, was häufig in der Nachschau vergessen oder unterschlagen wird. Cramer: „Wir waren 14 Tage im adidas-Hotel und haben auch einige Trainingsspiele gemacht. Mit der Mannschaft war ich damals durchaus zufrieden. Ich wußte, wir hatten die beste Läuferreihe in der Liga und die Mannschaft bestimmt eine große Zukunft vor sich."

Cramer blieb solange im Trainingslager, bis sein auch von ihm unterstützter Nachfolger Georg Kessler aus Holland in Herzogenaurach eintraf. „Der arbeitete zuvor in Zwolle", erinnert sich Cramer. Er selbst sei nach diesem Intermezzo als Nationalcoach in die USA gegangen, später folgte seine Erfolgsserie mit dem FC Bayern.

Bei Dettmar Cramer machte einst der Hertha-Star der 50er und 60er Jahre, Helmut Faeder, seinen Trainerschein am Kleinen Wannsee. „Der Cramer schickte schon nach der ersten Übungsstunde, einem Training mit Ball, einige wieder nach Hause", erinnert sich Faeder, „die sollten sich erstmal selbst mit einem Fußball befassen." Auch Jürgen Röber war einst Spieler unter Cramer bei Bayer Leverkusen und verehrt Cramer regelrecht.

Cramer war bislang in 80 Ländern als Fußball-Lehrer unterwegs und unter Vertrag. Er lebt normalerweise in Reit im Winkel, ist aber nur äußerst selten zu Hause. Als 74jähriger unterschrieb er einen Dreijahres-Vertrag mit dem asiatischen Fußball-Verband. Er arbeitet wechselweise in China, Korea, Japan und in Indien. „Das ist eine schöne, eine dankbare Arbeit", sagt Cramer. Er trainiere jeden Tag vier bis fünf Stunden und mache noch sehr viel vor. Arbeit sei seine größte Freude, sagt der 74jährige mit klarer und fester Stimme.

In welchem Land der Erde er noch nicht gearbeitet habe? „Island", sagt Cramer, „obwohl ich dort viele Freunde habe."

Über sein kurioses Kapitel namens Hertha BSC ist ihm der entscheidende Grund seiner plötzlichen Demission nicht zu entlocken. „Keine Internas", sagt Cramer wie schon 1974. So geht er weiter in die Hertha-Geschichte als der „Trainer für einen Tag" ein.

Heinz Warneke, damals Präsident von Hertha, gibt seine Sicht der Dinge preis, die der Wahrheit wohl sehr nahe kommt: „Damals waren

Seltenes Zeitdokument: Trainer Helmut Kronsbein (links), Hertha-Präsident Heinz Warneke (Mitte) und Trainer Dettmar Cramer (rechts). Letzterer blieb nicht lange in Berlin.

bei uns Berti Vogts, Paul Breitner und Uli Hoeneß als Neuzugänge im Gespräch. Und Udo Lattek als Trainer. Das gesamte Projekt sollte um die vier Millionen Mark kosten."

Er habe Gespräche in Sachen Finanzierung mit dem Verleger Axel Springer und der Berliner Bank geführt. Springer wollte nur finanziell helfen, wenn auch der Berliner Senat sein Votum pro Hertha abgebe. Das blieb aber seinerzeit aus. „So konnte ich Cramer keine exakten Zusagen wegen der Neuverpflichtungen machen", sagt Warneke. Cramer habe aber seines Wissens zur gleichen Zeit auch ein Angebot des FC Bayern München bekommen und sei wohl mit seinen Gedanken schon in Bayern gewesen.

Noch wichtiger für die Cramer-Absage war wohl aber diese Tatsache: Wolfgang Holst war zur Amtszeit von Warneke zunächst auf Lebenszeit für ein Amt im Verein gesperrt. Auswirkungen des Bundesliga-Skandals. Warneke habe aber Holst für ihn arbeiten lassen. „Symbolisch für eine Mark im Monat", sagt Warneke. Der damalige DFB-Präsident Hermann Neuberger, mit dem Warneke „gut konnte", sei involviert gewesen. Warneke: „Da aber Dettmar Cramer ein sehr hohes Obrigkeitsdenken hatte und zu diesem Zeitpunkt immer noch auch auf das Amt des Bundestrainers spekulierte, habe ihm diese Geschichte mit Holst nicht gepaßt, sei ihm zu unseriös gewesen." ■

Erich Beer:
Torschütze und Lenker

Erich Beer (geb. am 9. Dezember 1946) spielte zuerst beim VfL Neustadt und bei der SpVgg. Fürth, ehe er 1968 in die Bundesliga zum 1. FC Nürnberg wechselte (25 Bundesligaspiele/2 Tore). Über die Zwischenstation Rot-Weiß Essen (63 Bundesligaspiele/10 Tore) kam er 1971 zu Hertha BSC und blieb den Berlinern bis 1979 erhalten, ehe er nach Saudi-Arabien ging. Beer, Mittelfeldspieler und Stürmer, kam auf 253 Bundesligaspiele für Hertha BSC, in denen er 83 Tore schoß. Beer galt als Synonym für das oft erfolgreiche Hertha-Spiel in den 70er Jahren, genoß eine hohe Popularität in der Stadt und darüberhinaus in der Bundesliga. Seine 83 Treffer sind noch heute Hertha-Rekord für die erste Bundesliga. Bei Hertha reifte Beer zum Nationalspieler. Er bestritt zwischen 1975 und 1978 24 Länderspiele (7 Tore), war Teilnehmer an der Europameisterschaft 1976 und an der Weltmeisterschaft 1978. Erich Beer lebt in München und arbeitet bei BMW.

Herr Beer, Hertha BSC war 1971 bei Ihrem Wechsel nach Berlin maßgeblich in den Bundesligaskandal verwickelt. Wieso nahmen Sie das Angebot der Hertha trotzdem an?
Ich wußte zu diesem Zeitpunkt nicht, daß Hertha in einen Skandal verwickelt ist. Ich habe schon 14 Tage vor Ende der Saison unterschrieben. Und da war das Spiel der Hertha gegen Bielefeld noch gar nicht gelaufen, glaube ich. Ich wußte also gar nichts von diesem Skandal und bin deshalb ohne Weiteres zur Hertha nach Berlin gewechselt. Erst später traten ja nach und nach viele Details dieser unsäglichen Geschichte an den Tag. Da wurde mir als Unbeteiligtem schon heiß und kalt.
Wer hatte Ihren Transfer eingefädelt?
Das war Wolfgang Holst, der bekanntlich sehr umtriebig agierte. Der rief mich eines Tages in Essen an und hat mich gebeten, in Berlin anzufangen. Ich bin nach Berlin gefahren und habe mir alles angehört. Und ich habe noch am selben Abend unterschrieben. Das Angebot war lukra-

Hertha-Star Erich Beer.

tiv, die Leute schienen mir vertrauenswürdig.

Ist Ihnen die Entscheidung pro Hertha damals leichtgefallen?

Das war eine schnelle Entscheidung. Eigentlich war ich mir damals vorher mit Bayern München klar, noch nicht schriftlich, aber mündlich. Aber ich habe dann bei Hertha einfach die bessere Perspektive gesehen. Die Berliner standen an dritter Stelle und hatten immer ein volles Stadion. Ich dachte, irgendwann müssen die ja auch mal Erster werden. Und dabei wollte ich entscheidend mithelfen.

Haben Sie diesen Wechsel zu Beginn nicht auch bereut?

Wir hatten ja erste Testspiele an der Plumpe im Wedding. Ich begeisterte mich schnell für das kleine, enge Stadion. Ich habe mich gleich sehr wohlgefühlt. Aber leider kam dann ja der Skandal. Das war natürlich alles traurig, und da hab' ich schon ein bißchen gegrübelt, ob mein Wechsel nach Berlin richtig war. Zuerst hatte ich den Schritt fast bereut, aber dann habe ich mir gesagt, da mußt du jetzt durch. Die Spieler, die mit dem Skandal nichts zu tun hatten, die mußten dann das Beste draus machen. Vier Mann, Lorenz Horr als einziger aus der alten Mannschaft, dazu Hermandung, Sziedat und ich mußten das Ruder rumreißen.

Als die unglaublichen Bestechungs-Geschichten nach und nach an die Öffentlichkeit drangen, wie gestaltete sich da Ihr Verhältnis zu den belasteten Mannschaftskameraden?

Man hatte schon ein ungutes Gefühl im Training, auch im Verhältnis zu den in den Skandal verwickelten Spielern. Der Holst, der hat dann immer vor dem Training die alten Spieler zusammengeholt und sie in ein Extrazimmer genommen und irgendwelche Dinge besprochen. Und wir, die nichts mit dem Skandal zu tun hatten, mußten oft erstmal eine halbe Stunde allein trainieren. Da wußten wir schon, daß da irgendwas im Busch war. Das war am Anfang wirklich nicht einfach. Die sind dann erst im Laufe der Saison gesperrt worden, zuerst wohl Tasso Wild und Bernd Patzke. Dann Weihnachten sind der Gergely und der Varga gesperrt worden und in der Rückrunde der Rest. Wir sind auf den 6. Platz abgerutscht und hätten fast den UEFA-Cup verpaßt. Ein Jahr später wurde eine völlig neue Mannschaft aufgebaut.

Sie konnten bei Hertha Ihr hohes spielerisches Niveau über viele Jahre halten. Wie kam das?

Ich gehörte zu den sogenannten Dauerbrennern, war wenig verletzt und dazu ein zäher Typ. Viele Tore habe ich aus der zweiten Reihe geschossen. Das war meine Stärke. Ich war nicht der absolute Spielmacher, ich habe schon das Spiel in die Hand genommen, aber ich hab' nicht so gern weite Pässe gespielt, viel lieber Doppelpaß, und habe mich mehr im Sturm mit eingeschaltet. Da, wo es auch wehgetan hat. Am Anfang war Alkohol völlig tabu für mich, zum Schluß gab's auch mal ein, zwei Glas Bier, und wir haben schon mal einen draufgemacht. Unter der Woche bin ich allerdings nicht weggegangen.

Wie war damals in den 70er Jahren die Kameradschaft im Team der Hertha?

Die Kameradschaft war sehr gut, wir sind zusammengeschweißt worden. Von den Typen her haben wir gut zusammengepaßt. Den Vizemeister hatte uns damals keiner zugetraut, wir waren schon eine verschworene Gemeinschaft. Wir sind überall als Mannschaft aufgetreten.

Wenn Sie Ihre Auftritte in der Bundesliga in Nürnberg, Essen und Berlin vergleichen. Wie fällt dieser Vergleich aus?

Für mich waren das drei Phasen – Nürnberg, Essen, Berlin. Nach Nürnberg bin ich als Amateur gekommen. Da war alles neu. Ich erlebte Max Merkel als Trainer. Der hat mir die Richtung gezeigt, daß in der Bundesliga nur über hartes Training was zu erreichen ist. Ich bin dann, als ich das begriffen hatte, in Essen schon ein bißchen zum Führungsspieler geworden. Dann kam Berlin. Eine starke Mannschaft, aber auch der Skandal. Da waren starke Spieler: Varga, Volkmar Groß, Steffenhagen, Gayer, Horr. Ich bin auch nach Berlin, weil ich glaubte, mit dieser Mannschaft kannst du einmal Deutscher Meister werden. Und ich konnte in einer Mannschaft spielen, die über viele Jahre in Deutschland mit führend war. Leider hat der Skandal diese Entwicklung stark gestört und gehemmt.

Sie haben in Berlin mehrere Trainer erlebt. Wie charakterisieren Sie diese?

Der „Fiffi" Kronsbein war ein Typ, wie einer von der Bundeswehr. Der hat einem die Freiheit genommen, er hat bestimmt, und so mußte gespielt werden. Als er weg war, sind wir explodiert, konnten uns entfalten. Das war meine Meinung. Alle mußten unter ihm gleich sein. Wenn einer ein T-Shirt anhatte, mußte er sich sofort umziehen und wie alle anderen einen Trainingsanzug anziehen. Oder am Tisch: Punkt 9 Uhr mußten alle beim Frühstück sein. Alle mußten hinter ihren Stühlen stehen, erst wenn der Guten Morgen gesagt hatte, durften wir uns setzen. Disziplin war oberstes Prinzip. Der hat uns auch nie gelobt oder ganz, ganz selten. Aber er hat die Mannschaft nach oben gebracht. Sein Training war sehr hart.

Dann hatten wir den Gustav Eder. Der war ja meist Co-Trainer. Zu ihm gab es ein gutes Verhältnis, der hat versucht, jedem Spieler zu helfen. Er war auch sehr hart, aber auch sensibel und baute uns Spieler gut auf. Ein feiner Kerl.

Georg Kessler kam aus Holland zu uns. Der holte viel aus dem Team heraus, gab uns allen ungeheures Selbstvertrauen. Er sagte immer: Ihr seid die Besten! Und er verglich stets vor dem Spiel an der Tafel in der Kabine die Mannschaften, wobei wir immer besser abschnitten. Einmal haben wir in Schottland gegen die Glasgow Rangers gespielt. Da sagte Kessler: Er habe noch nie mit einer Mannschaft in Schottland verloren, egal wie der Gegner hieß. Wir haben 3:2 gewonnen…

Kessler war der richtige Trainer nach Kronsbein. Das hat uns alle sehr beflügelt. Der Trainer wurde Sir genannt, war weltläufig. Man hat ihm sehr gern zugehört.

Und da war noch zu meiner Zeit der Kuno Klötzer. Der galt als Vatertyp. Er trainierte streng, machte dabei aber auch viel Spaß. Es war ein abwechslungsreiches Training.

Sie haben viele Europacupspiele für Hertha bestritten. Was fällt Ihnen dabei zuerst ein?

Vor allem zwei Dinge im UEFA-Cup: das Halbfinale gegen Roter

Stern Belgrad und das Auswärtsspiel eine Runde zuvor bei Dynamo Tiflis. Das Halbfinale war einmalig, die Stimmung im Stadion toll. Und das bei Dauerregen. Das Ende mit unserem knappen Ausscheiden war leider tragisch. Und in Tiflis, vor 70.000 Fans in einem Hexenkessel, benötigten wir unglaubliche Nerven. Das war ein unglaubliches Publikum, absolut südländisch.

1979 hatte Hertha mal wieder kein Geld. Sie gingen nach Saudi-Arabien?

Hertha mußte wichtige Spieler verkaufen, um die leere Kasse aufzufüllen. Nigbur ging zu Schalke, Weiner nach München zu den Bayern, Granitza nach Chicago und ich nach Saudi-Arabien. Ich bekam damals mehrere Angebote, u.a. von 1860 München und von Racing Straßburg. Aber ich rief Trainer Dettmar Cramer in Saudi-Arabien an. Es ging dann alles sehr schnell. Ich habe zwei Jahre in Dschidda gespielt, meine Frau und die Kinder waren mit dabei. Es war natürlich eine völlig neue Kultur, völlig neue Erfahrungen. Am schlimmsten war das Klima, oft gab es Temperaturen um die 45 Grad. Aber die Mitspieler sind halt nicht so gerannt wie etwa in Europa. Ich mußte mich nach und nach dieser Mentalität anpassen. Nach einem halben Jahr hatte sich der Körper an die Hitze gewöhnt.

Wir gingen nach zwei Jahren nach Deutschland zurück, weil mein ältester Sohn die Schule wechseln mußte. Es gab Angebote von Hertha, von Uerdingen und von 1860 München. Die Münchner stiegen in die zweite Liga ab, wo ich dann ein Jahr mit Rudi Völler und Herbert Waas spielte. Hertha stieg auf und rief bei mir an. Aber das Interesse versandete, Wolfgang Holst meldete sich nicht mehr.

Sie spielten in Ihrer Zeit als Herthaner 24mal für die deutsche Nationalmannschaft. Ihr letztes Spiel war das 2:3 gegen Österreich bei der WM 1978 in Argentinien, das als die Schmach von Cordoba in die Geschichte einging. Hat Sie das später belastet?

Zu Beginn schon. Aber später überwog doch der Stolz, Nationalspieler gewesen zu sein. Allein das Erlebnis einer Fußball-Weltmeisterschaft ist ungeheuer, und das kann einem niemand mehr nehmen. Ich hatte viele schöne Erlebnisse in und mit der Nationalmannschaft. Das bleibt. ■

1974/75: Hertha erreicht die Vizemeisterschaft

Die Saison 1974/75 sollte die bis heute sportlich erfolgreichste Spielzeit von Hertha BSC in der Bundesliga werden. Dabei waren die Voraussetzungen dafür, so schien es jedenfalls, gar nicht so günstig. Wie fast in allen Jahren klagte der Vereinsvorstand über wenig Geld in der Kasse. Ergo: Trainer Georg Kessler konnte sich keine spektakulären Neuverpflichtungen leisten. Es gab jedoch einen Berlin-Rückkehrer, der in den folgenden Jahren zu einem der wichtigsten Profis im Berliner Ensemble aufsteigen sollte: Uwe Kliemann, ob seiner stattlichen Körpergröße von 1,90 m der „Funkturm" genannt, wurde von Eintracht Frankfurt losgeeist. Für zu teuer erklärten die Hertha-Vorständler damals einen Mann, der im aktuellen Trainergeschäft der Bundesliga inzwischen zu den erfolgreichsten und populärsten Vertretern seiner Zunft gehört: Ottmar Hitzfeld. Der blieb seinerzeit nach der Berliner Absage beim Schweizer FC Basel.

Just in dieser Spielzeit gelangte mit Tennis Borussia ein zweiter Vertreter Berlins in die erste Bundesliga, stieg aber sofort wieder ab. Beide Derbys gewann Hertha. Zuerst hieß es am 16. November 1974 3:0. 75.000 Zuschauer sahen zwei Treffer von Erich Beer und ein Tor von Gerd Grau. Auch die zweite Begegnung der alten Rivalen, am 10. Mai 1975 ausgetragen, konnte Hertha mit 2:1 für sich entscheiden. Vor allem die unglaubliche Heimstärke der Hertha katapultierte die Mannschaft in die Spitzengruppe der Liga. In jener so erfolgreichen Saison errang Hertha im Olympiastadion 15 Siege und spielte zweimal Remis (1:1 gegen 1. FC Köln; 3:3 gegen Fortuna Düsseldorf). Kein einziges Spiel ging verloren. Auch die Torbilanz liest sich beeindruckend: 44:15 bei 32:2 Punkten. Viele etablierte Konkurrenten wurden deutlich geschlagen nach Hause geschickt. So z.B. Kickers Offenbach mit 4:1, der FC Bayern München mit 4:1 oder der VfB Stuttgart mit 4:0. Hertha erwies sich zu Hause als eine starke Macht,

Zu Hause kein einziges Spiel verloren

nur die weitaus schwächere Auswärtsbilanz verhinderte den ganz großen Triumph, den sich Borussia Mönchengladbach sicherte. Die Borussia errang den Meistertitel mit sechs Zählern Vorsprung vor den Berlinern, die in fremden Stadien nur vier Siege und vier Remis errangen und neunmal verloren.

Lorenz Horr (rechts) gehörte zu den erfolgreichsten Hertha-Profis in den 70er Jahren.

Zum besten Torschützen stieg Erich Beer mit 11 Treffern auf. Der einzige Wermutstropfen nach dem abschließenden 4:2-Sieg im Olympiastadion gegen den VfL Bochum war der Abschied von Luggi Müller, der nach 136 Bundesligaspielen für den 1. FC Nürnberg und 81 Spielen für Borussia Mönchengladbach noch einmal zwischen 1972 und 1975 97 Erstligaspiele für die Hertha bestritten hatte und sich als untadeliger Sportsmann gezeigt hatte. Alle Versuche der Hertha-Vorständler, den Franken zum Weitermachen zu bewegen, schlugen fehl. Berlins Bürgermeister Neubauer hatte sich dafür eingesetzt, daß Müller für seine Verdienste um den Sport sogar das Bundesverdienstkreuz verliehen bekam.

Aus der folgenden Saison 1975/76 ist ein Nebenschauplatz zu erwähnen, der Herthas Ruf als skandalträchtigem Verein neue Nahrung gab. Im Vorstand, der von Dr. Hans-Jörg Klotz, einem Manager aus dem Hause von Verleger Axel Cäsar Springer, geführt wurde, gab es viele Streitigkeiten, die auch privater Natur waren. Klotz' Stellvertreter war der angesehene Chirurg Dr. Cassau. Eines Tages sprach Cassau bei Hertha-Urgestein Wolfgang Holst vor und teilte diesem mit, daß er aus privaten Motiven, die ein anderes Vorstandsmitglied beträfen, zurücktreten wolle. Holst versuchte vergeblich, Cassau umzustimmen. Nach einem Auswärtsspiel von Hertha BSC in Stuttgart erfuhr die Führung, daß der Chirurg mit seinem Auto tödlich verunglückt war. Dr. Cassau war eigentlich als vorsichtiger Autofahrer bekannt. Er verunglückte in Wannsee, trug in einer Tasche 10.000 Mark bei sich. Der Verdacht lag nahe, daß Cassau mit Absicht seinen Wagen gegen einen Laternenpfahl gesetzt hatte, um seinem Leben selbst ein Ende zu setzen. Der Fall Cassau verursachte eine neue Zerrissenheit in der Führung von Hertha BSC, die erst mit der Wahl des Anwalts Ottomar Domrich zum neuen Präsidenten beendet wurde.

Zurück zum Geschehen auf dem Rasen. Nach dem zweiten Rang in der Meisterschaft folgten Jahre in der Bundesliga, die für Hertha eher durchschnittliche Plazierungen brachten. Rang 11 (1975/76) folgte Platz 10 (1976/77), und nach drei Jahren Arbeit in Berlin wurde Trainer Georg Kessler würdig verabschiedet. Mit Kuno Klötzer kam ein Vertreter der „alten Trainerschule" vom Hamburger SV zur Hertha. Er führte die Mannschaft noch einmal zu einem ehrenvollen 3. Rang in der Meisterschaft hinter dem 1. FC Köln und Borussia Mönchengladbach. Dies blieb nach der Vizemeisterschaft 1974/75 für zwei Jahrzehnte die beste

Plazierung der Hertha in der 1. Liga. Bester Torschütze war Karl-Heinz Granitza mit 17 Treffern vor Bernd Gersdorff mit acht Toren. Alle 34 Saisonspiele bestritten damals Nigbur, Brück, Sziedat und Nüssing. Sportlich hatte Hertha durchaus überzeugt, aber die Berliner Fans kamen immer noch nicht wieder in Scharen wie einst. Mit 25.615 Zuschauern im Schnitt blieb man unter den eigenen Erwartungen. Der Schnitt war im Etat mit 28.000 Zuschauern angesetzt worden. Die Zahlen schwankten und bewegten sich in Extremen: 86.000 Fans kamen gegen Köln, aber nur 9.800 gegen Fortuna Düsseldorf. Verstehe einer den Berliner Fußballfan...

1979: Der Abstieg auf Raten beginnt

Für die Saison 1978/79 kündigte Präsident Ottomar Domrich, ein Rechtsanwalt, an, weiter den Weg der Verjüngung der Mannschaft gehen zu wollen. Das war aber auch der Finanzlage geschuldet. Geld für attraktive Neuverpflichtungen war wieder einmal nicht vorhanden. Von Hannover 96

Die Hertha-Mannschaft 1976. Von links: Beer, Nigbur, Kliemann, Hermandung, Weiner, Granitza, Sidka, Gersdorff, Grau, Sziedat, Brück.

kam allerdings der junge Angreifer Jürgen Milewski, der vor allem im UEFA-Cup mit seinen zahlreichen Treffern für Furore sorgen sollte. Es folgte eine durchwachsene Saison – zwischenzeitlich rutschte man gar nach einer Niederlagenserie in die Abstiegszone ab. Vor allem die fast

leere Vereinskasse bereitete den Vorständlern Sorgen. Die Zuschauer machten sich rar. Nur knapp 17.000 pilgerten im Schnitt zu den Heimspielen ins Olympiastadion. Das bedeutete Negativrekord aller Bundesliga-Spielzeiten für das Berliner Aushängeschild. Auch im UEFA-Cup blieben die Fans zunächst aus und entdeckten ihre Liebe zu Hertha eigentlich erst im Halbfinale gegen Roter Stern Belgrad (2:1) wieder, als das Stadion überfüllt war und sich nach inoffiziellen Schätzungen über 90.000 in der Arena gedrängt haben sollen (offiziell: 76.000). Um die

Lizenz vom Deutschen Fußball-Bund zu bekommen, war Hertha die Auflage erteilt worden, mindestens den Betrag von einer Million Mark durch Spielerverkäufe zu erwirtschaften. Das gelang tatsächlich, hatte aber eine deutliche Schwächung der sportlichen Substanz zur Folge. Es begann der Abstieg auf Raten.

Erich Beer, lange Jahre fast ein Synonym für Hertha-Fußball in ganz Deutschland, nahm seinen Abschied und ging für zwei Jahre nach Saudi-Arabien. Hanne Weiner, zuverlässiger Abwehrspieler, wechselte zum FC Bayern München, wo er noch erfolgreiche Jahre erleben sollte, Norbert Nigbur zog es zum FC Schalke 04, und Torjäger Karl-Heinz Granitza wechselte in die USA zu den Chicago Stings. Die Erlöse konnten sich sehen lassen und füllten die Kasse bzw. beruhigten den DFB in Frankfurt: 700.000 Mark (für Nigbur), 450.000 Mark (für Weiner), 400.000 Mark (für Beer) und 410.000 Mark (für Granitza) standen auf der Haben-Seite. Die Saison 1979/80 stand trotzdem unter schlechten Vorzeichen, da die Neuzugänge die prominenten Abgänge natürlich nicht kompensieren konnten. Präsident Domrich verkündete als Saisonziel „nur den Klassenerhalt". In einem Saisonheft, hergestellt vom Verein, hieß es u.a.: „Die Hertha an der Schwelle der achtziger Jahre, das ist eine Mannschaft, die im Umbruch steht. Da ist der Trainer, der nicht aus dem Vollen schöpfen kann und angesichts der Finanzlage auch nicht einfach zwei, drei erstklassige, international renommierte Spieler nachfordern darf. Gefordert ist auch der Vorstand des Vereins, der mit harten Auflagen des DFB hart an der Grenze des Vertretbaren wirtschaften muß. Gefordert ist aber auch das Publikum in einer Stadt wie Berlin, die einst fußballverrückt schien, wobei der Zauber des runden Leders vor allem durch Hertha BSC ausgelöst wurde. Die Dame Hertha, oft beneidet, oft kritisiert, hat alles in allem Berlin seit 1963 gut im Oberhaus des deutschen Fußballs vertreten. Betrachtet man die zuletzt erreichten Zuschauerzahlen, so wird einem angst und bange."

Alle Appelle halfen schließlich nichts. Hertha kam in der Spielzeit 1979/80 nie richtig in Tritt. Trainer Kuno Klötzer mußte gehen, für ihn kam Hans Eder und schließlich als Nothelfer Helmut Kronsbein, der allerdings bereits 65 Jahre alt war. Auch Präsident Domrich warf das Handtuch und wurde durch Wolfgang Holst ersetzt. Der feierte mit 371 Stimmen (von 462) ein glänzendes Comeback in der Hertha-Führung. Die Reaktivierung seines alten Spezi Kronsbein half Holst aber nicht

Seltener Schnappschuß: Herthas Hanne Weiner (rechts) gegen eine kopflosen Spieler von Rot-Weiß Esssen, vermutlich „Ente" Lippens.

weiter. Zwar kämpfte die Mannschaft unter dem alten Haudegen vehement gegen den Abstieg, aber dieser konnte letztendlich nicht vermieden werden. Dabei ging es äußerst dramatisch zu. Zum letzten Saisonspiel gegen den VfB Stuttgart am 31. Mai 1980 kamen über 51.000 Zuschauer ins Olympiastadion und standen wie ein Mann hinter ihrer Mannschaft. Die gewann auch nach einem begeisternden Spiel mit 4:2. Da aber zugleich das ebenfalls abstiegsbedrohte Bayer Uerdingen in Köln nur mit 0:1 verlor, entschied bei Punktgleichheit schließlich das schlechtere Torverhältnis gegen die Berliner. Hertha BSC fehlten in der Endabrechnung lediglich zwei Treffer.

Der Abstieg war perfekt, Tausende hatte Tränen in den Augen, als sich die Mannschaft nach dem Stuttgart-Spiel von den Fans verabschiedete. Holst sprach von „der bittersten Stunde für Hertha BSC". Wenig später begann der Ausverkauf einer einst großen und spielstarken Hertha-Mannschaft. Kliemann ging für 500.000 Mark nach Bielefeld, Sidka für 800.000 Mark zu 1860 München, und Urgestein Michael Sziedat wechselte für 750.000 Mark Ablöse zu Eintracht Frankfurt. Eine Ära war zu Ende, Hertha BSC nur zweitklassig. Eine solch spielstarke Mannschaft wie die der 70er Jahre, als Hertha BSC neben Mönchengladbach und Bayern München zur dritten Kraft im deutschen Fußball aufgestiegen war, sollten die Berliner für viele Jahre nicht mehr erleben. Nur ahnte das damals, an jenem bitteren 31. Mai 1980, noch niemand.

Rustikaler Kämpfer im Mittelfeld: Erwin Hermandung.

„Luggi" Müller:
Ein Haudegen als Glücksgriff

Ludwig Müller, bekannt als „Luggi" Müller (geb. 25. August 1941) bestritt zwischen 1972 und 1975 97 Bundesligaspiele für Hertha BSC/ 10 Tore. Zuvor spielte Müller beim 1. FC Nürnberg (136 Spiele/10 Tore) und bei Borussia Mönchengladbach (81 Spiele/6 Tore). Mit Nürnberg wurde er 1968 Deutscher Meister, mit Gladbach errang der Abwehrspieler 1970 und 1971 den Titel. Müller absolvierte sechs Länderspiele und kam im gesetzten Alter von 31 Jahren zur Hertha. 1974/75 führte er Hertha auf den zweiten Platz in der Meisterschaft. Er gilt als eine der besten Verpflichtungen in der Geschichte von Hertha BSC. Müller betreibt ein Damenmoden-Geschäft in seiner fränkischen Heimatstadt Haßfurt.

Herr Müller, vor Ihrem Amtsantritt bei Hertha BSC am 6. Spieltag der Saison 1972/73 waren Sie monatelang verletzt. Viele Berliner standen Ihrer Verpflichtung deshalb skeptisch gegenüber. Hatten Sie jemals Zweifel, als bereits 31jähriger die Mannschaft führen zu können?

Warum sollte ich damals Zweifel gehabt haben? Ich hatte in einem Europacupspiel mit Mönchengladbach gegen Inter Mailand einen Beinbruch erlitten, war mit Inter-Stürmer Boninsegna zusammengerasselt. Das war ein normaler Betriebsunfall, wie er nun einmal im Profifußball vorkommt. Ich habe mich aber intensiv und verbissen wieder herangekämpft und nach einigen Monaten den Anschluß gefunden. Als ich nach Berlin kam, war ich fit und sofort einsatzbereit. Nach dem sechsten Spieltag habe ich ja sämtliche Spiele absolviert, auch die beiden folgenden Spielzeiten. Das waren halt 97 Spiele in Folge für die Hertha.

Sie wurden als sogenannter Führungsspieler nach Berlin gelotst und sollten zusätzlich mit Ihrer integren Persönlichkeit Hertha nach dem Bundesligaskandal mit zu einem neuen, sauberen Image verhelfen. Wie spürbar war damals noch für Sie die Auswirkung des Skandals?

Das spürte ich vor allem in der Mannschaft selbst. Die war total verunsichert und mit 0:8 Punkten gestartet. Auch die Zuschauer benahmen sich äußerst reserviert. Die wußten zu Beginn nicht, wie sie sich gegenüber dieser neuen Hertha-Mannschaft verhalten sollten. Da steckte noch viel Frust drin. Die Berliner hatten damals dem Verein die Bestechlichkeit nicht so leicht vergeben und verziehen. Das brauchte schon Zeit. Aber als das Publikum später merkte, daß wir auf dem Rasen wieder ehrliche Arbeit abgeliefert haben, hat sich die Situation entspannt, und wir wurden wieder gut unterstützt.

Sie haben in zwei Meistermannschaften gespielt und mit Hertha BSC den zweiten Rang erkämpft. Wie fällt ein Vergleich der drei Teams aus, in denen Sie stets eine bestimmende Rolle einnahmen?

In Nürnberg besaßen wir eine sehr spielstarke Mannschaft, die aber vor allem vom Kampf, vom Einsatz geprägt war. Wenauer, Strehl, Ferschl – das waren allesamt Kämpfer. Mönchengladbach war dann für mich doch das Größte, was man im Sport erreichen kann. Wir waren 14 Nationalspieler, elf konnten nur auflaufen. Die Konkurrenz trieb uns voran und brachte jeden einzelnen auch weiter. Vom Spielerischen war die Mannschaft damals eine Klasse für sich und dominierte auch die Bundesliga. In Berlin waren viele Spieler damals noch recht unbedarft und unverbraucht: ein Hanne Weiner oder ein Wolfgang Sidka. Die haben damals noch zu mir aufgeschaut. Das war halt damals auch eine schöne Erfahrung für mich. Auch ein Erich Beer war noch kein Star, entwickelte sich erst in Berlin dahin. Dazu kam die Herzlichkeit der Leute in Berlin. Das habe ich in keiner anderen Stadt so erlebt wie in Berlin. Die haben einen auf der Straße angesprochen, auf die Schulter geklopft und irgendwas Aufmunterndes gesagt. Da haben wir gemerkt, die Leute standen wieder hinter uns.

War war das bleibende Erlebnis aus Ihrer Berliner Zeit?

Das war wirklich die Herzlichkeit der Leute. Deren Spontanität und natürlich die Atmosphäre im Olympiastadion. Die ist wirklich einmalig in Deutschland. Daß wir dort Meisterschafts-Zweiter werden konnten und ich danach mit diesem Erlebnis meine Laufbahn beenden konnte, das bleibt mir immer in bester Erinnerung.

Sie selbst hatten in Berlin die 30 längst überschritten, waren aber im Gegensatz zu manch jüngerem Profi in jedem Spiel der Hertha dabei. Besaßen Sie eine überragende Kondition oder auch eine außergewöhnlich starke Konstitution?

Das kann ich nur schwer beurteilen. Ich muß da einige Trainingstheorien ein wenig auf den Kopf stellen. Ich war damals wohl der ein-

Glanzvolle Herthaner nach einem Sieg gegen den Hamburger SV im Olympia-stadion. Von links: Luggi Müller, Hanne Weiner, Lorenz Horr und Erwin Hermandung (ganz rechts).

zige Bundesligaspieler, der erst am Mittwoch vor dem Spiel anreiste. Ich war bereits geschäftlich in Sachen Damenmoden in Haßfurt engagiert. Ich durfte zwischen Franken und Berlin pendeln. Am Montag habe ich in Haßfurt meinen Waldlauf gemacht, am Dienstag beim FC Haßfurt mittrainiert. Die waren damals in der Bayernliga. Mittwoch bin ich nach Berlin gereist. Meine Mitspieler waren vom vielen Training kaputt, ich dagegen frisch. Ich habe eben sehr sportlich gelebt. In der heutigen Zeit wäre solch Pendler-Dasein undenkbar. Damals gab es halt noch solch menschliche Züge, solche Lücken im harten Geschäft.

Was trauen Sie Hertha BSC in naher Zukunft zu?

Wenn die vernünftig wirtschaften, glaube ich, daß Hertha in absehbarer Zeit der größte Konkurrent für den FC Bayern München wird. Ich wünsche das sehr. Die gleiche Auffassung vertreten übrigens meine Freunde von den sogenannten „Schneeforschern", also ein Uwe Seeler oder ein Franz Beckenbauer. Die glauben alle, daß es nur Hertha sein kann, die in den kommenden Jahren München recht nahe kommen wird. ∎

Herthas Erfolge im DFB-Pokal in den 70er Jahren

Hertha BSC als eine typische Pokalmannschaft zu bezeichnen, wäre falsch. Der Cup, mit Brillanten verziert, nahm noch nie den kurzen Weg vom Berliner Olympiastadion, seit 1985 traditionell Austragungsort des Endspiels im DFB-Pokalwettbewerb, in die nahe Geschäftsstelle des Bundesligisten. Nur 1993 war man dem Triumph sehr nahe. Da scheiterten die Amateure der Hertha, die sensationell bis ins Endspiel vorgedrungen waren, gegen den Bundesligisten Bayer Leverkusen.

Die größten Pokalerfolge der Profis liegen weit zurück. Zweimal stand Hertha BSC im Finale des seit 1935 ausgetragenen Cup-Wettstreits: 1977 und 1979. Nie gelang der ganz große Coup, stets wehrte man sich bis zur letzten Sekunde gegen die drohende Niederlage, aber die Gegner waren am Ende besser oder glücklicher.

In der Saison 1976/77 erreichten die Berliner zum ersten Mal das Endspiel, das gleich doppelt ausgetragen werden sollte, oder besser mußte. Auf dem Weg bis ins Finale wurden seinerzeit Langenwehe, Bayern Hof, Darmstadt 98, der MSV Duisburg, Bayern München und Bayer Uerdingen bezwungen. Am 28. Mai 1977 war der 1. FC Köln im Niedersachsen-Stadion zu Hannover der Finalgegner. Es war Pfingsten, und die Sonne brannte bei Temperaturen um die 30 Grad. Wie es für Pokalkämpfe häufig üblich ist, ging die Konkurrenz über 120 Minuten, also in die Verlängerung, was bei diesen Temperaturen ganz besondere Anstrengungen erforderte. Die prominent besetzte Kölner Mannschaft ging durch Torjäger Dieter Müller mit 1:0 in Führung, Lorenz Horr, einst aus Alsenborn nach Berlin gekommen, traf zum hochverdienten Ausgleich. Einer der Helden des Spiels war Hertha-Torwart Norbert Nigbur, der fast alles hielt, was an diesem heißen Tage auf seinen Kasten kommen sollte. Kurios: Nigbur stand bereits in Vertragsverhandlungen mit den Kölnern...

In der Verlängerung über zweimal 15 Minuten dominierte Hertha die Begegnung. Kurz vor Abpfiff wurde Berlins Mittelstürmer Karl-Heinz Granitza im Kölner Strafraum unsanft zu Fall gebracht, viele der 50.000 erstarrten in Erwartung des Elfmeterpfiffs. Doch der blieb aus. Es blieb beim 1:1, und bereits zwei Tage später, am Pfingstmontag, folgte an gleicher Stelle die Wiederholung. Hertha bestritt beide Finale in folgender Formation:

Trainer der Vizemeisterelf von 1974: Georg Kessler (links) mit Stürmer Karl-Heinz Granitza.

▶ Nigbur, Sziedat, Brück, Kliemann, Weiner, Hermandung, Grau, Sidka, Beer, Granitza, Gersdorff.

Im Wiederholungsspiel brachte Erich Beer die Hertha mit 1:0 in Führung – glaubten jedenfalls die Spieler und ihr zahlreicher Anhang. Doch Referee Frickel pfiff ab und bestand auf Stürmerfoul. Wieder war es Dieter Müller, der zum glücklichen 1:0 für die Kölner traf und damit den Sieg perfekt machte.

Bereits zwei Jahre später sollte Gelegenheit sein, den Cup doch zum ersten Mal nach Berlin zu entführen. Wieder stand Hertha BSC im Endspiel. Zuvor hatte man Würzburg, Worms, Mönchengladbach, den Titelverteidiger 1. FC Köln, Uerdingen und die Frankfurter Eintracht aus dem Weg geräumt. Am 23. Juni 1979 war erneut Hannover Schauplatz des Endspiels. Diesmal hieß der Gegner Fortuna Düsseldorf. Sie-

Hertha im Pokalfinale 1977. Stehend von links: Masseur Bentin, Co-Trainer Eder, Kliemann, Förster, Rasmussen, Sidka, Horr, Granitza, Grau, Sziedat, Hermandung, Weiner, Szymanek, Trainer Kessler; sitzend: Brück, Beer, Kristensen, Nigbur, Wolter, Werner, Krämer, Hanisch, Gründel, Diefenbach.

ben Spieler aus den beiden Finalen von 1977 standen noch immer in den Reihen der Berliner: Nigbur, Sziedat, Brück, Kliemann, Weiner, Sidka und Beer. Dazu waren gekommen: Krämer, Agerbeck, Nüssing und Remark.

Es sollte erneut zu einer dramatischen Auseinandersetzung kommen, die natürlich über 120 Minuten ging. Lange stand es 0:0, und es sah nach einer Entscheidung per Elfmeterschießen aus. Als sich fast alle Akteure innerlich bereits auf das folgende Spektakel eingestellt hatten, passierte es doch noch: Es war der lange Uwe Kliemann auf Seiten der Hertha, dem ein kapitaler Fehler unterlief. Das Leder gelangte zu Fortunen-Stürmer Seel, der nach innen kurvte und mit einem Kunstschuß zum entscheidenden 1:0-Sieg traf. Der unglücklichste Mann unter den abgekämpften und enttäuschten Herthanern war natürlich Uwe Kliemann, der sonst so zuverlässige Abwehrrecke.

Uwe Kliemann:
Der „Funkturm" und die verflixte Minute 116

Uwe Kliemann (geb. am 30. Juni 1949) absolvierte 168 Bundesligaspiele für Hertha BSC/13 Treffer (1974-1980), erreichte 1974/75 mit den Berlinern den zweiten Rang in der Meisterschaft und stand in den Pokalfinalen 1977 gegen den 1. FC Köln und 1979 gegen Fortuna Düsseldorf. In den Jahren 1985 und 1986 amtierte der gebürtige Berliner sogar als Cheftrainer von Hertha BSC in der zweiten Bundesliga. Typisch für den Hertha-Profi Kliemann war seine wallende Lockenpracht. Kliemann lebt in Müden-Ettenbüttel, einem 710-Leute-Ort in der Nähe von Gifhorn.

Herr Kliemann, Sie standen zweimal mit Hertha im DFB-Pokalfinale, eigentlich dreimal, weil es 1977 gegen Köln zu einem Wiederholungsspiel kam. Kann man die Hertha von damals als eine typische Pokalmannschaft bezeichnen?

Wenn man allein die Erfolge im Pokal betrachtet, dann waren wir damals schon eine Pokaltruppe. Aber wir waren mehr. Eine typische Pokalmannschaft heißt ja, daß diese nur im Pokal zu Höchstleistungen fähig ist und sich beim Spiel „Alles oder nichts" immer steigert und über sich hinauswächst. Wir waren seinerzeit aber auch in der Meisterschaft mitbestimmend und standen im UEFA-Pokal im Halbfinale. Also, ich glaube, es gab oder gibt drei ganz große Hertha-Mannschaften: die Truppe um Hanne Sobek, die 1930 und 1931 Deutscher Meister wurde, und dann die Mannschaft um Erich Beer und Uwe Kliemann. Dazu kommt die aktuelle Mannschaft von 1999, der viel zuzutrauen ist. Wir waren in den 70er Jahren schon eine Supertruppe, das Ganze ist nur in der Öffentlichkeit nicht so rübergekommen wie in der heutigen Zeit. Damals war die Medienlandschaft noch relativ harmlos, wurde nicht jedes Tor oder auch jedes Foul hundertmal im Fernsehen gezeigt und dazu noch in Zeitlupe.

Im Endspiel gegen Köln kam es nach einem 1:1 nach Verlängerung zur Wiederholung, beide Male in Hannover. Hertha unterlag mit 0:1.

Wir waren eigentlich im ersten Spiel die bessere Mannschaft. Wir besaßen die hochkarätigeren Chancen und hatten auch ein wenig Pech. Aber der Dieter Müller, mein Gegenspieler, hat das Kölner Tor gemacht, ein Stellungsfehler von mir ging dem voraus. Lorenz Horr schaffte dann noch den Ausgleich. In der Verlängerung verletzte ich mich dann am Oberschenkel, keiner wußte, was es konkret war. Hinterher stellte man fest, daß es ein Muskelfaserriß war. Aber ich gehörte ja zu den Bekloppten, spielte wenn nötig auch mit dem Kopf unterm Arm. Jedenfalls wurde ich die zwei Tage bis zum Wiederholungsspiel intensiv gepflegt und lief auch auf. Das war natürlich ein Handicap. Und der Dieter Müller hat wieder sein Tor gemacht. Das war allerdings für unseren Torhüter Nigbur unhaltbar.

Zwei Jahre später, 1979, standen Sie erneut im Finale des DFB-Pokals gegen Fortuna Düsseldorf. Wieder war das Niedersachsenstadion in Hannover der Schauplatz, und wieder gingen Sie als Pechvogel in die Annalen ein.

Ja, ja, die verflixte 116. Minute. Wir standen in der Verlängerung, vorher hatten Hanne Weiner und Erich Beer große Chancen ausgelassen. Dann kam dieses Tor, das mich noch sehr lange verfolgen sollte. Ich hatte bis dato sehr gut gespielt, wie mir hinterher alle versicherten, aber dann passierte dieses Mißgeschick. Ich kriege den Ball so 20 Meter vor dem eigenen Tor am rechten Strafraumeck. Ich hätte den Ball nur nach vorne schlagen müssen, tat dies aber nicht und spielte mit links zurück Richtung Torhüter Norbert Nigbur. Der Ball tickt auf und springt Nigbur an die Schulter. Der Düsseldorfer Wolfgang Seel kommt blitzschnell in den Strafraum, umspielt Nigbur und haut das Leder mit dem linken Fuß aus unmöglichem Winkel ins rechte Eck. Hätte der später diese Aktion noch zehnmal wiederholt, der hätte nie wieder aus diesem Winkel getroffen. Wir unterlagen 0:1, und ich war hundertprozentig der Verursacher dieser Niederlage. Das hing mir lange an.

Wolfgang Seels Treffer wurde zum „Tor des Monats" gekürt, Sie galten als der Tor des Endspiels?

So war es leider. Ich habe mir dieses Tor, diese gesamte Szene später nie wieder angeschaut. Bis heute nicht. Seel wurde ins ZDF-Sportstudio eingeladen, und auch ich sollte meinen Kommentar dazu abgeben. Darauf habe ich damals verzichtet. Ich bin in den Urlaub gefahren, um Abstand zu gewinnen.

Ab und an werden Sie aber immer noch mit diesem Treffer konfrontiert?

Das stimmt. Meine Jungs vom MTV Langlingen, das ist ein Kreisligist, den ich trainiere, haben mir einmal ein T-Shirt geschenkt. Darauf war die Spielszene von 1979 kopiert und auf der Rückseite stand: „Kliemann 116." Und auch bei einer Rückschau im ZDF zur Geschichte des Tor des Monats wurde der Treffer nochmal gezeigt. Ich habe den Fernseher nicht angeschaltet.

Nach Engagements bei Eintracht Braunschweig und beim VfL Wolfsburg haben Sie sich vom großen Fußball verabschiedet. Was machen Sie heute?

Nach zwei Jahren ohne Job bin ich als Sportlehrer bei einem Projekt namens „Arbeit und Leben". Dort

Uwe Kliemann

unterrichte ich sozial schwächere und benachteiligte Jugendliche. Das macht mir viel Spaß. Und dann gibt es halt noch die Kreisligamannschaft von MTV Langlingen, die ich auf Trab halte. Ich fühle mich inzwischen auf dem Lande sehr wohl, brauche die Hektik der Großstadt Berlin nicht mehr. ∎

Hertha im Europacup

Fußball-Berlin dürstet nach internationalem Fußball mit Hertha BSC, wartet sehnsüchtig auf den Europacup. Inzwischen ist es wieder soweit: Bereits am 15. Mai 1999 – drei Spieltage vor Saisonabschluß der Serie 1998/99 – katapultierte sich Hertha BSC nach einem 2:0-Erfolg im heimischen Olympiastadion gegen den FC Hansa Rostock wieder ins internationale Geschäft.

Das letzte Kapitel im internationalen Fußball schrieb die Hertha-Mannschaft vor nunmehr über 20 Jahren. Es war zugleich der wichtigste Auftritt im UEFA-Pokal. Am 25. April 1979 erwartete Hertha im Olympiastadion die renommierte Mannschaft von Roter Stern Belgrad. Es ging um den Einzug ins Finale.

Zuvor hatten die Berliner in einer starken Serie folgende Mannschaften ausgebootet: In Runde eins sahen nur 4.000 Zuschauer im Olympiastadion ein mageres 0:0 gegen das bulgarische Team von Trakia Plowdiw. Das Rückspiel gewann Hertha – in Plowdiw kamen immerhin 35.000 Besucher – mit 2:1.

In Runde zwei kam es zu zwei dramatischen Auseinandersetzungen mit Dynamo Tbilissi (Tiflis). Zu Hause siegte Hertha mit 2:0 (15.081 Zuschauer), in Tbilissi bereiteten 100.000 Fans den Berlinern einen heißen Empfang. Daß Hertha nur 0:1 unterlag und ins Achtelfinale einzog, hatte man vor allem der überragenden Leistung von Torhüter Norbert Nigbur zu verdanken. Mitspieler wie Erich Beer bescheinigten Nigbur später seine „beste Leistung im Hertha-Trikot überhaupt".

Im Achtelfinale konnte der dänische Vertreter Esbjerg BK die Hertha nicht stoppen. Zwar verloren die Berliner überraschend in Dänemark mit 1:2, aber im Rückspiel sorgten vier Treffer des wie entfesselt aufspielenden Jürgen Milewski für ein deutliches 4:0. Allerdings sahen nur 3.295 Zuschauer den Gala-Auftritt von Angreifer Milewski, der bereits das Berliner Tor in Esbjerg geschossen hatte. Im Rückspiel benötigte er nur drei Minuten, um zum 1:0 zu treffen. Eine Kopfballvorlage von Karl-Heinz Granitza verwandelte er aus sieben Metern Entfernung. Auf Zuspiel von Thomas Remark schaffte Milewski nach 25 Minuten das 2:0. Eine Flanke von Erich Beer versenkte er nach 33 Minuten zum 3:0 und schaffte so einen lupenreinen Hattrick. Nach der Pause folgte sogar der vierte Treffer des kleinen Angreifers.

Finanziell hatte sich die Teilnahme am UEFA-Cup für Hertha BSC bis dahin nicht positiv ausgewirkt. Berlins Zuschauer nahmen die Spiele nur zögernd an. Die Ursachen mögen vielschichtig gewesen sein; vor allem spielte Hertha in der Bundesliga häufig schlecht und wenig erfolgreich. Auch ständige Meldungen über finanzielle Probleme sorgten für Unruhe unter den Anhängern. Dazu kam, daß die bisherigen Gegner aus Osteuropa und aus Dänemark vielen Berliner Fans nicht attraktiv genug erschienen.

Das änderte sich erst im Viertelfinale, als sich Hertha mit dem vielfachen tschechischen Landesmeister und Pokalsieger, der Armeemannschaft von Dukla Prag, auseinandersetzen mußte. Vor 30.000 kam Hertha im Olympiastadion nicht über ein 1:1 hinaus, und viele im Umfeld des Vereins glaubten, daß damit das Kapitel Europacup bereits abgeschlossen sei. Ebenfalls vor 30.000 Zuschauern in Prag wendeten die Spieler um Erich Beer das Blatt und siegten verdient mit 2:1, wobei erneut Jürgen Milewski der entscheidende Treffer gelang.

Man stand zum ersten Mal im Halbfinale eines europäischen Wettbewerbs, und der Gegner Belgrad schien, trotz dessen internationaler Reputation, durchaus bezwingbar. Die Roten Sterne aus der jugoslawischen Hauptstadt waren über die Stationen Dynamo Ost-Berlin (2:5, 4:1), Sporting Gijon (Spanien/1:0 und 1:1), Arsenal London (1:0, 1:1) und West Bromwich Albion (1:0, 1:1) bis ins Halbfinale vorgestoßen.

Vor dem Aufeinandertreffen mit Hertha BSC konnten die Belgrader immerhin auf zehn Teilnahmen im Cup der Landesmeister, zwei Starts bei den Pokalsiegern und sechs Teilnahmen im UEFA-Cup verweisen.

Das Hinspiel mußte Hertha in Belgrad austragen. 100.000 Zuschauer waren an jenem 11. April 1979 Augenzeugen einer dramatischen Partie. Ein frühes Tor von Savic nach sieben Minuten, der in eine Flanke hineingeflogen war und per Kopf den Siegtreffer erzielte, entschied das Spiel. Die Berliner hatten sich ordentlich verkauft und alle Möglichkeiten offengehalten, das Finale zu erreichen.

Beim Rückspiel an jenem 25. April 1979 wurden offiziell 75.000 Zuschauer registriert, aber es sollen laut Augenzeugen viel mehr gewesen sein. Verteidiger Michael Sziedat: „Es waren bestimmt an die 90.000 Leute in der Arena, es herrschte ein unglaubliches Gedränge, eine Riesenatmosphäre." Allein 67.000 Tickets waren im Vorverkauf abgesetzt worden – auch ein Rekord besonderer Art.

In seiner Vorschau auf das große Spiel schrieb der *Tagesspiegel*: „Es war Mitte März, als die Krisis der Herthaner dem Höhepunkt zustrebte. Vier Bundesliga-Niederlagen in Reihenfolge. Ebbe in der Kasse bei insgesamt über drei Millionen Mark Schulden. Jeden Tag neue Spielernamen als potentielle Abwanderer, und dazu kam das desillusionierende Präsidentenwort Ottomar Domrichs 'im gegenwärtigen Zeitpunkt gehe ich davon aus, daß wir vom DFB keine neue Lizenz erhalten'. Das alles ist fast schon vergessen, wenn Hertha heute im UEFA-Cup das Finale anpeilt."

Das Spiel ging bei strömendem Regen über die Bühne. Wolfgang Sidka war es, der Erich Beer gleich zu Beginn mit einem geschickten Paß anspielte. Beer schaffte bereits nach dem ersten Angriff in der zweiten Minute die wichtige 1:0-Führung. Das 2:0 nach 18 Minuten erzielte Sidka. „Es war ein kurioses Tor, an dem Sidka, der Beer-Bewacher Miletovic und in hilfloser Bodenlage Torhüter Stojanovic beteiligt waren." *(Tagesspiegel)*

Hertha stürmte, Beer wurde von den Beinen geholt, aber der Strafstoßpfiff des italienischen Referees Lattanzi blieb aus. Die Arena tobte. Statt des möglichen 3:0 und der Entscheidung pro Hertha kam der Schock eine Viertelstunde vor Schluß. Sestic verkürzte auf 1:2. Der Berichterstatter des *Tagesspiegel* sah es so: „Nationalspieler Petrovic, im Hinspiel nicht dabei, flankte zum unbedrängten Sestic, und dieser hatte wenig Mühe, den Ball an Nigbur vorbei in Netz zu bugsieren."

Hertha war kurz vor dem großen Ziel gescheitert, Roter Stern zog ins Finale ein. Dort unterlagen die Jugoslawen dem deutschen Vertreter Borussia Mönchengladbach in zwei Endspielen mit 1:1 und 0:1. Ein schwacher Trost für Hertha BSC, der sich nur über die Bruttoeinnahme von rund 750.000 Mark aus dem Halbfinale freuen konnte. In diesem bis dato letzten Spiel der Hertha im Europacup liefen auf:

▶ Nigbur, Kliemann, Sziedat, Weiner, Diefenbach, Nüssing, Brück, Sidka, Agerbeck, Beer, Krämer.

Premiere in einem der europäischen Konkurrenzen hatte Hertha BSC bereits am 16. Oktober 1963 gefeiert. Im Messepokal, dem Vorläufer des UEFA-Cups (ab 1971) verloren die Berliner im Olympiastadion gegen AS Rom mit 1:3. Nur 7.322 Zuschauer waren dabei. Dieses 1:3 gegen die Römer blieb die einzige Niederlage im Europacup für Hertha im heimi-

UEFA-Cup-Spiel 1979 bei Dukla Prag. Ole Rasmussen treibt das Leder nach vorn, doch Hertha unterliegt 0:1.

schen Stadion. Neben zwei Remis (0:0 gegen Trakia Plowdiw und 1:1 gegen Dukla Prag) gab es nur Erfolge.

So wurden im Olympiastadion bezwungen: FC Antwerpen 2:1, DU Las Palmas 1:0, Juventus Turin 3:1, Vitoria Setubal 1:0, Inter Mailand 1:0, Nyköbing BK 4:1, Spartak Trnava 1:0, Elfsborg Boras 3:1, AC Mailand 2:1, HJK Helsinki 4:1, Ajax Amsterdam 1:0, Dynamo Tbilissi 2:0, Esbjerg BK 4:0 und eben Roter Stern Belgrad mit 2:1.

Allerdings ließ die Auswärtsschwäche auch in den internationalen Wettbewerben den ganz großen Erfolg ausbleiben. Die besten Kulissen zu Hause gab es gegen Belgrad (76.000), Inter Mailand (43.000), Ajax Amsterdam (50.000).

Die meisten Europacup-Einsätze bestritten Lorenz Horr (17 Spiele) sowie Arno Steffenhagen, Michael Sziedat und Uwe Witt (je 16 Spiele). Insgesamt kamen in den Cupspielen 67 Spieler zum Einsatz. Die meisten Treffer erzielten dabei Lorenz Horr (10), Jürgen Milewski und Arno Steffenhagen (je 6). Insgesamt trugen sich 20 Spieler in die Torschützenliste ein. Die Gesamtbilanz von Hertha BSC auf internationalem Parkett (Messepokal und UEFA-Cup) sieht so aus: 19 Siege, 5 Unentschieden, 10 Niederlagen; Tore: 53:39.

Jürgen Milewski:
Mr. Europacup

Jürgen Milewski (geb. 19. Oktober 1957) spielte in der Bundesliga für Hannover 96 (5 Spiele/1 Tor), für Hertha BSC (36 Spiele/4 Tore) und für den Hamburger SV (130 Spiele/48 Tore). Milewski kam für Hertha BSC siebenmal im UEFA-Cup zum Einsatz und erzielte dabei sechs Treffer. 1983 gewann er mit dem Hamburger SV den Europacup der Landesmeister im Finale gegen Juventus Turin (1:0). Milewski bestritt drei Länderspiele und ist heute als Spielerberater mit Sitz in Hamburg tätig. Er besitzt die offizielle FIFA-Lizenz.

Herr Milewski, in Berlin nannte man Sie in den Jahren 1978 und 1979 ehrfurchsvoll „Mr. Europacup". Wie kam es zu diesem Namen?

Na, ja, man bekommt schnell einen Stempel aufgedrückt. Ich habe halt sehr viele Tore im Europacup geschossen. Da lief es für mich im Hertha-Trikot immer besonders gut. Ich war ja von Hannover 96 nach Berlin gekommen und mußte mich als junger Spieler erst unter den vielen erfahrenen und gestandenen Hertha-Profis durchsetzen. Damals waren ja solche Könner wie Erich Beer, Hanne Weiner oder Uwe Kliemann im Team.

An welches Ereignis aus der erfolgreichen Europacup-Saison 1978/79 erinnern Sie sich besonders?

An ein Spiel, das ich leider nur von draußen sehen konnte. Es war das Halbfinale gegen Belgrad. Ich mußte mit einem Gipsbein im ausverkauften Olympiastadion sitzen. Das war damals bitter. Ich hatte ja zuvor im Viertelfinale in Prag gegen Dukla das entscheidende Tor zum 2:1-Auswärtssieg geschossen und wollte natürlich auch gegen Belgrad beweisen, daß ich nicht zu Unrecht diesen Beinamen „Mr. Europacup" bekommen hatte. Beer und Sidka schossen unsere Tore, und wir waren eigentlich schon mit einem Bein im Endspiel. Dann schafften die Jugoslawen noch das entscheidende 1:2. Im Finale wären wir ja auf Mönchengladbach getroffen, und da war ich mir ziemlich sicher, daß wir gewonnen hätten. Die lagen uns sehr. Die hatten wir oft im Griff. Nach dem 1:2 der Jugoslawen hätte ich mir am liebsten ins Gipsbein gebissen. Ich weiß noch genau: Die Stimmung im Olympiastadion war sensationell.

Wie schwer war damals der Weg der Hertha bis ins Halbfinale?

Wir mußten schon starke Mannschaften ausschalten. Dynamo Tiflis verlangte uns vor 100.000 Zuschauern alles ab. Die waren sehr spielstark und technisch ausgezeichnet. Und unser Viertelfinal-Gegner Dukla Prag war damals fast identisch mit der tschechischen Nationalmannschaft. Wir waren krasser Außenseiter, die hatten unglaublich starke Leute im Team. Selbst der Hertha-Vorstand schien nach dem 1:1 zu Hause nicht mehr an ein Weiterkommen zu glauben. Die hatten viel zu wenige Getränke für eine Siegesfeier geordert. Eins weiß ich noch genau: Nach dem 2:1-Sieg war die Bar bereits nachts um ein Uhr vollständig geleert. Das war wohl ein logistisches Problem der Hertha-Führung.

Damals lief es auf europäischem Parkett sehr gut für die Hertha, in der Bundesliga kam man nur zu bescheidenen Erfolgen. Finanzielle Probleme wurden publik. Hat Sie das damals als junger Spieler beeinflußt?

Für mich war das alles ein Abenteuer. Ich kam als junger Spieler nach Berlin. Die äußeren Umstände, also finanzielle Engpässe des Vereins, haben mich nicht tangiert. Ich war froh, daß ich mich in solch einer Umgebung mit vielen starken Spielern entwickeln konnte. Und die Europacupspiele waren ein ganz besonderes Erlebnis. Dort konnte man sich halt auch über die Bundesliga hinaus einen Namen machen. Ich habe versucht, besonders im UEFA-Pokal so unbeschwert wie möglich aufzuspielen. Und das ist mir auch einige Male gelungen.

Nach Berlin geholt hat Sie Wolfgang Holst?

Ja, natürlich. Das war wohl ein Tip von Helmut Kronsbein, der damals in Hannover als Trainer arbeitete. Ich denke jedenfalls sehr gerne an meine Berliner Zeit zurück, auch an den Europacup. Und mit dem Beinamen „Mr. Europacup" lebe ich gern. Vielleicht bekommt bald einmal ein aktueller Hertha-Spieler solch einen Namen. Die jüngste Entwicklung der Hertha ist beeindruckend. Zuvor war ich oft erstaunt über das jahrelange Trauerspiel, welches sich in Berlin abspielte. Die haben nie ihre unglaublich großen Potenzen genutzt. Jetzt könnte man an unsere Europacup-Erfolge von vor 20 Jahren anknüpfen. Ich wünsche das der Hertha. ■

Michael Sziedat:
Der Rekordmann

Michael Sziedat (geb. 22. August 1952) ist der Rekordspieler von Hertha BSC. Der Verteidiger absolvierte mit insgesamt 280 Begegnungen die meisten Erstligaspiele für den Verein. Der Zeitraum für die Rekordleistung: 1971 bis 1980. Der athletische blonde Abwehrmann erzielte dabei 12 Tore. Von 1980 bis 1984 spielte er bei Eintracht Frankfurt (99 Bundesligaspiele / 4 Treffer) und kehrte 1984 noch einmal zur Hertha zurück. In der zweiten Bundesliga lief Sziedat noch 18mal für die Blau-Weißen auf, ehe er seine lange aktive Laufbahn beendete. 1989 tauchte Sziedat als

Rekordspieler der Hertha: Michael Sziedat.

bezahlter Manager von Blau-Weiß 90 Berlin auf. Das blieb aber ein Intermezzo im Profifußball. Der gebürtige Berliner betreibt gemeinsam mit seiner Frau zwei Friseursalons in Berlin und spielt in seiner Freizeit mit Vorliebe Tennis.

Herr Sziedat, 280 Erstligaspiele für Hertha BSC – Sie werden in sämtlichen Statistiken als Rekordler der Hertha geführt. Macht das ein wenig stolz?
Ja, sicherlich. Wenn man überlegt, daß viele Profis insgesamt keine 280 Erstligaspiele schaffen – ich die aber für einen einzigen Verein bestritten habe – ja, ein bißchen hebt sich da die Brust. Das war schon was. Die zehn Jahre, die ich für Hertha meine Knochen hingehalten habe, das ist in der Nachschau eine ordentliche Zeit. Bei mir kam dazu,

daß ich das Glück hatte, gleich als 18jähriger in der Bundesligamannschaft eingesetzt zu werden. Der Bundesliga-Skandal war schuld. Im Laufe der Saison 1971/72 wurden immer mehr Hertha-Spieler wegen der Bestechungsaffäre gesperrt. Trainer Kronsbein benötigte jeden Mann. Das war meine Chance. Ich rutschte gleich rein in die Stammelf. Der Bernd Patzke und der Tasso Wild waren wegen der Bestechungssache vorab gesperrt worden. Da fehlte ein Abwehrspieler.

Und das waren Sie?

Ich bin eigentlich als Stürmer geholt worden, habe in der Jugend des BFC Preussen Mittelstürmer gespielt und um die 40, 50 Tore pro Saison geschossen. Und ich war Jugend-Nationalspieler. Ich bekam dann halt als Verteidiger meine Chance und konnte in der ersten Saison für Hertha gleich 29 von 34 Bundesligaspielen bestreiten.

280 Bundesligaspiele für die Berliner. Was fällt Ihnen dazu spontan ein?

Ehrlich, an manche Jahre oder Spielzeiten erinnert man sich überhaupt nicht. Meine erste Zeit war nicht einfach, es ging immer noch um den Skandal. Weitere Profis wurden gesperrt. Und unser Manager Wolfgang Holst, von dem viele behaupten, er habe tief im Skandal gesteckt, war nur bemüht, die ganze Angelegenheit zu verzögern, damit der Verein am Leben bleiben konnte. Der Holst war aus meiner Sicht nicht unmittelbar in den Skandal verwickelt, er betrieb eine Verzögerungstaktik, die ihm dann der DFB natürlich zum Vorwurf machte. Wenn damals noch mehr wichtige Spieler schneller gesperrt worden wären – nicht auszudenken. Ich glaube, Hertha wäre kaputtgegangen.

Es gab sicherlich viel Kurioses bei der Hertha zu erleben. Dafür ist der Verein bekannt?

Die Sache mit Trainer Dettmar Cramer war eine heiße Story. Das war gleich 1974. Der hatte ja in Berlin unterschrieben, war der Öffentlichkeit vorgestellt worden und machte sofort einen Rückzieher. Der damalige Hertha-Präsident Warneke hatte wohl den Mund zu voll genommen. Der hatte Cramer viele erstklassige Profis als Verstärkung versprochen, einen Berti Vogts oder einen Uli Hoeneß. Der einzige, der damals kam, war Uwe Kliemann, den Verleger Axel Springer finanzierte. Das war dem Cramer wohl zu wenig. Der bekam plötzlich Angst vor der eigenen Courage. Plötzlich bekamen wir Georg Kessler statt Cramer. Der hatte es bei uns Spielern zu Beginn sehr schwer nach dem großen Schatten von Cramer. Kessler redete viel und hatte sich sogar eine Erfolgsprämie für den Vizemeistertitel in seinen Vertrag schreiben lassen. Das Kuriose: Wir wurden tatsächlich Vizemeister!

Dabei griffen wir Spieler, weil wir sehr gern mit Cramer gearbeitet hätten, sogar zu ungewöhnlichen Maßnahmen. Nach einer Mannschaftssitzung waren wir bereit, einen Teil unserer Prämien abzugeben, um den Kessler damit auszahlen zu können. Wir wollten wirklich den Cramer. Der war mit uns noch in einem Trainingslager in Herzogenaurach, obwohl er schon nicht mehr unter Vertrag stand. So was habe ich noch nie erlebt. Das war schon eine unmögliche Sache.

Aber unter Georg Kessler kam die beste, die erfolgreichste Zeit der Hertha?

Ja, da war der zweite Platz in der Meisterschaft und das Pokalfinale gegen Köln. Kessler war eine Art Glückspilz. Eine lustige Zeit für uns. Aber irgendwie hat sich das alles abgenutzt.

Was bleibt noch in Sachen Hertha?

Das Halbfinale im UEFA-Cup. Gegen Roter Stern Belgrad hatten wir auswärts 0:1 verloren. Zum Rückspiel ins Olympiastadion kamen unglaubliche Zuschauermassen. Das war am 25. April 1979 – bis heute Herthas letzter Auftritt im Europacup. Offiziell wurden wohl 75.000 oder 80.000 Zuschauer registriert. Aber es waren in Wirklichkeit viel mehr. Meines Wissens waren es sage und schreibe 97.000. Man hatte damals mehr Karten verkauft, als offiziell erlaubt war. Ich weiß das so genau, weil wir Spieler damals in den Verträgen eine Zuschauerbeteiligung besaßen. Wir bekamen damals pro Kopf rund 15.000 Mark, obwohl wir unglücklich ausgeschieden waren. Wir gewannen zwar 2:1, aber das Auswärtstor der Jugoslawen entschied gegen uns. Auch Verleger Axel Springer hatte eine Prämie ausgelobt und auch gezahlt. Das war eine starke Geste.

Das Spiel soll ja wohl äußerst dramatisch verlaufen sein?

Das stimmt. Vor dem Anpfiff kam Torwarttrainer Nello die Martino, ein gebürtiger Neapolitaner, zu uns und sagte sinngemäß: „Jungs, keine Gefahr, der Schiedsrichter ist ein Italiener."

Der Referee ließ sich damals sogar von unserem Physiotherapeuten Peter Bentin vor dem Spiel massieren. Später verweigerte er uns aber einen Strafstoß. Wir haben wirklich sehr unglücklich verloren. Dabei wäre der Einzug ins UEFA-Cupfinale finanziell unbedingt notwendig gewesen. So war Hertha mal wieder – oder besser wie meist – in Geldnöten.

Wie war über die Jahre die Atmosphäre in der Hertha-Mannschaft mit ihrem wechselnden Gesicht, wo Sie eine feste Konstante waren?
Die Atmosphäre war fast immer sehr gut. Wir hatten unsere Hackordnung, ohne die es in keiner Mannschaft geht. Ich habe mich meist sehr wohlgefühlt. Hertha wird wohl nie wieder eine solch starke Abwehr bekommen, wie man sie mit Nigbur, Sziedat, Müller, Weiner und Kliemann besaß.

Als Abwehrmann waren Sie auch stets auf das möglichst perfekte Wechselspiel mit dem Torhüter angewiesen. Sie haben ja einige Keeper erlebt...
Da fällt mir nur das alte Sprichwort von den Torhütern und den Linksaußen ein, die alle ein wenig verrückt sind. Unser Bester zu meiner Zeit war sicher Volkmar Groß. Der war vom Niveau fast auf einer Höhe mit dem Sepp Maier. Der besaß unglaublichen Mut, ging raus, konnte weite Abstöße und Abwürfe machen. Das war ein absoluter Athlet. Dann folgt in einer Rangfolge wohl Norbert Nigbur. Wolter und Kleff, die ich auch hinter mir wußte, hatten ihren Zenit schon überschritten, als sie nach Berlin kamen. Aber die Hertha besaß immer gute Keeper. Denken Sie an Wolfgang Fahrian oder an den aktuellen Torhüter, den Gabor Kiraly aus Ungarn. Das ist auch so ein Tausendsassa, der die Leute begeistern kann. Solche Leute braucht der Fußball.

Und ein Urteil über Ihre Trainer, wie fällt das aus?
Über Fiffi Kronsbein kann man Bücher schreiben, was ja auch geschehen ist. Also kein Wort mehr dazu. Dann erlebte ich den Glücksmann Georg Kessler und den Kuno Klötzer, Typ „alter Landser". Das war ein lustiger Kerl, der auch bei den Fans gut ankam. Der hat gern Klaren getrunken. Im Ernst: Wir haben sicherlich nicht viel weniger trainiert, als das heute der Fall ist. Nur die Methodik war anders. Montags haben wir meist locker geübt, Dienstags und Mittwochs gab's meist zweimal Training, am Donnerstag sind wir entweder ins Trainingslager gefahren oder zu den Auswärtsspielen. Allerdings: Ein Uwe Kliemann oder auch ich, wir würden heute bei Hertha-Trainer Röber keine Chance bekommen, weil wir bei den Waldläufen ein wenig getrickst haben. Bei uns rannten damals meist die Ersatzspieler im Wald vornweg.

∎

Jahre der Tristesse

Machtwechsel in Berlin: Blau-Weiß 90 kommt

In die 80er Jahre fiel parallel zum Niedergang der Hertha ein Macht-wechsel im Berliner Profifußball. Nicht etwa Tennis Borussia trat an die Stelle der Hertha, sondern Blau-Weiß 90. Just in dem Jahr, als Hertha BSC und Tennis Borussia beide zeitgleich in die Amateurliga abstiegen, schafften die Blau-Weißen aus dem Stadtteil Mariendorf mit einem überraschenden 2. Platz in Liga zwei den Aufstieg in die erste Bundes-liga. Die Hierarchien im Berliner Fußball waren gehörig durcheinan-dergerüttelt worden. 1978 hatten die Blau-Weißen noch in der Viert-klassigkeit gekickt, doch ein wohlhabender Mann namens Konrad Kro-patschek, der in Nürnberg lebte und angeblich Blau-Weiß verehrte, wollte mit seinem Geld die Mariendorfer zum neuen Aushängeschild Fußball-Berlins machen – und dabei selbst kräftig mitverdienen. 1984 stieg Blau-Weiß dank der finanziellen Zuwendungen von Kropatschek in die zweite Bundesliga auf. Das Abenteuer 1. Liga blieb allerdings nur eines für eine Saison. Nach der Spielzeit 1986/87 – die Berliner Fans hat-ten den Auftritt zuerst sehr wohlwollend begleitet – blieben nur Rang 18 und der Abstieg. Im Schnitt pilgerten damals 22.000 Zuschauer ins Olympiastadion, Blau-Weiß mußte seinen Torjäger Karlheinz Riedle für 1,3 Millionen Mark an Werder Bremen verkaufen, wo dieser zum Nationalspieler reifte.

Es folgten für Blau-Weiß immerhin noch fünf Jahre in der zweiten Bundesliga mit den Plazierungen 7 (1987/88), 8 (1988/89), 8 (1989/90), 6 (1990/91) und 10 (1991/92). Meist lag man da natürlich noch vor dem Rivalen Hertha BSC. Später wurde bekannt, daß die Finanzspritzen Kropatscheks, des umtriebigen Herrn aus Nürnberg, nicht immer legal gewesen seien. Am 30. Juni 1992 stellte Blau-Weiß nach unglaublichen Turbulenzen in der Führungsetage und monatelangem Hickhack den Antrag auf Konkurs. Als SSV Blau-Weiß mußte man fortan in der Berliner Kreisliga einen schwierigen Neuanfang suchen. Den verlorenen Platz in der zweiten Bundesliga nahm seinerzeit Fortuna Köln ein. Inzwischen spielt Blau-Weiß in der Berliner Landesliga.

Aus heutiger Sicht erscheinen Aufstieg und Fall von Blau-Weiß 90 nur als skurriles Intermezzo. In den 80er Jahren allerdings mußte Hertha ernsthaft befürchten, seinen Rang als Berliner Topverein auf Dauer zu verlieren. Zumal das Ziel des sofortigen Wiederaufstiegs 1981 gescheitert war.

Auf und wieder Ab

Nach dem Abstieg waren in der ersten Saison der Zweitklassigkeit im Hertha-Kader kaum noch bekannte Spieler dabei. Lediglich Holger Brück von der alten, einst gefeierten und erfolgreichen Garde der 70er Jahre versuchte am alten Arbeitsplatz sein Glück. Neue Namen bestimmten vor allem das Bild der Hertha. Quasten, Gruler, Ehrmantraut, Remark oder Mohr. Am Ende der Saison blieb allerdings nur Rang drei hinter Werden Bremen und Eintracht Braunschweig und damit weiter die ungeliebte und in Berlin nicht angenommene Zweitklassigkeit. Zwar gab es einige Male riesige Kulissen im Olympiastadion, so 44.000 gegen Tennis Borussia (2:0), sogar 72.000 gegen Werder Bremen (1:2) und noch einmal 68.000 gegen Eintracht Braunschweig (2:4). Die große Anhängerschaft aber wurde meist enttäuscht. Und so verfolgten das letzte Heimspiel gegen Rot-Weiß Essen am 22. Mai 1981 gerade einmal 11.387 Fans.

Trainer Uwe Klimaschefski, ein total verrückter Typ, mußte im Dezember 1981 gehen. Es kam mit Georg Gawliczek einer aus der alten Trainerschule, ein Mann mit Meriten, aber längst über den Höhepunkt seines Schaffens hinaus. Trotzdem: Hertha erreichte am Ende der Saison 1981/82 Platz zwei hinter Schalke 04 und stieg auf. Die besten Kulissen im Olympiastadion hatte es gegen Hannover 96 (2:0) mit 42.000 Fans gegeben und gegen Kickers Offenbach (5:1) mit über 36.000. Thomas Remark tat sich mit 28 Toren als bester Schütze hervor, gefolgt von Jürgen Mohr mit 17.

Hertha BSC, von Wolfgang Holst als Präsident geführt, besaß wieder einmal nur wenig Geld, um sich mit attraktiven Spielern verstärken zu können. So trauten nur wenige Berliner ihrer Mannschaft 1982/83 den

Thomas Remark war Anfang der 80er Jahre oft Herthas bester Torschütze.

Klassenerhalt zu. Und die Pessimisten sollten Recht behalten. Dieser Hertha-Mannschaft, in denen Quasten, Remark, Blau, Mohr, Ehrmantraut, Killmaier und Rassmussen zu den Bekanntesten gehörten, fehlte es an Rasse, um die Klasse halten zu können. Zwar wurde als Nothelfer der Nationalspieler Rainer Bonhof nach Berlin gelotst. Doch diese Verpflichtung erwies sich als riesiger Flop. Bonhof war bereits verletzt angereist, bestritt gerade sechs Spiele für die Berliner und beendete danach seine Laufbahn – als Sportinvalide. Außer enormen Spesen nichts gewesen.

Wolfgang Holst hat seine eigene Sicht zum Fall Bonhof: „Ich suchte 1982 intensiv einen neuen Libero, war in einer ähnlichen Lage wie 1972, als wir den über 30jährigen Luggi Müller als Libero nach Berlin holten. Der Kölner Hannes Löhr empfahl mir damals Rainer Bonhof oder auch Bernd Cullmann. Bonhof hatte bereits einige Male als letzter Mann in Köln agiert, war allerdings am rechten Sprunggelenk operiert worden. Im Europacup machte er als Libero für die Kölner danach überragende Spiele gegen den AS Rom. In Rom zerrte er sich allerdings an der Leiste.

Ich verhandelte lange mit den Kölnern und gab Bonhof schließlich einen Dreijahres-Vertrag in Berlin – zu den gleichen finanziellen Bezügen, die er in Köln erhalten hatte. Prof. Weigert gab damals nach der ärztlichen Untersuchung grünes Licht. Im sechsten Spiel für uns, es war gegen Fortuna Düsseldorf, blieb Bonhof im Rasen hängen und bekam einen Adduktorenabriß. Später stellte sich heraus, daß bereits die Verletzung in Rom Ursache für die späteren Probleme war. Leider konnte er seine Karriere nicht fortsetzen."

Aus den letzten neun Spielen holte Hertha – nun ohne Bonhof – nur magere zwei Punkte. Der Abstieg war nicht zu vermeiden. Ty-

Rainer Bonhof als Herthaner – ein großes Mißverständnis.

pisch für die verkorkste Saison: Die zweitbeste Kulisse gab es am ersten Spieltag zum Heimspiel gegen Borussia Dortmund (1:3). Es waren 40.000. Nur gegen den FC Bayern München (1:3) kamen mit 57.000 noch mehr Anhänger ins Olympiastadion. Ansonsten spielten die Blau-Weißen häufig vor nur rund 15.000 Fans.

1983/84 folgte unter dem neuen Trainer Martin Luppen, der von Fortuna Köln gekommen war, ein durchwachsenes Jahr in Liga zwei, das mit Rang 11 endete.

Der Tiefpunkt: Absturz zu den Amateuren

Es folgte erneut eine enttäuschende Spielzeit unter Trainer Uwe Kliemann, der den glücklosen Luppen abgelöst hatte. Platz 14 brachte Hertha schon dem Absturz ins Amateurlager ein gutes Stück näher. Was niemand für möglich hielt, passierte tatsächlich in der Saison 1985/86. Vier Trainer in einer Saison – Uwe Kliemann, Hans Eder, Rudi Gutendorf und Jürgen Sundermann – konnten den totalen Absturz nicht vermeiden. Als 17. und damit viertletzter mußte man gemeinsam mit der SpVgg. Bayreuth, Tennis Borussia und dem MSV Duisburg hinunter in die Niederungen des Amateurlagers. Welch eine Blamage für den einst so ruhmreichen Verein. Mit bei den Absteigern: der heutige Jugendtrainer der Hertha, Heiko Glöde, und Hanne Weiner, der noch zwei Spielzeiten bei Hertha absolvierte, nachdem er beim FC Bayern München eine erfolgreiche Zeit verbracht hatte. Und dabei außerdem der spätere Nationaltorhüter Andreas Köpke, den dann auch in der 1. Bundesliga Abstiegsplätze magnetisch anzogen.

Hertha schien am Ende. Und keiner interessierte sich mehr für sie. So sah die absolute Minuskulisse von 1.881 Zuschauern im Kessel des Olympiastadions am 14. Dezember 1985 ein 1:1 der Hertha gegen die Stuttgarter Kickers. Ein Heimspiel zuvor – am 1.12.1985 – kamen gegen Alemannia Aachen (0:0) drei zahlende Leute mehr: 1.884. Der Präsident des Landessportbundes Berlin (LSB), Manfred von Richthofen, rügte die Hertha öffentlich wegen der „bundesweiten Negativschlagzei-

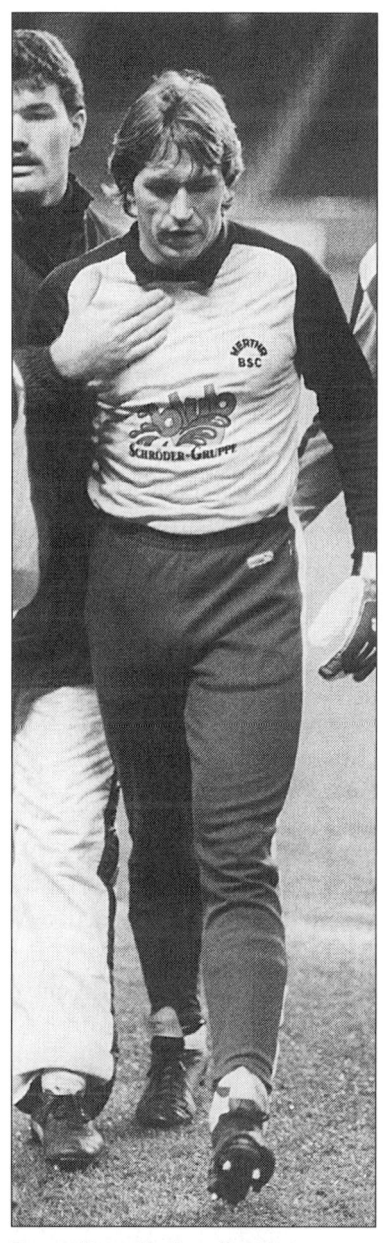

Der spätere Nationaltorwart Andreas Köpke stieg 1985/86 mit Hertha in die Amateuroberliga ab.

len, die am Gesamtimage des Berliner Sports kratzen". Von Richthofen tadelte: „Die Wasserballer von Spandau 04, Seriensieger des Europacups, sind die Musterschüler, die Fußballer sind dagegen nur Hilfsschüler."

Da auch Tennis Borussia mit ins Amateurlager abgerutscht war, kamen sofort wieder die in Berlin beliebten Fusionsideen ins Spiel. Sogar ein Verein zur Förderung des Lizenzfußballs wurde im April 1986 gegründet. Vorsitzender des sogenannten Berlin e.V. FC Berlin war ein Rechtsanwalt namens Heers. Doch wie schon so oft in der Vergangenheit kam nicht zusammen, was nicht zusammengehört. Tennis Borussia, Hertha BSC, Blau-Weiß 90 und der SC Charlottenburg, die zuerst an diesem Projekt beteiligt waren, fanden nicht zueinander. Der *Spiegel* schrieb damals: „Wie schwierig das vom Senat favorisierte Projekt durchzusetzen sein wird, erfuhr Olaf Ruths, Präsident des SC Charlottenburg. Erste Sondierungen, so Ruths, hätten schon 'kaum für möglich gehaltene Hindernisse' aufgezeigt. Beispielsweise der Name des neuen Vereins oder die Spielkleidung seien 'heftig und ohne Ergebnis' diskutiert worden. Der Name vom 'FC Utopia' machte in Berlin die Runde."

„Ham Se mal 'ne Mark für Hertha?"

Indessen war es bereits soweit, daß einige wenige Anhänger von Hertha BSC sogar betteln gingen. Mitglieder des Fanklubs „Oberring" hielten zu Weihnachten 1985 Passanten auf der teuren Flaniermeile Kurfürstendamm Blechbüchsen vor die Nase und kamen mit dem Spruch: „Ham Se nich mal ne Mark für ne jute Sache?"

Am 29. November 1985 hatte der bereits 72jährige Bauunternehmer Heinz Roloff den legendären Wolfgang Holst als Präsident abgelöst. Holst sprach später von seinem großen Irrtum, im Jahr des Aufstiegs 1982 die Mannschaft nicht entsprechend verstärkt zu haben, „koste es, was es wolle".

Unter Trainer Jürgen Sundermann folgte in der Berliner Amateurliga 1986/87 Platz eins vor den alten Rivalen Tennis Borussia und Tasmania. Das Torverhältnis betrug 102:25 und drückt in etwa die Überlegenheit der Hertha aus. Allein Christian Sackewitz traf 26mal. Aber in der Aufstiegsrunde zu Liga zwei verspielte man leichtfertig die Chance, sofort wieder in den bezahlten Fußball zu kommen. Hinter Remscheid und dem SV Meppen landete man in der Fünfer-Gruppe nur auf Rang 3 und konnte nur die SpVgg. Erckenschwick und Arminia Hannover hinter sich lassen. Im letzten Aufstiegsspiel gegen Remscheid – 15.000 Zuschauer waren dabei – hätte Hertha BSC ein Remis genügt, doch man unterlag mit 1:3. Die Enttäuschung in Berlin war groß. Von „tölpelhaftem Auftreten" war die Rede.

Auch im zweiten Jahr in der Drittklassigkeit setzte sich Hertha schließlich vor Tennis Borussia und den Reinickendorfer Füchsen durch. Mit Walter Junghans hatte man einen erfahrenen Torhüter nach Berlin geholt und in Helmut Rombach einen gefährlichen Torjäger in den Reihen. In den äußerst unterschiedlich verlaufenden Aufstiegsspielen setzte sich Hertha schließlich gegenüber Eintracht Braunschweig, dem MSV Duisburg, Preußen Münster und VfL Wolfsburg durch. Nach einem 4:1-Auswärtssieg bei Preußen Münster war man am 19. Juni 1988 endlich wieder in der zweiten Bundesliga.

Dort taten sich die Junghans, Greiser, Niebel, Gowitzke, Patzke, Lünsmann oder Kurtenbach sehr schwer. Zu Beginn reichte es zwar gleich zu einem Auswärtssieg in Solingen (2:1), aber danach hagelte es drei Niederlagen, und es gab nur zwei Remis. Erst am neunten Spieltag schafften die Berliner mit einem 1:0-Sieg bei Schalke 04 den zweiten vollen Erfolg. Im Oktober 1988 verlor Hertha im Olympiastadion vor 4.600 Zuschauern gegen Braunschweig mit 0:2 und konnte nach sechs Heimspielen noch keinen Sieg verbuchen. Trainer Sundermann mußte gehen, für ihn kam Werner Fuchs, der zuvor den 1. FC Saarbrücken trainiert hatte.

Doch auch unter Fuchs geriet diese Spielzeit zu einer ausgesprochenen Zittersaison. Am Ende landete man auf Platz 13 mit nur zwei Zählern Abstand zu einem der Abstiegsränge.

1989/90: Der Flug des Kometen

Werner Fuchs, der Pfälzer, entpuppte sich bald als der richtige Trainer, der die Hertha solide führte und endlich wieder nach ganz oben bringen könnte. Mit viel Fleiß und Akribie verrichtete er seine tägliche Arbeit. Schnell erwarb sich Fuchs die Sympathien der Berliner Fans, weil die merkten, daß mit Fuchs ein ehrlicher Arbeiter auf dem Stuhl des Cheftrainers saß, auf einer Position, die in Berlin viel zu oft als Schleudersitz galt. Dabei stützte sich Fuchs in der Aufstiegssaison 1989/90, die durch den Fall der Berliner Mauer im November 1989 eine historische Dimension annahm, fast auf den gleichen Kader wie eine Saison zuvor, in der die Hertha nur mit äußerster Kraftanstrengung den Klassenerhalt in der zweiten Bundesliga gesichert hatte.

Nur mit Axel Kruse, der fast sieben Jahre später noch einmal zu einem Garanten für den Aufstieg einer Hertha-Mannschaft avancieren sollte, bekam Fuchs in der zweiten Saisonhälfte noch einen torgefährlichen Angreifer hinzu. Der blonde Stürmer, zuvor beim DDR-Oberligaklub FC Hansa Rostock aktiv und auch in diversen DDR-Nachwuchsauswahlteams erfolgreich, hatte sich bei einem der seltenen Gastspiele seines Oberligaklubs im westlichen Ausland in Kopenhagen von der Mannschaft abgesetzt und war in den Westen geflohen, noch nicht ahnend, daß sich wenige Monate später die Grenze zwischen Ost und West auflösen sollte. Nach einer FIFA-Sperre begünstigten die politischen Ereignisse die noch junge Laufbahn des Axel Kruse. Nach dem Überweisen einer Ablösesumme an den FC Hansa Rostock wurde Kruse spielberechtigt für Hertha BSC.

Die Berliner waren sehr erfolgreich in die Saison gestartet, so gut wie lange nicht. Vier Siege und ein Remis in den ersten fünf Begegnungen hievten Hertha schnell in die obere Tabellenhälfte und ließen Aufstiegsträume reifen. Zwischendurch gab es allerdings auch Durststrecken, so zwischen dem fünften und dem zehnten Spieltag, als das bis dato Erreichte fast verspielt wurde: Es gab zwei Niederlagen und drei Remis in Folge.

Es schien, als habe die unglaubliche Aufbruchstimmung in der Stadt nach dem Fall der Mauer auch den Hertha-Profis einen gewaltigen Schub verpaßt. Als am 11. November 1989, nur zwei Tage nach dem Freudentaumel durch die plötzliche Grenzöffnung, Wattenscheid 09 zum Heimspiel im Olympiastadion erwartet wurde, kamen 44.174 Zuschauer – aus West und erstmals seit August 1961 auch aus Ost. Das 1:1 vor einer unvergleichlichen Kulisse und in einer geradezu bewegenden und euphorischen Atmosphäre blieb allen, die dabei waren, in unauslöschlicher Erinnerung. Allein 11.000 Zuschauer aus dem Osten waren gekommen.

Was danach passierte, muß man als Siegeszug der Hertha titulieren. Die Spieler traten mit neuem Selbstbewußtsein auf, so, als wollten sie demonstrieren: Wir sind jetzt Gesamtberliner und schießen unsere Tore für West und Ost. Sieben Siege und ein Remis katapultierten Hertha an die Spitze der Tabelle. Die Mannschaft um Kicker wie Gowitzke, Gries, Junghans, Greiser, Lünsmann oder Patzke war nicht mehr zu stoppen und erspielte sich die Sympathien in der plötzlich wieder grenzenlosen Stadt.

Werner Fuchs, der Trainer, mit dem der Erfolg zurückkehrte, spürte genau, daß er und seine Mitstreiter an durchaus historischem Geschehen unmittelbar beteiligt waren. Nach dem 1:1 gegen Wattenscheid, dem ersten Treffen mit Fans aus dem Osten, sagte Fuchs bewegt: „Volle Stadien habe ich in meiner Laufbahn als Spieler und als Trainer schon häufig erlebt. Aber bei diesem Spiel war alles ganz anders. Als ich aus der Kabine kam und hinausging auf den Rasen, da lief mir eine Gänsehaut nach der anderen den Rücken

Walter Junghans gab als Torhüter der Hertha viele Jahre Rückhalt.

hinunter. Mir war klar, was dieser Tag für uns alle bedeuten sollte, vor allem auch für unsere Anhänger aus dem Ostteil Berlins."

Als Spieler hatte es Fuchs nur zu einem einzigen Erstligaeinsatz beim 1. FC Kaiserslautern gebracht, später spielte er in Alsenborn, Hannover und in Münster. Deshalb war sein Ehrgeiz, es nun als Trainer zur Erstklassigkeit zu bringen, besonders groß. Die Devise des Trainers lautete selbstbewußt: „Ich schaffe, was ich will." Diese Einstellung übertrug er schnell auf die gesamte Mannschaft. Dabei besaß der Pfälzer nicht gerade einen riesigen Fundus an Erfahrung als Fußball-Lehrer. Vor seinem Berliner Engagement betreute er erfolgreich Alemannia Aachen und den 1. FC Saarbrücken. Vor der Aufstiegssaison hatte Fuchs auf teure Neuverpflichtungen verzichtet und lieber auf Berliner Eigengewächse gesetzt. Diesen Weg gingen zuvor nur ganz wenige Trainer der Hertha. Rückhalt besaß Fuchs auch in Horst Wolter, dem Manager des Vereins, der nach Jahren des Dilettantismus endlich auch erste Professionalität ins Management und in die Geschäftsstelle brachte.

Jedenfalls war der langersehnte Aufstieg der Hertha bereits am 1. Mai 1990 perfekt. Nach einem 1:1 bei Alemannia Aachen waren die Berliner nicht mehr von einem Aufstiegsrang zu verdrängen – vier Spieltage vor Schluß der Saison. Hertha BSC gehörte wieder zu den 18 besten Vereinen in Deutschland und war – was genauso schwer wog – endlich wieder auf dem Wege zu einem Gesamtberliner Klub. Große Zeiten schienen anzubrechen in jenem Frühjahr 1990.

Große Zeiten schienen anzubrechen

Werner Fuchs zu den Ursachen für den Aufstieg, der eigentlich erst ein Jahr später geplant war: „Neben der großartigen mannschaftlichen Steigerung, der sehr guten Moral der gesamten Truppe kamen natürlich auch glückliche Umstände dazu. Wir haben unsere Möglichkeiten fast 100prozentig augeschöpft, dabei auch von Fehlern der Konkurrenz profitiert. Als sich dann die große Chance ergab, haben alle an einem Strang gezogen. Nur so war es zu schaffen."

Fuchs ging natürlich optimistisch, wie es seine Art war, in die folgende Erstligasaison und formulierte: „Wir wollen kein Komet sein, der so schnell wie er auftaucht, auch wieder von der Bildfläche verschwindet." Doch was kam, war ein kometenhafter Absturz.

Werner Fuchs führte Hertha BSC 1989 in die erste Bundesliga.

Euphorie 1990

Eine Zweitliga-Begegnung, die unter normalen Bedingungen in der Grauzone der Liga verschwunden wäre – Hertha BSC kontra SG Wattenscheid 09 – stieg zu einem historischen Ereignis auf. Am 9. November 1989 hatte ein Satz des damaligen Mitglieds des Politbüros des Zentralkomitees der Sozialistischen Einheitspartei Deutschlands (SED), Günter Schabowski, den Fall der Berliner Mauer endgültig eingeläutet: „Wir haben uns entschlossen, heute eine Regelung zu treffen, die es jedem Bürger der DDR möglich macht, über Grenzübergänge der DDR auszureisen." Die Mauer tat sich auf, Berlin erlebte einen nie gekannten Freudentaumel, einen Ausnahmezustand. Die bisher streng bewachten Grenzübergänge glichen ungeheuren Versammlungsorten, Stätten der Freude, der Wiederbegegnung. Wildfremde Menschen lagen sich freudetrunken in den Armen.

Zwei Tage später wollten viele Ostberliner, die den Kürfürstendamm gerade zu Tausenden entdeckten, auch das Fußballspiel der Hertha gegen die Bochumer Vorstädter sehen. Endlich wieder Hertha! Endlich Profifußball! Endlich die Kicker sehen, von denen man nur aus dem Fernsehen wußte oder aus bislang verbotenen West-Zeitungen.

Die Zweitligapartie erlangte Dimensionen, die noch Tage zuvor niemand hatte ahnen können. Das Flair eines ungewöhnlichen Ereignisses, ja, eines Jahrhundert-Ereignisses, umgab plötzlich das altehrwürdige Olympiastadion. 11.000 Fans aus dem Osten, die auf den ersten Stadtbummel verzichtet hatten und lieber zum Fußball pilgerten, waren schließlich unter den insgesamt 44.174 Zuschauern, die ein 1:1 zwischen Hertha und Wattenscheid sahen. Über den Kaiserdamm und die Heerstraße hatte sich zuvor ein nicht enden wollender Strom aus Fahrzeugen der Marken „Trabant" und „Wartburg" ergossen. Selbst aus dem fernen Rostock oder aus Neubrandenburg war man angereist. Hertha BSC hatte schnell reagiert, die Ostdeutschen Stadionbesucher, damals noch ohne D-Mark in der Geldbörse, bekamen freien Eintritt zu diesem Spiel. Unglaubliche Szenen spielten sich ab: Menschen weinten, Menschen standen still für sich allein mitten auf dem Gelände des Stadions, andere küßten gar das Pflaster rund um die Arena. Die Ostberliner Fans, ausgerüstet mit Devotionalien vor allem des Köpenicker Traditionsvereins 1. FC Union, wurden friedlich und begeistert in der Kreis der Hertha-Anhänger aufgenommen. Gemeinsam wurde fortan gejubelt. Bei Spielbeginn war die Atmosphäre fast andächtig. Das Resultat geriet zur Nebensächlichkeit, natürlich wollten alle möglichst einen Hertha-Sieg. Doch auch nach dem 1:1 feierten alle gemeinsam noch Stunden im und vor dem Stadion. Hertha BSC spielte damals in folgender Aufstellung: ▶ Junghans, Lünsmann, Jakobs, Halvorsen, Mischke, Zernicke (46. Kretschmer), Aaltonen, Gowitzke, Kurtenbach (74. Täuber), Gries, Klaus. Das 0:1 durch den Wattenscheider Bach (43.) machte Kretschmer nach 64 Minuten wett.

Klaus-Dieter Vollrath, damals verantwortlich für das Stadion-Programm der Hertha, beschrieb wenig später jene Tage des Umbruchs: „Wir von Hertha bereiteten uns auf einen Großkampftag gegen Wattenscheid 09 vor. Die Freude war nach dem 0:3 in Saarbrücken ein wenig getrübt, aber das Engagement der zehn Nissan-Händler, die das Spiel sponserten und allen Berlinern für 5 DM die Chance gaben, dabei zu sein, und die ständigen Trailer im Rundfunk über 100,6 machten uns Mut, daß eine gute Kulisse beim Spitzenspiel gewährleistet wird…

Montag, 6. November 1989: Die Nissan-Händler ordern Karten nach. Für 5 DM wollen viele Fußballfans dabei sein. Werden es über 25.000 Zuschauer? Optimismus bei Hertha – vielleicht auch 30.000?

Donnerstag, 9. November, 21.45 Uhr: 'Westend-Pinte' in der Reichsstraße. Mit Freunden habe ich gerade das DFB-Pokalspiel VfB Stuttgart gegen Bayern München gesehen. Die Tür geht auf. Detlef Schneer stürzt herein. 'Ihr Schlafmützen sitzt hier herum und glotzt in die Röhre. Die Mauer ist weg!'

Originalton des für Späße bekannten Gastes: 'Damit flachst man nicht – Du spinnst – laß den Blödsinn.' Schneers Miene war ernst. Umschalten – Kaiserslautern gegen Köln ist jetzt uninteressant.

Tränen der Freude – Jubel – Fassungslosigkeit, die aber schnell in Aktivität übergeht. 'Wir fahren zur Grenze und holen die Ostberliner zum Feiern.' Fünf Fahrzeuge holen 20 Ostberliner, im Schlepptau weitere Glückliche in Trabbis und Wartburgs. Die Nacht in der Pinte endet um 6.30 Uhr morgens. Der Arbeitstag ruft – die Geschäftsstelle.

Szene aus dem historischen Spiel Hertha BSC gegen 1. FC Union Berlin vom 27. Januar 1990: Herthas Torjäger Gries überläuft den Unioner Maek.

Die Fans von Hertha und Union treffen sich nach 28 Jahren wieder im Olympiastadion.

Freitag, 10. November, 9 Uhr, Reichsstraße 17. 'Wir müssen die Tore für unsere Freunde aus dem Osten am Samstag weit öffnen.' Nissan greift in die Kasse. 10.000 Karten kostenlos für DDR-Bürger. Reichen die? Macht nichts. Wenn mehr kommen, reicht das Vorzeigen des Ausweises.

Es wurden mehr. Über 11.000 kamen am Samstag – und es wären sicher noch mehr gewesen, wenn die Straßen nicht so hoffnungslos verstopft gewesen wären. Staus der Freude und Tränen – niemand war enttäuscht, daß das Olympiastadion nicht ganz voll war.

Deutsch-deutsche Wiedersehensfeier bei Hertha BSC. Ein historischer Moment. Unbeschreibliche Szenen vor den Kassenhäuschen. 'Daß ich das noch erleben durfte. Endlich bei Hertha live. Nach 28 Jahren wieder zu meiner geliebten Hertha, ich werde wahnsinnig vor Glück!'

Herthaner aus Ost und West lagen sich in den Armen. Gemeinsam ging man in die Blöcke. Der Fanbereich war schnell gefüllt. Block A und nicht wie befürchtet im Oberring. Unsere ach so oft gescholtenen Fans zeigten Flagge – gemeinsam mit den Union-Fans.

Ein Volk hatte seine Mauern gesprengt, und viele erfüllten sich zwei Tage später einen Traum…"

Die nächste Vereinigung der so lange gespaltenen Berliner Fußballgemeinde ging bereits im Januar 1990 über die Bühne oder besser übers Parkett der inzwischen abgerissenen Werner-Seelenbinder-Halle im Stadtbezirk Prenzlauer Berg. Der 1. FC Union hatte das I. Internationale Berliner Hallenfußballturnier organisiert und ein erlesenes Teilnehmerfeld zusammenbekommen. Dabei waren: Bohemians Prag, HFC Chemie, Blau-Weiß 90, BFC Dynamo, FC Frankfurt/Oder, Pogon Szeczin, Hertha BSC, Stahl Brandenburg, 1. FC Union Berlin und Energie Cottbus. Das Turnier dauerte vom 19. bis 21. Januar. Der Finaltag besaß ebenfalls Symbolwert, weil an einem 21. Januar 1966 der 1. FC Union gegründet worden war. 4.000 Zuschauer drängten sich bis unters Hallendach und erlebten einen Gesamtsieg der Unioner aus Köpenick. Im Finale wurde der Erzrivale BFC Dynamo mit 5:4 n.V. bezwungen.

Was bei diesem Hallenturnier begann, fand nur wenige Tage später seine eindrucksvolle Fortsetzung. Am 27. Januar 1990 trafen Hertha BSC und der 1. FC Union Berlin im Olympiastadion in einem Freundschaftsspiel aufeinander, das sich zu einem euphorischen Fest gestaltete. 51.270 Zuschauer waren gekommen, die Fangemeinden hatten sich vermischt. Tore, egal auf welcher Seite sie fielen, wurden von der gesamten Kulisse bejubelt. Das blau-weiße Fahnenmeer der Herthaner war eins mit dem traditionell rot-weißem der Unioner. Am Ende gewann Hertha nach Treffern von Axel Kruse und Dirk Greiser bei einem Gegentor durch Andre Sirocks mit 2:1. Die Deutsche Post hatte das Ereignis gesponsort, der Eintritt betrug symbolische fünf Mark (jeweils in DM oder Ost-Mark).

Es war natürlich ein historischer Tag. Wann hatte es das je gegeben? Über 50.000 Zuschauer bei einem Freundschaftsspiel zweier Zweitligisten? Wohl nur die Ansetzung Hertha gegen Union, zweier mit großer Tradition beladener Vereine, machte das möglich.

Die Berliner Presse einen Tag nach dem 2:1 der Hertha gegen den 1. FC Union zeigte sich euphorisch:

Berliner Zeitung: „Derby mit Schwungholen und Auftrieb für die Ziele von beiden. Verlierer paßten nicht zu diesem Tag. Die Wiederbegegnung von Hertha und Union nach 28 Jahren artete zur Sympathie-Werbung aus. Und nie zuvor wurde von jeder Seite ein Tor des anderen so bejubelt wie während dieser Partie."

Bild: „Hertha schlug Union – aber alle fühlten sich als Sieger. Traumtore beim 2:1, und die Fans restlos glücklich. Unzertrennlich standen sie beieinander, die Blau-Weißen und die Rot-Weißen."

Berliner Morgenpost: „2:1 – Hertha BSC gewann das große Berliner Fußball-Gipfeltreffen. Es war nur als Freundschaftsspiel deklariert, und doch viel, viel mehr. Eine imponierende Kulisse bei einem Vergleich, dessen Reiz nicht nur auf sportlichem Gebiet lag. Daß Hertha diese Partie am Ende mit 2:1 gewann, geriet im allgemeinen Jubel fast zur Nebensache."

BZ: „51.270 Fans feierten im Derby die 'Hertha-Union'. Rot-Weiß-Blaues Fahnenmeer, zufriedene Gesichter überall, Spannung, Stimmung und schöne Tore."

Das Rückspiel an der Alten Försterei, allerdings nur noch vor 3.800 Zuschauern, gewann Union am 12. August 1990 gegen die inzwischen in die erste Bundesliga aufgestiegene Hertha mit 2:1. Zwei Strafstöße, verwandelt von Unions Rene Adamczewski, und ein Gegentor durch Mark Farrington sorgten für den Endstand. Vieles war in nur sechs Monaten ohne Berliner Mauer bereits zur Normalität geworden, auch solche Spiele wie Union kontra Hertha. ∎

Olaf Seier:
Der Kapitän von der anderen Seite

Olaf Seier (geb. am 25. November 1958), bestritt zwischen 1980 und 1991 rund 300 Spiele in der DDR-Oberliga für die beiden Berliner Vereine BFC Dynamo und 1. FC Union Berlin. Der zehnmalige DDR-Juniorenauswahlspieler errang mit dem BFC dreimal den Titel eines DDR-Meisters und wechselte 1982 zum in Ostberlin viel beliebteren Konkurrenten 1. FC Union an die Alte Försterei in Köpenick. Von 1991 bis 1994 spielte der populäre Seier, der mehrfach zum „Union-Spieler des Jahres" gekürt wurde, im fernen Venezuela beim FC Caracas. Weitere Stationen: 1. FC Lübars und SV Preußen, dem heutigen Weißenseer SC. Seier übernahm im Oktober 1998 das Traineramt beim Oberligisten Köpenicker SC. Beim historischen Vergleich zwischen Hertha BSC und dem 1. FC Union nach dem Fall der Mauer am 27. Januar 1990 (2:1) führte Seier die Union-Mannschaft als Kapitän ins Olympiastadion.

Herr Seier, mit welchem Gefühl sind Sie damals aufgelaufen?

Das war unbeschreiblich, das war schon die Erfüllung eines Traums. Einmal das gewaltige Olympiastadion, dazu die unglaubliche Kulisse der seligen Fans, die ja beide Mannschaften gleichermaßen bejubelten. Das ging ja damals auch alles sehr plötzlich. Im November fiel die Mauer, Mitte Januar gab es das Hallenturnier in der Seelenbinder-Halle, wo wir von Union zum erstenmal nach 28 Jahren wieder auf Hertha trafen – und dann dieses Freundschaftsspiel vor 52.000 Fans. Das verging alles wie im Fluge, und man dachte oft, ist das denn alles wahr oder träumt man. Es war die Realität, aber man mußte sich erst daran gewöhnen. Es blieb kaum Zeit, alles richtig zu verarbeiten.

Sehen Sie denn noch einzelne Szenen aus diesem historischen Spiel vor sich?

Wir waren damals bereits sehr früh im Stadion, überall war Jubel und Trubel, und ich mußte als Union-Kapitän natürlich sehr viele Interviews geben. Ja – und wenn das Olympiastadion mit über 50.000 Leuten gefüllt ist, dann wirkt das schon sehr voll und äußerst imposant. Sze-

27. Januar 1990: Union-Kapitän Olaf Seier (links) begrüßt den Hertha-Spielführer Dirk Greiser.

nen? Der Axel Kruse hat so ein komisches Tor geschossen, über unsere Mauer hinweg. Und an den langen Kapitän der Hertha, den Dirk Greiser, kann ich mich auch noch gut erinnern. Wir haben damals sehr gut mitgespielt, aber es war auch ein Freundschaftsspiel. Alle haben nicht so verbissen gespielt. Es wurde zwar auch mal reingegrätscht, aber es blieb doch alles sehr fair. Das war kein Duell der Ossis gegen die Wessis. Da überwog die Freude, wieder gegeneinander oder später miteinander spielen zu können.

Hat Ihnen der Gegner – die Hertha stand ja vor dem Aufstieg in die erste Bundesliga – imponiert?

Mir hat die Spielkultur gefallen. Das war alles viel freizügiger, viel eleganter als in der DDR-Oberliga. Mir hat das imponiert, weil mir als technisch gutem Spieler solch Spielanlage und Spielweise gelegen kam. In der Oberliga hieß es jahrelang: der Seier, die Nummer 10 von Union, der bekommt einen Gegenspieler auf die Füße gestellt. Das war oft nervend.

Was ist Ihnen noch in Erinnerung geblieben?

Wir sollten plötzlich kurz vor dem Spiel alle mit neuen Puma-Schuhen spielen. Zwei Tage vor dem Auftritt im Olympiastadion kamen die neuen Töppen in der Alten Försterei an. Das Material war gut, aber die meisten von uns spielten dann doch in ihren eingelaufenen Schuhen. Das war sicher gut so. Wir haben ja gemerkt, daß wir durchaus mithalten können. Das Rückspiel im August 1990 haben wir dann mit 2:1 gewonnen. Und die Kulisse der 52.000 war die größte, vor der ich je gespielt habe. Wir waren froh, endlich einmal einen echten Vergleich mit den Profis aus dem Westen zu haben. Viel Gelegenheit besaßen wir zuvor ja nicht. Mit Union spielten wir 1987 mal im Intercup und gewannen unsere Gruppe mit Bayer Uerdingen, Lausanne Sports und Standard Lüttich. Das war aber auch schon alles. Ich wollte schon gern sehen, kannst du da mithalten. Und ich konnte, denke ich.

Sind aus diesem historischen Spiel gegen die Hertha irgendwelche ernsthaften Freundschaften oder Kontakte entstanden?

Bei mir nicht. Aber für unseren Trainer Karsten Heine war das ein Glücksfall. Hertha-Coach Werner Fuchs machte Heine später ein Angebot, und der wechselte als Amateurtrainer zur Hertha, stieg ja später gar zum Chef auf. Karsten Heine kam dann auch schnell zu mir und wollte mich zur Hertha holen. Der hatte in der Amateurmannschaft der Hertha seinerzeit viele junge Wilde und wollte dazu unbedingt zwei, drei erfahrene Spieler stellen, unter anderem auch mich. Aber mir war die Sache damals noch zu heiß. Ich war zu unbeleckt und wollte nicht sagen: Okay, ich geh' jetzt einfach weg. Ich wollte mit Union in den bezahlten Fußball kommen, das war mein großes Ziel. Andere Spieler haben sich damals weniger Gedanken gemacht und sind dem Lockruf des Geldes sofort gefolgt.

Was außer unauslöschlichen Erinnerungen besitzen Sie noch vom Spiel im Januar 1990?

Einen großen Wimpel. Als ich den nach vielen Jahren hervorgekramt habe und umdrehte, stand da noch unser damaliger Sponsor drauf: KWO, das Kabelwerk Oberspree. Das ist schon kurios. ∎

1990 bis 1999

Der Aufbruch

Katzenjammer nach der Euphorie

Die Erstligasaison 1990/91 begannen die Verantwortlichen von Hertha BSC mit einem historischen Fehler. Zwar wollte sich Hertha nach dem Fall der Mauer als Gesamtberliner Verein präsentieren, tat dies aber nur halbherzig und schon gar nicht bei der Personalpolitik. Trainer Werner Fuchs: „Wir vertrauen auf den Kader, der auch den Aufstieg schaffte. Wir wollen uns nicht auf Teufel komm' raus verstärken, sondern gezielt. Ich hoffe, wir haben die richtige Wahl getroffen. Sollten wir in Schwierigkeiten geraten, können wir immer noch neue Überlegungen anstellen."

Identitätsstiftende Maßnahmen für die Ostberliner Fangemeinde, die man zurückgewinnen wollte, blieben zumindest beim kickenden Personal aus.

Fuchs und Manager Horst Wolter samt dem Präsidenten Heinz Roloff gingen viel zu blauäugig in die Erstklassigkeit. Die hungrigen Stars aus dem Ostteil der Stadt, die gleich im Dutzend beim DDR-Serienmeister BFC Dynamo spielten, wurden links liegengelassen. Die wären damals für relativ kleines Geld zu haben gewesen. Andere, eben Nichtberliner, wilderten in der DDR-Oberliga, machten aus der höchsten Spielklasse der untergegangenen Republik einen Selbstbedienungsladen, wie er in der deutschen Fußballgeschichte zuvor noch nie existiert hatte. Während sich umtriebige Manager wie der Leverkusener Reiner Calmund sofort nach dem Fall der Mauer mit einem Geldkoffer in der Hand Richtung Berlin-Hohenschönhausen, dem Sitz des BFC bewegten, passierte beim Nachbarn Hertha BSC nichts in dieser Richtung. Mit Andreas Thom verließ der erste DDR-Nationalspieler noch Ende 1989 mit offiziellem Segen des DDR-Fußballverbandes die Berliner und heuerte als erster Ost-Star bei Bayer Leverkusen an. Andere aus der Schar des BFC folgten Richtung Westen: Dirk Anders (über VfB

Leipzig zum 1. FC Kaiserslautern), Heiko Bonan (zum VfL Bochum), Thomas Doll (zum Hamburger SV), Frank Rohde (zum Hamburger SV), Rainer Ernst (zum 1. FC Kaiserslautern), Waldemar Ksienzyk (zu Blau-Weiß 90), Hendrik Herzog (zu Schalke 04), Rene Rydlewicz (zu Bayer Leverkusen) und, und, und…

Bei Hertha, nur wenige Kilometer Luftlinie entfernt, heuerte keiner dieser Spieler an, die fast alle in westdeutschen Vereinen ordentlich Karriere machten. Berührungsängste, vor allem politischer Art gegenüber dem in der DDR ungeliebten Serienmeister, der vom Ministerium für Staatssicherheit unterstützt wurde, verhinderten eine erfolgreiche Personalpolitik der Hertha in jenen Tagen.

Fuchs und Wolter bauten statt dessen auf den alternden Star Uwe Rahn, der für die damalige vereinsinterne Rekordablösesumme von 1,7 Millionen Mark vom 1. FC Köln geholt wurde. Der 14fache Nationalspieler und „Fußballer des Jahres" von 1987 hatte den Zenit seiner Laufbahn längst überschritten, als er in Berlin einen hochdotierten Vertrag unterschrieb. Rahn sollte die Mannschaft führen, war allerdings nur in 21 Saisonspielen dabei. Seine Verletzungsanfälligkeit verhinderte mehr Spiele für die Hertha. Auch seine frühere Torgefährlichkeit konnte er

Uwe Rahn kam 1990 für 1,7 Millionen Mark nach Berlin. Die Mauer war gefallen.

nie mehr erreichen. Die zweite Neuverpflichtung, die Fuchs präsentierte, war Norbert Schlegel vom 1. FC Saarbrücken, der 800.000 Mark kostete. Der spielte einen soliden Part, mehr aber nicht. Und Verpflichtung Nummer drei erwies sich gar als totaler Flop. Den Engländer Mark Farrington, der über den FC Everton und Norwich City nach Gent und Tilburg gewandert war, hatte Fuchs im holländischen Fernsehen bei seinen Auftritten beim unbedeutenden Provinzverein Fortuna Sittard gesehen und beeindruckt. Der Stürmer wurde für 500.000 Mark geordert. Ein Törchen in einem Pokalspiel blieb als Ausbeute für den mit großen Vorschußlorbeeren bedachten Engländer. Neun Bundesligaeinsätze stehen zu Buche. Farrington wurde an Feyenoord Rotterdam veräußert. Positive Schlagzeilen machte er keine mehr.

Schon vor Beginn der Saison hatte auch Präsident Heinz Roloff verkündet, er habe den Verein mit seinem Geld wieder zurück in die Bundesliga gebracht, aber ab sofort müsse sich die Hertha selber tragen. Auch ein historischer Irrtum, denn der Verein war damals dazu überhaupt nicht in der Lage, hätte sich erst in der Bundesliga etablieren müssen, um finanziell auf die Beine zu kommen. Es kam, wie es kommen mußte.

Als die Berliner einen klassischen Fehlstart in die Erstklassgkeit geboten hatten (1:2 gegen St. Pauli, 0:4 beim VfB Stuttgart, 1:1 gegen den Karlsruher SC, 3:4 in Kaiserslautern, 0:1 gegen Düsseldorf, 2:4 in Bochum) wurde mit Armin Görtz im September ein zweifacher Nationalspieler vom 1. FC Köln geholt. Kostenpunkt: 680.000 Mark. Doch all diese Profis, die entweder zu schwach für die Bundesliga waren oder die beste Zeit ihrer Karriere schon hinter sich wußten, konnten die verfahrene Saison nicht mehr umbiegen. Hertha BSC blieb von Beginn an der Spielball der Konkurrenten. Derweil spielten sich im Vorstand und Management unglaubliche personelle Possen ab; Berlins Boulevard hatte damals viel zu berichten.

Werner Fuchs, der einst gefeierte Aufstiegstrainer, wurde schon im November gefeuert. Grotesk, daß zuvor auf einer Pressekonferenz Herthas Schatzmeister Heinz Striek öffentlich bekundet hatte, daß es eine Entlassung von Fuchs „nur über meine Leiche" geben würde. Fuchs mußte Tage später trotzdem seinen Platz räumen, Striek blieb im Amt. Und mit dem Trainer ging auch Manager Horst Wolter, der seit 1987 versucht hatte, professionellere Strukturen in den Verein zu bringen. An seine Stelle trat mit Reinhard Roder ein Typ Manager, der in Berlin von Beginn an keine Chance besaß und als Schaumschläger in die Geschichte einging, als ein Mann, der nichts bewirkt hatte. Für Fuchs wurde der Ungar Pal Csernai geholt, der allerdings nur bei einigen Spielen der Trainer blieb. Csernai warf schnell sein berühmtes Seidentuch und wurde durch den Sprücheklopfer Peter Neururer ersetzt. Unter diesem folgten fünf Niederlagen in Serie. Assistent Karsten Heine übernahm das Traineramt. Hertha hatte in einer Spielzeit vier Fußball-Lehrer verschlissen, eine neuerliche Rekordleistung, mit der man allerdings das alte Image vom Skandalverein kräftig aufpoliert hatte. Die Liga lachte über Hertha BSC und die Unfähigkeit der Verantwortlichen, die Trainerfrage vernünftig zu lösen.

Trainerkarussell: Vier in einer Saison

Zwar bekamen die jeweils für einen kurzen Zeitabschnitt zuständigen Trainer immer wieder neues kickendes Personal – im Oktober 1990 meldete sich Daniel Scheinhardt, im Dezember Dragutin Celic von Hajduk Split, im Januar wurde Andre Winkhold von Mönchengladbach ausgeliehen – aber auch diese Profis konnten keinen entscheidenden Einfluß mehr nehmen. In der Winterpause wurde der beste Angreifer Axel Kruse nach Frankfurt transferiert, da er sich im Training einen kleinen Faustkampf mit dem Amateurspieler Thomas Zetzmann geliefert hatte. Csernai schmiß Kruse raus. Hertha glich einem Tollhaus. Kein Wunder, daß der unglaubliche Dilettantismus in der Chefetage auch auf die Spieler überschwappte. Am Ende einer katastrophalen Saison standen gerade einmal 3 Siege und 8 Remis zu Buche, bei 23 Niederlagen und einem Torverhältnis von 37:84. Der Abstand zum Mitabsteiger und Vorletzten der Tabelle, Bayer Uerdingen, betrug satte neun Zähler. Nur Tasmania 1900 (1965/66: 8:60 Punkte) und der Wuppertaler SV (1974/75: 12:56 Punkte) wiesen in der langen Historie der Liga noch negativere Bilanzen auf.

Hertha sollte sich lange nicht von dieser verkorksten Spielzeit 1990/ 91 erholen, die mit soviel Euphorie begann und deren Mißerfolg in der maßlosen Selbstüberschätzung und Fehleinschätzung der Führung ihre Hauptursachen besaß. Zur Illustration die Arbeitszeiten der Trainer in jener Saison: Werner Fuchs mußte am 12. November gehen. Nachfolger Pal Csernai regierte vom 13. November 1990 bis zum 12. März 1991, dazwischen lag die Winterpause. Vom 13. März bis zum 28. Mai 1991 durfte Peter Neururer mit der völlig verunsicherten Mannschaft üben, und schließlich trug Karsten Heine vom 28. Mai bis zum 30. Juni 1991 die Verantwortung, ehe Hertha BSC den ehemaligen DDR-Auswahltrainer Bernd Stange aus Jena verpflichtete. Mit Stange ging man ab 1. Juli 1991 in die neue Spielzeit in Liga zwei. Stanges Auftrag: natürlich der sofortige Wiederaufstieg.

Hertha im Mittelmaß der zweiten Bundesliga

Ehe die Berliner endlich in der Spielzeit 1996/97 den in jedem Jahr mehr oder weniger vollmundig angekündigten Aufstieg in die erste Bundesliga schafften, wurden vier weitere Fußball-Lehrer (Bernd Stange, Günter Sebert, Uwe Reinders, Karsten Heine), zwei sogenannte Sportdirektoren (Stange, Jürgen Sundermann) und drei Manager (Reinhard Roder, Wolfgang Levin, Carl-Heinz Rühl) verschlissen. Auch eine Glanzleistung der Personalpolitik.

Derartiges Gebaren in der Führungsetage blieb nicht ohne Auswirkungen auf die jeweiligen Mannschaften, die – meist unter finanziellen Problemen – zusammengestellt wurden. 1991/92 scheiterte man unter Stange in der Aufstiegsrunde der zweiten Liga Nord und landete auf Rang drei. 1992/93 reichte es zu Platz fünf in Liga zwei hinter Freiburg, Duisburg, dem VfB Leipzig und Waldhof Mannheim. Es folgten enttäuschende Spielzeiten. 1993/94 versank Hertha im Mittelmaß (Platz 11). Das Gleiche galt für die Saison 1994/95 (Platz 11). Noch schlimmer kam es 1995/96, als die Berliner auf Rang 14 punktgleich mit dem Chemnitzer FC einkamen und nur dank des besseren Torverhältnisses dem Absturz in die Regionalliga entgingen.

Die 90er Jahre waren bis dahin gekennzeichnet von nahezu permanenten Problemen mit dem Deutschen Fußball-Bund (DFB), der Hertha in jedem Jahr die Lizenz nur unter Erteilung von Auflagen gab und mehrfach nahe daran war, dem Hauptstadtklub die Lizenz zu verweigern. In den anderen europäischen Hauptstädten wunderte man sich über das wiedervereinigte Berlin, das lange Zeit nicht in der Lage war, eine Erstligamannschaft hervorzubringen. In der Stadt, unter den Anhängern und in der Berliner Wirtschaft regierten im Verhältnis zu Hertha meist Ironie und Sarkasmus. Berliner Unternehmen waren nicht bereit, größere Investitionen in den Verein zu tätigen. Tristesse machte sich viele Jahre breit.

1993/94: Der vage Beginn für eine Wende hin zum Besse-
„Hertha ist ren kam erst 1994, als Hertha „klinisch tot" war
klinisch tot" (Ufa-Geschäftsführer Bernd Hoffmann) und in dem solventen Hamburger Rechtevermarkter Ufa endlich einen Partner fand, der den Verein zuerst mit einer Sofort-Hilfe am Leben erhielt und später in gemeinsamer Arbeit zu neuer Größe führen sollte. Doch bis es zur vertraglich besiegelten engen Zusammenarbeit zwischen Ufa und Hertha kam, gab es noch etliche Turbulenzen zu überstehen.

Höhepunkt des Trauerspiels bildete die Spielzeit 1993/94, als die Hauptstädter wieder einmal gleich drei Fußball-Lehrer benötigten, die allerdings das sportliche Dilemma auch nicht in den Griff bekamen. Der Mannheimer Günter Sebert, ein grundauf solider Mann und langjähriger Bundesliga-Profi mit seriösem Ruf, wurde geschaßt, als er mit der Mannschaft auf Rang 8 der Tabelle stand und nur zwei Punkte Rückstand auf einen der angestrebten Aufstiegsplätze aufwies. Solch Rauswurf hatte also eine neue, negative Qualität. Allerdings gingen Berlins Öffentlichkeit und die Medien verhältnismäßig „zahm" mit dem Hertha-Präsidium um, da Sebert nie einen richtigen Draht zur Presse bekam und als zurückhaltend und introvertiert galt. Herthas Präsident Heinz Roloff hatte Sebert nie verziehen, daß dieser kein richtiger Berliner wurde und seinen Wohnsitz in Mannheim behielt, sogar am Stadionheft des SV Waldhof mitarbeitete. Sebert zog das Hotelleben vor und verbrachte fast alle freien Tage in Mannheim. Öffentliche Begründung für den Rauswurf von Sebert durch Roloff: „Sebert war nicht einsichtig genug und wollte nicht das tun, was wir wollten..."

Jürgen Sundermann und Rainer Zobel wurden zuerst als Nachfolger gehandelt – es kam der ehemalige Profi Uwe Reinders, der einst durch Zockereien in Spielcasinos aufgefallen war. Er brachte seinen „ewigen" Assistenten Ronny Worm mit. Der bisherige Assistent der jeweiligen Hertha-Cheftrainer, Karsten Heine, mußte zu den Amateuren abwandern. Das blieb aber nur ein vorübergehender Zustand. Reinders verkündete vollmundig hohe Ziele (Aufstieg), aber es blieb bei großen Worten.

1:11 Punkte in Folge lautete die erste Bilanz unter der Ägide von Reinders, der sich als Trainer beim FC Hansa Rostock Meriten erworben

Damals nur zweitklassig: Mario Basler (rechts) mit Mike Lünsmann im Oktober 1991 bei Hertha BSC.

hatte. Reinders Konsequenz: Er warf drei langjährige Profis, die viel für den Verein geleistet hatten, hinaus. Torhüter Walter Junghans, Libero Uli Bayerschmidt und Torjäger Theo Gries. Deren Suspendierung erfolgte auf schäbige Art und Weise und ohne jegliche Vorwarnung. Hertha mußte sich lange mit nachträglichen Gehaltsforderungen des Trios beschäftigen. Reinders wollte verstärkt junge, unverbrauchte Herthaner bringen, Leute wie Carsten Ramelow. Bis Mitte März durfte er werkeln, dann löste ihn Karsten Heine als Cheftrainer ab, der seinen Arbeitsplatz immerhin bis Dezember 1995 behielt.

Neben der Misere auf dem Platz kam – wie so häufig – die verkorkste finanzielle Situation. Im Frühjahr 1994 war erneut die Lizenz in größter Gefahr. Diesmal ging es um Auflagenverstöße im Bereich der Transferausgaben. Der Verein bestätigte damals: „Hertha BSC hatte bislang nicht den vom DFB in der Auflage zur Lizenz geforderten Überschuß bei den Transfereinnahmen erzielen können." Wieder einmal drohten Geldstrafen, Punktabzüge oder im schlimmsten Fall die Verweigerung der Lizenz. Der Schuldenstand betrug inzwischen rund zehn Millionen Mark und nahm damit bedrohliche Dimensionen an. Doch der DFB ließ wieder einmal Gnade vor Recht ergehen. Möglicherweise wollte man die neubelebte Hauptstadt nicht ohne Profiverein lassen, möglicherweise sah man hinter den Kulissen schon kapitalkräftige Garanten für bessere Zeiten. Jedenfalls erhielten die Herthaner nach intensiver Lobby-Tätigkeit die ersehnte Lizenz.

Die sportliche Talfahrt bewirkte natürlich leere Kassen, denn die Berliner Fans blieben mehr und mehr aus. Allein das Minus bei den kalkulierten Zuschauereinnahmen belief sich in der Winterpause 1993/94 auf fast eine halbe Millionen Mark. In dieser Situation wurde der knorrige Bauunternehmer Roloff im März 1994 auf einer außerordentlichen Mitgliederversammlung erneut in seinem Amt bestätigt – es sollte allerdings seine letzte Wiederwahl sein. Die Versammlung reihte sich damals würdig ein in die Liste ähnlicher Veranstaltungen des Vereins: Beleidigungen, Selbstzerfleischungen und Schuldzuweisungen standen auf der Tagesordnung des über fünfstündigen Tohuwabohus. Roloff erhielt 211 Stimmen. 53 Herthaner stimmten gegen ihn, und 16 enthielten sich der Stimme. Ebenfalls beschlossen: der Verkauf der Hertha-Villa, um die Millionen zu bekommen, die auch für den Lizenzantrag notwendig waren. Doch auf jener turbulenten Versammlung im März

Als Rechts-
anwalt Manfred
Zemaitat 1994
Hertha-Präsi-
dent wurde,
stülpte ihm Fan-
artikelhändler
Pepe Mager
(rechts) symbo-
lisch einen
Häuptlings-
schmuck auf
den Kopf.

1994 wurden bereits personelle Schritte in Richtung Führungswechsel getan. Vizepräsident wurde der Rechtsanwalt Manfred Zemaitat, der später schnell zum Gegenspieler seines Präsidenten avancieren sollte und diesen im September 1994 auch ablöste. Zemaitat hatte im Verein mit Manager Wolfgang Levin die Kontakte zur Ufa intensiviert und brachte als Mitgift in den herbstlichen Wahlkampf 1994 den unterschriftsreifen Kontrakt mit dem Hamburger Rechtehändler ein und zumindest die Zusage auf Sofort-Hilfe in Höhe von 4,5 Millionen Mark. Als Zemaitat, dem sich noch einmal Wolfgang Holst als Gegenkandidat gestellt hatte, zum Präsidenten gekürt worden war, verkündete er ein sogenanntes Dreijahres-Programm, das die finanzielle Sanierung und Konsolidierung zum Inhalt hatte und den Aufstieg in die erste Bundesliga innerhalb der nächsten drei Jahre. Ein vernünftiges Konzept, das natürlich auch von den neuen starken Männern im Hintergrund, den Marketendern der Ufa, getragen wurde.

Kurz nach Zemaitats Amtsantritt gab es allerdings noch einmal heftige Turbulenzen. Ein Firmen-Konsortium aus Berlin wollte plötzlich

Provinz-Possen um Hauptstadt-Verein

13,5 Millionen Mark zur Verfügung stellen. Bedingung, damit die Gelder auch fließen: Das komplette Präsidium sollte zurücktreten. Konsortiums-Sprecher Detlev Heitzmann, damals Präsident von Hertha Zehlendorf: „Ich vertrete 35 Unternehmen, drei große Konzerne, Banken."

Doch die großangelegte Aktion, bereitwillig vom Berliner Boulevard begleitet und gefeiert, entpuppte sich schnell als Flop. Herthas damaliger Schatzmeister Hans-Jürgen Maurer war von der Heitzmann-Gruppe als Strohmann benutzt worden, hatte Einblick in die geheimen Ufa-Verträge verschafft und interne Informationen geliefert. Das ominöse Konsortium wollte der Ufa zuvorkommen und mit Hertha BSC schnellstmöglich Geld verdienen. Das avisierte Geld wäre auch nur als Kredit geflossen. Maurer flog aus dem Präsidium, die Ufa zahlte ihre angekündigten 4,5 Millionen Mark.

Doch die finanziellen Umstände beim Verkauf der Hertha-Villa an den ehemaligen Präsidenten Heinz Roloff sollten den Verein noch lange beschäftigen. Und das bis in die Spielzeit 1995/96 hinein. Roloff hatte das wertvolle Gebäude in der Reichsstraße in Neu-Westend für rund 6,3 Millionen Mark erworben, aber lange Zeit nur 4,8 Millionen Mark an den Verein überwiesen. Im Etat entstand so eine Deckungslücke in Höhe von 1,5 Millionen Mark. Die hatte Hertha allerdings verschleiert und damit erneut einen schweren Lizenzverstoß begangen. Der damalige Hertha-Manager Levin: „Der DFB vermutete eine Liquidität unsererseits von 6,3 Millionen, was nicht der Fall war." Die Auswirkungen waren diesmal sehr drastisch. Nach Ende der Saison 1995/96 wurden Hertha BSC drei Punkte abgezogen. Zudem mußte eine Strafe in Höhe von 250.000 Mark bezahlt werden. Fast hätte diese Mauschelei den Absturz ins Amateurlager nach sich gezogen.

Die Mannschaft beendete punktgleich mit dem Chemnitzer FC die Spielzeit 1995/96 und konnte sich nur dank des besseren Torverhältnisses in der zweiten Bundesliga behaupten. In dieser Saison – zum ersten Mal galt die neue Dreipunkte-Regel für einen Sieg – fielen allerdings einige wichtige personelle Entscheidungen, die den künftigen Aufstieg des Vereins zumindest einläuteten und ankündigten. Immerhin war Hertha BSC mit einem ordentlichen Etat von 9,36 Millionen Mark in die Spielzeit gegangen. Trainer Karsten Heine sollte laut Präsidium

„oben mitspielen". In Steffen Karl wurde für 500.000 Mark ein Spieler vom Schweizer FC Sion geholt, der bald zu einer Führungskraft aufsteigen sollte und später maßgeblich Anteil am Aufstieg in die erste Bundesliga besaß. Auch der Isländer Eyjölfur Sverrisson wurde von Besiktas Istanbul losgeeist und verpflichtet. Hertha mußte allerdings beim DFB schriftlich einen Antrag stellen, um den Nationalspieler transferieren zu dürfen. Immerhin war man mit Auflagen belastet worden.

Noch eine Personalie sorgte für Wirbel: Der ehemalige Bundesliga-Profi und Trainer Carl-Heinz Rühl, zuvor viele Jahre Manager beim Karlsruher SC, wurde als Nachfolger von Wolfgang Levin präsentiert. Rühl („meine Entscheidung für Berlin war eine Bauch-Entscheidung") sollte endlich professionelle Strukturen in den Verein bringen und zumindest die Geschäftsstelle erstligatauglich machen. Das Gleiche galt natürlich für die Mannschaft. Die Saison ließ sich auch gut an, aber später folgten acht Spiele ohne Sieg, und im Oktober 1995 wollten nur noch 3.500 Zuschauer das Heimspiel gegen Chemnitz sehen. Zuvor hatte Rühl erste Kritik an Trainer Heine geübt, als die Mannschaft im September im DFB-Pokal beim Drittligisten Lok/Altmark Stendal mit 2:3 n.V. ausgeschieden war. Die hohen Ziele des Vereins schienen in Gefahr. Rühl forderte mehr Investitionen von der Ufa, doch das große Talent Carsten Ramelow wurde in der Winterpause für 1,5 Millionen Mark zu Bayer Leverkusen verkauft. Der Zuschauerschnitt ging schon Richtung Regionalliga: Zum Heimspiel gegen Mannheim kamen nur noch 2.454 Zuschauer in die riesige Schüssel des Olympiastadions.

Hertha BSC folgte wieder einmal den ungeschriebenen Gesetzen des Profifußballs und entschied sich für einen Trainerwechsel. Karsten Heine, dessen Vertrag bis zum 30. Juni 1996 Gültigkeit besaß, wurde am 18. Dezember 1995 beurlaubt. Offiziell hieß es: „Der Vertrag mit Heine wird nicht verlängert. Er ist nicht entlassen worden und wird von Hertha BSC weiter bezahlt." Der Mann, der den Cheftrainern Fuchs, Csernai, Neururer und Sebert assistiert und selbst zweimal die Verantwortung getragen hatte, mußte weichen und beendete später das Kapitel Hertha BSC.

Nach einer Telefonumfrage des Hertha-Präsidiums hievte man Jürgen Röber auf den Stuhl des Cheftrainers. Der war damals arbeitslos und erholte sich von seiner Entlassung beim VfB Stuttgart, seiner ersten Station als Trainer in der ersten Bundesliga. Die Berliner besaßen damals eine gehörige Portion Glück bei dieser Verpflichtung. Einige Tage später wollte Werder Bremen, wo Röber früher als Profi viele Jahre gespielt hatte, den Mann als Trainer verpflichten, weil sich das Ende für den Holländer Ad de Mos abzeichnete. Röber hätte natürlich der Job bei Werder sehr gereizt, wie er viel später einmal zugab, aber er hatte bereits sein Wort der Hertha gegeben. So trat Röber offiziell am 1. Januar 1996 sein Amt in Berlin an.

Röber galt als Verfechter eines attraktiven Angriffsspiels, das er in Stuttgart mit Weltklassespielern wie Bobic, Elber und Balakow zelebrieren ließ. Das Trio fand später unter dem Begriff „magisches Dreieck" Eingang in die Sprache des deutschen Sportjournalismus. Vielen sehenswerten Spielen folgten in der Rückrunde der Saison 1995/96 allerdings auch Rückschläge, und die Mannschaft geriet sogar in akute Abstiegsgefahr. Unvergessen der letzte Spieltag der dramatischen Spielzeit. Hertha BSC mußte nach Wattenscheid reisen, lag punktgleich mit dem Chemnitzer FC. Bei einer Niederlage wäre man in die Drittklassigkeit gefallen. Das aufregende Spiel endete schließlich 0:0, Hertha war gerettet und Trainer Röber in 90 Minuten um einige Jahre gealtert. Das Schicksal der Hertha hatte sich erst wenige Minuten vor Abpfiff entschieden. Ausgerechnet Torjäger Michael Preetz, damals in Diensten von Wattenscheid, hatte eine große Chance, den Siegtreffer zu erzwingen. Doch der lange Angreifer vergab.

Wochen später, die Bochumer Vorstädter, die auch schon in der ersten Bundesliga gespielt hatten, waren als Tabellenletzter sang- und klanglos abgestiegen und Preetz ohne Vertrag, lag der Unglücksrabe im Urlaub am Strand eines türkischen Badeortes, dachte über seine Zukunft nach und wartete auf das erlösende Klingeln seines Handys. Sein Fehlschuß wurde zum Glückstreffer: Jürgen Röber rief an und machte Preetz ein Angebot, nach Berlin zu wechseln. Schon im Juli 1996 – Preetz war für 200.000 Mark gekauft – trat der Torjäger, der gegen Hertha nicht getroffen hatte, seinen Dienst in Berlin an. Noch lange sollte ihn die Geschichte von der vertanen Torchance im Abstiegsspiel verfolgen. Preetz lakonisch: „So dick war die Chance damals doch gar nicht…"

Frank Rohde:
Libero in zwei Welten

Frank Rohde (geb. 2. März 1960), dessen Lieblingsposition der Libero war, spielte von 1969 bis 1990 beim BFC Dynamo in Ostberlin. Mit dem BFC errang er neunmal den Titel eines DDR-Meisters und spielte im Europacup der Landesmeister. Insgesamt kam er auf 205 Oberligaspiele/10 Tore. Für die DDR absolvierte Rohde 42 Länderspiele/1 Tor. Von 1990 bis 1993 verteidigte er in der Bundesliga beim Hamburger SV, dessen Mannschaftskapitän er war (103 Spiele/7 Tore). Von 1993 bis 1995 gab Rohde den Libero beim damaligen Zweitligisten Hertha BSC. Auch bei Hertha war Rohde Spielführer und absolvierte für die Berliner 48 Zweitligaspiele/3 Tore. Rohde arbeitete später als Trainer bei den Reinickendorfer Füchsen und wurde 1998 Chefcoach beim Regionalligisten FC Sachsen Leipzig, wo er 1999 entlassen wurde.

Herr Rohde, 1993, Sie waren bereits im hohen Fußballalter von 33 Jahren, holte Sie der damalige Trainer von Hertha BSC, Günter Sebert, nach Berlin. Sie sollten die Hertha als sogenannter Leitwolf dahin führen, wo Sie gerade herkamen – in die erste Bundesliga. Es war eine verspätete Rückkehr nach Berlin, oder?

Ja. Als 1989 die Berliner Mauer fiel, hätte ich mir schon vorstellen können, gleich bei Hertha BSC zu spielen. Mit Hertha in der ersten Liga: Das wäre damals das Größte gewesen, auch für mich und andere vom BFC Dynamo. Der damalige Hertha-Manager Horst Wolter hatte uns, konkret Thomas Doll und mich, auch einige Male ins Olympiastadion eingeladen, aber Trainer Werner Fuchs zeigte keinerlei Interesse an uns. Ich hatte dann bald meinen Vertrag beim Hamburger SV perfekt.

Die Berührungsängste der Hertha-Verantwortlichen gegenüber den Spitzenspielern aus dem Osten verhinderte also ein früheres Engagement von Ihnen in Berlin?

Der Wolfgang Holst hatte mich angesprochen, konnte sich aber damals in der Führung auch nicht durchsetzen. Natürlich hätte sich ein Wechsel von mir innerhalb der Stadt angeboten. Ich bin in Berlin groß-

geworden, habe zuerst auf der anderen Seite Fußball gespielt, und das sicher nicht schlecht. Als wir die ersten Male im Olympiastadion saßen und die Zweitligaspiele der Hertha sahen, waren wir über das schwache Niveau erstaunt. Die damalige zweite Bundesliga hatte nicht das Niveau einiger Spitzenteams in der DDR-Oberliga, inklusive BFC Dynamo. Die konnten nicht annähernd mithalten.

Sie erlebten beim Hamburger SV eine sehr erfolgreiche Zeit, waren unter den Trainern Schock und Möhlmann der Mannschafts-Kapitän. Wie kam dann der späte Kontakt mit Hertha BSC zustande?

Günter Sebert war Trainer in Berlin, und Karsten Heine, den ich aus gemeinsamen Zeiten in der DDR-Oberliga kannte, war dessen Assistent. Seberts direkte Art gefiel mir. Wir waren uns wohl im Charakter sehr ähnlich. Mit dem hatte ich viele gute Gespräche. Das überzeugte mich damals. Ich glaube, ich kostete die Hertha rund 400.000 Mark Ablöse.

Sie wollten mit Hertha dahin, wo Sie herkamen – in die erste Bundesliga. Ein Berliner Fachblatt kündigte Sie als „Abwehrchef und Leithammel" an. Was blieb, waren zweimal enttäuschende 11. Plätze in der zweiten Liga. Warum war Hertha Anfang und Mitte der 90er Jahre nicht reif für den Aufstieg?

Es gab keine Strukturen, keine Führungskräfte, nur Panik. Das Schlimmste war die völlig überraschende Entlassung von Trainer Sebert, unter dem wir wenigstens immer auf Tuchfühlung zu den Aufstiegsrängen blieben. Als man Sebert rausschmiß, hatten viele Spieler Tränen in den Augen. Auch diejenigen, die mit seiner Art nicht zurechtgekommen waren, schüttelten nur mit dem Kopf. Dann kam Uwe Reinders, und wir verloren in Serie. 0:10 Punkte lautete die erste Bilanz. Herthas schwache Führung beging einfach eine Unmenge von Fehlern. Und ich war plötzlich mittenmang.

War die Mannschaft damals reif für einen Aufstieg?

Wir besaßen eigentlich einen guten Kader. Da waren u.a. Wollitz, Schmöller, Kovac, Ramelow, Junghans oder Gries und Demandt. Aber das größte Handicap waren die dilettantischen Strukturen, die schwache Führung. Da hatte es jeder Trainer sehr schwer. Das ging schon in der Geschäftsstelle los. Da konnte jeder rein und hinten wieder raus. Das war ein regelrechtes Tohuwabohu. Da war ich von Hamburg natürlich eine ganz andere Professionalität gewöhnt.

Fühlten Sie sich als immer engagierter Spieler und Kapitän als einsamer Rufer in der Wüste?

Manchmal schon. Ich bin oft zum Präsidium gegangen und habe die Probleme offen angesprochen. Ich wollte einfach Erfolg haben. Aber das ging nicht unter diesen Bedingungen. Ich habe jedenfalls immer meine Meinung gesagt, bin dabei aber oft gegen Mauern gerannt. Dabei wurde uns aus dem Osten immer vorgeworfen, wir hätten keine eigene Persönlichkeit. Bei Hertha redete damals jeder rein, der mal 3,50 Mark gegeben hatte. Da passierte nichts Konstruktives, die haben alles kaputtgeredet. Die Quittung kam in Gestalt von Mittelmaß bis 1996. In Berlin hatten ja fast alle den Glauben an eine erstklassige Hertha verloren.

Sind Sie im nachhinein traurig, als Spieler zu alt für den späteren Aufbruch der Hertha gewesen zu sein?

Nein. Ich besaß bei meinem Rücktritt noch ein Jahr Vertrag bei Hertha. Aber ich wollte einem Neuaufbau nicht im Wege stehen. Ich habe viel erlebt und viel erreicht. Und ich kann Hertha nur gratulieren, wie sich der gesamte Verein nach 1996 entwickelt hat. Da ist kein Vergleich mehr mit meiner Zeit möglich. Da liegen Welten dazwischen. ∎

Der Siegeszug der Hertha-Bubis

Das Bild flimmerte via TV in unzählige deutsche Wohnzimmer: Da standen elf junge Burschen im riesigen Kessel des Berliner Olympiastadions und hielten sich eng umschlungen. Im innigen Ausdruck der Verbundenheit lauschten sie ehrfürchtig der Nationalhymne, ehe der Jubel der 76.000 Zuschauer über ihnen zusammenschlug. Die Amateure von Hertha BSC standen im Finale um den DFB-Pokal, waren am spektakulären Schlußpunkt einer aufsehenerregenden, ja sensationellen Serie angekommen. Gegner an jenem 12. Juni 1993 waren die hochdotierten Profis von Bayer Leverkusen mit ihren deutschen Nationalspielern Thom, Kirsten und Wörns sowie den Internationalen Lupescu aus Rumänien und Hapal aus Tschechien.

Doch das Vertrauen der Berliner in ihre Jungs schien trotz des großen Gegners schier grenzenlos. Eine Umfrage des renommierten Emnid-Instituts unmittelbar vor dem Endspiel ergab erstaunliche Werte: 54 Prozent der Berliner setzten auf die Hertha-Amateure. Bei den befragten Männern waren es sogar 59 Prozent, die auf den krassen Außenseiter setzten, bei den Frauen 51 Prozent.

Die elf Berliner Jungs, auf dem Weg ins Endspiel von den Berliner Medien „Hertha-Bubis" getauft, standen vor dem bisherigen Höhepunkt ihrer meist noch sehr jungen Karriere:
▶ Karsten Nied, Christian Fiedler, Ayhan Gezen, Sven Kaiser, Andreas Schmidt, Sven Meyer, Carsten Ramelow, Oliver Schmidt, Oliver Holzbecher, Gerald Klews und Wolfgang Kolczyk.

Durch ein glückliches Tor von Ulf Kirsten, erst 13 Minuten vor dem Abpfiff per Kopf erzielt, blieb die von ganz Berlin ersehnte Sensation aus. Aber die jungen Herthaner hatten sich mit ihrer erfrischenden Spielweise, ihrem Mut und ihrem bescheidenen Auftreten die Herzen der Fans längst erobert und zumindest zu diesem Zeitpunkt die Profis des Vereins in Sachen Popularität klar in den Schatten gestellt. Die dümpelten derweil in den Niederungen der zweiten Bundesliga und belegten am Ende der Spielzeit 1992/93 Platz 5.

Die Hertha-Amateure im DFB-Pokalfinale 1993. Von links: Karsten Nied, Christian Fiedler, Ayhan Gezen, Sven Kaiser, Andreas Schmidt, Sven Meyer, Carsten Ramelow, Oliver Schmidt, Oliver Holzbecher, Gerald Klews, Wolfgang Kolczyk.

Gezen (rechts) im Zweikampf mit Leverkusens Christian Wörns.

76.391 Zuschauer bejubelten an jenem 12. Juni 1993 vor allem die knapp Unterlegenen, aber auch die glücklichen Sieger aus Leverkusen. Vor nur 91 Fans – welch Kontrastprogramm binnen weniger Monate – hatte der lange Weg in dieses Endspiel für die Amateure aus der Hauptstadt einst begonnen. In der sechsten Runde des Paul-Rusch-Pokalwettbewerbs, der speziellen Berliner Cup-Konkurrenz, deren Sieger das Startrecht für den großen DFB-Pokal erhält, schlugen die Hertha-Bubis den 1. FC Wilmersdorf mit 2:0 und zogen ins Halbfinale des lokalen Wettbewerbs ein. Zuvor hatte man den SV Konsum, Kickers 1900, SSC Südwest, den BSV 92 und Wacker 04 ausgebootet. Im Halbfinale folgte der Sieg über Hertha Zehlendorf, und im Finale wurden die prominenteren Reinickendorfer Füchse mit 1:0 bezwungen.

Was danach geschah, ging in die Klub-Historie als einmaliger Triumphzug ein. Auf dem Weg ins proppevolle Olympiastadion warfen die immer wieder unterschätzten Amateure etablierte Zweitligavereine nach großen Spielen aus dem Wettbewerb und lieferten der Mär „vom Pokal, der seine eigenen Gesetze habe", fleißig neuen Zündstoff. Nach der unterklassigen SGK Heidelberg (3:0) folgten die umjubelten Heimsiege gegen den VfB Leipzig (4:2), Hannover 96 (4:3/ Hannover war damals der Cupverteidiger), den 1. FC Nürnberg mit Nationaltorhüter Andreas Köpke (2:1) und im Halbfinale das unvergessene 2:1 gegen den Chemnitzer FC vor 56.514 Zuschauern unter Flutlicht im Olympiastadion.

Die unkonventionelle Art, Fußball zu spielen – gelehrt von den Trainern Karsten Heine und später von Jochem Ziegert –, hievte die jungen Burschen allesamt zu umschwärmten Publikumslieblingen empor. Dem einen oder anderen fiel es schwer, diese zuvor nicht gekannte Euphorie und die unzähligen Schlagzeilen zu verkraften („Bayer gewann den Pott, Hertha die Herzen" oder „Hertha-Bubis, Ihr seid Riesen"). Berlin hatte zwei Jahre nach dem sang- und klanglosen Abstieg der Hertha aus der ersten Bundesliga endlich wieder seine Fußballstars, auch wenn es nur die Amateure waren. Die neue Euphorie um die Pokal-Helden war auch Ausdruck der unendlichen Sehnsucht des Berliner Publikums nach großem Fußball, nach einer erstklassigen Mannschaft. Mit dem Ruf, die einzige europäische Hauptstadt ohne Erstliga-Fußball zu sein, konnten die meisten Berliner nur sehr schlecht leben.

Die Fiedler, Ramelow oder Gezen stiegen 1993 zu medialen Kultfiguren auf. Immer wieder wurde auf ihre eigentliche Tätigkeit hinge-

Rassige Endspielszene: Kopfballduell zwischen Ulf Kirsten (links/Leverku-sen) und Carsten Ramelow (Hertha-Amateure).

wiesen, auf die Tatsache, daß sie nach 90 harten Minuten auf dem Rasen bereits am nächsten Morgen wieder in der Schule oder an ihrem Arbeitsplatz stehen müssen. Das barg genügend Stoff für herrliche Geschichten, die sogar in Gazetten im fernen Hongkong oder in Südamerika abgedruckt wurden...

Neben dem damals einzigen Profi im Team (Carsten Ramelow) gab es auch die Abiturienten Andreas und Oliver Schmidt, die wohl später berühmtesten Zwillinge Berlins. Es gab den Elektroniker Oliver Holzbecher, den Finanzbeamten Dirk Heinrichs, den Kaufmann Christian Fiedler, den Gas-Wasser-Installateur Wolfgang Kolczyk oder den Kfz-Mechaniker Sven Kaiser. Auch Trainer Jochem Ziegert, früher Profi bei der Hertha und beim Konkurrenten Tennis Borussia, saß Stunden nach den legendären Spielen wieder an seinem Schreibtisch in der Berliner Oberfinanzdirektion. Auch er stieg, meist symbolisch mit Stempeln oder einem besonders dicken Aktenstapel in der Hand, zu einem beliebten Fotomodell auf. Wie alle aus der Garde der Hertha-Amateure, deren Konterfei mit und ohne Freundin tagelang die Sportseiten der Berliner Tageszeitungen zierten. Sogar ein neues Eau de Toilette namens „Dufte Hertha" (für 39,50 Mark das 100-ml-Flakon) wurde zu Ehren der jungen Spieler kreiert und auf den Markt gebracht. CD's mit den Stimmen der Fußballer, die sich natürlich auch als Sänger präsentierten mußten, avancierten kurzzeitig zu Hits in der Stadt und im Umland.

Der Boom brachte mehr als Kleingeld in die meist schwindsüchtige Kasse des Gesamtvereins Hertha BSC. Als Jörg Thomas, Betreiber der Tankzentrale Nord im Wedding, im September 1992 den Vorsitz der Amateurabteilung übernahm und das Märchen vom Pokaltriumph gerade begann, gab es bei den Punktspielen der Amateure auf dem Platz an der Osloer Straße im Wedding nur ganze drei Sponsoren, die mit Bandenwerbung vertreten waren. Thomas akquirierte, die aktuellen Erfolge der jungen Mannschaft im Rücken, in kurzer Zeit zahlreiche Geldgeber. Bald prangten 33 Banden an der Osloer Straße und brachten zusätzliche Einnahmen. Der fußballverrückte Tankstellenbesitzer mit elf Angestellten war für viele PR-Gags zu haben und investierte dafür eine Menge privates Geld. Dem populären Trainer Jochem Ziegert, einem Freund schnittiger Autos, hatte Thomas im Überschwang vor dem Halbfinale gegen Chemnitz versprochen, ihm bei einem Einzug ins Finale einen Triumph TR6 zu schenken. Ein solches Gefährt war

Jochem Ziegert, beruflich in der Oberfinanzdirektion Berlin beschäftigt, führte als Trainer die Amateure ins DFB-Pokalfinale.

Ziegerts Jugendtraum. Thomas erinnert sich: „Nach dem Triumph im Halbfinale saßen wir bei unserem Stamm-Italiener Camillo im Wedding. Auf einem Transporter kam ein TR 6 vorbei. Ziegert schaute ungläubig. Es war sein neues Auto, das ich in Westdeutschland bestellt hatte. Von diesem Fabrikat existieren vielleicht in Deutschland noch 100 Stück. Der Trainer war glücklich, auch über das Nummernschild B-JZ-506, JZ für Jochem Ziegert." Das originelle Gefährt hatte damals einen Wert von rund 40.000 Mark…

Thomas, der auch die Herausgabe eines Buches „Das Geheimnis unserer Pokal-Wunder" initiierte und maßgeblich finanzierte, trat allerdings nach Erscheinen der Jubel-Chronik zurück (er wurde später nochmal kurzzeitig Amateurchef, danach Beisitzer im Präsidium und ist seit 1994 Vizepräsident). Was war geschehen? Die jungen Pokalhelden waren unzufrieden mit einigen Dingen, die hinter den Kulissen abliefen. So bezifferte sich die Gesamteinnahme für Hertha BSC durch die Erfolge der Amateure auf rund 3,5 Millionen Mark. Jeder aus der Pokalmannschaft bekam rund 12.000 Mark brutto an Prämien ausgezahlt, allerdings erst nach längerem Hickhack. Auslöser für den Rücktritt von Thomas war allerdings eine Passage im von ihm maßgeblich verantworteten Pokal-Buch. Dort hieß es u.a.: „Was die wenigsten vor dem großen Finale ahnten: Auch das Kartenkontingent der Spieler ist eng begrenzt. Ganze 21 Karten hat jeder bekommen. Das tollste: 20 Tickets müssen die Himmelsstürmer, die Hertha bundesweit wieder salonfähig gemacht haben, aus eigener Tasche bezahlen. Zehn Karten à 30 Mark und zehn Karten à 70 Mark. Macht genau 1100 Mark, inklusive zehn Prozent Vorverkaufsgebür. 'Da kannst du dir wirklich nur noch an den Kopf fassen. Die Präsidiumsmitglieder haben die Taschen voller Karten, laden ihren gesamten Bekanntenkreis ein oder machen auf dem Schwarzmarkt dicke Kohle, und wir müssen für unsere Karten bezahlen', wundern sich nicht wenige Spieler." Dieses Zitat, einem nicht genannten Spieler zugeordnet, brachte das Faß zum Überlaufen und das Präsidium gegen den Amateurchef auf.

Viele der Pokalhelden von 1993 waren durch einen sogenannten Förderkreis unterstützt worden, den einst Dr. Hans Kluge, Jürgen Sundermann und Präsident Heinz Roloff maßgeblich ins Leben gerufen hatten. Mitglieder dieses Kreises gaben einigen der hoffnungsvollen Talente Starthilfe von monatlich 400 bis 800 Mark. Ganz uneigennützig war dies allerdings auch nicht. Einigen Gönnern wurde bei einem späteren Verkauf bestimmter Spieler bis zu 10 oder 15 Prozent der Verkaufserlössumme zugesichert. Beim Transfer von Mittelfeldspieler Carsten Ramelow im Winter 1996, der für 1,5 Millionen Mark zu Bayer Leverkusen transferiert wurde, machten einige aus dem Freundeskreis einen gewaltigen Reibach.

Außer Ramelow, der es inzwischen bis zum Nationalspieler brachte und zu den etablierten Bundesliga-Profis zählt, schafften nur wenige aus der gefeierten Pokalmannschaft den Sprung ins Profilager. Torhüter Christian Fiedler, 1993 der Jüngste im Pokalteam, stieg zur Nummer eins der Hertha-Profis auf und gehörte in der Saison 1996/97, als der Aufstieg in die erste Bundesliga gelang, zu den Stützen der Mannschaft. Im ersten Jahr im Oberhaus mußte er allerdings nach einigen Patzern bereits am 7. Spieltag den Platz an den Ungarn Gabor Kiraly abgeben. Fiedler gehörte bis 1998 der deutschen U-21-Auswahl an. Die herausragendste und überraschendste Entwicklung der Endspielelf von 1993 nahm Mittelfeldspieler Andreas Schmidt. Der zuvor oft eher unscheinbare Spieler zählte in der ersten Bundesliga in der Saison 1997/98 zu den besten Herthanern, bewachte meist mit Erfolg den gegnerischen Spielmacher und traf zudem fünfmal. In der Spielzeit 1998/99 – Schmidt gehörte längst zum Stammpersonal der Bundesligamannschaft – bekam er gar eine Berufung in die neue A2-Nationalmannschaft, die der ehemaligen deutschen B-Nationalelf gleichzusetzen ist. Zwillingsbruder

Oliver, von Verletzungen geplagt, brachte es dagegen nur auf zwei Kurzeinsätze und wechsle 1998 zum Zweitligisten Greuther Fürth. Das Gros der einstigen Helden ging in Liga zwei oder in den Niederungen des Amateurfußballs unter. Kurios der Weg des ehemaligen Liberos Sven Meyer. Nach einigen Einsätzen bei den Hertha-Profis wechselte er zum im Ostteil Berlins beliebten Regionalligisten 1. FC Union nach Köpenick und 1997 gar ins ferne China in die Zwei-Millionen-Stadt Chengdu. „Fünfzig Worte Chinesisch habe ich schon gelernt", sagt Meyer, der den Kasernenton und rüden Umgang beim Training im fernen China nicht lange aushielt. „Es war eine ungewöhnliche Erfahrung, die ich in Asien gemacht habe", so Meyer, der im Herbst 1998 zurückkehrte und beim Regionalligisten SV Babelsberg 03 anheuerte, wo wieder Karsten Heine sein Trainer ist.

Gerald Klews arbeitete sich beim FC Energie Cottbus wenigstens bis in die zweite Bundesliga empor, spielte ebenfalls in der Regionalliga in Babelsberg und wurde zum VfB Oldenburg verkauft. Und Ayhan Gezen stürmte für den Regionalligisten FC Berlin in Hohenschönhausen, wechselte zur Saison 1999/2000 zum Regionalligisten FC Rot-Weiß Erfurt. Die anderen suchten in Regionalliga-Vereinen in Westdeutschland ihr Glück. Ihre Spuren verlaufen sich.

Auch die Amateurabteilung litt und leidet unter dem Problem, keine richtige Heimat gefunden zu haben. Der Zulauf ist groß, aber geeignete Trainingsplätze rar. Der Wedding als alter Standort ist in dieser Frage überfordert. Man bezog als Amateurabteilung einen Raum im Jahnsportpark im benachbarten Prenzlauer Berg. 21 Mannschaften, davon 16 Jugendteams, vereinen die Amateure der Hertha. Da sind die Oberligamannschaft, die 1999 den Aufstieg in die Regionalliga schaffte, die 1. und die 2. Männermannschaft, die Ü-50 und das Alt-Star-Team, betreut von „Moppel" Nickel.

Irgendwann, so die Vision von Manager Dieter Hoeneß, werden alle kickenden Herthaner, ob Amateur, Jugendlicher oder Profi, unter einem gemeinsamen Dach vereint sein. So wie bei jedem großen Verein, der europäische Ambitionen hegt. Ein erster Schritt wurde im September 1998 getan. Mit dem ehemaligen Bundesligaprofi Michael Jakobs wurde erstmals ein Sportlicher Leiter für die gesamte Amateurabteilung gewählt. Pläne, Profis und Amateure auf dem Gelände des Olympiastadions unter einem Dach zu vereinen, liegen vor. ∎

Der Aufstieg in der Saison 1996/97

In Berlin hatten die Verantwortlichen gerade den Schock des Fast-Abstiegs ins Amateurlager verdaut, als man intensiv daran ging, endlich mit aller Macht den Aufstieg in die erste Bundesliga in Angriff zu nehmen. Geldgeber und Marketingpartner Ufa war mit eigenen Mitarbeitern bemüht, professionelle Marketingstrukturen zu schaffen und das Berliner Olympiastadion für Sponsoren attraktiver zu machen. Das Unternehmen investierte vor Beginn der Spielzeit 1996/97 rund sechs Millionen Mark in neue Profis. Mit Axel Kruse (vom VfB Stuttgart), Michael Preetz (Wattenscheid 09), Michel Dinzey (FC St. Pauli), Ante Covic (VfB Stuttgart), Gunnar Sauer (Werder Bremen), Carsten Kober (Hamburger SV) und Hasan Vural (Reinickendorfer Füchse) wurden erfahrene Akteure geholt, aber auch einige junge, hoffnungsvolle Leute. Jürgen Röber forderte von der Ufa mehr Risiko. „Wenn Ihr nur zwei Millionen investieren wollt, könnt Ihr die gleich zum Fenster rauswerfen. Wir müssen eine schlagkräftige Truppe zusammenholen, die vor allem robust sein muß."

Der Optimismus in der Stadt nahm angesichts der namhaften Neuzugänge lange nicht gekannte Ausmaße an. T-Shirts wurden gedruckt und mit der Aufschrift „Aufstiegssaison 1996/97 – die Erfolgswelle rollt wieder" beflockt. Kostenpunkt: 20 Mark.

Die Mannschaft trat sozusagen „renoviert" in die neue Spielzeit. Von den prominenten Spielern hatte nur Niko Kovac Berlin verlassen und bei Erstligist Bayer Leverkusen angeheuert. Er hatte den Glauben an den Aufstieg verloren: „Immer wieder hieß es, wir packen es. Geklappt hat es nie", begründete Kovac seine Abkehr von Hertha.

Der Mannschaft gelang nur ein durchwachsener Start in die Saison, schon machten sich erste Zweifel breit. Nach fünf Spieltagen stand man nur auf dem enttäuschenden 13. Rang und nicht sehr weit von den Abstiegsplätzen entfernt. Während es auf dem Rasen nicht wie gewünscht lief, bastelten die Verantwortlichen in der Chefetage unermüdlich an neuen Strukturen. Am 26. August 1996 hatte sich der erste Aufsichtsrat in der Geschichte des Vereins konstituiert. Neun namhafte Persönlichkeiten aus Politik und Wirtschaft gehören dem Gremium an, das bis zum Jahr 2000 gewählt wurde. Der erste Chef, Bertelsmann-Manager Rolf Schmidt-Holtz, schwärmte: „Wir haben sehr kompetente

Axel Kruse, Held der Aufstiegssaison 1996/97, nimmt gern die Zunge zu Hilfe.

Leute aus Sport und Wirtschaft beisammen. Mit Engagement und Sachverstand werden wir sehr viel bewegen."

Im Anschluß an die konstituierende Sitzung des höchsten Kontrollorgans des Vereins sahen die Herren ein 1:1 der Hertha im Olympiastadion gegen den VfB Leipzig. Auch Robert Schwan, zu Beginn im Aufsichtsrat so etwas wie der Sportliche Leiter, saß nach langer Abstinenz erstmals wieder im Olympiastadion. Tage später überraschte Hertha BSC erneut mit einer prominenten Personalie. TV-Moderator Günther Jauch wurde als sogenannter „Schirmherr" präsentiert, der den Förderkreis – einen Pool von Wirtschaftsunternehmen, der Hertha unterstützt – an vorderster Front begleiten soll. Jauch: „Mit Hertha-Pudelmütze wird man mich nicht sehen. Aber als Privatmann werde ich klar Position für den Verein beziehen und Lobbyarbeit leisten."

Nach einem 0:1 beim FC Gütersloh sprach Trainer Jürgen Röber von einem klassischen Fehlstart. Von Präsident Manfred Zemaitat bekam er allerdings Rückendeckung. Der formulierte: „Es wird keinen Zwist zwischen Trainer und Präsidenten geben."

Eine Wende zum Besseren gelang im Spiel der Hertha gegen Rot-Weiß Essen, dem ersten Verein, in dem Röber als Trainer tätig gewesen war. Im September 1996 fegten die Berliner nach begeisterndem Offensivspiel die Essener mit 7:3 aus dem Olympiastadion. Damals konnte die riesige Anzeigetafel in der Arena der ungewohnten Torflut nicht folgen und blieb beim Stand von 4:2 einfach stecken.

Im Oktober versuchte Manager Rühl mit Rico Steinmann vom 1. FC Köln einen erfahrenen Bundesligaprofi mit kreativen Qualitäten nach Berlin zu locken. Rühl war sich bereits mit dem Spieler und den Kölnern einig, als der Deal überraschend platzte. Steinmann sollte rund 800.000 Mark Ablöse kosten und das oft zu einfallslose Mittelfeldspiel des Aufstiegskandidaten variabler gestalten. Als Rühl der Öffentlichkeit bereits den neuen Mann präsentieren wollte, stoppte der neue Aufsichtsrat in einer seiner ersten Handlungen den Transfer. Nach einer Zeit des Machtvakuums und der Sprachlosigkeit zwischen Rat und Präsidium – die neuen Strukturen und Entscheidungsebenen hatten sich noch nicht eingespielt – entschied der Aufsichtsrat, daß Steinmann nicht transferiert werden darf. Offizielle Begründung: Der Spieler sei zu teuer. Während der Auseinandersetzung um Steinmann empfahl Robert Schwan Manager Rühl süffisant über eine Boulevardzeitung, „doch einmal beim FC Bayern hospitieren zu gehen". Erste Risse in der Beziehung zwischen Rühl und Aufsichtsrat und zwischen Rühl und der Ufa wurden sichtbar. Auf dem Rasen ging es derweil durchwachsen weiter. Hertha hielt sich zumindest in der Nähe zur Spitzengruppe. Nach einem „grottenschlechten Spiel" (Röber), das allerdings mit einem 1:0-Sieg gegen den FSV Zwickau endete, grantelte FSV-Trainer Gerd Schädlich: „Wer solche Spiele gewinnt, steigt am Ende auch auf." Axel Kruse hatte ganze zwei Minuten vor dem Abpfiff den Siegtreffer erzielt.

Schwan: Lernen vom FC Bayern

Wieder einmal, es war im Herbst 1996, sorgte die Hertha-Führung für größere Paukenschläge als die Profis auf dem Platz. Am 21. November, einem Donnerstag, flatterten den Berliner Sportredaktionen Punkt 19 Uhr Faxe auf die Schreibtische. In dem schmucklosen Schreiben wurden Informationen verkündet, die für die weitere Zukunft des Vereins von großer Bedeutung waren. Das Präsidium wurde von drei auf fünf Personen erweitert. Die Sensation: Mit dem ehemaligen Nationalspieler Dieter Hoeneß konnte ein kompetenter Mann als ehrenamtlicher Vizepräsident gewonnen werden. Vorläufiges Aufgabengebiet: Wirtschaftskontakte/Sponsoring.

Die Vereinsführung bestand nun aus folgenden Personen: Manfred Zemaitat (Präsident), Dieter Hoeneß (Vizepräsident), Jörg Thomas (Vizepräsident/Amateur-und Jugendbereich), Carl-Heinz Rühl (Manager/Sportlicher Leiter) und Norbert Müller (Kaufmännischer Leiter). In dieser Konstellation, von der Ufa im Hintergrund unterstützt, verbarg sich einiger Konfliktstoff. Vor allem, was die Verteilung der Aufgaben zwischen Hoeneß und Rühl anging. Das Manageramt, bislang von Rühl allein ausgefüllt, wurde praktisch gesplittet. Niemand glaubte, daß Dieter Hoeneß sich nur auf Wirtschaftskontakte beschränken und dabei seine sportliche Kompetenz verkümmern lassen würde.

Mit der vorsichtigen Inthronisierung von Dieter Hoeneß war ein Duo wieder beisammen, das zuvor schon beim VfB Stuttgart in gleicher Konstellation täglich miteinander gearbeitet hatte: Trainer Jürgen Röber (samt Assistent Bernd Storck) und eben Dieter Hoeneß, der beim VfB fünf Jahre erfolgreich als Manager tätig war. Röber/Hoeneß wurden einst gemeinsam von VfB-Präsident Gerhard Mayer-Vorfelder entlassen. Zu seinem Engagement bei Hertha meinte Hoeneß: „Mittelstür-

Der neue starke Mann: Dieter Hoeneß kam Ende 1996 zuerst als Vizepräsident zu Hertha BSC.

mer, auch ehemalige, kommen meist gut an, weil sie dahin gehen, wo es wehtut."

Die Mannschaft kam derweil auch sportlich voran. Nach einem 3:2-Auswärtssieg beim KFC Uerdingen im Dezember 1996 kletterte Hertha BSC in der Tabelle auf Rang 3, der am Ende den ersehnten Aufstieg verheißen sollte. „Meine Mannschaft findet langsam ihr Gesicht", konstatierte Trainer Röber, der befand, daß es unglaublich wichtig war, auf einem der drei Aufstiegsränge zu überwintern. Nur der 1. FC Kaiserslautern und Mainz 05 hatten sich vor den Berlinern einrangiert. Bewährt hatte sich auch des Trainers Schachzug, den in Berlin zuerst umstittenen Axel Kruse zum Mannschaftskapitän zu machen. Kruse war als Reibungsfigur, als identitätsstiftender Faktor zum zweiten Mal nach 1989 zur Hertha geholt worden. Und Kruse erfüllte seine Aufgaben in Zukunft bestens: Er führte die Alten und die Jungen im Team zusammen, er avancierte zum Publikumsliebling und zum ersten Ansprechpartner der Berliner Medien. Denn Kruse war immer einer, der seine Meinung offen und ehrlich sagte – ohne Rücksicht auf Namen.

In der Winterpause verstärkte sich der Verein weiter: Aus Ungarn wurde der junge Mittelfeldspieler Pal Dardai von BVSC Budapest geholt, der als eines der größten Talente galt. Dazu wurde der erfahrene Mittelfeldspieler Uwe Weidemann vom FC Schalke 04 ausgeliehen. Weidemann, fußballerisch ein Wandervogel und früher sogar DDR-Nationalspieler für den FC Rot-Weiß Erfurt, sollte Hertha ein Stück auf dem Weg nach ganz oben begleiten und voranbringen. Im Trainingslager im portugiesischen Albufeira fand die Mannschaft immer besser zueinander, und der Optimismus, es in dieser Spielzeit endlich zu packen, war riesengroß. Die Rückrunde begann auch sehr verheißungsvoll. Beim unmittelbaren Mitbewerber um den Aufstieg, Mainz 05, gelang ein sehr wichtiger 1:0-Auswärtssieg. Platz 2 war der Lohn. Derweil ging im Hintergrund die Demontage von Manager Rühl weiter, der sich bereits in Portugal sehr zurückgezogen hatte und durch lange Strandspaziergänge aufgefallen war. Die absolvierte er allerdings allein.

Rühl hatte sich bereits in der neuen Geschäftsstelle, die ab April 1997 auf dem ehemaligen Gelände der britischen Alliierten am Olympiastadion bezogen werden sollte, sein neues Zimmer ausgesucht („Ich weiß genau, wie ich meinen Schreibtisch stellen will"), aber sein im Juni 1997 auslaufender Zweijahres-Vertrag war immer noch nicht verlängert worden. Der neue Aufsichtsrat, mit dem Rühl seit dem geplatzten Steinmann-Transfer ein distanziertes Verhältnis pflegte, hielt sich in der Personalie Manager bedeckt. Offenbar war bereits die künftige Strategie klar: Dieter Hoeneß sollte als neuer Manager ins Amt gehievt werden, ohne daß Rühl größeren Imageschaden erleiden sollte. Hoeneß sagte bereits im Januar im Trainingslager in Albufeira, das er nutzte, um die Mannschaft intensiver kennenzulernen: „Auf dem Weg zu einem funktionierenden Wirtschaftsunternehmen in der Unterhaltungsmaschinerie Fußball-Bundesliga muß sich auch Hertha BSC von manchen Gefühlsduseleien freimachen." Konzern- und Fußballdenken ideal zu kombinieren sei nicht einfach, so Hoeneß, der damals auf die zwischenmenschlichen Probleme anspielte, die es zwischen Ufa-Mitarbeitern der Hertha und alteingesessenen Vereinsmitarbeitern auf dem Weg nach oben gab.

In den folgenden Wochen war Hoeneß an immer mehr wichtigen Entscheidungen unmittelbar beteiligt, auch an Transfergesprächen und bei Vertragsverhandlungen. Rühl, in dessen unmittelbarer Verantwortung diese Dinge lagen, zog früh seine Konsequenzen. Am 4. März 1997 erklärte er selbst seinen Rücktritt. Der Mann, der in seiner Amtsperiode viel für den Umschwung bei Hertha BSC getan hatte, machte so den Weg frei für Dieter Hoeneß, der als künftiger Manager ante portas stand.

Derweil machte die Mannschaft auf dem Rasen viel Freude. Nach einem 3:0-Auswärtssieg beim VfB Leipzig am 16. März 1997 kletterte Hertha sogar an die Tabellenspitze. Alle in Berlin fieberten dem großen Duell mit dem Erstligabsteiger 1. FC Kaiserslautern am 7. April 1997, einem Montag, entgegen. Was dann an jenem Aprilabend im Berliner Olympiastadion passierte, ging später als Fixpunkt im Kampf um den Aufstieg in die Annalen ein und zeigte allen eindrucksvoll auf, was mit einer erstklassigen Bundesligamannschaft in Berlin möglich ist.

Gegen Lautern gelingt der Durchbruch Als Schiedsrichter Strampe aus Handorf die Partie unter Flutlicht anpfiff – das Deutsche Sportfernsehen (DSF) übertrug die Partie live und feierte später einen neuen Rekord in der Einschaltquote – drängten sich 75.000 festlich gestimmte Menschen in der Arena. Ausverkauft!

Die Zuschauer erlebten von der ersten Minute an ein Spiel mit Erstliganiveau. Hertha benötigte die Hilfe von Lauterns Torhüter Gerry

Ehrmann, um in Führung zu gehen. Marc Arnold, im Mittelfeld der Berliner eingesetzt, schlug einen langen Paß auf Axel Kruse. Ehrmann stürzte unmotiviert aus seinem Tor, prallte mit seinem Abwehrspieler Frank Greiner zusammen. Kruse war der erste Nutznießer und schob den Ball ins leere Tor. Auch beim 2:0 für Hertha hatte ein Lauterer eine Aktie. Vom Hacken des Verteidigers Axel Roos trudelte der Ball ins eigene Netz. Der Jubel in der Arena kannte keine Grenzen mehr. Die La Ola schwappte minutenlang durchs Stadion, und die Fans brüllten sich heiser: „Nie mehr zweite Liga!"

„Das war der Durchbruch", jubelte Aufsichtsratschef Rolf Schmidt-Holtz auf der mit Prominenten besetzten Ehrentribüne. Er gab im

Aufstiegsjubel 1996/97: Die Herthaner Karsten Kober, Axel Kruse und Christian Fährmann (von links).

Überschwang die Devise aus: „Im Jahr 2000 wollen wir im Europacup spielen." Lange, sehr lange sprach Fußball-Berlin noch von diesem Spiel, von diesem tollen Abend im brechend vollen Olympiastadion. Für Hertha spielten damals:

▶ Fiedler, Karl, O. Schmidt, Sverrisson, Covic, Veit, Hartmann, Arnold, Fährmann, Preetz, Kruse und der eingewechselte Dardai. Auch Rraklli und Andreas Schmidt wurden nach der Pause eingewechselt.

Auch in anderen Bundesligastandorten in Deutschland wußte man nach diesem Spiel, daß man in Zukunft wieder mit der Hertha rechnen muß, und man bekam eine gewisse Vorahnung, welch Potential in Berlin steckte. Franz Beckenbauer prägte das geflügelte Wort „vom schlafenden Riesen namens Hertha BSC". Die Marketender von Hertha-Partner Ufa rieben sich die Hände angesichts des enormen Potentials an Fans, die einer künftigen Erstligamannschaft von Hertha BSC den Rücken stärken würden. Berlin hatte einen neuen, den wohl entscheidenden Schub bekommen und einen neuen Rekord dazu: bestbesuchtes Zweitligaspiel in Deutschland mit 75.000 Zuschauern.

Ab sofort wurden ständig neue Namen von potentiellen Verstärkungen für die fast greifbare Erstligasaison gehandelt, das Hertha-Fieber grassierte in der gesamten Stadt. Später folgten gute und weniger gute Spiele, aber der Aufstieg geriet nie mehr ernsthaft in Gefahr. Bereits am 31. Spieltag gelang nach einem 2:1-Auswärtssieg bei der SpVgg. Unterhaching der große Wurf. Nach Treffern von Covic und Dinzey bei einem Gegentor durch den ehemaligen Hertha-Spieler Schmöller wurde der Aufstieg ausgerechnet im fernen Bayern perfekt gemacht. In einer Münchner Edeldisco feierten die Herthaner bis in die frühen Morgenstunden. „Man muß vor dieser Mannschaft den Hut ziehen", erklärte Trainer Jürgen Röber, „wir haben die Leute in Berlin davon überzeugen können, daß wir unbedingt nach oben wollen. Das haben wir mit sehr harter Arbeit erreicht. Manchmal mußte ich dabei auch mit dem Kopf durch die Wand gehen – zum Nutzen für den Verein."

Am Tage der Freude und des Jubels übermannten auch Manager Dieter Hoeneß die Gefühle, als er nach der Ankunft der Mannschaft auf dem Flughafen Tegel mit den Fans eine Polonaise vor dem Flugsteig 7 anführte: „Dieser Augenblick ist einer der schönsten in meinem Leben."

Im Augenblick des Triumphes schauten die Verantwortlichen bereits nach vorn. Die Ufa stellte rund neun Millionen Mark zur Verfügung, damit mit neuem Personal die Erstligasaison begonnen werden konnte. Der künftige Etat sollte rund 29 Millionen Mark umfassen, und Hertha plante mit einem Zuschauerschnitt von 29.000 Fans. Die Boulevardzeitung *BZ* jubelte in der größtmöglichen Schrift: „Ganz Berlin knutscht Hertha!"

Die Ufa dreht den Geldhahn auf

Unter dem Titel „Ein produktives Wechselspiel" veröffentlichte die *Berliner Zeitung* nach dem langersehnten Aufstieg eine Geschichte, die versuchte, den Erfolg zu begründen: „Sieben neue Profis holte Trainer Röber im Verein mit Manager Dieter Hoeneß, um endlich den Aufstieg zu bewerkstelligen. In Axel Kruse lockte der Trainer einen alten Bekannten aus Stuttgarter Zeiten zurück nach Berlin. 'Ich wußte vom VfB, daß der Axel kein Trainingsweltmeister ist. Für ihn stellt jede Saisonvorbereitung eine Qual dar. Aber in Berlin setzte er sich von der ersten Minute an unter Druck. Er sprach immer vom Aufstieg. Da wußte ich, der bringt die Truppe voran.' In diesen Tagen sagt Röber im Rückblick, daß Kruse sein wichtigster Mann beim Unternehmen Aufstieg gewesen sei. 'Er hat die entscheidenden Tore gemacht und ist einer, an dem sich die Zuschauer reiben können. Der Axel ist eine absolute Identifikationsfigur.'

Zu Beginn der Saison konnte der neue Kader kaum unterschiedlicher sein. Da standen auf der einen Seite die alteingesessenen Herthaner und auf der anderen die sieben Neulinge (Kruse, Preetz, Dinzey, Covic, Kober, Sauer und Vural), von denen laut Trainer 'nur der Kruse richtig Geld gekostet hat' (1,4 Millionen Mark Ablöse an den VfB Stuttgart). Da waren die Alten, die Erfahrenen um Falko Götz und Gunnar Sauer, und die vielen 'jungen Wilden'. Fährmann, Covic oder Hartmann verkörpern eine neue Generation von Fußballprofis. Unbekümmerte, selbstsichere Jungs. Röber: 'Die Älteren haben am Anfang versucht, gewisse Ansprüche zu stellen, die glaubten an eine Stammplatzgarantie. Aber so was gibt es bei mir nicht.'

Schnell merkten auch die 20jährigen, daß beim Trainer nur die Leistung zählt. Jeder bekam beim täglichen Üben die Chance, sich für die Stammelf zu empfehlen. 'Das Ganze entwickelte sich zu einem sehr produktiven Wechselspiel', sagt Röber, 'die Jungen haben den Alten öfters was auf die Mütze gegeben und umgekehrt. Das war absolut leistungsfördernd…'"

Allerdings: Manch Alt-Herthaner blieb in Röbers Amtszeit auf der Strecke. Die Spieler Tanjga, Richter und Bremser wurden aussortiert, selbst der Zeugwart mußte gehen. Röber: „Was will ich mit einem, dem es schon zuviel ist, einem 18jährigen eine Flasche Wasser zu bringen?" Amateurtrainer Jochem Ziegert sollte Falko Götz weichen, Manager Carl-Heinz Rühl wurde vom Röber-Vertrauten Dieter Hoeneß ersetzt. Röber gibt zu, „ein paar unpopuläre Maßnahmen getroffen zu haben", mit denen er sich nicht nur Freunde geschaffen hat. „Aber alles diente dem Wohle und dem Fortkommen dieser Mannschaft."

Daß der Trainer nach ehernen Gesetzen lebt und handelt, bekam auch solch ein erfahrener Profi wie Carsten Kober zu spüren. Der ehemalige HSV-Manndecker (Spitzname „Grätsche") spielte sich mit einem verbalen Foul selbst aus dem Team. Er hatte in einer Zeitung seinen Teamkameraden Hasan Vural als Risikofaktor bezeichnet. Für Röber verletzte er damit das Berufsethos eines Profis. Der Trainer sortierte Kober aus. Der Erfolg gab dem strengen Übungsleiter recht. „Wir arbeiten alle viel professioneller als noch vor einem Jahr", glaubt Röber und führt diesen Wandel in Verein und Management als Grund dafür an, daß die Mannschaft in der ersten Liga keinen bösen Absturz erleben wird. „Unser Ziel ist der Klassenerhalt. Danach müssen wir uns in der Bundesliga etablieren."

Saison 1997/98 (I): Hinrunde wie ein Heimatroman

Fieberhaft arbeitete das Management von Hertha BSC daran, die Aufsteigermannschaft zu verstärken, damit der Traum aller Berliner von der Erstklassigkeit nicht wie bei den beiden letzten Versuchen zuvor – 1982/83 und 1990/91 – ein Intermezzo bleiben sollte. Rund neun Millionen Mark hatte Marketingpartner Ufa für Transfers zur Verfügung gestellt, doch die Suche nach Verstärkungen gestaltete sich äußerst schwierig. Die Berliner Medien, die den Aufstieg der Hertha bereitwillig bis euphorisch begleitet hatten, wurden bereits ungeduldig – vor allem, nachdem Wunschkandidat Thomas Häßler abgewunken hatte. „Icke", der im Wedding aufgewachsen war und über Meteor 06 und Reinickendorfer Füchse den Weg in die weite Fußballwelt gefunden hatte, schien die Zukunft der Hertha noch zu ungewiß.

Als die Mannschaft schließlich im Juli 1997 ins österreichische Seefeld zum Trainingslager entschwand, hatte sich das Gesicht des Teams dennoch wesentlich verändert. Acht neue Spieler, darunter sechs aus dem Ausland, waren das Ergebnis einer umtriebigen Reisetätigkeit des Duos Hoeneß/Röber: Gabor Kiraly (ehemals Haladas Szombathely/ Ungarn), Hendrik Herzog (VfB Stuttgart), Sergej Mandreko (Rapid Wien), Dick van Burik (FC Utrecht), Kjetil Rekdal (Stade Rennes), Carsten Lakies (FC Bayern München/Amateure), Bryan Roy (Nottingham Forest) und Alphonse Tchami (Boca Juniors Buenos Aires).

79 Namen hatten ursprünglich auf der Wunschliste gestanden, mit gut 20 Profis habe man sich intensiver beschäftigt, gab Hoeneß einen intimen Blick in die Transferaktivitäten frei. Einige der Wunschkandidaten seien natürlich abgesprungen. Zu denen gehörten neben Häßler u.a. der österreichische Nationalspieler Dietmar Kühbauer, der bei Real San Sebastian in Spanien landete, oder der polnische Stürmer Radoslaw Gilewicz, der beim Karlsruher SC anheuerte. Mit dem 32maligen niederländischen Nationalspieler Bryan Roy, Teilnehmer an der Europameisterschaft 1992 in Schweden und an den Weltmeisterschaften 1994 in den USA, verpflichteten die Hertha-Verantwortlichen damals den vermeintlichen Star. Roy kostete die Rekordablösesumme von 3,15 Millionen Mark, die die Berliner an Nottingham Forest aus der englischen Premier League überweisen mußten. Nottingham war die bis dato letzte Station der europäischen Rundreise des begnadeten Fußballers

Roy, der allerdings nirgendwo heimisch werden konnte. Als 17jähriges Talent spielte er unter dem großen Johann Cruyff in der ersten Mannschaft von Ajax Amsterdam. Mit dem Wechsel von Cruyff zu Louis van Gaal auf dem Trainerposten bei Ajax begann der schleichende Leistungsabfall des Bryan Roy. Über den italienischen Provinzverein US Foggia führte ihn sein unsteter Weg nach Nottingham. Dort trumpfte er in seiner ersten Spielzeit eindrucksvoll auf, um ein Jahr später im Mittelmaß zu versinken. Streit mit Trainer Stuart Pearce war eine der Ursachen. Und nun also Hertha BSC.

Der dunkelhäutige Roy, der sich zuerst relativ öffentlichkeitsscheu gab, aber später zu einem durchaus beliebten Gesprächspartner avancierte, brachte neues, bislang ungewohntes internationales Flair zu Hertha BSC. Mit Roy und den sieben anderen Neuzugängen – vor allem vom Norweger Kjetil Rekdal erwarteten sich Trainer und Manager viele spielerische Impulse – wurde aus dem eher bodenständigen Aufsteigerteam der Saison 1996/97 ein internationales Ensemble, das sich allerdings erst finden mußte.

Am 3. August 1997, einem Sonntag, wurde für Hertha BSC Punkt 18 Uhr die neue Erstligazeit angepfiffen. Referee Alfons Berg aus Konz führte die Mannschaften aus Berlin und von Borussia Dortmund ins Berliner Olympiastadion, das mit 71.563 Zuschauern fast ausverkauft war. Lars Ricken brachte Borussia mit 0:1 in Front, aber Ante Covic, dessen Schuß noch vom Knie des Sixten Veit abgelenkt wurde, schaffte das umjubelte 1:1, das auch das Endresultat darstellte. Das Remis gegen den damals aktuellen Sieger der Champions League konnten die Hertha-Verantwortlichen als Erfolg werten. Die neue Mannschaft trat bei der Rückkehr in die Beletage des deutschen Fußballs mit folgender Formation an:

▶ Fiedler, Karl, Herzog, Sverrisson, Dinzey, Covic, Rekdal (ab 60. A. Schmidt), Veit, Hartmann, Kruse (ab 83. Arnold), Roy (ab 60. Preetz).

Michael Hartmann, einer aus der Aufsteigermannschaft, schilderte seine erste Begegnung mit der ersten Liga so: „Man hat deutlich gemerkt, daß wir gegen ein spielerisch starkes Team gekämpft haben. Die verhalten sich taktisch unheimlich clever und haben ganz andere Laufwege als Mannschaften der zweiten Liga. Als die Dortmunder merkten, daß gegen uns und die fast 75.000 im Stadion nicht viel mehr als ein Remis drin ist, haben die das Resultat clever und souverän gehalten. Mannschaften, gegen die wir zuletzt gespielt haben, Zwickau, Oldenburg oder auch Jena, wären bestimmt weiter drauflos gestürmt."

In der Nacht vor seinem Erstliga-Debüt – auch Veit, Fiedler und Andreas Schmidt feierten ihren Einstand in der höchsten Spielklasse – habe er gut geschlafen, schilderte Michael Hartmann. „Das ganz große Kribbeln setzte später ein. Vor allem bei der letzten taktischen Mannschaftsbesprechung, als nicht mehr die Namen von Spielern des SV Meppen an der Tafel auftauchten, sondern die von Borussia Dortmund. Das war dann doch ein anderes Gefühl. Und dann natürlich beim Warmlaufen, das war schon irre."

Ein großer Zeitsprung sei erlaubt. Am Ende dieser ersten Saison bei den Großen des deutschen Fußballs stand für den Neuling Hertha BSC ein respektabler 11. Tabellenplatz, der mit Jubel und unendlicher Erleichterung aufgenommen wurde. Der VfL Bochum, 1860 München, der VfL Wolfsburg, Borussia Mönchengladbach und die drei Absteiger Karlsruher SC, 1. FC Köln und Arminia Bielefeld rangierten hinter Hertha BSC.

Was dazwischen passierte, könnte einen Roman füllen: Absturz ans Tabellenende, eklatante Niederlagen, Verhöhnungen seitens der Berliner Medien, Intrigen und Mißtrauen gegen Trainer Jürgen Röber, Vorstandskrach, eine unglaubliche Siegesserie und tolle Tore. Eine kleine Auswahl soll diese Spielzeit illustrieren, in der sich Hertha BSC zuvorderst den Klassenerhalt als Ziel gesetzt hatte.

Am vierten Spieltag fand sich die Mannschaft bereits dort wieder, wo man absolut nicht stehen wollte: auf dem letzten Tabellenrang. Ein 0:1 auf dem Betzenberg in Kaiserslautern, ein 2:2 zu Hause gegen Mönchengladbach und ein 1:2 beim VfL **Nach vier Spieltagen am Tabellenende** Wolfsburg waren die Stationen beim frühen Absturz. Die Neulinge im Team fanden noch keine rechte Bindung, vor allem die vermeintlichen Stars wie etwa Bryan Roy oder Kjetil Rekdal blieben unter den hohen Erwartungen. In der Hauptstadt machte sich bereits erste Angst breit, daß erneut die erste Bundesliga eine Nummer zu groß für die eigene Mannschaft sei.

Zu allem Überfluß kam es nach der Niederlage in Wolfsburg zu neuen Irritationen im Verhältnis des Vereins zu Geldgeber und Marketingpartner Ufa. Präsident Manfred Zemaitat, von den Herren der Ufa eher gelitten als geliebt, alarmierte die Öffentlichkeit. Es ging um Inter-

Geglückter Auf-
takt in der
Erstklassigkeit:
Hertha erkämpft
gegen Cham-
pions-League-
Sieger Borussia
Dortmund ein 1:1.
Hier Sverrisson
im Zweikampf
mit Feiersinger.

nas, die aus einer Aufsichtsratssitzung in eine große Berliner Boulevardzeitung gelangt waren. Danach wolle die Ufa von den vor Saisonbeginn für Neuverpflichtungen versprochenen neun Millionen Mark sechs Millionen in ein Darlehen umwandeln. Zemaitat: „Die Ufa sagt, das Geld verbleibe im Verein, solange der Aufsichtsrat in ihrem Sinne handeln würde. Wenn dem aber einmal nicht mehr so sei, will die Ufa sagen können: Diese Eventualverbindlichkeit wird nun zu einer echten Verbindlichkeit. Dann steht sie plötzlich in der Bilanz, und die Mitglieder wundern sich. Besteht die Ufa auf diesem Papier, wird es zur Abstimmung kommen." Zemaitat, der das Gebaren der Ufa als Eingriff in die Autorität des Vereins begriff, drohte mit der Einberufung einer außerordentlichen Mitgliederversammlung.

Aus Hamburg, dem Sitz der Ufa, folgten hernach harsche Worte Richtung Berlin. Bernd Hoffmann, der Geschäftsführer: „Bei der Art und Weise der Diskussion in Berlin stellt sich uns die Sinnfrage unseres Engagements bei Hertha." Hoffmann garantierte, daß die versprochenen neun Millionen Mark fließen würden, trotzdem wolle sich die Ufa „die Möglichkeit erhalten, den sachgerechten und ökonomisch sinnvollen Einsatz ihrer Investitionen kontrollieren zu können". Das Verhältnis zwischen Verein und Geldgeber blieb gespannt und wie seit Beginn der Liaison ein Spagat. Trotzdem kündigten beide Seiten damals an, die Lage intern beraten und klären zu wollen, was auch geschah.

Auf dem Platz lief es angesichts der Spannungen in den Chefetagen auch nicht besser. Ein 0:2 zu Hause gegen den Hamburger SV und ein 0:3 beim FC Bayern München brachten bereits so etwas wie Resignation nach Fußball-Berlin. Die treuen Fans, die in Massen ins Olympiastadion pilgerten, waren enttäuscht. Und wenn der sportliche Erfolg ausbleibt, öffnen sich Nebenschauplätze. Da verhielten sich die handelnden Personen bei Hertha BSC nicht anders als andere Vertreter in der Bundesliga. Nach dem 0:3 in München kam es zu einer ersten öffentlichen Kontroverse zwischen Präsident Zemaitat und Trainer Röber. Zemaitat hatte auf der Tribüne des Münchner Olympiastadions die Auswechslung des Spielers Ante Covic gefordert, der der Trainer natürlich nicht nachgekommen war. Röber reagierte sauer, machte seinen Ärger auf der Mailbox des Präsidenten-Handys Luft und ließ hernach öffentlich Dampf ab: „Der hat keine Ahnung vom Fußball. Wenn er sich noch einmal über Dinge äußert, von denen er nichts versteht, gibt's Theater." Weiter Originalton Röber: „Was der Präsident über Fußball sagt, interessiert mich so, wie wenn in China ein Stuhl umfällt." Freunde wurden die beiden Kontrahenten nie mehr, obwohl sich ihr Verhältnis viel später wieder etwas entspannen sollte.

Auf dem Rasen folgte der Tiefpunkt. Hertha verlor am 7. Spieltag, man schrieb den 21. September 1997, beim FC Hansa Rostock nach desolater Leistung mit 0:4. Die *BZ* titelte hernach: „Wir sagen Ja zu Hertha. Aber Nein zu dieser Hertha!" Und die *Bild-Zeitung* fragte spöttisch in Riesenlettern: „Herthaner – was macht Ihr eigentlich beruflich?"

„Nein zu dieser Hertha!"

Trainer Röber zog nach einer Krisensitzung personelle Konsequenzen. Torwart Christian Fiedler, noch in der Aufstiegssaison ein Garant für den Erfolg, mußte nach knapp hundert Spielen in Folge erstmals Platz machen. Für den Ur-Berliner, der in Rostock einen rabenschwarzen Tag erwischt hatte und auch in den Spielen zuvor nicht der absolute Rückhalt war, bezog der junge ungarische Keeper Gabor Kiraly den wichtigen Posten. Und das auf Dauer. Fiedler blieb bei sieben Erstligaeinsätzen stehen, überlegte zwischenzeitlich häufig, den Verein zu verlassen, tat dies aber nicht. Er gab sich gezwungenermaßen mit der Rolle des stets einsatzbereiten Reservisten zufrieden. Personalie Nummer zwei nach dem 0:4 in Rostock: Der Niederländer Bryan Roy, teuerster Herthaner, wurde ebenfalls auf die Ersatzbank verbannt.

Endlich, es war bereits der achte Spieltag, gelang den Berlinern der erste Sieg. Der 1. FC Köln wurde nach einem Treffer von Eyjölfur Sverrisson mit 1:0 bezwungen. Manager Hoeneß bremste den Jubel: „Wir sind erleichtert. Mehr nicht." Nach sechs Jahren, elf Monaten und acht Tagen bejubelten die 47.000 Zuschauer aber erstmals wieder einen Bundesligasieg in der eigenen Arena. „Hurra, Hurra" titelte die *Bild-Zeitung,* die noch eine Woche zuvor die Frage nach dem Beruf der Spieler gestellt hatte. Fußball-Berlin kennt halt keine Grauzonen oder Zwischentöne. Das sollten die Spieler samt Trainer noch häufig zu spüren bekommen.

Bei Schalke 04 folgte die obligatorische Auswärtsniederlage, die allerdings mit 0:1 knapp ausfiel. Das Spiel im Parkstadion zu Gelsenkirchen sollte für einen Herthaner wichtige Folgen haben, die damals noch nicht abzusehen waren: Axel Kruse, einer der Helden des Aufstiegsjahrgangs. Kruse prallte so unglücklich mit Schalkes Torwart Jens Lehmann zusammen, daß er anschließend acht Minuten ohne Bewußtsein war – eine sehr lange Zeit. Später, Kruse hatte eine Nacht im Schalker Krankenhaus „Bergmannsheil" verbracht, wurde eine schwere Gehirnerschütterung konstatiert. Von dieser Verletzung, kombiniert mit vielen anderen Abnutzungserscheinungen und neuen Blessuren, erholte sich Kruse nie mehr vollständig.

Vor dem Heimspiel gegen den VfL Bochum brach erneut ein Konflikt in der Vorstandsetage aus, der das Nervenkostüm der Verantwortlichen illustrierte. Die Kontrahenten waren diesmal Präsident Zemaitat und Manager Hoeneß, deren gegenseitige Zuneigung nie sehr groß gewesen ist. Zemaitat warf dem Manager Eigenmächtigkeiten bei Absprachen mit der Ufa vor und bezichtigte ihn sogar der Lüge. Hoeneß reagierte in der Öffentlichkeit maßvoll, wollte „aus dem Theaterstück bei Hertha kein Drama werden lassen". Das Ende vom Lied: Der Präsident mußte sich in einer internen Sitzung des Führungszirkels beim Manager entschuldigen. Dessen Respekt vor Zemaitat aber schien mehr oder weniger aufgebraucht.

Das wichtige Spiel gegen den VfL Bochum endete in Berlin 2:2, und diesmal brach ein Konflikt auf dem Rasen auf. Der Norweger Kjetil Rekdal, bislang von Trainer Röber meist im Mittelfeld aufgeboten, wo er sich nach eigenen Aussagen nicht wohlfühlte, hatte nach seiner Auswechslung wütend die Kapitänsbinde hinter sich geworfen, ehe er in die Katakomben des Olympiastadions stapfte. Eine Aussprache zwischen Rekdal und Trainer Röber folgte. Der Norweger mußte ein Spiel aussetzen, bekam später aber die Gelegenheit, den von ihm geforderten Platz als Libero auszufüllen. Dort habe er seine Stärken, argumentierte Rekdal, „aber bei Hertha müssen die Kreativen grätschen".

Schon gegen den Karlsruher SC lief der norwegische Nationalspieler als Libero auf. Dieses Spiel sollte zum ersten sogenannten Schicksalsspiel für Trainer Röber avancieren. Das ist aber wieder eine Extrageschichte aus dem Tollhaus namens Hertha BSC.

Die Mannschaft verlor zunächst in Stuttgart beim VfB, dem vorherigen Arbeitgeber für Röber und Hoeneß, sang- und klanglos mit 1:4. Zum ersten Mal wurden potentielle Nachfolger für Röber bei Hertha BSC mehr oder weniger öffentlich gehandelt oder durch einzelne Präsidiumsmitglieder kolportiert. Der Führungszirkel teilte sich zunehmend in zwei Lager, was bei vier verantwortlichen Personen eine komplizierte

Eines von vielen Schicksalsspielen für Jürgen Röber: Hertha gegen Karlsruhe. Bryan Roy im Zweikampf mit Burkhard Reich vom KSC.

Patt-Situation heraufbeschwor. Auf der einen Seite übten Präsident Zemaitat und sein Stellvertreter für Amateure, Jörg Thomas, den Schulterschluß. Sie repräsentierten gern die Alt-Herthaner und glaubten die Mehrheit des beitragszahlenden Mitgliedervolkes hinter sich. Gegenüber etablierten sich Dieter Hoeneß und der Kaufmännische Leiter Norbert Müller, der ob einiger umstrittener Maßnahmen von der Berliner Presse den bösen Beinamen „Dr. No" verpaßt bekommen hatte.

Das 1:4 in Stuttgart, von Abwehrspieler Sverrisson als „absolutes Gurkenspiel" bezeichnet, brachte Trainer Röber in Erklärungsnot. „Soll ich sagen, ich habe alles verkehrt gemacht? Soll ich sagen, ich habe alle Leute verkehrt eingekauft?", fragte Röber die Journalisten, „oder was wollen Sie hören?"

Manager Hoeneß gab noch einmal seinem Trainer Rückendeckung und urteilte nach der „schwächsten Saisonleistung": „Ich halte Röber für den richtigen Mann. Wenn es nach meiner Meinung geht, sitzt er am Sonnabend gegen den Karlsruher SC auf der Bank."

Inzwischen waren in der Öffentlichkeit erste Kandidaten für die Röber-Nachfolge aufgetaucht. Dazu gehörten der Wiener Hans Krankl, der als bulliger Angreifer einst der deutschen Fußballnationalmannschaft die „Schmach von Cordoba" – eine 2:3-Niederlage während der Weltmeisterschaft 1978 in Argentinien – maßgeblich beigebracht hatte. Auch der polnische Meistercoach von Widzew Lodz, Frantisek Smuda, wurde gehandelt, und Herthas Aufsichtsrat Robert Schwan favorisierte wohl im Geheimen Friedel Rausch als Röber-Nachfolger. Der Hertha-Trainer mußte noch vor dem Heimspiel gegen Karlsruhe seine „wohl bitterste Stunde" antreten, wie er später bemerkte. Der vor dem Match im Berliner Nobelhotel „Esplanade" tagende Rat zitierte den Trainer vor das höchste Kontrollorgan des Vereins, wollte die Ursachen für die sportliche Misere wissen und Vorschläge, die eine Wende herbeiführen könnten, vom Trainer selbst erfahren.

Zwei Tage vor dem inzwischen zum „berühmten Spiel gegen Karlsruhe" in die Klubgeschichte eingegangenen Match tagten die hohen Herren. Noch am Mittag war Röber bei der obligatorischen Pressekonferenz von den Vereinsbossen allein gelassen worden. Nur der damalige Pressechef Gerd Graus versuchte, den Trainer zu schützen: „Bitte fragen Sie einzig und allein zu sportlichen Dingen!", bat dieser die wartende Meute der Presseleute. Die versammelte sich am Abend im Hotel „Esplanade": in Erwartung des Trainers-Rauswurfs.

Schließlich bildeten 50 Journalisten, darunter fünf TV-Teams, die Gasse zum Spießrutenlauf für Röber, als dieser in der sogenannten „Bibliothek", dem Tagungsort, verschwand. 40 Minuten verbrachte er vor dem Gremium, das über seine Zukunft entscheiden wollte. „In dieser Form habe ich sowas noch nicht erlebt", sagte er unmittelbar nach seinem Auftritt. Später formulierte er: „Was ich da erlebt habe, wünsche ich nicht meinem größten Feind."

Exakt um 23.10 Uhr – fast sämtliche Berliner Zeitungen hatten nach Redaktionsschluß noch einige Zeilen offengehalten – formulierte Präsident Manfred Zemaitat das dürre Ergebnis der Krisensitzung: „Trainer Jürgen Röber wird die Mannschaft gegen den Karlsruher SC auf der Bank betreuen. In den Tagen nach dem Spiel wird über die weitere Tätigkeit von Herrn Röber bei Hertha BSC entschieden." Der Trainer bekam also eine Galgenfrist.

Knapp 30.000 Anhänger zogen ins Olympiastadion, viele ausgerüstet mit Bettlaken, auf denen in ungelenker Schrift Sympathiebekundungen für den beliebten Trainer standen („Geht Röber, gehen wir"). Es ist ein regelrechtes Endspiel: um den Klassenerhalt, aber vor allem auch um den Job des Trainers. Sowas hat Berlin lange nicht erlebt. Die Emotionen schwappen hoch, selbst die Berliner Presse ist in mindestens zwei bis drei Lager geteilt. In die Pro-Röber-, die Anti-Röber- und in die „Erst-mal-sehen"-Fraktionen. Passend zum Ereignis prasselt

Röbers „End-spiel" gegen Karlsruher SC

Regen in die Arena, und Röbers aschgraues Gesicht ist unter dem Regencape kaum zu sehen. Nach nur 68 Sekunden scheint sich endgültig alles gegen ihn zu verschwören. Thomas „Icke" Häßler, einst von Hertha umworben, paßt zum Franzosen Keller im KSC-Tri-kot, und der schafft das 0:1. Die Wende bringen nach der Halbzeit zwei Spieler, die bislang viel Kritik einstecken mußten: Der Norweger Rek-dal, als Libero aufgeboten, legt einen Freistoß auf den Niederländer Bryan Roy ab, und der schafft mit einem sehenswerten und straffen Schuß das 1:1. Zwei weitere Treffer der bis zum Umfallen kämpfenden Mannschaft durch Sverrisson und Preetz besiegeln die Karlsruher Nie-derlage, die vor allem ein Sieg für den Trainer war.

Nach dem Abpfiff schwenken die begeisterten Fans ihre bemalten Bettlaken, feiern Mannschaft und Trainer. Manager Hoeneß vergießt Tränen der Freude, und Röber kann wenigstens kurz durchatmen. Hier die Mannschaft, die am 25. Oktober ihrem Trainer den Job rettete und die sportliche Wende zum Positiven einleitete:

▶ Kiraly, Rekdal, Herzog, A. Schmidt, Veit, Karl (ab 75. Arnold), Sverris-son, Dinzey (ab 46. Fährmann), Roy, Preetz, Tchami.

Dem 3:1 gegen Karlsruhe ließ die wie umgewandelt scheinende Mannschaft mit einem 2:0 bei Werder Bremen den ersten Auswärtssieg folgen. Eine bis dahin unglaublich erscheinende Serie begann: Hertha besiegte 1860 München mit 2:0 und bezwang auch Arminia Bielefeld auf der gefürchteten Alm mit 3:1. Selbst gegen einen der Meisterschafts-favoriten, Bayer Leverkusen, gelang nach großem Spiel vor 53.000 im Olympiastadion ein ehrenvolles 2:2. Herthas Torschütze zum 1:0, Marc Arnold, drückte seine Freude in besonderer Weise aus: Er zeigte einen Flickflack, ein schwieriges Element der Turner, mit mehreren Salti rück-wärts. Diese Einlage war später in sämtlichen Zeitungen und in diversen TV-Sendungen zu sehen und in Zeitlupe zu erleben. Auch in Duisburg (1:0) und gegen Kaiserslautern (2:0) wurde gewonnen. Erst am 19. Spiel-tag riß die Erfolgsserie mit einem 0:3 bei Borussia Dortmund.

Zwischendurch im allgemeinen Jubel trafen sich die zahlenden Hertha-Mitglieder zur turnusmäßigen Versammlung. Es folgte ein Treff der Versöhnung. Präsident Zemaitat entschuldigte sich bei Trainer Röber, und es gab Präsidenten-Lob für Manager Hoeneß und einen tiefen Diener Zemaitats vor der Ufa.

Zwar war Aufsichtsrat Robert Schwan in die Kritik geraten, weil er wenig vor Ort in Berlin weilte und ständig mit Statements aus dem fernen Kitzbühel oder dem Schweizer Majola – seinen beiden Wohnsitzen – die Berliner Medien versorgte, aber diesen Angriff würgte Aufsichtsratschef Rolf Schmidt-Holtz elegant ab: „Wir sollten froh sein, daß wir Robert Schwan haben", sagte der Bertelsmann-Manager, „er arbeitet 20 bis 30 Stunden pro Woche für den Verein." Schmidt-Holtz entkrampfte auch die Situation zwischen den beiden „großen alten Männern" Robert Schwan und Wolfgang Holst. Der ehemalige Hertha-Präsident Holst hatte zuvor Schwan hart kritisiert („Sie geben für mich das schwächste Glied im Aufsichtsrat ab"). Aufsichtsratschef Schmidt-Holtz zum Gastronom vom Bahnhof Zoo: „Herr Holst, wenn es Sie nicht gäbe, müßte man Sie erfinden." Schließlich gaben sich Schwan und Holst die Hand. Die Szene hatte etwas aus einem Heimatfilm...

Saison 1997/98 (II): Die Mannschaft findet sich

Nach der Hinrunde übte sich Hertha vor allem in Bescheidenheit. Man habe nach den vielen Niederlagen zu Beginn der Spielzeit versucht, an die eigenen Stärken zu glauben, sagte der Trainer, und kleine Details verändert. Die hatten aber große Wirkung. Kiraly löste Fiedler im Tor ab und nahm neben Mittelfeldspieler Andreas Schmidt, einem aus der Aufsteigermannschaft und aus dem Team, das 1993 mit den Amateuren das DFB-Pokalfinale erreicht hatte, die wohl schnellste positive Entwicklung. Außerdem brachte die Rücknahme von Kjetil Rekdal auf den Liberoposten dem Team die lang vermißte Organisation des Spiels. Und Leute wie Sverrisson, Karl, Herzog oder Veit laufen und kämpfen noch, wenn der Knöchel schon dick, der Kopf bandagiert oder die Wade lädiert ist. Dazu kam die „tolle Entwicklung" (Hoeneß) von Michael Preetz, der bis zur Winterpause acht Treffer erzielt hatte und sich zu einem der wichtigsten Profis der Berliner entwickelte.

Hertha-Jubel: Marc Arnold beim Flickflack (oben links), Ante Covic kopflos (oben rechts) und Jolly Sverrisson: Freude auf isländisch (unten).

Trotz aller Erfolge nach der langen Negativserie wurde deutlich, daß sich Hertha noch verstärken mußte, um die Klasse zu halten und darüber hinaus eine ordentliche Rolle in der Bundesliga spielen zu können. Viele Namen wurden in Berlin diskutiert. Schließlich kam es zur Verpflichtung von Andreas Neuendorf. Der Ur-Berliner, der sofort an seiner Aussprache zu identifizieren ist, wechselte einst von den Reinickendorfer Füchsen zu Bayer Leverkusen. Neuzugang Nummer zwei war noch viel prominenter und konnte ebenfalls unter der Rubrik „Rückholaktion nach Berlin" verbucht werden: Andreas Thom.

Mitte Januar eiste Manager Hoeneß den einstigen Star des DDR-Fußballs und des vielfachen DDR-Meisters BFC Dynamo zurück in die Hauptstadt. An dessen bisherigen Verein, den schottischen Kultklub Glasgow Celtic, überwies Hertha eine Ablösesumme von rund 900.000 Mark. Andreas Thom, von dessen Verpflichtung sich die Hertha-Führung nicht nur neue spielerische Impulse versprach, sondern auch eine Art neue Identifikation mit dem Verein vor allem der zahlreichen Fans aus den ehemals Ostberliner Bezirken, erlebte mit Beginn der Rückrunde einen traumhaften Einstand. Der ehemalige Nationalspieler schaffte im Spiel gegen die Wolfsburger bereits mit dem ersten Angriff – exakt nach 103 Sekunden – die 1:0-Führung, die auch den Endstand bedeuten sollte. Nach einem schwer erkämpften 1:1 beim Hamburger SV, den Abwehrspieler Hendrik Herzog mit einem Kieferbruch durchstand, kam der große FC Bayern nach Berlin.

Am 14. Februar 1998 pilgern knapp 75.000 Menschen ins ausverkaufte Olympiastadion. Und sie erleben eine Sternstunde ihrer Mannschaft, die am Ende mit 2:1 gewann. Die Schlagzeile der *BZ* lautete am nächsten Tag euphorisch: „2:1! Hertha, laß Dir knutschen."

Nach 18 Minuten schafft Michael Preetz nach feinem Zuspiel des kleinen Marc Arnold die Führung. Ante Covic gelingt nach 70 Minuten gar das 2:0. Die Arena gleicht einem blau-weißen Fahnenmeer, die Stimmung ist wie in einem DFB-Pokalfinale, die Fans euphorisch. Ein unglückliches Eigentor von Preetz bringt die Münchner drei Minuten vor dem Abpfiff noch auf 1:2 heran, mehr gelingt dem Deutschen Meister nicht.

Was danach folgt, ist ein Auf und Ab der Leistungen, aber ernsthaft gerät Hertha nicht mehr in Gefahr. Trotzdem: Die Jagd nach den obligatorischen 40 Punkten, die angeblich den Klassenerhalt hundertprozen-

Erster Auftritt von Andreas Thom (rechts) im Trikot der Hertha. Im Spiel gegen Wolfsburg gelingt ihm nach 103 Sekunden der Siegtreffer.

tig sichern, dauert länger als angenommen. Niederlagen gegen Schalke und Bremen zu Hause (1:4 und 0:2) lassen Aufsichtsratschef Robert Schwan nervös werden. Noch einmal, es ist der 18. April 1998, sorgt Hertha BSC für ungewöhnliche Schlagzeilen und für unglaubliche Hektik in Berlin. Was ist passiert?

Nach einem 1:3 bei 1860 München, das Schwan auf der Tribüne des Münchner Olympiastadions verfolgt, platzt dem alten Herrn der Kragen. Noch auf der Tribüne feuert er vor laufenden TV-Kameras Trainer Röber. Die Angst vor dem Abstieg – die Mannschaft besaß noch fünf Zähler Vorsprung auf einen Abstiegsplatz – läßt Schwan die Contenance vergessen. Er tobt: „Selbstverständlich entlassen wir Trainer Röber und zwar sofort und achtkantig. Der muß weg. Ob der Dieter Hoeneß oder sonstwer was dazu sagen und zu fragen hat, ist mir scheißegal."

Schwan begründete seine extreme Handlungsweise damals so: „Ich habe große Angst, daß wir noch absteigen. Die Konkurrenten da unten holen allesamt Punkte. Nur Hertha BSC nicht mehr. Und es soll keiner meinen, es erregt mich, wenn ich ihn vor die Tür setze. Im Gegenteil. Dann ist Ruhe und ich kann unbelastet die Schlacht ums Geld für Hertha schlagen, ich Vollidiot. Jawohl, ein Trottel bin ich, ein Riesenarschloch, daß ich das alles überhaupt mache."

Rund 24 Stunden nach dem 1:3 von München kommt per Fax die Mitteilung, daß Jürgen Röber weiter im Amt bleibt, auch Robert Schwan verbleibt auf seinem Posten, nur Präsidiumsmitglied Norbert Müller, der kaufmännische Leiter, ist gefeuert. Nach dem Spiel in München hatte Schwan das Präsidium und die Vertreter der Ufa nahe seinem Wohnort Kitzbühel im Prominentenlokal „Stanglwirt" versammelt. Auf jener Krisensitzung muß es unglaublich hoch hergegangen sein. Erneut gerieten Hoeneß und Müller – die Röber-Befürworter – mit Zemaitat und Thomas aneinander. Der Streit um den Trainer polarisierte den Verein, die Berliner Medien und damit die Öffentlichkeit in der gesamten Stadt. „Ein vitaler Trainer stört" umschrieb die *Berliner Zeitung* das Tohuwabohu dieser April-Tage. Schwan samt Zemaitat/ Thomas im Gefolge warfen Röber u.a. vor, daß er als Trainer meist sämtliche Übungen vor- oder mitmache (Schwan: „Der will fitter sein, als seine Spieler") oder daß dieser sogar den Laktat-Test, mit dem die Blutwerte der Spieler ermittelt werden, auch selbst absolviere. Der so Gescholtene versuchte in diesen schweren Stunden ruhig und abgeklärt zu reagieren und gab seinen Posten nicht auf. Noch auf dem Weg zum Flughafen München gab es nach jenem 1:3 bei 1860 eine ungewöhnliche Demonstration für den Trainer. Die Mannschaft verfaßte noch im Bus eiligst eine Erklärung, in der sie sich komplett hinter Röber stellte.

Spieler und Zuschauer stärken Röber

In Berlin schlug indessen die öffentliche Meinung, die nicht immer uneingeschränkt Pro-Röber gewesen war, völlig um. Die Fans kündigten Demonstrationen für den Trainer an, der neue Buhmann war Robert Schwan und mit Abstrichen auch Präsident Zemaitat. Fans kündigten für das folgende Heimspiel gegen Arminia Bielefeld Sitzblockaden an, während der Trainer den Kampf um seinen Job zumindest im Präsidium verloren zu haben schien. Wieder einmal spielte Röber gegen Bielefeld unter „Bewährung".

Nach dem 1:1 gegen die Arminia war noch immer keine endgültige Klarheit über die Zukunft von Jürgen Röber vorhanden – und der Klas-

Proteste der Fans nach der vorübergehenden Entlassung Trainer Röbers durch Aufsichtsrat Robert Schwan in der Saison 1997/98 (April 1998).

senerhalt noch nicht endgültig gesichert. Im Olympiastadion hatten rund 3.000 Fans das Spiel zuerst ignoriert. Sie waren erst mit einigen Minuten Verspätung in ihre angestammten Blöcke gekommen. Zahlreiche Transparente forderten Schwan zum Rücktritt auf.

Später wurde die Situation langsam entschärft, vor allem dank vernünftig handelnder Personen wie Manager Hoeneß, der beruhigend auf alle Beteiligten einwirkte. Trotzdem: Die Mitgliederversammlung im Mai 1998 in den Räumen des Internationalen Congreß-Centrums (ICC) ließ einige heiße Auftritte erwarten. Die Stimmung gegen Schwan – es gab Mißtrauensanträge – stellte wieder einmal das Verhältnis des Vereins zum Geldgeber Ufa arg auf die Probe. Die Ufa hatte Schwan einst ins Amt bei Hertha gehievt und drohte nun, bei einer Abwahl des Aufsichtsratsvorsitzenden den Geldhahn zuzudrehen. Es war der ehemalige Hertha-Präsident Wolfgang Holst, der zuerst einen Mißbilligungsantrag gegen Schwan stellen wollte und als Anführer einer Opposition gegen Schwan galt, der aber letztlich ein Signal der Versöhnung gab. Er wolle es, so verkündete er, bei einer Kritik belassen.

Schwan, der selbst nicht anwesend war, hatte seinerseits für Entspannung gesorgt, indem er sich bei Röber öffentlich entschuldigte. Am Ende der Versammlung übermittelte er dann eine erlösende Botschaft.

Als Manager Hoeneß sie verkündete, jubelte der ganze Saal: „Röber bleibt in der kommenden Saison unser Trainer ohne Wenn und Aber." Der Frieden bei Hertha BSC war wieder einmal hergestellt. Dazu paßte wenig später der 1:0-Sieg der Mannschaft bei Bayer Leverkusen, der den Klassenerhalt endgültig sichergestellt hatte. Kjetil Rekdal hatte den einzigen Hertha in dieser Saison zugesprochenen Foulstrafstoß sicher im Bayer-Tor versenkt.

Einige Saison-Höhepunkte in Zahlen: Michael Preetz avancierte mit 14 Toren zum treffsichersten Hertha-Spieler und erwarb sich allenthalben sehr viel Respekt. Die schönsten Tore erzielten nach Meinung vieler Preetz per Hackentrick beim 2:0 in Karlsruhe (eine Zeitung taufte ihn danach „Preetzinho"), Marc Arnold beim 2:2 gegen Leverkusen mit anschließendem doppelten Flickflack als Freudenausbruch und Bryan Roy beim 3:1 gegen den Karlsruher SC.

Das schnellste Tor gelang Andreas Thom beim 1:0 gegen Wolfsburg nach 103 Sekunden. Die beste Serie gelang zwischen dem 12. und 18. Spieltag mit sechs Siegen und einem Remis (Tore: 15:4). Die schlechteste Serie lag zwischen dem 2. und dem 7. Spieltag, als man fünf Niederlagen und nur ein Remis verbuchen mußte (Tore: 3:14).

Für Manager Hoeneß hatte man „trotz der Dellen, die solch eine rasante Vereinsentwicklung mit sich bringt" in einem Jahr enorm viel erreicht. „Daran haben andere Vereine zehn Jahre und länger gearbeitet." Sportlich sei man dabei, sich nach dem erreichten 11. Platz in der ersten Bundesliga zu etablieren. Trainer Röber: „Jetzt wollen viele Spieler endlich zu uns. Das war im Vorjahr noch nicht der Fall." Man wolle möglichst fertige Spieler holen, „mindestens drei gute Leute". Ein ganz klein wenig trauerte Manager Hoeneß nach dem abschließenden 1:3 gegen den MSV Duisburg dem verpaßten UI-Cup nach, aber er ordnete realistisch die Stärke der Mannschaft ein: „Genau wo wir jetzt stehen, sehe ich uns derzeit auch."

Der Verein zeigte sich als eine Art Fokus der Berliner Gesellschaft: Man hat gewaltige Ziele und großartige Träume, aber noch nicht die Geduld, sie in Ruhe zu realisieren.

Harris W. Jarrick –
vom Hertha-Ersatzspieler zum US-Millionär

Es war an einem warmen Februarnachmittag 1998 im portugiesischen Örtchen Lagora an der Algarve. Die Profis der Bundesligamannschaft von Hertha BSC bereiteten sich im nahen Albufeira im Trainingslager auf die zweite Halbserie der Saison 1997/98 vor. Gegner in einem der zahlreichen Testspiele war an diesem Nachmittag im kleinen Stadion zu Lagora die Mannschaft des ehemaligen russischen Landesmeisters Alania Wladikawkas. Vor dem Spiel tauchte plötzlich ein älterer Herr am Spielfeldrand auf: Jeans, buntes Hemd und Fotoapparat.

Harris W. Jarrick, ein ehemaliger Herthaner, der als Millionär in den USA lebt.

Ein spleeniger Senior, dachte man, einer, der noch im hohen Alter dem Fußball frönt. Der alte Herr aber, vital und rüstig, entpuppte sich bald als eine Figur der Hertha-Geschichte. Er heiße Harris W. Jarrick, sagte er in gebrochenem Deutsch, und er komme aus Amerika, sei mit seiner Frau auf einer Weltreise und habe vom Spiel der Berliner Hertha gehört. Da war ihm kein Weg zu weit. Der freundliche Amerikaner war nämlich – ein ehemaliger Hertha-Spieler. Einer aus der Zeit, die vornehmlich als die goldenen Jahre des Berliner Traditionsvereins bezeichnet werden.

Damals – es war in den Jahren von 1930 bis 1933, Hertha war gerade zum ersten Mal Deutscher Meister geworden – besaß der Mann unter seinem richtigen Namen Hans-Werner Jarich das Mitgliedsbuch von Hertha BSC. „Ich spielte von 1930 bis 1933 bei Hertha", erzählte Jarich alias Jarrick. Er habe in vielen Jugendmannschaften, später in der zweiten Mannschaft gespielt. Und der Höhepunkt sei ein Einsatz in der ersten Mannschaft gewesen. „Mit Hanne Sobek, mit Kirsei, mit Ruch spielten wir gegen BSV 92", erinnert sich der junggebliebene Alte, als sei es nicht vor über 60 Jahren gewesen, sondern erst gestern oder vorgestern.

Mit Hanne Sobek, dem Berliner Fußball-Idol, sei er sogar befreundet gewesen, berichtete Jarrick stolz. Als er nach dem Zweiten Weltkrieg noch einmal mit gemischten Gefühlen nach Berlin kam, habe er den legendären Sobek besucht.

Die Geschichte des Herthaners Jarich ist hochinteressant. Jarichs Vater war Bankdirektor in Amsterdam, diente später in der deutschen Reichswehr und fiel 1915 im ersten Weltkrieg. Seine Mutter, die aus Saarbrücken stammte, heiratete erneut und zog 1920 mit dem Jungen nach Berlin. Die Jarichs waren jüdischer Abstammung, durchaus als wohlhabend zu bezeichnen. Nach 1933 sahen sie sich Verfolgungen durch die Gestapo ausgesetzt. „Wenn wir nicht geflüchtet wären, hätte man meine gesamte Familie ins Konzentrationslager nach Auschwitz gebracht", sagt Jarrick. Mit Hilfe guter Freunde gelang die Flucht über Kuba in die USA.

Dort passierte ihm so etwas wie die berühmte Geschichte des Einwanderers, des es vom Tellerwäscher zum Millionär bringt. Jarich nannte sich fortan Jarrick und begann als Einkäufer in der Möbelbranche in Bridgeton/Missouri. Über den Posten des Produktions-Managers arbeitete er sich in der Firma immer weiter nach oben, bis er 1964 50 Prozent der großen Möbelfirma übernahm. „Ja, ich bin Millionär", sagt Jarrick, der das Leben genießt und vor allem mit Reisen – auch häufig nach Europa – verbringt.

Nun also sah er noch einmal eine Hertha-Mannschaft spielen – ein großes Erlebnis für einen, der ansonsten im heimischen Bridgeton auf ferne Nachrichten über seinen Lieblingsverein wartet. Hertha-Manager Dieter Hoeneß überreichte ihm einen Vereinswimpel. Motto: Einmal Herthaner – immer Herthaner. ■

Saison 1998/99 (I):
„Ein großes Problem vornehm gelöst"

Drei Jahre hatte sich die Mannschaft stets im Sommer im elitären Tiroler Urlauberdomizil Seefeld auf kommende Aufgaben vorbereitet. Diesmal zog man die Abgeschiedenheit eines kleinen Örtchens namens Tschagguns im österreichischen Montafon vor. „Wir wollen neue Reize setzen an einem neuen Ort", so Hoeneß. Mit dabei im Montafon waren bereits die drei prominenten Neuzugänge. Mit dem Nationalspieler Dariusz Wosz, den man für die bisherige Rekordablösesumme von 5,2 Millionen Mark vom VfL Bochum holte, gelang dabei der spektakulärste Coup. Mit Rene Tretschok (bislang 1. FC Köln) wurde zudem ein Mann verpflichtet, mit dem Wosz noch gemeinsam beim Halleschen FC Chemie in der DDR-Oberliga gespielt und mit dem dieser am Anfang beider Karrieren oft gemeinsam ein Zimmer geteilt hatte. Tretschok kostete die Hertha 2 Millionen Mark Ablöse und sollte sich als wertvolles Pendant zu Wosz erweisen. Dritter Neuzugang war der defensive Allrounder Rob Maas. Der Holländer kam ablösefrei von Arminia Bielefeld und fand in Bryan Roy und Dick van Burik bereits zwei Landsleute in Berlin vor.

Verstärkung für Hertha BSC: Dariusz Wosz.

Das neue Trio sollte die Mannschaft „punktuell verstärken und vor allem qualitativ auf eine neue, höhere Stufe bringen", formulierte es Trainer Jürgen Röber. Nur ein Wunsch des Managements ging vor der neuen Saison nicht in Erfüllung: Die Suche nach einem zweiten überdurchschnittlichen Stürmer neben Michael Preetz schlug fehl. Diese sollte sich noch bis in den Monat Dezember hinziehen und für sehr viel Gesprächsstoff in der Hauptstadt sorgen. Die Führungsriege hatte den neuen Saisonetat auf rund 40 Millionen Mark gesteigert und hoffte auf einen Zuschauerschnitt von rund 42.000.

Natürlich hatte man sich auch von einigen Akteuren aus der ersten Bundesligasaison getrennt, die dem enormen Entwicklungstempo nicht mehr gewachsen schienen, oder, wie es Röber formulierte, „erstmal am Ende ihrer individuellen Möglichkeiten angekommen waren".

Das betraf u.a. Michel Dinzey (zu 1860 München), Christian Fährmann (zum Karlsruher SC) und Oliver Schmidt (zu Greuther Fürth). Später, im Dezember, verließ auch der kleine Mittelfeldrenner Marc Arnold, der manch große Partie geliefert hatte, den Verein Richtung Karlsruhe. Er konnte sich gegenüber der neuen Mittelfeldmacht Wosz/ Tretschok nicht durchsetzen. Arnold, ein intelligenter Kopf, verabschiedete sich von der Berliner Presse per Fax: „Hiermit möchte ich mich für die Zusammenarbeit in den letzten drei Jahren bedanken und wünsche allen ein gesundes neues Jahr." Ein Abgang mit Stil.

Bei einer anderen Personalie hätte sich mancher ein anderes Ende gewünscht. Axel Kruse, den Trainer Röber einst geholt hatte, um den Aufstieg zu bewerkstelligen und der seine Mission hundertprozentig erfüllt hatte, war wegen zahlreicher Verletzungen nicht mehr rechtzeitig vor Beginn der neuen Spielzeit fit geworden. Gerüchte über eine vorzeitige Invalidität machten die Runde. Die Mannschaftsärzte um Ulrich Schleicher versuchten alles, um Kruse einen würdigen Abgang auf dem Rasen zu ermöglichen. Doch dessen Körper wehrte sich vehement. Im September löste der Verein den Vertrag mit Kruse vorzeitig. Lange war dieser als Fanbetreuer im Gespräch. Manager Hoeneß verhandelte auch lange mit Kruse. Beide kamen allerdings nicht auf einen gemeinsamen Nenner. Kruse, der stets mit seinen Leistungen und seinem Auftreten polarisierte, kassierte noch eine satte Abfindung und ging hernach neue Wege. Monate später schloß er sich als Werbelokomotive dem neuen American Football-Team der Berlin Thunder an.

Indessen war die Mannschaft ordentlich in die neue Spielzeit gestartet. 65.000 sahen zum Auftakt einen schwer erkämpften 1:0-Heimsieg gegen Werder Bremen. Michael Preetz erzielte das Tor, dem noch insgesamt 22 in dieser bemerkenswerten Saison folgen sollten.

Allerdings bekamen die Hoffnungen der Berliner sofort einen argen Dämpfer. Im zweiten Spiel verlor man bei Borussia Dortmund deutlich mit 0:3. Es folgten ein 2:0-Heimsieg gegen Schalke und eine denkwürdige 3:4-Niederlage auf dem Betzenberg in Kaiserslautern in einem an Dramatik und Klasse kaum zu überbietenden Spiel. Dort hatte die Mannschaft ihre neuen Qualitäten angedeutet, konnte allerdings eine 3:1-Führung nicht behaupten.

Im September sorgten wieder einmal die Vorständler für Schlagzeilen und verdrängten die Profis vorübergehend von den Sportseiten der Berliner Blätter. Die Diskussionen entzündeten sich an einer Abfindung für den von Aufsichtsrat Schwan entlassenen ehemaligen kaufmännischen Leiter Norbert Müller. Präsident Manfred Zemaitat stieß sich zum wiederholten Male an Kompetenzüberschreitungen Schwans und eröffnete einen neuen Machtkampf gegenüber dem Chef des mächtigen Aufsichtsrates, der Geldgeber Ufa hinter sich wußte.

Rechtsanwalt Zemaitat fühlte sich als letzter wichtiger Vertreter der sogenannten Alt-Herthaner und wollte nach eigenen Aussagen den Verein nicht gänzlich der vermeintlichen Fremdbestimmung durch die Hamburger Ufa überlassen. Allerdings verweigerten zuletzt immer mehr Mitglieder des Vereins Zemaitat die Gefolgschaft, weil der – so die Meinung – den neuen Herausforderungen als Präsident des aufstrebenden Hauptstadtklubs nicht mehr gewachsen sei. Demgegenüber spielte Robert Schwan, dem Zemaitat nie an der Spitze der Hertha gepaßt hatte, die Rolle des weltgewandten Machers **Zemaitat fordert die Ufa heraus** und Entertainers, der seine unzähligen Verbindungen geschickt spielen ließ. Das öffentliche Gezerre der beiden Protagonisten schadete dem Image des Vereins. Viele verlangten ein Ende der Posse.

Und dieses Ende kam – als Zemaitat zu hoch pokerte. Er hatte die Einberufung einer außerordentlichen Mitgliederversammlung durchgesetzt. Dort drohten Abwahlanträge gegen Schwan und den gesamten neunköpfigen Aufsichtsrat – ein Eklat, der die Handlungsfähigkeit des Vereins gefährdet hätte. Vizepräsident Jörg Thomas, bislang eine feste

Stütze Zemaitats, zog die Notbremse. Sein Sinneswandel in letzter Minute verhinderte schließlich die Einberufung der Versammlung – und provozierte den Rücktritt des Präsidenten.

Robert Schwan registrierte erleichtert: „Zemaitat hat einen klugen Zug gemacht. Ein großes Problem wurde vornehm gelöst." Dreckige Wäsche wurde nach der Demission nicht gewaschen. Der hemdsärmelige Rechtsanwalt, der durchaus seine Verdienste bei der Professionalisierung des Vereins hatte, paßte mittlerweile nicht mehr ins Bild eines modernen Hauptstadtklubs, der sich an Vereinen wie dem FC Bayern München oder Borussia Dortmund orientiert. Das Präsidentenamt ist reserviert für einen Weltmann, oder „eine Persönlichkeit", wie es Schwan ausdrückte. Sofort nach dem Rücktritt Zemaitats – der ist nach wie vor Stammgast bei allen Heimspielen und hat seinen Platz auf der Ehrentribüne – wurde heftig über seinen Nachfolger spekuliert. Namen wie Günter Rexrodt (damals noch Bundeswirtschaftsminister), Paul Breitner, Bernd Schiphorst (Wirtschaftsratschef und Bertelsmann-Manager) oder Prof. Rupert Scholz (ehemaliger Verteidigungsminister) wurden gehandelt.

Zur Überraschung aller wurde mit Walter Müller ein im Fußballgeschäft völlig unbekannter Mann präsentiert. Müller ist der Leiter der Mercedes-Niederlassung in Berlin und in dieser Eigenschaft Herr über rund 1.400 Angestellte. Der Wirtschafts-Manager kündigte eine straffe Leitung der Vereinsgeschäfte an und meinte bei seiner Antrittsrede: „Mit meinem Unternehmen bin ich bereits in der Champions League, mit Hertha wollen wir dorthin." Müller gilt in Berlin als geradliniger, erfolgsorientierter Geschäftsmann. Sein Unternehmen verkörpert Seriosität, Vertrauen und Selbstbewußtsein. Tugenden, mit denen sich in Zukunft auch der Verein Hertha BSC schmücken will.

Die Mannschaft blieb relativ unbeeindruckt vom Drumherum in der Führungsetage und eilte von Sieg zu Sieg. Hertha gelangte in obere Tabellenregionen, rangierte sogar einmal auf Platz vier. Im Mittelpunkt des öffentlichen Interesses rückte die schier endlose Suche nach einem Angreifer, weil man die gesamte Last des Toreschießens nicht Michael Preetz überlassen wollte und konnte. Zudem zwickte es Preetz zunehmend an der Leiste. Stürmerstars wie Weltmeister Stephane Guivarc'h, der Norweger Tore-André Flo oder Heiko Herrlich kamen ins Gespräch, erwiesen sich aber als zu teuer oder winkten ab.

Hoeneß bevorzugte schließlich die sogenannte „kleine Lösung" in der Stürmerfrage und fuhr, wie der weitere Saisonverlauf bewies, sehr gut damit. Zuerst präsentierte er in dem 19jährigen Kroaten Ivica Olic ein Stürmertalent, das bereits einen Vorvertrag bei Inter Mailand besaß, der allerdings gelöst wurde. Später kam der polnische Nationalspieler Piotr Reiss nach Berlin, der für 1,9 Millionen Mark Lech Poznan abgekauft wurde. Und der dritte neue Stürmer im Bunde wurde Ilija Aracic. Der Kroate war bis dato der beste Angreifer beim Lokalrivalen Tennis Borussia. In der Winterpause holte ihn Hertha für 900.000 Mark, was innerhalb Berlins für Schlagzeilen sorgte.

Denker und Lenker des Hertha-Spiels seit der Saison 1997/98: Der Norweger Kjetil Rekdal.

Dieter Hoeneß bediente sich bei einigen Transfers, um diese in Ruhe abwickeln zu können, ungewöhnlicher Maßnahmen. Ivica Olic firmierte eine Woche lang unerkannt unter dem Namen seines Beraters Dikic in Berlin. Und den Polen Piotr Reiss, der nach nur einmaligem Probetraining verpflichtet wurde, bezeichnete Hoeneß zuvor harmlos als „einen polnischen Amateurspieler, den man getestet habe".

Besonders pikant beim Transfer von Aracic war die Tatsache, daß dieser beim vielbeachteten 4:2-Pokalsieg von Tennis Borussia gegen Hertha BSC im Oktober 1998 im Olympiastadion zwei Tore für TeBe erzielt hatte. Aracic besaß noch einen Vertrag bis zum Sommer 1999, wurde von Hertha aus seinem Arbeitsverhältnis beim Konkurrenten herausgekauft. Das bedeutete hernach eine Stärkung des Bundesligisten und eine deutliche Schwächung des Zweitligisten aus dem Berliner Mommsenstadion.

Saison 1998/99 (II): Ein wundersamer Aufschwung

Mitte der Hinrunde erlaubte sich die Mannschaft die einzige Schwäche-periode der gesamten Saison. Einem 0:2 in Bochum, folgte ein 0:1 zu Hause gegen Bayer Leverkusen und ein 1:2 beim VfL Wolfsburg. Und danach erwartete man ausgerechnet den FC Bayern München in Berlin. Das Duell im Olympiastadion war bereits sechs Wochen vorher ausverkauft. Hertha hatte sämtliche Karten innerhalb von nur zwei Tagen abgesetzt. 76.000 Zuschauer sahen an jenem 23. November 1998 einen 1:0-Sieg der Berliner. Und wieder war es Michael Preetz, der den einzigen Treffer erzielte. Dabei erkämpften diesen Sieg, den Trainer Röber später als ein „Schlüsselerlebnis" der Saison bezeichnen sollte, nur zehn Herthaner. Dick van Burik, der niederländische Manndecker, war nach 57 Minuten vom Platz gestellt worden – eine viel zu harte Maßnahme des Referees.

Nach diesem wichtigen Erfolg gelangen gleich zwei Auswärtssiege in Folge: 2:1 beim FC Hansa Rostock und 4:0 beim Hamburger SV. Hertha hatte sich endgültig im Vorderfeld der Liga eingenistet und träumte vom UEFA-Cup. Doch dieses Thema, von Berlins Medien natürlich geliebt, blieb lange Zeit tabu. Zwar motivierte die Vereinsführung die Mannschaft immer wieder intern, wie Manager Hoeneß später zugab, aber öffentlich wollte man den gewaltigen Druck von den Spielern fernhalten. Eine Taktik, die hundertprozentig aufging. Die sportliche Entwicklung hielt Schritt mit der im Management. Von dort konnten fast wöchentlich Erfolgsmeldungen verbreitet werden: steigende Umsatzzahlen, steigende Mitgliederzahlen und immer mehr Fanklubs.

Rechtzeitig bemühte man sich auch bereits um Verstärkungen für die neue Saison, griff ins Tauziehen um den Nationalverteidiger Marko Rehmer ein, der beim FC Hansa Rostock noch einen Vertrag bis Juni 2000 besitzt. Viele Vereine bemühten sich um den Mann, dem der Ruf vorauseilt, der schnellste Manndecker der Liga zu sein. Der gebürtige Ostberliner, der einst für 400.000 Mark vom Regionalligisten 1. FC Union Berlin nach Rostock transferiert wurde und sogar die 2. Bundesliga übersprang, entschied sich schließlich frühzeitig für Hertha BSC.

Die Konkurrenz innerhalb des Kaders war inzwischen enorm, fast alle Positionen konnten doppelt besetzt werden. Röber besaß oft die Qual der Wahl, ein Zustand, den sich der Fußball-Lehrer gewünscht

Stieg in Berlin zur Kultfigur auf: Der ungarische Nationaltorhüter Gabor Kiraly.

hatte. Röber über die Vorzüge des internen Konkurrenzkampfes: „Früher klagten besonders die, die ihre Plätze mehr oder weniger sicher hatten, schnell mal über ein Wehwehchen und legten eine Pause ein. Jetzt weiß jeder, daß ein Konkurrent lauert. Man schaukelt sich gegenseitig hoch. Krankmeldungen gibt es keine. Keiner will auch nur eine einzige Übungsstunde verpassen."

Während das kickende Personal quantitativ und qualitativ verstärkt wurde, sahen es die höchsten Vereinsgremien auch an der Zeit, die auslaufenden Verträge des leitenden Personals zu verlängern. Die Kontrakte von Röber und Manager Hoeneß sollten am 30. Juni 2000 enden. Der Trainer samt seinem Assistenten Bernd Storck wurden mit hochdotierten Verträgen bis zum 30. Juni 2001 belohnt, Hoeneß verlängerte gar bis Juni 2002 und versprach, nun auch seine Familie von Stuttgart nach Berlin zu holen. Der Schwabe, der bislang ein Hotelleben führte, sollte endgültig zum Berliner werden.

Die Rückrunde begann mit einem starken Auftritt. 68.000 Zuschauer bejubelten einen deutlichen 3:0-Erfolg gegen Borussia Dortmund. Ilija Aracic feierte dabei einen unglaublichen Einstand. In der zweiten Halbzeit für Reiss eingewechselt, traf er sofort zweimal mit äußerst attraktiven Toren. Das 3:0 besorgte natürlich Michael Preetz.

Der bereitete seinem Verein und vor allem Manager Hoeneß plötzlich einige Sorgen. Seine Taten waren im europäischen Fußball natürlich nicht verborgen geblieben. Preetz war immerhin mit 31 Jahren zum Nationalspieler aufgestiegen und hatte bei der unsäglichen Amerika-Reise der DFB-Auswahl beim 0:3 gegen die USA und beim 3:3 gegen

Kolumbien eine sehr gute Figur abgegeben. Vor allem Vereine aus der englischen Premier League, allen voran Tottenham Hotspur und Leeds United, meldeten Interesse an Preetz an. Der kam ins Schwanken. Diese Zögerlichkeit beschäftigte die Berliner Fangemeinde tagelang, bis der Manager Entwarnung gab: Er erklärte seinen Stürmer kurzerhand für „unverkäuflich". Nach wochenlangem Poker bekam Preetz von Hertha BSC einen neuen Vertrag bis Juni 2002, der ihm rund 2,5 bis 3 Millionen Mark pro Jahr sichern soll. Außerdem bekommt Preetz nach seiner Laufbahn die Gelegenheit, für weitere drei Jahre ins Management des Vereins einzusteigen.

Auf dem Rasen folgten vor allem Siege und Remis und teils sehenswerter Fußball. Zu Hause im Olympiastadion war Hertha BSC mit den Fans im Rücken ohnehin eine Macht, und auch auswärts legte man die anfängliche Unsicherheit von Spieltag zu Spieltag ab. Schon forderten die hauptstädtischen Medien den Einzug in den Europacup nach 20 Jahren Abstinenz, aber weder Trainer noch Manager nahmen das Wort vom UEFA-Cup in den Mund. Zumindest nicht in der Öffentlichkeit. Der erste, der dies wagte, war der Spieler Andreas Neuendorf. Dieser hatte in einigen Spielen den in der Begegnung mit Dortmund verletzten Libero Kjetil Rekdal auf der Position des letzten Mannes vertreten. Neuendorf posaunte in die Mikrofone: „Wenn sogar der VfL Wolfsburg vom UEFA-Cup spricht, dann können wir das erst recht."

Neuendorf wie auch Andreas Schmidt und Michael Hartmann entwickelten sich unter Trainer Röber vorerst zu A2-Nationalspielern und gehören dem Kader der neu gebildeten B-Nationalmannschaft unter Trainer Horst Hrubesch an. Noch schneller ging die Entwicklung von Michael Preetz und den beiden Ungarn Gabor Kiraly und Pal Dardai vonstatten. Alle drei kamen in den Nationalmannschaften ihrer Länder zum Einsatz. Diese zahlreichen internationalen Berufungen bestätigten den Röberschen Eindruck, daß sich seine Mannschaft individuell enorm weiterentwickelt habe. „Jeder einzelne hat einen Sprung nach vorn gemacht. In der Summe ergab sich dann die starke Teamleistung."

Die Konstellation in der Bundesliga sollte noch höhere Weihen parat halten. Nach der einzigen Niederlage im Jahre 1999, dem 1:3 zu Hause gegen den MSV Duisburg, fing sich Hertha sehr schnell wieder. Bochum wurde 4:1 abgefertigt, und ausgerechnet der ehemalige VfL-Profi Dariusz Wosz schoß zwei Treffer und stieg zum überragenden

Torschützenkönig der Bundesliga 1998/99: Michael Preetz, 23 Treffer.

Spieler auf. Das unglaublich schwere Restprogramm meisterte die Mannschaft mit ungeahnter Bravour und Souveränität. Die Resultate nach sehenswerten Partien: 2:2 bei Bayer Leverkusen, 2:0 gegen den VfL Wolfsburg, 1:1 beim FC Bayern München, 2:0 gegen Hansa Rostock, 2:0 beim SC Freiburg und 6:1 gegen den Hamburger SV.

Nach dem Erfolg gegen Rostock, den 76.000 Zuschauer bejubelten, war Hertha BSC die Teilnahme am UEFA-Cup nicht mehr zu nehmen, und man besaß gar die Chance, als Dritter oder Vierter in die Qualifikation zur Champions League zu kommen. Die sicherte man sich nach dem Erfolg in Freiburg. Das abschließende 6:1 gegen den Hamburger SV gestalteten erneut 76.000 zu einem unglaublichen Freudenfest. Michael Preetz, der vor diesem Spiel noch im Fernduell um die Torjägerkrone mit dem Leverkusener Ulf Kirsten stand, traf dreimal. Kirsten nur einmal. Endstand: Preetz 23 Treffer, Kirsten 19 Treffer. Zum ersten Mal in der Bundesligageschichte hatte ein Hertha-Profi den Titel des Torschützenkönigs errungen. Zwar schaffte einst auch der legendäre Erich Beer 23 Treffer, das aber reichte in der Saison 1975/76 nur zu Rang zwei hinter dem Schalker Klaus Fischer (29 Tore).

Beer war zusammen mit den Spielern der Berliner Mannschaft, die 1974/75 den zweiten Rang in der Meisterschaft belegt hatte, Augenzeuge der Partie gegen den Hamburger SV. „Moppel" Nickel und Michael Sziedat hatten die Recken von einst zusammengetrommelt, und fast alle, Trainer Georg Kessler inklusive, fanden den Weg nach Berlin. Viele nach über 10 oder 15 Jahren.

Schützenfest und Freudenfest zum Saisonende

Nach dem Abpfiff der Saison blieben die 76.000 noch lange auf ihren Sitzen. Stehend sangen alle inbrünstig die Hertha-Hymne „Nur nach Hause geh'n wir nicht" oder „We are the champions". In der allgemeinen Euphorie versuchte Dieter Hoeneß, die neuen Ziele realistisch zu formulieren, wohl wissend, daß das Anspruchsdenken in Berlin enorm ist und die Erwartungshaltung der Fans ins Unermeßliche steigen wird. Der Manager dämpfte: „Wir sind froh, wenn wir auch im kommenden Jahr in einem europäischen Wettbewerb spielen können."

Die Voraussetzungen, um weiter den eingeschlagenen Weg erfolgreich gehen zu können, sind geschaffen. In die Spielzeit 1999/2000 geht Hertha BSC mit einem Etat von rund 42 Millionen Mark. Erstmals seit

„2000" steht auf dieser Meisterschale, die Hertha-Fans voller Optimismus hochrecken.

vielen Jahren bekam der Verein vom DFB die Lizenz ohne jegliche Auflagen. Und die Mannschaft weiß eine unglaublich starke Anhängerschaft hinter sich. Wieder pilgerten im Schnitt über 52.000 Fans ins Olympiastadion. Mit Stand vom 1. Juni 1999 unterstützten allein 437 Fanklubs den Verein. 5.571 Menschen sind zahlende Vereinsmitglieder. Und diese beeindruckenden Zahlen werden fast in jeder Woche bei Hertha BSC nach oben korrigiert. Der Verein wächst und wächst…

Jürgen Röber:
Ehrlicher Malocher mit Verve

Jürgen Röber ließ plötzlich den Mannschaftsbus stoppen. Auf einsamer Landstraße, die just an dieser Stelle einen gewaltigen Anstieg aufwies, mindestens sechs Prozent. Die Entfernung zum Quartier der Mannschaft, die sich im österreichischen Nobelort Seefeld/Tirol auf die erste Saison in der höchsten deutschen Spielklasse vorbereitete, betrug noch zwölf Kilometer. Zwölf Kilometer bergauf, ehe man die Kirchtürme von Seefeld ins Blickfeld bekam. Röber stieg aus dem Bus, gemeinsam mit seinem Assistenten Bernd Storck, gab dem Fahrer das Signal zum Weiterfahren. Der transportierte die Profis nach einem Testspiel sicher und bequem ins Hotel. Und vor allem schnell. Das Trainergespann aber kämpfte sich joggend über die Berge. Als Röber und Storck schließlich total kaputt am Mannschaftshotel ankamen, schwitzend und ausgelaugt, ließen sich beide vorm Foyer fallen – erschöpft, aber irgendwie glücklich…

Ein Zeitsprung: Ein Jahr später, wieder befand sich die Mannschaft im harten Trainingslager, diesmal in den Bergen des Montafon, war ein geselliger Team-Abend angesetzt. Hoch droben auf einer Alm. Die Spieler benutzten Bus und später einen Sessellift, um auf den Gipfel des 2098 m hohen Ifhorn-Kopfes zu gelangen. Lange bevor sich das Team auf den Weg gemacht hatte, fielen zwei Leute in ungewöhnlicher Montur auf. Bei glühender Hitze begaben sich Trainer Röber und sein getreuer Assistent Storck in kurzen Hosen, dicken Kletterschuhen, mit Rucksack und Skistöcken ausgerüstet, per Pedes auf den Weg zum Gipfel. Beide wußten einen erfahrenen Bergführer an ihrer Seite. Nach drei Stunden hatten sie das Ziel erklommen und, wie sie hernach berichteten, häufig sogar ans Aufgeben gedacht. Zu steil schien der Anstieg, zu gewagt das Unternehmen. Doch die Hertha-Trainer, die konditionell ihren Schützlingen nicht viel nachstehen, überwanden die Schwächemomente und kamen ans Ziel…

Jürgen Röber, der sich in Berlin lange vor allem über seine enorme Körperlichkeit definierte, bezeichnet sich als Fitness-Anhänger, dem auch nur der leiseste Ansatz eines Bauches ein Greuel ist. Er jogge fast jeden Tag, „auch um den Kopf frei zubekommen". Und so dauerte es nicht lange, bis sich der Trainer, der im Januar 1996 nach Berlin kam, ein schwieriges Geläuf für seine Spieler auserkor, das sich ganz in der Nähe des gemeinsamen täglichen Arbeitsplatzes, dem Olympiastadion, befand. Der sogenannte „Teufelsberg", auf dessen Hängen sogar vor vielen Jahren mitten in der Großstadt ein alpines Weltcuprennen stattgefunden hatte, stieg zum gefürchteten Revier für sämtliche Profis auf, die unter Röber arbeiten mußten. Mindestens einmal in der Woche, vorzugsweise am Dienstagmorgen, steht ein sieben bis acht Kilometer langer Waldlauf auf dem Programm. Jürgen Röber rennt meist vorneweg und gibt das hohe Tempo an. Als ehrgeiziger Schrittmacher. Gern erzählt er die Geschichte, wie er einst als Cheftrainer des VfB Stuttgart die zwölf Kilometer von seinem Haus zum Daimler-Stadion gerannt sei – oft hin und zurück. Der eigene Daimler blieb in der Garage stehen. Viele Spieler registrieren das mit Kopfschütteln, aber auch mit einem gewissen Respekt.

Röber, geboren in Gernrode, einem kleinen Städtchen im Harz, ist ein Fußball-Lehrer, der es bevorzugt, mittenmang seiner hochbezahlten Angestellten zu sein. Beim beliebten Spiel zwei gegen fünf oder bei den zahlreichen Übungseinheiten. Auch als geschickter Flankengeber beim Torschußtraining gibt Röber – ein Mann mit straffem Schuß – eine gute Figur ab. „Als Spieler", sagt Röber, „galt ich als Kämpfer, als einer, der nie aufgab. Als Malocher eben."

In den Schoß ist dem Spieler Jürgen Röber nichts gefallen. Immerhin kann er auf die stattliche Anzahl von 303 Bundesligaspielen verweisen, die er bei Werder Bremen, beim FC Bayern München und bei Bayer Leverkusen absolvierte. Dazu kommen wertvolle Erfahrungen im Ausland bei den Calgary Boomers in Kanada und bei Nottingham Forest in England. Röber mußte sich vieles hart erarbeiten, erinnert sich gern, daß er als Kind oft stundenlang jonglierte oder die Bälle unermüdlich gegen eine Hauswand trat. Auch später galt er als ungemein trainingsfleißiger Spieler, der immer wieder versuchte, seine Fähigkeiten und Fertigkeiten zu verbessern.

Der jahrelange Abstiegskampf als Spieler bei Werder Bremen habe ihn geprägt, erzählt Röber gern. Da sei es immer richtig zur Sache gegangen. Als junger Profi mußte man sich gegen die älteren, etablierten Spieler durchsetzen, später, in umgekehrter Rolle, den Angriffen der Jugend erwehren. Heute versucht er, seine eigenen Erfahrungen beim Aufbau einer starken Berliner Mannschaft täglich umzusetzen. Als ein dynamischer, aber stets fairer Profi, für den Werte wie Ehrlichkeit oder Kameradschaft noch immer viel bedeuten, ging Jürgen Röber in die Annalen der Bundesliga ein. Solche Werte, von denen er selbst überzeugt ist, auch weiter zu vermitteln, sieht er im schnellebigen Bundesligageschäft als eine wichtige Aufgabe an. Auch wenn dafür wegen des enormen Erfolgsdrucks immer weniger Zeit bleibt. Dementsprechend lebt er seine Einstellung seinen Spielern vor.

Bei ihm als Trainer zähle Leistung und nur die Leistung, predigt Röber oft, jeder habe seine Chance bei ihm. Namen, seien sie auch noch so groß und populär, zählen wenig. Daß er keine Scheu hat, auch vermeintlichen Stars die Meinung zu sagen oder diese gar auf die Ersatzbank zu verbannen, hat er auf seiner ersten Station als Trainer in der Bundesliga genügend unter Beweis gestellt. Damals, beim schwäbischen Renommierverein VfB Stuttgart, übte Röber mit solchen Profis wie Giovane Elber, Fredi Bobic und Krassimir Balakow, die später unter dem Synonym „magisches Dreieck" Geschichte schreiben sollten. Röber ist stolz, im Zusammenspiel mit Dieter Hoeneß das Trio einst nach Stuttgart gelotst und zu spielerischer Blüte geführt zu haben.

Auch nach seiner vorzeitigen Entlassung galt Röber in der Branche als kompetenter Vertreter der „neuen" Trainer-Generation, zu der man auch Volker Finke oder Ewald Lienen zählte. Der damalige Hertha-Manager Carl-Heinz Rühl machte dem arbeitslosen Coach ein Angebot, und Röber überzeugte die damals schon einflußreichen Ufa-Mächtigen von seinem ambitionierten Konzept: „Ich sagte damals den Herren, wir müßten richtig investieren. Halbe Sachen bringen nichts."

Es war nicht einfach, starkes kickendes Personal zu Hertha zu bringen. Der Ruf der Zweitklassigkeit in den 90er Jahren haftete schwer, auch das Image, ein führungsschwacher Verein zu sein, wo sich zu oft Selbstdarsteller und Dilettanten getummelt hatten. Röber spürte es selbst in seinen ersten Tagen und Wochen in Berlin: „Wenn ich mit Leuten über den Verein sprach – mit Taxifahrern oder Kellnern in Restaurants – da war

Immer unter Dampf: Jürgen Röber.

das fast so, als spreche man über eine Krankheit. Irgendwie spürte man zwar eine gewisse Liebe zu Hertha BSC, eine unglaubliche Sehnsucht nach neuen Erfolgen dieser Mannschaft, aber die Enttäuschung, der Frust, angestaut in vielen Zweitligajahren, überwogen doch sehr."

Jürgen Röber, aus dem eher beschaulichen Schwabenland in die brodelnde, unfertige Metropole Berlin gekommen, tat sich schwer. Und er dachte bereits nach wenigen Wochen daran, ob es vielleicht doch ein Fehler gewesen sei, die späte Offerte seines einstigen Lieblingsvereins Werder Bremen abzulehnen, der sich kurz nach den Herthanern bei ihm gemeldet hatte.

Doch dann kniete sich der Verfechter des Offensivfußballs („Ein 5:4 ist mir lieber, als ein mageres 1:0") in seine neue Aufgabe, an der sich zuvor so viele Berufskollegen vergeblich gemüht hatten. Geduld mit einem Trainer haben die Berliner nicht. Sein erstes Spiel als Chef ging schief: 2:4 im Olympiastadion gegen den FC Carl Zeiss Jena. Röber, der sich am Spielfeldrand oft wie ein Berserker gebärdet, nahm die Erkenntnis mit, daß noch unglaublich viel Arbeit auf ihn zukommen werde, ehe die Mannschaft erstligatauglich würde.

Der Ausgang seines erstes halben Jahres Arbeit in Berlin ist bekannt: Punktgleich mit dem Chemnitzer FC verhinderte nur das bessere Torverhältnis den Absturz in die Regionalliga. Wochen nach dem Fast-Desaster begann bei Hertha BSC das intensive Aufrüsten. Mit Hilfe von sechs Millionen Mark der Ufa lotste man sieben neue Spieler an die Spree. Im Rückblick sagt Röber, daß Axel Kruse der wichtigste Neueinkauf gewesen sei. „Der hat später die entscheidenden Tore gemacht und ist einer, an dem sich die Zuschauer reiben können. Der Axel ist eine absolute Identifikationsfigur."

Röber gelang es, in der Saison 1996/97 aus sogenannten Alt-Herthanern, etablierten Zweitligaspielern also, und den sieben Neulingen ein homogenes Team zu formen. „Produktives Wechselspiel", nennt er den Prozeß später, den er tagtäglich eingeleitet hat. Der Kader konnte nicht unterschiedlicher sein, als zu Beginn dieser für die Entwicklung der Mannschaft und des gesamten Vereins so wichtigen Spielzeit. Kruse, Preetz, Dinzey, Covic, Kober, Sauer und Vural waren neu ins Team gekommen. Ein Fiedler, ein Karl, ein Veit, ein Sverrisson oder die Zwillinge namens Schmidt schon länger in der Stadt und im Verein. Irgendwie teilte sich zuerst alles in zwei Lager: die Alten um Falko Götz oder

Gunnar Sauer, die ihre besten Zeiten in der Bundesliga bereits hinter sich wußten, und die vielen „jungen Wilden", wie Berlins Presse gern den drängenden Nachwuchs beschrieb.

Röber mußte die Lager vereinen, aus Jung und Alt, Erfahrung und jugendlichem Unbekümmertsein ein Kollektiv, eine spiel- und kampfstarke Gemeinschaft formen. Das gelang ihm in täglicher akribischer Arbeit. Röber: „Die Älteren haben am Anfang versucht, gewisse Ansprüche zu stellen, die glaubten an eine Stammplatzgarantie. Aber so etwas gibt es bei mir nicht." Im Gegenteil: Beim Training forcierte er den Konkurrenzdruck noch.

Dieser dynamische Prozeß, der sich in zunehmend positiven Resultaten auf dem Platz auszahlte, ging nicht ohne Reibungsverluste und Querelen vonstatten. Manche Spieler oder gar Betreuer und Leute aus dem Umfeld blieben unter der Röberschen Ägide auf der Strecke. Solide Zweitligaspieler wie Thomas Richter, Dirk Bremser oder Miroslav Tanjga wurden aussortiert, weil sie leistungsmäßig nicht mehr mithalten konnten. Doch öffentliches Mobbing um einen Stammplatz war verpönt. Der ehemalige Profi des Hamburger SV, Karsten Kober, den Röber nach Berlin geholt hatte, spürte den Gerechtigkeitssinn seines Chefs äußerst drastisch. Kober hatte in einer Zeitung seinen Teamkameraden Hasan Vural als „Risikofaktor" bezeichnet. Für Röber verletzte er damit das Berufsethos eines Profis. Auch Kober wurde aussortiert.

Gern umschrieb Röber sein Erfolgsrezept: „Die Leute im Stadion müssen merken, daß da unten Spieler auf dem Platz stehen, die für ihr Geld immer das Beste leisten wollen, die sich regelrecht zerreißen, auch wenn es mal spielerisch nicht optimal laufen sollte." Der Trainer verlangte, daß alle – vom Torhüter bis zum Linksaußen – immer hundert Prozent geben sollten. Sehr schnell bekam das Berliner Publikum, das in Zweitligazeiten oft nur noch 5.000 Getreue zählte, ein Gespür für die neue Situation. Es merkte, diese Mannschaft will nach oben, will guten Fußball bieten. Röber sagt: „Wenn du dann mal schlecht drauf bist, bekommst du etwas von der Tribüne zurück." Und das Publikum in Berlin entwickelte sich ebenso schnell wie die Mannschaft auf dem Rasen. Es zählt inzwischen zum Stärksten, was die Liga zu bieten hat.

Das Team der Hertha samt Trainer Röber, der im April 1997 und zuletzt im Februar 1999 seinen Vertrag jeweils um zwei Jahre verlängerte, nahm eine ähnliche Entwicklung wie die gesamte Stadt Berlin.

Ein bißchen hektisch, ein wenig chaotisch, immer im Bestreben, in der Vergangenheit Verpaßtes möglichst im Eiltempo aufzuholen.

In der ersten Erstligasaison unter Röber 1997/98 galt dieser zweimal bereits als entlassen. Doch das Publikum, das den Trainer längst zu seinem Helden auserkoren hatte, und auch die Mannschaft verhinderten das branchenübliche Szenario nach einer Serie von Niederlagen: den Rausschmiß des Trainers. Zweimal demonstrierten die Fans in äußerst kritischen Situationen für Jürgen Röber, drohten gar mit Boykott. In diesem Ausmaß ein in der Liga eher seltenes Verhalten. Röber sagt: „Als einige Male fast nichts mehr ging, haben nur noch mein Assistent Bernd Storck und ich an uns und unsere Methoden geglaubt. Und das phantastische Berliner Publikum."

Solcherart Vorkommnisse sind fast vergessen angesichts des rasanten Weges, den die Hertha derzeit nimmt. Röber, der fester im Sattel sitzt als jemals in seiner Berliner Amtszeit, weiß aber genau, daß gerade sein Posten erneut zum Schleudersitz werden kann. Das Anspruchsdenken in der Stadt ist enorm. Der Verein Hertha BSC, inzwischen zum sportlichen Aushängeschild der Metropole geworden und sogar zu etwas wie einem Symbol, wo sich Ost und West treffen und vereinigen, wird in den kommenden Jahren keinerlei Stillstand dulden. Man will zur Elite des deutschen Fußballs gehören und den bislang Größten der Branche, dem FC Bayern München und Borussia Dortmund, Paroli bieten. Ein Zurück ins Mittelmaß der Liga duldet der Hauptstädter nicht und würde es wohl mit Liebesentzug beantworten.

Einem wie Jürgen Röber, der professionell arbeitet und für den Fußball lebt und der seinen Job bei Hertha inzwischen auch als eine Art Glücksfall empfindet, ist klar, was auf ihn zukommen und einströmen wird. Deshalb hält er auch öfter mal inne während der fortlaufenden Hektik und erinnert immer wieder daran, „woher wir eigentlich erst vor wenigen Jahren gekommen sind". Und wenn er mal Zeit findet für einen Cappuccino bei einem seiner geliebten Kaffeehaus-Besuche, dann genießt er solche Augenblicke, wenn selbst ältere Damen nach Torte mit Sahne plötzlich vor seinem Tisch stehen, ihm, dem juvenilen Fußball-Trainer, schüchtern auf die Schulter klopfen und leise ein „Machen Sie weiter so, Herr Röber" zurufen. „Ist sowas nicht phantastisch?" pflegt Röber dann zu sagen. Er ist längst ein Berliner geworden und in dieser liebenswerten Stadt angekommen. ∎

Dieter Hoeneß:
Manager mit Visionen

Hoeneß, Dieter? Da taucht sofort wieder dieses eine Bild auf: ein großer, stämmiger Mann im roten Dreß des FC Bayern. Die Stirn schon ein wenig gelichtet, und auf dem Kopf ein blutverschmierter Turban. Der Mann, gezeichnet vom Kampf, rackert und ackert. Man schreibt das DFB-Pokalfinale 1982 im Waldstadion zu Frankfurt/Main. Gegner des FC Bayern München, als dessen Mittelstürmer Hoeneß spielt, ist der alte Rivale aus Franken, der 1. FC Nürnberg. Dieter Hoeneß, der jüngere der beiden berühmten Brüder aus Ulm, wird zum Helden des Pokalfinales. Bruder Uli sitzt längst als Manager auf der Münchner Bank neben Trainer Pal Csernai.

In diesem Endspiel, das Dieter Hoeneß nie vergessen wird, prallen er und der Nürnberger Reinhardt mit den Köpfen zusammen, Hoeneß rappelt sich mit einer klaffenden Platzwunde wieder auf und spielt weiter. Das Finale nimmt seinen Lauf, und die Außenseiter aus Nürnberg führen mit 2:0. Nach der Pause verlängert Hoeneß mit blutdurchtränktem Turban eine Flanke von Dremmler in die Strafraummitte. Dort lauert Rummenigge und köpft zum 1:2 ein. Kraus schafft sogar das 2:2. Noch eine Viertelstunde ist zu spielen. Breitner verwandelt schließlich einen Strafstoß zur 3:2-Führung für die Bayern. Die Nürnberger wehren sich bis zuletzt. Noch zwei Minuten sind zu spielen. Da sorgt der Mann des Tages für die Entscheidung. Zwei Treffer hatte Dieter Hoeneß bereits mit seinem bandagierten Kopf vorbereitet, dann hält er ein letztes Mal den dick umwickelten Schädel in eine Eingabe von Breitner – und trifft zum 4:2-Endstand.

Dieter Hoeneß galt als ein Mann der kantigen Spielweise, mit der er es immerhin auf 102 Treffer in 224 Bundesligaspielen brachte und auf 26 Tore in 52 Europacupspielen – mehr schaffte nur Gerd Müller für die Bayern. Ab und an erzählt Dieter Hoeneß die Episode mit dem Turban, und man merkt ihm einen gewissen Stolz an, auf das, was er in seiner langen Karriere erreicht hat. Doch lange hält sich Hoeneß nicht damit auf, über vergangene Meriten zu parlieren. Er ist ein Mann von hier und heute, einer, der als Bundesliga-Manager weniger kantig daherkommt, eher das geschliffene Wort pflegt. Ein Mann des Ausgleichs. Und ein Mann mit Visionen.

Als die Hertha-Führung an einem November-Abend des Jahres 1996 völlig überraschend für die Berliner Öffentlichkeit den ehemaligen Nationalspieler als neuen Vizepräsidenten präsentierte, war der folgende Weg des wuchtigen Mannes bereits vorgezeichnet – auch wenn man Hoeneß eher verhalten in seine künftigen Ämter hievte. Als Vizepräsident, ehrenamtlich natürlich, sollte Hoeneß zuerst seine Beziehungen für die Hertha wirken lassen und vor allem im Bereich des Sponsoring die Fäden knüpfen. Doch wer sich im Innenleben des Berliner Traditionsvereins ein wenig auskannte, konnte zumindest ahnen: Erst als Manager würde Hoeneß seine vielseitigen Kenntnisse und Erfahrungen wohl am effektivsten für den ambitionierten Verein einbringen. Und so geschah es dann auch.

Hoeneß steigerte von Woche zu Woche seine Anwesenheit in Berlin und dementsprechend sein Engagement. Irgendwie, so schien es, war mit dem eloquenten Mann endlich die große weite Fußballwelt eingezogen beim bis dato noch immer ein wenig piefigen Verein aus der Hauptstadt. Hoeneß – das klang und roch nach Toren, nach dem FC Bayern, nach Europacup, auch nach dem blutverschmierten Turban, eben nach Erfolg.

Der kräftige Mann, der als Mittelstürmer immer dahin ging, wo es wehtat, hatte die Perspektiven, die die blau-weiße Hertha mit ihrem Umland und als Hauptstadt-Klub vor sich hatte, längst erkannt. Sportliche wie geschäftliche. Mit der Kraft seiner gesamten Persönlichkeit machte sich Hoeneß fortan daran, Hertha BSC einem gewaltigen Facelifting zu unterziehen, einem für einige altgediente Herthaner durchaus schmerzhaften Prozeß. Hoeneß war angetreten und von der Ufa unterstützt, das Unternehmen Hauptstadt-Klub endlich in professionelle Bahnen zu lenken. Und das in möglichst kurzer Zeitspanne.

Meist spricht aus Hoeneß nicht nur der ehemals erfolgreiche Profi, sondern vielmehr der Unternehmer, der clevere Geschäftsmann. Promotions- und Marketing-Jobs sowie Erfahrungen in der TV-Branche und als Manager beim VfB Stuttgart, mit dem er 1992 Deutscher Meister wurde, machen ihn zum vielseitigen Fußballfachmann mit einigen

Ohne Turban, aber mit Pokal: Der lädierte Dieter Hoeneß nach dem Pokalsieg 1982. Als Manager soll er nun Hertha solche Triumphe bescheren.

Entertainerqualitäten. Vergleiche mit seinem bis dato in der Fußballszene erfolgreicheren und lange schier übermächtigen Bruder Uli – seit 1979 im Manageramt beim Branchenführer FC Bayern – scheut Dieter Hoeneß schon lange nicht mehr. In drei Jahren seines Wirkens hat Hertha BSC eine Entwicklung genommen, für die andere Vereine „vielleicht zehn Jahre benötigt hätten", sagt Hoeneß gerne. In Berlin – dieser Metropole im Aufbruch, die sich im Mittelpunkt Europas wähnt – werde keinerlei Stillstand geduldet. „Stillstand bei Hertha bedeutet Rückschritt", ist seine Devise.

Dabei galt auch Hoeneß nicht immer als unumstritten. Federführend hatte er gemeinsam mit Trainer Röber, dem er auch in schlimmsten Krisensituationen stets den Rücken stärkte („der Jürgen Röber ist der richtige Mann am richtigen Platze"), die zahlreichen Transfers seit 1997 zu verantworten, die nicht immer erfolgreich waren. Mit dem ehemaligen Präsidenten Manfred Zemaitat fand Hoeneß nur selten eine gemeinsame Linie – er überspielte meist geschickt seine Animositäten gegenüber dem vermeintlichen Laien auf dem Gebiet des Profifußballs. Außerdem mußte Hoeneß – mehr als ihm lieb war – die Vermittlerrolle zwischen dem oft aufgebrachten Aufsichtsratschef Robert Schwan, den in Berlin ansässigen Rats- und Vorstandsmitgliedern und dem Trainer spielen. Doch die Moderatorenrolle scheint Dieter Hoeneß durchaus zu liegen. Als Trainer Röber in der Spielzeit 1997/98 zweimal kurz vor dem Rausschmiß stand, stützte ihn der Manager vehement. Allerdings gab Dieter Hoeneß damals auch zu Protokoll, daß er „nicht mit dem Trainer verheiratet sei". Er wollte sein Schicksal nicht unbedingt ein zweites Mal mit dem von Röber verbinden. In Stuttgart, beim VfB, wurden beide von Präsident Mayer-Vorfelder 1995 fast zeitgleich gekündigt.

„Fußball", sagt Dieter Hoeneß, „das ist ein Teil der Unterhaltungsbranche, bei dem zwischen Konsument und Produkt die Identifikation stimmen muß." Er meint die Einheit zwischen den Profis auf dem Rasen und den Fans auf den Rängen. Obwohl er sich als Manager vor allem um die Belange der hochbezahlten Kicker kümmern muß, weiß Hoeneß um die Macht und den Einfluß des gewaltigen Zuschauerpotentials. Die professionelle, aber stets bodenständige Betreuung der zahlenden Kundschaft liegt dem Manager am Herzen. Dazu gehört auch der Plan, für alle Vereinsanhänger eine zentrale Anlaufstelle, eine Heimat zu schaffen.

Als Hoeneß im Herbst 1996 seinen ersten Koffer in Berlin abstellte, residierte Hertha BSC noch als Untermieter bei einer Versicherung in der Heerstraße. „Ist das hier wirklich Hertha?" Der Schwabe hatte seine Zweifel, war er doch ganz andere Umstände gewöhnt – vom FC Bayern und vom VfB Stuttgart. Heute residiert der Hauptstadtklub auf über 800 Quadratmetern nahe dem Olympiastadion, wo auch Hoeneß die künftige Heimat des Vereins sieht. Nur mit einem geheimen Zahlencode gelangt man in die Räume der Geschäftsstellenmitarbeiter. Der Manager residiert am Ende eines langen Flures, der mit weichem Fußbodenbelag in den Klubfarben blau und weiß ausgelegt ist. In geräumigen Konferenzzimmern kann er seine Gäste empfangen. Hoeneß sagt besonders gern Sätze wie etwa: „Unsere Entwicklung ist kein Selbstläufer" Oder: „Wichtig für alle, die rund um die Uhr für den Verein arbeiten ist, daß wir immer wissen, wo wir stehen, wo wir waren und wo wir hergekommen sind."

Und wenn sich der umtriebige Mann, dessen zwei Handys fast im Dauerton zu klingeln scheinen, dann doch einmal Zeit für sich selbst oder seine Familie nimmt, dann läßt er sich liebend gern ein ausgefallenes Essen schmecken, nimmt einen Cognac dazu und schaut versonnen dem Rauch einer edlen Zigarre nach. Bevor er wieder an eine „alte Dame" denkt, die auf den Namen Hertha hört. ∎

Millionen und Visionen

Das Engagement der Ufa bei Hertha BSC

Die Luft war zum Schneiden dick. Im Logenhaus in der Emser Straße im Herzen Berlins drängten sich exakt 454 Hertha-Mitglieder. Man schrieb den 26. September 1994, ein Montag. Bei Hertha BSC stand eine gewichtige Wachablösung an. Mit der Inthronisierung des Rechtsanwalts Manfred Zemaitat aus Berlin-Zehlendorf zum neuen Präsidenten nach neun Jahren der Ära des inzwischen greisen Bauunternehmers Heinz Roloff, sollte – wenn auch noch nicht vordergründig – das millionenschwere Hamburger Medienunternehmen Ufa endgültig die Macht an der Spree übernehmen. Und das über viele Jahre.

In rauchgeschwängerter Atmosphäre des Wilmersdorfer Logenhauses – das Bier im Pappbecher kostete vier Mark, die Flasche Selterswasser gar acht Mark – duellierten sich Zemaitat und der ehemalige Hertha-Boß Wolfgang Holst, der noch einmal angetreten war, den erneut finanziell arg angeschlagenen Verein zu retten und zu sanieren. In einem aufwendig über die Medien geführten Wahlkampf hatte Holst, der stadtbekannte Kneipier vom Bahnhof Zoo, einige Millionen Mark vom Schweizer Bankverein in Aussicht gestellt. Hertha war mit rund acht Millionen Mark verschuldet, und Heinz Roloff, inzwischen amtsmüde und auch physisch angeschlagen, wollte seine Privatschatulle nicht noch einmal öffnen. Es stand viel schlechter um Hertha, als die Herren Zemaitat und Holst zugeben wollten; der DFB drohte wieder einmal, keine Lizenz zu erteilen, der Verein stand vor dem Aus.

Rechtsanwalt Zemaitat, der sich Monate zuvor gemeinsam mit dem damaligen Manager Wolfgang Levin und mit Präsidiumskollegen Klaus Fehrmann „mit einem Stoßgebet" an die mächtige Ufa gewandt hatte, konnte dem Wählervolk konkretere Fakten präsentieren. Die Ufa, mit der Zemaitat in London während des Wimbledon-Tennis-Turniers bei den berühmten Erdbeeren verhandelt hatte, stellte dem Verein ein zinsloses Darlehen in Höhe von 4,5 Millionen Mark in Aussicht, wollte dafür einen Kontrakt bis zum Jahr 2003 abschließen, der auch eine Kontrolle über die Verwendung der Gelder gewährleisten sollte.

Dem maroden Verein blieb kaum eine Wahl, als sich an einen solventen Partner zu binden. Zemaitats Argumente und seine Verbindung zur Ufa überzeugten: Mit 309 Stimmen wurde er zum neuen Präsidenten gekürt, Holst bekam nur das Votum von 112 Vereinsgetreuen.

Die damalige Ufa-Film- und Fernseh-GmbH & Co. KG mit Hauptsitz in Hamburg firmiert seit August 1997 unter dem neuen Namen Ufa Sports GmbH. Der neue Name ist natürlich Programm. In einer Presseerklärung vom 29. August 1997 hieß es u.a.: „Nach der Verschmelzung von Ufa und Compagnie Luxembourgoise de Telediffusion (CLT) zu Europas größtem Entertainment-Unternehmen mit Beteiligung an 21 TV- und 22 Radiosendern in zehn Ländern wird der Bereich der Film- und Serienrechte, zuvor bei der Ufa angesiedelt, von CLT-Ufa International Luxemburg betreut. Der Name Ufa-Sports symbolisiert Fokussierung auf den Sport und die erweiterten Aktivitäten in diesem Bereich. Das Unternehmen betreibt von Hamburg aus das für Fernsehsender quoten-relevante Marketing der Sportrechte, die sich von der Vermarktung der Übertragungsrechte über die Bandenwerbung bis zu den Medienrechten in den Sportarten Fußball, Tennis und Leichtathletik erstrecken. Auf diesen Feldern ist die Ufa national wie international tätig." International haben rund 170 europäische Klubs und 30 nationale Verbände die Vermarktung ihrer Spiele der Ufa anvertraut.

Stolz verwies das Unternehmen auf seine Potentiale: „Mit 55 Mitarbeitern wies die Ufa im Bereich der Sportrechte zuletzt einen Umsatz von rund 400 Millionen Mark aus. Das Unternehmen ist in seinem Segment Marktführer in Europa." Ausdrücklich wird in der gleichen Erklärung auch auf Irritationen über die besondere Liaison mit Hertha BSC hingewiesen: „Vorbildcharakter für bestehende und künftige Kooperationen mit Vereinen im In- und Ausland hat die Zusammenarbeit mit Hertha BSC Berlin, deren Rückkehr in die Bundesliga ohne die Ufa unmöglich gewesen wäre. Die Ufa fungiert als Marketing-Abteilung des Klubs und unterhält in der Hertha-Geschäftsstelle ein eigenes Büro mit insgesamt elf Mitarbeitern."

Feindliche Übernahme?

Der Sportrechtevermarkter, dem Mediengiganten Bertelsmann zugehörig, hatte bereits 1992 einen ersten Fuß vorsichtig in den Hauptstadtverein Hertha BSC gesetzt. Damals wurden die Bandenrechte im

Olympiastadion frei, die bislang der Schweizer CWL-Lüthi gehörten. Die Verträge liefen aus, und die Ufa sicherte sich diese Rechte. Es war der erste zaghafte Beginn einer komplizierten Verbindung im deutschen Profifußball, die einige Jahre als einmalig galt. Motto: Ein riesiges Medienunternehmen bietet langfristig Entwicklungshilfe, um aus einem fast bankrotten Klub, der nach dem Prinzip der Vereinsmeierei geführt wurde, ein modernes Wirtschaftsunternehmen zu machen und – bei Erfolg – seine gewaltigen Investitionen verzinst zurückzubekommen. Bernd Hoffmann, Geschäftsführer von Ufa-Sports, erinnert sich: „1994 signalisierte Hertha einen Fehlbetrag von über vier Millionen Mark, meist kurzfristige Verbindlichkeiten. Der Konkurs drohte. Wir schlossen einen umfangreichen Vertrag ab, investierten sofort 4,5 Millionen Mark als Vorauszahlung und ließen uns im Gegenzug die Vermarktungsrechte bis zum Jahr 2003 garantieren, mit einer Option bis 2009.“

Mit dieser ersten Investition verband die Ufa den Wunsch nach Kontrollmöglichkeiten. Das Geld sollte nicht, wie so oft in der Vergangenheit, in irgendwelchen Kanälen versickern. Den Kontrakt mit den Hamburgern bezeichneten altgediente Hertha-Mitglieder als „Knebelvertrag". Das Wort von der Entmündigung der Berliner machte die Runde, viele sprachen gar von einer „feindlichen Übernahme" eines Berliner Symbols. Der im nachhinein überlebenswichtige Vertrag beinhaltete in der Tat ungewöhnliche Vereinbarungen. So sicherte sich die Ufa auf Jahre 40 Prozent der Erlöse an allen Einnahmen aus Vermarktung und Werbung. 60 Prozent gehen an Hertha BSC. Der ungewöhnlich hohe Provisionssatz wurde mit den hohen Eingangsinvestitionen begründet, die zu refinanzieren seien.

Man merkt schon, mit dem Einzug der Ufa in die damals bescheidenen Räumlichkeiten der guten, alten Hertha änderte sich auch der Sprachgebrauch, das tägliche Vokabular in der Geschäftsstelle. Von Investitionen und Marken war fortan die Rede, von Synergien und Merchandising, seltener von Elfmetern, Kopfbällen oder Torschützenlisten. Vom Wirtschaftsfaktor Hertha BSC war die Rede und von Gewinnen, dagegen kaum mehr vom Fußballverein, Punkten und Treffern.

Merchandising statt Elfmeter?

Martin Bader, vier Jahre lang Statthalter der Ufa bei Hertha und ebenso lange Büroleiter des Hamburger Unternehmens in Berlin, erinnert sich: „Grob gesagt, fanden wir 1994 bei Hertha keinerlei Infrastruktur vor. Die finanzielle Lage war mies. Bei Hertha gab es damals – die fleißigen Geschäftsstellen-Mitarbeiter mögen mir verzeihen – nur eine Art Mängelverwaltung. Mehr nicht. Die waren in vielen Belangen, die das moderne Vereinswesen eines Bundesligaklubs ausmachen, ganz einfach stehengeblieben. Sponsoring, Ticketing – nichts war vorhanden."

Es begann die mühsame Aufbauarbeit, die unendlich viele Spannungen zwischen Ufa-Mitarbeitern und altgedientem Vereinspersonal hervorbrachte. Irritationen, ausgelöst durch das oft forsche Auftreten der meist jungen Hamburger „Macher", Anfeindungen und oft genug öffentlich über die begierigen Berliner Medien ausgetragene Unstimmigkeiten bestimmten lange das Bild der Zusammenarbeit.

Präsident Manfred Zemaitat hatte noch bei seiner Inthronisierung 1994 behauptet: „Die Ufa kann nicht in die Vereinsautonomie eingreifen. Die haben keinen Sitz im Präsidium." Diese Behauptung, vielleicht 1994 wahltaktischer Natur oder aus Unkenntnis der kommenden raschen Entwicklung entstanden, wurde sehr schnell überholt und widerlegt. Ufa und Hertha arrangierten sich mit einer Dynamik, die regelmäßig zu Reibungen und Verwerfungen im Vereinsbild führten.

Während Martin Bader, Experte für Marketing, in aller Stille riesige Aufbauarbeit leistete, wurden die entscheidenden Schaltstellen des Traditionsvereins nach und nach mit Ufa-Leuten besetzt. Bader baute die noch vorhandenen Reste eines sogenannten Sponsoren-Pools zu einem finanzstarken „Förderkreis Hertha BSC" auf. Dem gehören rund 100 kleinere und mittelständische Unternehmen aus Berlin und Brandenburg an, die im Olympiastadion, im VIP-Bereich und bei anderen Vereinsveranstaltungen werbliche Vorteile genießen und dafür eine bestimmte Summe an den Verein zahlen sollten (12.500 Mark pro Jahr/ Stand 1998). „Mit diesem Kreis haben wir versucht, eine Art Schneeball-Effekt bei der Berliner Wirtschaft auszulösen, die ja jahrelang enttäuscht wurde und für ihre Leistungen meist keinen werblichen Gegenwert erhielt. Für viele Wirtschaftsunternehmen war Hertha BSC lange Jahre ein rotes Tuch", sagt Bader, der nach getaner Aufbauarbeit auf seinem speziellen Gebiet im Mai 1998 die Seiten wechselte und als „Assistent des Sportlichen Leiters" Angestellter von Hertha BSC wurde.

Neben dem Förderkreis wurde ein Wirtschaftsrat mit hochkarätigen Personen, meist Geschäftsführern oder anderen Entscheidungsträgern von Unternehmen, installiert, der allerdings nur beratenden Charakter besitzt. Er sollte auch als „Türöffner" für Wirtschaft und Politik fungieren. Im Laufe der Zeit entwickelte sich die Heimstätte von Hertha BSC, das Berliner Olympiastadion, zu einer der bestvermarkteten Arenen der Fußball-Bundesliga. Erste Voraussetzung war natürlich der sportliche Erfolg, sprich, der Aufstieg in die erste Bundesliga nach der Saison 1996/97. Bader akquirierte insgesamt neun Unternehmen, die sich fortan in der Arena sichtbar „Partner von Hertha BSC" nennen durften und zwischen 500.000 und 650.000 Mark pro Jahr zahlten. Die Werbebanden-Preise stiegen in ungeahnte Höhen: Für Banden der ersten Kategorie, die sich im Schwenkbereich der TV-Kameras befinden, mußten Kunden rund 100.000 Mark berappen, auch die sogenannten Banden II (Richtung der Eckfahnen gelegen) brachten noch erkleckliche Einnahmen. Sogenannte VIP-Pakete (Tickets, Parkplätze usw.) auf der Ehrentribüne werden für rund 18.000 Mark pro Saison verkauft.

Der erste Aufsichtsrat wird installiert

Die entscheidenden Weichen für die endgültige Zementierung der Macht der Ufa bei Hertha BSC wurden indirekt mit Hilfe des Deutschen Fußball-Bundes geschaffen. Der DFB forderte mit Blick in die Zukunft neue Strukturen für seine Profivereine, die irgendwann einmal in Kapitalgesellschaften umgewandelt werden sollen und an der Börse vertreten sein werden. Dafür sind professionelle Strukturen unumgänglich, der Verein alter Prägung stirbt, auch wenn man das betrauern mag. Den Präsidien sollten als erste Maßnahme Aufsichts- oder Verwaltungs-

Wichtige Vorstandsherren aus dem Aufsichtsrat: Rolf Schmidt-Holtz, Robert Schwan und Heinz Warneke (von links).

räte als oberste Kontrollorgane vorgeschaltet werden, die auch befugt sind, das Führungspersonal zu bestimmen. Die Mitgliederversammlung, bis dahin jahrzehntelang ermächtigt, die Vereinsführung selbst zu bestimmen und zu wählen, wurde entmachtet.

Hertha BSC wählte im November 1996 den ersten Aufsichtsrat in seiner langen Vereinsgeschichte. Die Zusammenstellung der neun honorigen Herren, allesamt ehemalige oder noch aktive Führungskräfte aus Politik, Medien und Wirtschaft, fand maßgeblich unter Kontrolle und Einflußnahme der Ufa statt. Der 1994 gewählte Vereinspräsident Manfred Zemaitat hatte auf die Auswahl der Kandidaten kaum Einfluß, mußte vielmehr nach Installierung des Aufsichtsrates um sein Ehrenamt bangen, weil das Präsidium erst später vom Rat bestellt wurde.

Erster Chef des mächtigsten Gremiums, das u.a. sämtliche finanzielle Aktivitäten über 100.000 Mark Volumen absegnen muß, wurde der Bertelsmann-Manager Rolf Schmidt-Holtz, der später die CLT-Ufa mit Hauptsitz in Luxemburg führte. Bedingung bei der Wahl des Aufsichtsrates war es, daß die seinerzeit neun Personen im Block ins Amt gehievt werden sollten. Sollte das nicht geschehen, so ließ Geldgeber Ufa damals indirekt mitteilen, werde man sein finanzielles Engagement überdenken. Die Wahl ging über die Bühne, einige Vereinsmitglieder klagten über den Verlust der Eigenständigkeit, aber ihre Stimmen gingen unter und verstummten im Laufe der kommenden Jahre fast völlig. Schon 1995 hatte die Ufa mit dem ehemaligen Hertha-Spieler und langjährigen Manager des Karlsruher SC, Carl-Heinz Rühl, einen kompetenten Mann auf den Stuhl des Hertha-Managers gehoben, der endlich professionelle Strukturen in die Geschäftsstelle brachte und gemeinsam mit dem Präsidium den schnellstmöglichen Aufstieg in die deutsche Eliteklasse zum obersten Ziel erhob. Mit der Inthronisierung des Aufsichtsrates, in dem der ehemalige Bayern-Manager und Beckenbauer-Berater, der Schmidt-Holtz-Freund und -Vertraute Robert Schwan so etwas wie den „Sportlichen Chef" darstellte, schwand der Einfluß von Rühl. Er legte sich in Sachen Transfers zunehmend mit Schwan an.

Der Coup: Dieter Hoeneß kommt

Die schleichende Entmachtung des Carl-Heinz Rühl nahm am 21. November 1996 eine neue Form an. Mit dem ehemaligen Nationalspieler, Mittelstürmer alter Prägung und späteren Manager beim VfB Stuttgart, Dieter Hoeneß, zog der Aufsichtsrat überraschend ein As aus dem Ärmel. Hoeneß wurde als neuer, ehrenamtlicher Vizepräsident vorgestellt, zunächst mit dem offiziellen Aufgabenbereich „Wirtschaftskontakte/Sponsoring". Rühl blieb zu diesem Zeitpunkt hauptamtliches Präsidiumsmitglied mit der Funktion „Sportlicher Leiter" oder Manager.

Trotzdem war klar: Mit der Verpflichtung von Dieter Hoeneß, der schon aufgrund seiner Vergangenheit und seiner vielen Meriten eine geballte sportliche Kompetenz darstellt, würde Rühls Entscheidungsfreiheit früher oder später arg beschnitten. Hoeneß, das muß jeder zugeben, besitzt durch seine unterschiedlichen Tätigkeiten nach der Spielerkarriere beste Voraussetzungen für den vielseitigen Manager-Job. Er besaß Promotion- und Sportmarketing-Jobs beim Ausrüster „adidas" und der Computerfirma „Commodore", seinerzeit auch Haupt- und Brustsponsor beim FC Bayern München. Später folgte der Managerposten beim Bundesligisten VfB Stuttgart, mit dem Hoeneß Deutscher Meister wurde. Zudem gab es über die Firma Top-Vision, deren Geschäftsführer Hoeneß war, geschäftliche Verbindungen zur Ufa.

Der Vizepräsident, der zunächst viel zwischen seiner Heimat Stuttgart und Berlin pendelte, übernahm, die Ufa im Rücken, immer mehr Aufgaben, die eigentlich noch Rühl oblagen. Der resignierte schließlich. Dreckige Wäsche wurde nicht gewaschen, Rühl schied als ehrenwerter Mann, der ohne Zweifel gehörigen Anteil am späteren Aufstieg der Hertha besaß, aus Berlin. Nach einer Art pietätvoller Pause rückte Dieter Hoeneß, der ante portas stand, vollends und höchst offiziell in die Verantwortung, wurde Manager und hauptamtliches Präsidiumsmitglied, was auch den Einfluß von Marketingpartner Ufa erneut steigen ließ. Ein Mitglied der Führungsriege, dem Flügel der sogenannten Alt-Herthaner zugehörig, klagte damals über die Abhängigkeiten des Vereins: „Wir können uns nicht mal eine Tafel Schokolade kaufen, ohne das Okay von der Ufa aus Hamburg!"

Spagat zwischen Verein und Investor

Die tägliche Arbeit beim Bundesligisten geriet immer mehr zu einem Spagat zwischen Vereinsautonomie und Interessen des Geldgebers. In Berlin machte seinerzeit das böse Wort von der „Betriebssportgruppe Bertelsmann" die Runde. Doch die Ufa überzeugte mit ihrem wichtigsten Mittel, dem Geld. Nach der Anfangsinvestition von 4,5 Millionen

Mark pumpte man vor der Aufstiegssaison 1996/97 für sechs Spielerverpflichtungen rund sechs Millionen Mark in die Hertha, die sich einem sportlichen Lifting unterziehen mußte. Nach dem geglückten Aufstieg gab es noch einmal rund neun Millionen Mark für insgesamt acht neue Profis, die allerdings nun schon von gehörigem Kaliber waren, hohe Ablösesummen und ebenso hohe Gehälter verschlangen.

Doch der ungehinderte Geldfluß ging nicht ohne Querelen vonstatten, obwohl inzwischen auch der letzte Alt-Herthaner begriffen hatte, daß man ohne das

Er rieb sich im Zusammenspiel mit der Ufa auf: Hertha-Präsident Manfred Zemaitat.

Hamburger Unternehmen die Bundesliga nicht halten könnte. In der Hinserie der Bundesligasaison 1997/98, in die Hertha BSC so unendlich schwer gestartet war, legte die Ufa dem Präsidenten Zemaitat plötzlich ein Papier zur Unterschrift vor, in dem es hieß, daß von den getätigten Investitionen für Transfers sechs Millionen nur als Darlehen gedacht seien. Man werde erst wieder investieren, wenn auch vertraglich festgeschrieben sei, daß in Zukunft weiterhin Personen im Aufsichtsrat sitzen werden, die der Ufa genehm seien. Der Präsident begehrte auf, wollte gar eine außerordentliche Mitgliederversammlung einberufen. Das Wort Erpressung machte die Runde, die Symbiose Hertha-Ufa, die bislang sportlichen wie finanziellen Erfolg mit sich brachte, schien ernsthaft in Gefahr. Fußball-Berlin schrie auf.

Es war wohl das letzte Hurra gegen die mächtige Ufa. Deren Geschäftsführer Hoffmann: „Bei der Art und Weise der Diskussion stellt sich bei uns die Sinnfrage unseres Engagements bei Hertha." Damals gab die Ufa bekannt, in den zurückliegenden drei Jahren – von 1994 bis 1997 – bereits rund 20 Millionen Mark in des Berliners liebstes Kind investiert zu haben. Der sportliche Mißerfolg zu Beginn der mit viel Euphorie angegangenen Erstligasaison stellte das Verhältnis zwischen Verein und Geldgeber auf eine enorme Zerreißprobe. Doch mit dem Erfolg auf dem Rasen beruhigte sich auch die Situation um die Gelder. Die Ehe Hertha-Ufa war gerettet. Später spöttelte der ehemalige Präsident Wolfgang Holst: „Die Ufa hat Hertha einst als angeschmuddelte Braut geheiratet. Jetzt ist sie eine schöne, attraktive Frau geworden, die vielleicht auch andere Liebhaber bekommen könnte."

Die Pläne der Ufa: Hertha als Marke

Rolf Schmidt-Holtz, der Vielbeschäftigte, hat noch immer Sitz und Stimme im Hertha-Aufsichtsrat. Zu Beginn des Ufa-Engagements machte er deutlich, um was es dem Unternehmen gehe. „Wir machen kein Hehl daraus", so der Manager, „daß wir langfristig mit dem Fußball ein Geschäft machen wollen."

Die Ufa hatte schon 1998 ihre Aktivitäten enorm ausgebaut. Sie war unter anderem am Bau eines neuen, modernen Fußballstadions in Hamburg dabei und wird wohl bald die Kontrolle über den Hamburger SV bekommen. Auch der Traditionsverein 1. FC Nürnberg, lange Zeit in noch prekärerer finanzieller Lage als Hertha BSC 1994, sollte mit Ufa-Millionen aufpoliert werden.

Geschäftsführer Hoffmann gibt gerne zu, daß die Ufa immer dann ihre Großeinsätze startete, wenn es einem bekannten Traditionsverein schlecht ergangen sei. Der Hamburger SV habe ein Darlehen in Höhe von 138 Millionen Mark gebraucht, um das veraltete Volksparkstadion umbauen und wettbewerbsfähig machen zu können. Die Ufa garantierte dafür bei der Hausbank des HSV Zins und Tilgung für die nächsten 17 Jahre. Bis zum Jahr 2015 läuft also der Kontrakt des Rechtevermarkters mit dem hanseatischen Verein. Die Ufa ist, anders als in Berlin, beim HSV nur mit 20 Prozent an den wirtschaftlichen Erlösen beteiligt. Die Ufa spendierte den Hamburgern aber als Zubrot ein Darlehen in Höhe von 25 Millionen Mark zur „Stärkung der sportlichen Substanz".

Hertha BSC ist also kein Einzelfall für die Ufa. Doch deren Engagement hier ist so intensiv wie bei keinem anderen deutschen Verein: Hertha gilt der Ufa als „Filetstück", das für die Zukunft strategische Bedeutung hat. Das gewaltige Umfeld mit Millionen Menschen im Einzugsgebiet bietet – vorausgesetzt, der sportliche Erfolg stellt sich ein – geradezu paradiesische Verhältnisse für Marketing- und Merchandising-Aktivitäten, die wiederum enorme Gewinne abwerfen können. Dieter Hoeneß, der Manager, will mit Hilfe der Ufa die Hertha zu einer Marke entwickeln, die für eine ganz bestimmte Identität stehen soll. Wo sich diese Identität letztlich ansiedelt, ist noch unklar. Traditionsfans, die die alte Vereinsflagge noch mühelos dem alten Havel-Dampfer zuordnen können, müssen ebenso bedient werden wie neue, erfolgsorientierte Fanschichten.

Hoeneß will beim Image der Hertha, sozusagen in ihrem Markenprofil, Tradition und Innovation verbinden. Dafür nennt er Werte wie Qualität, Respekt, aber auch Spaß und jugendliche Frische. „Ein Fußballspiel", sagt Hoeneß, „hat immer einen Erlebnischarakter. Deshalb müssen wir auch junges Publikum, auch Mädchen und Frauen, deren Interesse an einem Stadionbesuch stark gestiegen ist, anziehen und ansprechen." Ein erfolgreicher Verein müsse den „Bauch" seiner Kundschaft erreichen: „Glaubwürdigkeit, Vertrauen, Sympathie, Attraktivität meines Produktes müssen gepflegt werden. Fußball ist ein sehr sensibles und emotionsgeladenes Geschäft. Die Menschen gehen zum Fußball, weil sie hier Elemente erleben, die in ihrem normalen Alltagsleben etwas seltener geworden sind. Teamgeist, ehrliche Arbeit, Leidenschaft, Emotionen, Sieger und Verlierer, Kunst in Form von Können, Fairplay, aber auch Schlitzohrigkeit. Elemente, die eher die Instinkte als den Intellekt der Menschen ansprechen."

Hertha BSC – nicht nur für Berliner

Ein modernes Image braucht der Hauptstadtverein Hertha schon deshalb, weil die Ufa ihre Vermarktungsstrategien nicht auf Berlin beschränken will. Das Hertha-Management sieht den Verein nicht nur als Repräsentant der Stadt, sondern auch ihres ferneren Umlands: Fans aus Brandenburg, Mecklenburg-Vorpommern, Sachsen sollen sich mit dem Berliner Klub identifizieren. Und Dieter Hoeneß sucht darüber hinaus Fanpotential und Vermarktungsmöglichkeiten in ganz Europa: „Wir müssen im Blick haben, welche nationale und internationale Bedeutung die Hauptstadt Berlin künftig haben wird. Denn dies hat ja auch Auswirkungen auf den Sport."

Es scheint, daß das reibungsträchtige Verhältnis von Hertha und Ufa doch einen modernen und erfolgreichen Fußballverein produzieren könnte. Die kommenden Jahre werden es zeigen. Für die Bundesligasaison 1998/99 stellte die Ufa erneut Millionen für personelle Verstärkungen zur Verfügung. „Einen Vertrauensvorgriff", nannte das Martin

Bader. Ziel war es, so schnell wie möglich einen lukrativen europäischen Pokalwettbewerb zu erreichen. Mit dem Erreichen der Champions-League-Qualifikation wurde das Planziel souverän erreicht. Jetzt beginnt das Geldverdienen.

Fußball und Kapital in Berlin

Das Kapitel Ufa bei Hertha BSC verlangt nach einem Nachsatz. In Berlin existieren auch noch andere Abhängigkeiten von Fußballvereinen zu ihren Geldgebern, andere Strukturen und Modelle der Fremdsteuerung. Herthas Dauer-Konkurrent in Berlin, Tennis Borussia aus Charlottenburg, schon immer der Verein der Begüterten und der Künstler, gab sich 1996, dem Konkurs nahe, in die Hand der „Göttinger Gruppe", einem Unternehmen der Finanz- und Versicherungsbranche, der sich selbst der Marktführerschaft auf dem freien Kapitalmarkt rühmt. Ein Mitglied des Konzern-Vorstandes, Hauptsitz ist Leonberg, hat den Vorsitz von TeBe übernommen. Wahlversammlungen dauerten bei Tennis Borussia in den Jahren 1997 und 1998 meist nur 30 bis 45 Minuten. Alles war zuvor geregelt, Widerspruch nicht erwünscht oder eingeplant. Die „Göttinger Gruppe", einst auch Brustsponsor beim Bundesligisten VfB Stuttgart, pumpte Millionen in den Verein. Ziel: den bei der Machtübernahme in der Regionalliga Nordost spielenden Verein über die „Zwischenstation" zweite Liga sofort in die höchste deutsche Spielklasse zu hieven, um dort mit dem Fußball die Investitionen refinanzieren zu können und auch letztendlich Gewinne zu machen.

Schon zu Drittliga-Zeiten wurden erstligareife Gehälter gezahlt und viele starke Spieler ins Mommsenstadion, der Heimstatt von TeBe, gelockt. 1997/98 wurde souverän die Regionalliga dominiert und in der Relegation der Aufstieg in die zweite Bundesliga perfekt gemacht. Die Göttinger haben dabei ein bislang unbekanntes Modell entwickelt und eine „Fußball-Marketing- und Investitions-Aktiengesellschaft Tennis Borussia" gegründet, der der Verein vorerst bis 2001 sämtliche Marketing- und Merchandising-Rechte übertrug. Im Gegenzug verpflichtete sich die AG, dem Klub die finanzielle Basis für seine ehrgeizigen sportlichen Pläne zu liefern. Für einige Millionen Mark wurden Anteilscheine veräußert, Geld, das TeBe zur Verfügung steht. Aktionäre wurden mit folgendem Slogan gewonnen: „Gehen Sie in die

Sponsoren, Retter, Investoren

Offensive und sichern Sie sich ihre Anteile. Denn wenn TeBe gewinnt, gewinnen auch die Aktionäre!"

Man verspricht Gewinne, die im unkalkulierbaren Fußballsport nicht garantiert werden können. Zudem ist die „Göttinger Gruppe", die sich seriös gibt, mit einem gewissen Makel behaftet. Vor ihrem Geschäftsgebaren warnen immer wieder u.a. die Stiftung Warentest und die Verbraucherzentrale Berlin. Man darf das Unternehmen nach einem Spruch des Oberlandesgerichts in Köln ungestraft „Abzock-Gruppe" nennen. Im Februar 1999 gab die „Göttinger Gruppe" bekannt, daß man den Vertrag als Brustsponsor mit dem Bundesligisten VfB Stuttgart vorzeitig „und im besten beiderseitigem Einvernehmen" lösen werde. Man wolle sich in Zukunft voll auf Tennis Borussia konzentrieren. Bereits wenige Tage nach dieser Nachricht beschlossen Vorstand und Aufsichtsrat von TeBe, in Kürze die „Fußball-Profiabteilung nebst Oberliga und erste A-Jugendmannschaft in eine Fußball-Kommanditgesellschaft auf Aktien" umzuwandeln. Das wurde der Mitgliederversammlung zum Beschluß vorgelegt und fast einstimmig abgesegnet. Der verbleibende Verein Tennis Borussia wird Hauptgesellschafter der Tennis Borussia Berlin KGaA und neben der „Göttinger Gruppe" Vermögens- und Finanzholding KGaA Berlin / Göttingen (24,3 Prozent) mit 75,7 Prozent die Mehrheit am Aktienkapital des Tennis Borussia Berlin Fußball KGaA halten.

Und noch ein Verein, der in Berlin, vor allem im Osten eine gewaltige Anhängerschaft besitzt, kann allein nicht existieren. Der 1. FC Union Berlin, in der Alten Försterei in Köpenick beheimatet, stand in den 90er Jahren mehrfach vor dem Konkurs. Der sportliche Aufstieg in die zweite Bundesliga, zweimal geschafft, wurde den Unionern (Schlachtruf: „Eisern Union!") immer wieder verwehrt. Eine gefälschte Bankbürgschaft über eine Million Mark und zu viele Verbindlichkeiten waren die Ursache, die stets zu Krisensituationen führten. Lange Zeit geriet Union auch zum Selbstbedienungsladen für profilsüchtige Präsidenten, Abzock-Trainer und alternde Spieler. Erst 1998 konnte der Konkurs endgültig abgewendet werden. Der Münchner Unternehmer Dr. Michael Kölmel, Vorstand der „Kinowelt"-Medien AG, half dem Verein aus finanzieller Not. Kölmel ist mit Union vorerst über sieben Jahre, bis 2005, vertraglich verbunden. Auch dort nahm erst im Sommer 1998 eine 1. FC Union Marketing-GmbH ihre Arbeit auf. Union ist aber auf

Gedeih und Verderb auf das Engagement von Kölmel angewiesen. Der investierte inzwischen Gelder, die er aus dem Verkauf eines Teils seiner „Kinowelt"-Aktien erlöste, in andere Fußball-Drittligisten, sogar in Vereine, die in der gleichen Liga und gleichen Staffel wie der 1. FC Union spielen. So freuten sich bislang Alemannia Aachen, Waldhof Mannheim, Dynamo Dresden, Sachsen Leipzig und Rot-Weiß Essen über Millionenzuwendungen von Kölmel, der sich im Gegenzug die Rechte an Vermarktung und Merchandising sicherte. Neuerdings unterstützt Kölmel auch den Erstligaaufsteiger SSV Ulm und die Düsseldorfer Fortuna. Fremdsteuerung ist (nicht nur) im Berliner Spitzenfußball zur Normalität geworden.

Der DFB rudert zurück

Daran wird auch der DFB nicht viel ändern können. Der Fußball-Bund sieht die Verflechtungen und Abhängigkeiten mit Sorge. Mancher Experte entwirft ein Szenario, nach dem in entscheidenden Spielen zwei vom gleichen Kapitalgeber vermarktete Vereine aufeinandertreffen. Die Gefahr bestünde, daß die Männer im Hintergrund Einfluß auf das Resultat nähmen. Für die Ufa weist deren Geschäftsführer Hoffmann solche Verdächtigungen weit von sich: Man werde sich nie und nimmer in sportliche Belange einmischen und niemals versuchen, etwas zu manipulieren. Das sei geschäftsschädigend und könne man sich als seriöser Bestandteil des Bertelsmann-Konzerns nicht leisten. Hoffmann: „Unser wirtschaftliches Interesse ist, daß die Ufa auf Dauer ein gutes Geschäft macht. Das ist aber nur möglich, wenn wir unsere Glaubwürdigkeit und Seriosität behalten."

Dennoch faßte der DFB-Beirat am 17. April 1999 einen Beschluß, der den Einfluß von Sponsoren auf den Fußballsport eindämmen soll. Auf Vorschlag des DFB-Ligaausschusses unter dessen Chef Gerhard Mayer-Vorfelder wurde der Paragraph 7, Nummer 1 des DFB-Lizenzspielerstatuts geändert. Der lautet nun: „Für die technische und verwaltungsmäßige Qualifikation ist es erforderlich, daß der Bewerber in seiner Satzung oder dem Gesellschaftervertrag sicherstellt, daß Mitarbeiter oder Mitglieder von Organen von Unternehmen, die zu mehreren Vereinen oder Tochtergesellschaften der Lizenzligen beziehungsweise Muttervereinen in vertraglichen Beziehungen stehen, nicht Mitglied in Kontroll-, Geschäftsführungs- und Vertretungsorganen des Bewerbers sein dürfen, wobei Konzerne und die ihnen angehörigen Unternehmen als ein Unternehmen gelten."

Im Klartext bedeutet das für die Hamburger Ufa, entweder ihren Vertreter, der beim Hamburger SV sogar im Vorstand sitzt, zurückzuziehen oder ihre Vertreter bei Hertha BSC aus dem Aufsichtsrat abzuberufen.

Kosmetik für ein hehres Ziel

Mit Joachim Hilke sitzt beim HSV ein Marketingexperte der Ufa im Vorstand, mit Rolf Schmidt-Holtz, Norbert Sauer und Carl A. Claussen besetzen Mitarbeiter des Bertelsmann-Konzerns, zu dem die Ufa gehört, drei Plätze im Aufsichtsrat bei Hertha BSC. Ufa-Sports-Geschäftsführer Bernd Hoffmann kritisierte natürlich die DFB-Entscheidung: „Leichtfertig wurde hier eine große Chance vertan. Ich befürchte, daß der deutsche Fußball wieder einmal einen entscheidenden Schritt in die falsche Richtung unternommen hat." Weiter Hoffmann: „Die Erfolgsstory Hertha BSC, wie sie in diesen Tagen überall zu lesen war, hätte es ohne den engagierten Einsatz von Ufa-Sports nicht gegeben."

Gegen den DFB-Beschluß vom April 1999 protestierten Hertha BSC und der Hamburger SV. Die neue Regel soll ab der Saison 2000/2001 greifen und ist Bestandteil des Lizenzierungsverfahrens durch den DFB. Hertha-Manager Dieter Hoeneß: „Es ist grundsätzlich gut, daß etwas gegen Manipulation im Fußball getan wird, aber dieser Weg ist falsch."

Nur wenige Tage nach dieser DFB-Entscheidung gelangte im April 1999 die Nachricht von einem neuen Deal der Ufa in die Öffentlichkeit. Danach verpflichteten sich Ufa und Borussia Dortmund, wo die Hamburger bislang nur in kleinem Stil tätig waren, zu einer Zusammenarbeit bis zum Jahre 2008. Als Einstand spendierte die Ufa dem Weltpokalsieger von 1997 50 Millionen Mark. Solcherart Zahlen markieren neue Dimensionen im deutschen Fußballgeschäft. Rund 20 Prozent der Marketingerlöse der Borussia sollen im Gegenzug an die Ufa fließen. Mit einem eigenen Repräsentanten wird die Ufa bei Dortmund nicht in einem Vereinsgremium tätig werden. Man hält sich so an die neuen Vorschriften des DFB.

Die Liga wird immer mehr aufgeteilt in Vereine, die mit einer solventen Agentur zusammenarbeiten, und solche, die keine Agentur zwischengeschaltet haben. Auch die Kluft zwischen Arm und Reich wird sich natürlich vergrößern. Mit Stand vom Mai 1999 ergab sich in der ersten Bundesliga folgendes Bild. Von der Ufa unterstützte Vereine:

Feiernde Hertha-Fans nach der tollen Saison 1998/99 im Olympiastadion.

Hertha BSC, Borussia Dortmund, Hamburger SV, 1. FC Nürnberg und 1860 München. Von der Agentur ISPR unterstützte Klubs: Bayer Leverkusen, Werder Bremen, VfB Stuttgart, Schalke 04. Von Sport A unterstützte Vereine: MSV Duisburg, Hansa Rostock und 1. FC Kaiserslautern. Vereine, die ohne Agenten sind: Bayern München, VfL Wolfsburg, Eintracht Frankfurt, Borussia Mönchengladbach, VfL Bochum und der SC Freiburg.

Eines ist sicher: Der Beschluß des DFB, den Einfluß von Unternehmen und Sponsoren auf die Bundesligavereine einzudämmen, hat ein hehres Ziel, das niemand in der Liga ernsthaft bestreitet. Aber er wird nur eine Art Kosmetik bleiben und mit vielerlei Mitteln umgangen werden. Noch immer gilt: Wer das Geld gibt, hat die Macht. Und daß die Vereine Partner mit Geld, also Investoren brauchen, um sich gegen nationale und internationale Konkurrenz zu behaupten, läßt sich nicht leugnen. Es bleibt die Hoffnung, daß die speziellen Gesetze des Fußballs, die Momente der Unberechenbarkeit und des Zufalls, verhindern, daß dieser Sport von der merkantilen Logik vollends vereinnahmt wird. Immerhin: Im direkten Abstiegsduell am letzten Spieltag der Saison 1998/99 siegte nicht der mit Ufa-Kapital ausgestattete Nürnberger Club, sondern der kleine SC Freiburg.

Hertha als Kapitalgesellschaft

In Berlin, speziell bei Hertha BSC, deutet sich noch eine neue Form der Zusammenarbeit zwischen Ufa und Verein an. Hertha BSC will noch im Jahre 1999 die Umwandlung des Vereins in eine Kapitalgesellschaft vorantreiben und über die Bühne bekommen. Die Ufa ist bei diesem schwerwiegenden Umstrukturierungsprozeß der erste Ansprechpartner der Hertha. Das Hamburger Unternehmen könnte als wichtiger Teilhaber in eine künftige Kapitalgesellschaft einsteigen, in der der Verein allerdings mit 51 Prozent stets die Mehrheit der Anteile halten muß. Ufa-Geschäftsführer Hoffmann erklärte im Mai 1999, daß der bestehende Vertrag zwischen Ufa und Hertha BSC (Gültigkeit bis 2009) in seiner aktuellen Form nicht mehr zeitgemäß sei und einer Überarbeitung bedarf. Hertha sei kein Bittsteller mehr wie bei Beginn der Liaison 1994, sondern „inzwischen ein gleichberechtigter Partner, der auf gleicher Augenhöhe mit der Ufa verhandeln könne".

Allerdings: Bislang hat sich das Engagement für die Ufa noch nicht bezahlt gemacht. Laut Hoffmann hat die Ufa seit 1994 insgesamt 35 Millionen Mark in Hertha BSC investiert. Damit läge sie noch immer in der Gesamtbilanz des Investments bei rund 20 Millionen Mark im Minus. Das wolle man natürlich bis 2009 tilgen und darüberhinaus mit Hertha Millionen verdienen.

Die Investments bei Borussia Dortmund, die auch einige Herthaner beunruhigt hätten, seien völlig unabhängig vom dem in Berlin, so Hoffmann. In der Bundesliga verhandele die Ufa nur mit Hertha BSC über eine Beteiligung an einer künftigen Kapitalgesellschaft. Bernd Hoffmann: „Mit Hertha und der Ufa haben sich zwei Liebende gefunden. Die Ehe bis 2009 ist nicht zu scheiden."

Rolf Schmidt-Holtz:
Der Mächtige im Hintergrund

Bertelsmann-Manager Rolf Schmidt-Holtz, Jahrgang 1948, machte sich einen Namen als einer der führenden deutschen TV-Journalisten. Der ehemalige Chefredakteur der Illustrierten *Stern* wechselte später in den Bertelsmann-Konzern und zum Sportrechtevermarkter Ufa. Schmidt-Holtz ist derzeit Vorstandsvorsitzender der CLT-Ufa mit Sitz in Luxemburg. Er gilt als einer der führenden Köpfe der Medienbranche und gehört zu den wichtigsten Initiatoren der Verbindung Ufa-Hertha BSC. 1996 wurde er zum Aufsichtsratsvorsitzenden des Fußball-Bundesligisten gewählt. Wegen beruflicher Überlastung gab er dieses Amt im Dezember 1997 auf und arbeitet seitdem als Mitglied des höchsten Kontrollorgans der Hertha weiter. Schmidt-Holtz gilt als wichtigster Mann im Hintergrund, der die Geschicke des Vereins lenkt.

Herr Schmidt-Holtz, wie weit reicht eigentlich die Idee der Ufa zurück, sich bei Hertha BSC zu engagieren?
Das erste Engagement erfolgte 1992 mit dem Hallenturnier und der Bandenwerbung. Das lief ganz gut an. Richtig eingestiegen sind wir 1994 und übernahmen die Gesamtvermarktung von Hertha BSC – von A wie Anzeigetafel bis Z wie Zeitungen im Stadion. Damals unterzeichneten wir einen 15-Jahresvertrag, verbunden mit einer einmaligen Finanzspritze von 4,5 Millionen Mark.
Was ergaben damals, Anfang der 90er Jahre, erste Marktanalysen in Sachen Hertha BSC?
Hertha war theoretisch unterbewertet. Im Grunde war jedem klar, daß Berlin unmöglich die einzige europäische Hauptstadt ohne Erstligaklub auf der Landkarte bleiben konnte. Schließlich leben in Berlin fünf Millionen Menschen. Hertha ist jedem Berliner ein Begriff, und er verbindet eine Art Haßliebe mit dem Verein – damals eher Haß als Liebe. Jedenfalls war das Verhältnis sehr emotional, und das ist immer eine gute Voraussetzung für ein Engagement.

War es schwer für Sie persönlich, als einer der ersten und größten Verfechter eines Einstiegs in Berlin, das Engagement durchzusetzen? Gab es Widerstände innerhalb der Ufa?

Nein. Das Konzept war schlüssig. Natürlich wußte jeder, daß das Engagement recht riskant war – sowohl finanziell, als auch in Hinblick auf mögliche Imageschäden. Dazu braucht man ja nicht viel Phantasie: Wenn Michael Preetz für Wattenscheid 1996 in der letzten Minute nicht ans Außennetz, sondern ins Tor getroffen hätte, dann wäre Hertha abgestiegen. Das wäre auch für uns unangenehm gewesen. So eine Schlagzeile „Absteiger Bertelsmann" hätte man ja nicht gerne gelesen. Aber alle waren 1996 überzeugt, daß sich unsere kräftigen Investitionen auf lange Sicht rechnen werden. Sie paßten außerdem genau ins das Portfolio von Ufa Sports, die ihren Schwerpunkt auf Fußball gesetzt hat.

Was fanden Sie 1994 in Berlin vor?

Hertha lag auf der Intensivstation. Die Korrespondenz lief über eine Reiseschreibmaschine. Der Verein hatte schon Probleme, die Telefonrechnungen zu bezahlen. Der DFB war drauf und dran, Hertha die Lizenz zu entziehen. Die Mahnverfahren von der Finanzverwaltung machten uns ebenfalls große Sorgen. Unser Engagement war für einige nicht mutig, sondern übermütig.

Was unterschied den Einstieg bei Hertha von anderen Engagements der Ufa bei deutschen und ausländischen Vereinen?

Unser Engagement in Berlin ist unser umfangreichstes und war am Anfang unser riskantestes.

Manche bezeichnen den Vertrag zwischen der Ufa und Hertha, der dem Verein 60 Prozent und der Ufa 40 Prozent aller Erlöse aus Marketing und Merchandising sichert, als Knebelvertrag. Wie bezeichnen Sie diesen Kontrakt?

Das ist ein gleichwertiger Vertrag nach dem Prinzip der Leistung gegen Gegenleistung. Da Ufa Sports nicht nur einen üblichen Provisionserlös erwirtschaften, sondern auch die in der Größenordnung von mittlerweile gut 30 Millionen Mark getätigten Investitionen wieder einnehmen muß.

Hatten Sie mit soviel Widerstand der sogenannten Alt-Herthaner in den Jahren 1994 bis vielleicht 1996/97 gerechnet? Haben Sie dafür Verständnis?

Widerstand gegen unser Engagement von den alten Herthanern gab es nicht, im Gegenteil. Die haben ihre Liebe zu Hertha BSC immer deutlich über alle sonstigen Interessen gestellt. Was nicht ganz einfach

Rolf Schmidt-Holtz, Chef der CLT-Ufa.

war – und wir tatsächlich unterschätzt hatten – war die Bedeutung der Berliner Vereine und Verbände für unser Ansehen bei Hertha. Das war schon eine neue Welt für uns, die vom Amateur-Ball bis zum Spiel der B-Jugend bei den Reinickendorfer Füchsen reicht. Da mußten wir halt hin, viel zuhören und die ganze Stimmung aufnehmen. Nach und nach erkannten wir alle, daß wir nur gemeinsam Hertha nach vorne bringen können.

Würden Sie zustimmen, daß die Installation eines der Ufa genehmen Aufsichtsrates 1996 mit Ihnen an der Spitze als endgültige Machtübernahme bezeichnet werden kann?

Wir sind mit den Herthanern eine Gemeinschaft geworden: Der eine sattelt den Gaul, der andere muß ihn füttern. Wir übernahmen die Fütterung und sorgen für ein ordentliches Geläuf. Galoppieren muß das Pferd alleine. Unsere Investitionen hatten wir lediglich an die Bedingung geknüpft, daß ein Aufsichtsrat gewählt wird, dem wir vertrauen. Eine Gruppe von angesehenen Persönlichkeiten stellt heute sicher, daß das von der Ufa investierte Geld verantwortungsvoll verwaltet wird. Mit dem früheren Verteidigungsminister Rupert Scholz, dem ehemaligen Hertha-Präsidenten Heinz Warneke und natürlich dem Aufsichtsratsvorsitzenden Robert Schwan hat Hertha integre Persönlichkeiten gefunden.

Was entgegnen Sie Kritikern, die von Hertha BSC ironisch vom „FC Ufa"
oder der „Betriebssportgruppe Bertelsmann" reden?

Wir zeigen dann auf die blau-weiße Fankurve. Den Fans auf den Rängen ist dieses Thema völlig fremd. Sie interessiert nur, daß Hertha professionell geführt wird und sportlich erfolgreich ist. Das ist durch den Vorstand gewährleistet. Hertha ist heute einer der bestgeführtesten Vereine in der Bundesliga.

Welche konkreten unternehmerischen Ziele stecken hinter dem Ufa-Engage-
ment in Berlin?

Unser Ziel vor fünf Jahren war, die Ufa Sports zu einem Fußball-Unternehmen aufzubauen. Heute ist Ufa Sports gut positioniert: Wir sind größter europäischer Sportrechtevermarkter, haben die Rechte an mehr als 200 europäischen Vereinen und rund 30 Nationalmannschaften. Und in Deutschland ist die Aufbauarbeit bei Hertha BSC unsere Visitenkarte geworden. Die Leistung spricht für sich: Es gibt heute eine Menge Vereine, die wie Frittenbuden geführt werden. Was dem deutschen Fußball fehlt, ist nicht nur eine elegantere Ballbehandlung, sondern auch ein professionelles Management. Daß die Ufa-Mitarbeiter Hervorragendes geleistet haben, wird auch bei anderen Bundesligaklubs anerkannt. Da kommen neue Kontakte und Geschäftsbeziehungen – wie etwa beim Hamburger SV und beim 1. FC Nürnberg geschehen – wie von allein zustande. Und was Hertha angeht, so werden wir alles daransetzen, damit der Verein zu den drei Top-Vereinen der Bundesliga und in Europa eine dauerhafte Größe wird. Das ist unser Ziel für unsere Vertragslaufzeit bis 2009.

Ab wann glaubten Sie ganz persönlich an das Gelingen Ihres riskanten
Engagements bei Hertha?

Das war beim Spiel Hertha gegen den 1. FC Kaiserslautern im Aufstiegsjahr 1997. Die 75.000 Zuschauer feierten ein richtiges Volksfest. So eine fröhliche und ausgelassene Atmosphäre war schon bewegend. Das war auch noch der Tag, an dem alles rund lief und Hertha schließlich mit 2:0 gewann.

Was fasziniert Sie ganz persönlich an Hertha?

Ich war schon als Kind ein Fußballfan und bin immer gerne nach Berlin gefahren. Die Stadt kann einen genauso enttäuschen und begeistern wie ein Verein. Das Erstaunliche der 90er Jahre ist, daß diese Aufbruch-stimmung in Berlin einhergeht mit dem Erfolg von Hertha BSC. Wer sich noch an die tristen Zweitligaspiele vor handverlesenen Zuschauern erinnern kann und dann heute diese tolle Kulisse miterlebt, dem wird schon warm ums Herz. Und Herr Röber hat eine ausgesprochen sympathische und kluge Truppe zusammengestellt, mit der ich gern mitfiebere.

Besteht nicht irgendwann die Gefahr einer Abhängigkeit der Liga von der Ufa oder die Gefahr einer Wettbewerbsverzerrung?

Nein, diese Gefahr besteht nicht. Wer diesen Verdacht hegt, hat weder Ahnung vom Sport noch von Wirtschaftsunternehmen. Ufa wird immer nur eine Handvoll Vereine unter Vertrag haben. Wir haben kein Interesse daran, steuernd in die Vereinsgeschicke der einzelnen Klubs einzugreifen. Unter Einzelabsprachen würde zudem der gesamte Fußball leiden, und wir würden die Glaubwürdigkeit der gesamten CLT-Ufa aufs Spiel setzen. Alle unsere Engagements rechnen sich auch dann, wenn die von uns vermarkteten Vereine ein bis zwei Jahre in der zweiten Liga sind.

Wann – glauben Sie – wird die Ufa ihren finanziellen Einsatz bei Hertha refinanziert haben und selbst Gewinne machen?

Das hängt von der sportlichen Entwicklung ab. Aber wir rechnen damit, daß wir im Jahre 2009 auf ein erfolgreiches Engagement für Hertha, aber auch für die Ufa zurückblicken können.

Wann hat Hertha BSC den FC Bayern München als Marktführer eingeholt oder gar überholt?

Der FC Bayern hat einen Vorsprung von 30 Jahren. Natürlich orientieren wir uns am Marktführer und wollen den Vorsprung zu ihm verringern. Aber das ist nicht so wichtig. Entscheidend ist, daß Hertha den Fans weiterhin soviel Freude bereitet wie in den vergangenen Jahren. ∎

Millionen auf der Brust –

Über Hauptsponsor Continentale und Ausrüster Nike

Seit der Saison 1997/98 tragen die Bundesligaspieler von Hertha BSC den Schriftzug der Versicherung „Die Continentale" auf ihrer Brust. Der Versicherungskonzern (Krankenversicherung, Lebensversicherung, Sachversicherung) unterschrieb einen Vierjahres-Vertrag als Hauptsponsor beim Berliner Bundesligisten. Der Sponsor mit Hauptsitz in Dortmund zahlt rund 4,3 Millionen Mark pro Jahr.

Ehe der Weg frei wurde für den neuen Brustsponsor gab es langwierige Verhandlungen mit dem ehemaligen Hauptsponsor der Hertha, dem Textilunternehmen „Trigema" aus Burladingen (Eigenwerbung: „Deutschlands größter T-Shirt-und Tennis-Bekleidungshersteller"). Trigema hatte den Berlinern nur rund 300.000 Mark pro Saison gezahlt, aber dem Verein in den 90er Jahren in prekärer finanzieller Situation geholfen. Hertha mußte sich, um einen lukrativeren Hauptsponsor für die erste Bundesliga zu bekommen, aus dem laufenden Vertrag mit Trigema herauskaufen, was nach zähen Verhandlungen auch geschah. Mehrfach traf man sich allerdings auch vor Gericht.

Dabei hatte die jeweilige Vereinsführung von Hertha BSC in den 90er Jahren dem Sponsor teilweise übel mitgespielt. Auf dem Höhepunkt der Auseinandersetzungen ging Trigema mit einem Schreiben an die Berliner Öffentlichkeit, in dem die Probleme in der Zusammenarbeit aus der Sicht des Unternehmens aufgelistet wurden. Danach hatte Hertha bereits 1990 Trigema-Chef Grupp gebeten, eine Vorauszahlung von 400.000 DM zu tätigen, die auf die kommende Saison angerechnet würde, weil man in starken Liquiditätsschwierigkeiten steckte. Die Zahlung erfolgte. Auch 1991 drückten Hertha arge finanzielle Probleme, die Lizenzerteilung war wieder einmal in Gefahr. Trigema sollte helfen und 1,5 Millionen DM „zum sofortigen Abruf" zur Verfügung stellen. Im Gegenzug bot Hertha an, den Vertrag gleich um fünf Jahre zu verlängern, „bei einer Jahreszahlung von 300.000 DM, gleichgültig ob die Mannschaft in der 1. oder 2. Bundesliga spielt".

Auch diese Forderung oder in diesem Fall dringende Bitte des Vereins erfüllte laut Aussagen von Grupp sein Unternehmen. Doch mit dem Einstieg der Ufa in Berlin wurde der Druck auf Trigema erhöht. Die

Schwaben sollten entweder mehr zahlen oder den Vertrag abgeben. Zum öffentlichen Zerwürfnis kam es schließlich, als die Mannschaft von Hertha BSC in einem Zweitligaspiel am 8. September 1995 beim MSV Duisburg in den Ersatztrikots der Duisburger antrat, weil man angeblich die eigenen Trikots mit der Trigema-Werbung auf der Brust in Berlin vergessen hatte. Später sprach Hertha von „einem zerrütteten Verhältnis Verein-Hauptsponsor" und „nicht erbrachten Leistungen" des Sponsors. Man klagte gegen Trigema, wollte mit aller Macht aus dem Vertragsverhältnis, das bis 1999 gültig war, aussteigen, weil man lukrativere Partner im Hintergrund wußte. Die Klage von Hertha wurde allerdings mit Urteil vom 28. Januar 1997 vom Landgericht Berlin abgewiesen.

Erst Manager Dieter Hoeneß gelang es in langwierigen Verhandlungen und persönlichen Gesprächen mit dem Firmeninhaber, den Kontrakt zu lösen. Trigema soll allerdings eine satte Abfindung kassiert haben. Erst jetzt konnte Hertha den neuen Hauptsponsor präsentieren – die Continentale.

Die Dortmunder Versicherer waren vor dem Engagement bei Hertha BSC insgesamt elf Jahre Hauptsponsor bei Borussia Dortmund. Ulrich Sieber, Leiter Sportsponsoring/Sportpromotion: „Wir stiegen im April 1986 bei Borussia ein, als die Mannschaft auf dem drittletzten Platz der ersten Bundesliga stand. Wir wären auch in der zweiten Liga dabei geblieben. Damals begannen die drei großen Klassiker im Ruhrgebiet – Kohle, Bier, Stahl – zu kriseln, und wir als Versicherer etablierten uns als neuer Wirtschaftsfaktor. Mit dem sehr langen Engagement wollten wir damals auch ein Zeichen setzen."

Als Hauptsponsor begleitete Continentale die Borussia bis zum Erfolg in der Champions League. „Wir hatten einen hohen Bekanntheitsgrad erreicht", sagt Sieber, „der kaum noch zu steigern war." Außerdem wollte die Borussia, die nun auf europäischem Niveau spielte und mit dem Titel Champions-League-Gewinner viel Geld verdienen konnte, einen höher dotierten Kontrakt mit dem langjährigen Brustsponsor aushandeln. Das wollte Continentale nicht.

Nun also Hertha BSC. Der Versicherer will mit seinem Engagement in Berlin vor allem seinen Bekanntheitsgrad weiter erhöhen, auch im Osten Deutschlands etwas für sein Image tun. Ganz bewußt setzte man auf den Zukunftsstandort „Hauptstadt Berlin". Sieber: „Als Autohersteller oder Biermarke ist der Bekanntheitsgrad eines Unternehmens durch den Bundesligafußball besser und schneller zu steigern. Wir bieten ja eine nicht sichtbare Dienstleistung an. Das macht die Sache erheblich komplizierter."

In einer Umfrage von *Sponsor News* 1998 lag die Markenbekanntheit der Continentale als Trikotsponsor der Hertha bei 62 Prozent, was in der Bundesliga einen Mittelplatz bedeutet. Die bekanntesten Trikotsponsoren waren laut dieser Umfrage Volkswagen (VfL Wolfsburg/99 Prozent) sowie Aspirin (Bayer Leverkusen), Ford (1. FC Köln) und Opel (Bayern München) mit je 98 Prozent.

Die Chefs der Continentale sind seit ihrem Einstieg bei Hertha „mehr als zufrieden" (Sieber). „Wir haben bei Hertha unseren hohen Level in der Bekanntheit gehalten und in Berlin unseren Bekanntheitsgrad sogar verdoppelt", sagt Ulrich Sieber. Den Hauptsponsor freut dabei besonders, daß er als Unternehmen dem Verein Hertha BSC sehr stark zugeordnet wird. „Hertha hat eine durchwachsene Historie und zuletzt in den 90er Jahren wenige Erfolge aufzuweisen. Der Verein besitzt aber trotzdem in ganz Deutschland hohe Sympathiewerte", so Sieber. „Es fiel uns nicht schwer, uns für Hertha zu entscheiden."

Die Akzeptanz des Dortmunder Unternehmens in Berlin und Randberlin sei durch das Sponsoring bei Hertha sehr stark gestiegen. Dazu beigetragen hätten die hohe Medienpräsenz der Hertha (und damit des Brustsponsors) und die sehr guten TV-Zeiten, die der Berliner Bundesligist seit seinem Wiederaufstieg in die erste Bundesliga aufweisen kann. So erreichte Hertha BSC im ersten Jahr nach dem Wiederaufstieg in der ersten Bundesliga in der TV-Präsenz (Saison 1997/98) in einer speziellen Ranking-Liste der Heimspiele bereits Platz 3 nach dem 1. FC Kaiserslautern und dem FC Bayern München. Heimspiele wurden exakt 27 Stunden und 58 Minuten übertragen (zum Vergleich: Borussia Dortmund: 26 Stunden und 50 Minuten). Auswärtsbegegnungen der Berliner flimmerten 19 Stunden und 15 Minuten über die TV-Schirme (Dortmund: 28 Stunden). Das bedeutete Rang 6. Auswärts führte der FC Bayern München vor Kaiserslautern und Dortmund.

Es deutete sich bereits in der ersten Halbserie der Saison 1998/99 an, daß Hertha BSC seine TV-Präsenz weiter verbessern konnte. Bei den Heimspielen lag man nach dem FC Bayern bereits auf Platz 2 der Ranking-Liste.

„Hertha BSC", glaubt Ulrich Sieber, „ist auf dem besten Wege, eine Marke zu werden." Nach Auffassung des Chefs der Sportkommunikation seien in der Bundesliga nur der FC Bayern München und Borussia Dortmund eine Marke, mit Abstrichen auch der FC Schalke 04. „Hertha ist kein No-Name-Produkt mehr, sondern dabei, nach oben zu den Bayern und zu Borussia aufzuschließen. Trotzdem ist der Abstand noch groß."

Tradition und Lebenslust
Nicht nur vom Aufdruck, auch beim Trikot selbst profitiert Hertha. Der US-amerikanische Konzern Nike hat sich ab der Saison 1999/2000 für vier Jahre an Hertha BSC gebunden und zahlt pro Saison sechs Millionen Mark. Nur der FC Bayern und Borussia Dortmund besitzen derzeit in der Liga noch höher dotierte Verträge mit ihren Ausrüstern.

Nachdem der Deal eingefädelt war, bastelten die Nike-Designer monatelang an der neuen Hertha-Kluft. In dem Outfit der Berliner Kikker soll sich die Unternehmensphilosophie von Nike widerspiegeln. „Als Botschaft wollen wir Frische und Lebenslust vermitteln", sagt Manager Christoph Peter-Isenburger. „Wir sind ja ein ausgesprochen jugendliches Unternehmen."

Das wird sich vor allem im Auswärtstrikot niederschlagen. Gold- bzw. orangefarbene Stoffe sollen „Frische demonstrieren und auch ein Signal sein", sagt der Nike-Manager. „Berlin, die Hertha, ist weiter im Kommen."

Tradition dagegen beherrscht die Heimtrikots. Blau-weiß längsgestreift werden Preetz, Sverrisson und Co. im Olympiastadion auflaufen. So, wie in der ersten Bundesligasaison 1963 einst Faeder, Rehhagel oder Schimmöller.

Einmal werden wie die Bayern?

Man ist älter als die Bayern, immerhin acht Jahre. Und man holte den ersten Deutschen Meistertitel auch vor der Konkurrenz aus dem Süden Deutschlands. Schon 1930 und 1931 schmückten sich die preußischen Fußballspieler von Hertha BSC Berlin mit dem Titel, hielten stolz die „Viktoria" in ihren Händen, ehe der FC Bayern unmittelbar danach im Jahr 1932 zum ersten Mal zur erfolgreichsten deutschen Vereinsmannschaft aufstieg. Doch das sind Meriten von gestern oder besser von vorgestern. Die taugen nur für den Briefkopf oder für Erzählungen an bierseligen Stammtischen.

Der FC Bayern München hat der alten Hertha und natürlich all den anderen namhaften Vereinen längst den Rang abgelaufen, auch wenn dies 1963, zur Gründung der Bundesliga, noch nicht abzusehen war. Damals zählte Hertha BSC wenigstens standesgemäß zu den Gründungsmitgliedern der neuen Eliteklasse, der FC Bayern stand außen vor. Bayern tauchte erst 1965/66 ganz oben auf – da mußte Hertha bereits zwangsweise wegen überhöhter Zahlungen an seine Kicker wieder den Weg in Liga zwei nehmen. Die unterschiedlichen Entwicklungen der beiden populären Vereine sind hinlänglich bekannt. Indessen träumt man in Berlin, der nach 1989 wiedervereinigten deutschen Metropole, die viel zu lange auf eine erstklassige Fußballmannschaft verzichten mußte und darob jahrelang mit Hohn und Spott überzogen wurde, schon wieder emsig davon, dem Branchenführer FC Bayern zumindest nahe zu kommen. Und als Hauptstadtverein soll Hertha den bayerischen Rivalen natürlich auch irgendwann überholen.

Hertha holt auf

Ganz so weit hergeholt scheinen diese Wünsche und Träume nicht zu sein, auch wenn der Weg bis dahin noch lang und steinig sein wird. Allein einige Zahlen aus der jüngsten Vergangenheit beider Klubs zeigen die riesige Schere auf, die beide Vereine trennt. Krösus Bayern, seit 1979 vom cleveren Uli Hoeneß als Manager geführt, machte in der Saison 1996/97 einen Umsatz in Höhe von 165,2 Millionen Mark und einen Gewinn von 15 Millionen Mark. Herthas Zahlen, da allerdings noch in Liga zwei und als Aufsteiger, nehmen sich dagegen bescheiden aus: 25,0 Millionen Mark Umsatz und einen Gewinn von 1,1 Millionen Mark.

Hertha holte in der zurückliegenden Saison 1998/99 wie schon 1997/98 auf vielen Gebieten mächtig auf. Allein die Mitgliederzahl konnte auf über 6.000 gesteigert werden – mit 75.000 Mitgliedern liegen die Bayern allerdings noch weit vorn. Sportlich landete Hertha bekanntlich auf Rang 3 in der Bundesliga und mußte nur Bayer Leverkusen und eben dem FC Bayern als Meister den Vorrang lassen. Im unmittelbaren sportlichen Vergleich wurden die Bayern in Berlin sogar mit 1:0 geschlagen, in München konnte immerhin ein 1:1 erreicht werden. Dazu steigerten die Berliner innerhalb des Spieljahres 1997/98 z.B. ihre Einnahmen im Bereich Merchandising von 300.000 Mark auf 3,5 Millionen Mark. Auf eines können die Macher der Hertha stolz sein: Ihre Fans wurden zurückgewonnen, und viele kamen als begeisterte Anhänger hinzu. Der Zuschauerschnitt von über 52.000 liegt nur um einige hundert Zuschauer hinter dem des FC Bayern zurück. Es scheint nur eine Frage der Zeit und des Erfolgs der Mannschaft, wann Hertha BSC zum absoluten Zuschauerkrösus der Liga aufsteigt.

Bayern-Manager Uli Hoeneß sagte schon 1989: „Wenn ich in Berlin arbeiten würde, mit einem Verlag Springer dahinter, könnte ich dem FC Bayern Paroli bieten." Spätestens nach der Wende in der DDR wußte er: „Das Potential, das wirtschaftliche Umfeld und das gewaltige Umland mit seinen Zuschauermassen bieten irgendwann größere Möglichkeiten, als sie München aufweisen kann." Und Bayern-Präsident Franz Beckenbauer entfuhr 1997 nach dem 2:0-Sieg der Hertha gegen Kaiserslautern in Liga zwei vor 75.000 Fans im Olympiastadion das Wort vom „schlafenden Riesen" in der Hauptstadt. Die Bayern-Macher von heute haben Respekt vor den enormen Möglichkeiten, die sich bei Hertha (nicht mit Hilfe des Springer-Verlages, sondern mit der Bertelsmann-Tochter Ufa im Rücken) und seinem Umfeld auftun könnten, aber sie haben natürlich keine Angst. „Hertha kann mal ein harter Konkurrent für uns werden", sagt Uli Hoeneß, „aber ehe man an uns herankommt, dauert das noch Jahre."

Hans Weiner – ein Berliner bei den Bayern

Die Verbindungen zwischen den beiden Vereinen waren stets locker und eher freundschaftlicher Natur. Allerdings: Spieler, die in beiden

Hanne Weiner und Frau Marita elegant auf einem Hertha-Ball.

Vereinen groß herauskamen, gab es kaum. Bis auf einen: Hans „Hanne"
Weiner, der als einziger Profi sehr erfolgreich in Berlin und in München
agierte, mit Hertha Deutscher Vizemeister wurde (1974) und mit Bayern zweimal den Titel erringen konnte (1980 und 1981). Als Hertha mal
wieder Geldsorgen drückten, diesmal 1979, wurde Weiner nach München verkauft – für 450.000 Mark. Weiner („Ich wollte zuvor schon
zweimal zu Bayern wechseln, was aber aus unterschiedlichen Gründen
scheiterte") kam in eine Bayern-Elf, die sich damals im personellen
Umbruch befand. Beckenbauer war bereits 1977 zu Cosmos New York
in die US-amerikanische Profiliga abgewandert (mit Manager Robert
Schwan, der durch Uli Hoeneß ersetzt wurde). Gerd Müller, jahrelang
der „Bomber der Nation", schmorte auf der Ersatzbank und ging fru-
striert ebenfalls nach Amerika – zu den Fort Lauderdale Strikers. „Auch
Bulle Roth war nicht mehr dabei", erinnert sich Abwehrspieler „Hanne"
Weiner, „und 'Katsche' Schwarzenbeck war verletzt. So wurde ich, der
als Manndecker verpflichtet worden war, schnell zum Libero." Weiner
sagt, daß er die überhaupt erste Verpflichtung des damals gerade ins
Manageramt gekommenen, erst 27jährigen Uli Hoeneß war. Trainer
Pal Csernai, viele Jahre später (1991) kurzzeitig auch Trainer von Hertha

BSC, war anfangs nicht unbedingt angetan von der Verpflichtung des Herthaners. Weiner: „Csernai pflegte immer zu mir zu sagen 'Ich habe Dich nicht geholt, Dich hat der Uli Hoeneß verpflichtet!'"

Trotz der Animositäten des ungarischen Meistertrainers arbeitete sich der Berliner in der Hierarchie des Bayern-Teams recht weit nach oben. „Natürlich hatten damals Paul Breitner und Karl-Heinz Rummenigge allein das Sagen in der Mannschaft. Und die beiden haben auch vielleicht 100.000 Mark mehr verdient als der Großteil des Teams, aber das hat uns nicht gestört. Wir haben alle vom Können und der Popularität der beiden profitiert", erinnert sich Hans Weiner. Mit Weiner war 1979 Dieter Hoeneß, der heutige Manager von Hertha BSC, nach München gekommen. Er spielte zuvor beim VfB Stuttgart. Und 1981 war es der Hertha-Trainer Jürgen Röber, der beim FC Bayern wenigstens ab und an mit Hoeneß und Weiner auf dem Platz stand. Der drahtige Mittelfeldspieler kam aber nur zu 14 Einsätzen, andere waren damals besser in der bayerischen Schaltzentrale. Trotz dieser sportlichen Enttäuschung spricht auch Jürgen Röber heute noch „vom großen Erlebnis FC Bayern".

„Hanne" Weiner spürte in München rasch die größere Modernität, die den FC Bayern umgab. Die medizinische Betreuung der Spieler war schon damals vorbildlich, und der Medienrummel um einiges größer als in Berlin: „Nach einem Tag in München kannten mich fast alle Leute. Ich gab damals gleich ein Interview in Bayern 3 bei Reporter Eberhard Stanjek und mußte ans Lesertelefon der Bild-Zeitung. Einen Tag danach grüßten mich die Leute schon auf der Straße. Das war unglaublich und ein schönes Gefühl. Wir lebten wie auf einem anderen Stern, überall, ob beim Bäcker, beim Metzger oder am Zeitungskiosk hieß es freundlich: 'Grüß Gott, Herr Weiner!'"

Neben dem Klasse-Verteidiger gab es keine weiteren Bundesliga-Profis, die von Hertha zu den Bayern wechselten, umgekehrt einige wenige. Uli Bayerschmidt (nur vier Spiele für München) spielte später in Liga 2 für Hertha BSC, und Bernd Gersdorff (nur 12 Einsätze für Bayern) wurde danach in den 70er Jahren ein wertvoller Hertha-Kicker. Nicht zu vergessen Torhüter Walter Junghans (67 Spiele für Bayern zu Zeiten von Hans Weiner), der über den Umweg Schalke 04 später ein Herthaner wurde. Der vorletzte Bayerisch-Berliner Spielerwechsel ging vor der Bundesligasaison 1997/98 über die Bühne, wenig spektakulär. Für

500.000 Mark kam der Bayern-Amateur (ein Spiel bei den Profis) Carsten Lakies zur Hertha, wo er aber keinen Stammplatz erobern konnte und an Waldhof Mannheim weitergereicht wurde. Andere Personalwünsche von Hertha-Manager Dieter Hoeneß gingen nicht in Erfüllung – Bruder Uli gewährte offenbar keine familiäre Amtshilfe. Alexander Zickler oder auch Mehmet Scholl durften nicht zum Kontrahenten an die Spree. Und das trotz der spektakulärsten Personalie in Sachen Bayern/Hertha. Robert Schwan, von 1964 bis 1979 der erste bezahlte Manager der Bundesliga, natürlich beim FC Bayern, kam 1996 in den neuen Aufsichtsrat von Hertha BSC und avancierte im Dezember 1997 gar zum Chef dieses Kontrollorgans. Schwan („Von den Bayern kann man nur lernen") möchte sich gern beim Personal der Münchner bedienen und träumt von einem großen Verein Hertha BSC, der möglichst bald neben den Münchnern im europäischen Fußball von sich reden macht. Im Juni 1999 durfte Ali Daei, iranischer Stürmer des FC Bayern, für etwa 5,3 Millionen Mark Ablöse nach Berlin wechseln. Schwans Drängen hatte Erfolg.

Die großen Bayern verfolgen jedenfalls genau, was sich in Berlin entwickelt. Ihre Anschub-Hilfe unter dem Motto „Berlin braucht die Bundesliga, und die Bundesliga braucht Berlin" stellten sie mittlerweile ein. Noch 1995 und 1996 – beim sogenannten Opel-Masters im Berliner Olympiastadion mit Bayern, mit AC Mailand und Paris St. Germain – gaben die Bayern großzügig vom Gewinn stets 300.000 Mark Unterstützungshilfe an die langsam aufstrebende Hertha. Uli Hoeneß damals: „Für mich zählt Tradition, und das ist Hertha BSC in Berlin." Hoeneß ein Jahr später, die Hertha war endlich wieder im deutschen Oberhaus angekommen: „Nun ist Schluß mit lustig. Die Berlin-Hilfe wird eingestellt, sonst sind die uns zu schnell auf den Fersen."

Münchener Verhältnisse in Berlin?

Noch wird in Berlin abgewiegelt: „Ein Vergleich mit den Bayern ist noch reine Utopie", erklärt Cheftrainer Jürgen Röber. „Wirtschaftlich liegen noch Welten zwischen uns und den Bayern", meint Manager Dieter Hoeneß. Und Aufsichtsratschef Robert Schwan kommentiert kurz und trocken: „Hertha ist nur ein Verein, der FC Bayern aber ist ein Fußball-Klub."

Brüder, Kollegen, Konkurrenten: Uli und Dieter Hoeneß.

Doch sicher ist, daß das Berliner Management wie die Bayern ihren Verein zu einer geachteten Marke entwickeln wollen. Inwieweit dafür Münchener Verhältnisse nach Berlin importiert werden sollen, ist in der Öffentlichkeit nicht unumstritten. „Am FC Bayern scheiden sich die Geister", meint Dieter Hoeneß. „Entweder man liebt ihn, oder man haßt ihn." Der Manager, viele Jahre selbst ein Bayer, hat den Geist, die Philosophie des Münchner Nobelklubs (er sagt dazu „Bayern-Denke") verinnerlicht und versucht, einiges davon auf die Hertha zu übertragen – vor allem im professionellen Herangehen an die vielfältigen Aufgaben, in der Motivation von Spielern und Mitarbeitern, im Einsatz für den Verein. Dennoch versichert er: „Wir wollen keine Kopie des FC Bayern werden oder sein, sondern für eigene Werte stehen, die sich auch aus der Geschichte unseres Vereins ergeben." Hertha müsse sich parallel zur dynamischen, brodelnden Stadt entwickeln, von einem Verein mit noch vor allem regionaler Bedeutung zu nationalem und internationalem Renommee. Eine Karriere, für die die Bayern einstmals diverse Meistertitel und drei Europacup-Gewinne in Folge benötigten.

„Deutsches Wembley": das Olympiastadion

Jürgen Röber, seit 1996 der Trainer bei Hertha BSC, sagt, daß das Berliner Olympiastadion zweimal ganz besonders beeindruckend auf ihn wirke: „Wenn es absolut leer und wenn es total gefüllt ist." In seiner kleinen Kabine im Olympiastadion, gleich in der Nähe des Marathontores, ließ Röber neue Fenster einbauen, die sich in Richtung auf die Arena öffnen lassen. Und das tut er nach eigenen Aussagen häufig. Dann blickt er hinunter in die Schüssel des Stadions, und manchmal läuft der Film vieler Spiele noch einmal vor seinem geistigen Auge ab. „Und dann kommt doch ein wenig Stolz auf, daß wir mit Hertha BSC dieses riesige und beeindruckende Stadion so oft mit begeisterten Anhängern füllen konnten."

Das Olympiastadion, um dessen Zukunft in den letzten Jahren vehement gestritten wurde, soll bald eine Baustelle werden, in der aber weiter Bundesligafußball gespielt werden und auch das DFB-Pokalfinale stattfinden kann. Immerhin gilt die 76.000 Zuschauer fassende Arena als das Stadion, in dem bei einer Fußball-Weltmeisterschaft im Jahr 2006 – sollte Deutschland wirklich den Zuschlag bekommen – das Finale stattfinden soll. Doch soweit ist es noch lange nicht. Der Streit um Ausbau oder Umbau des Stadions, der vor allem zwischen dem Bund und dem Berliner Senat jahrelang schwelte und die Gemüter erregte, beschäftigt natürlich auch den Bundesligisten Hertha BSC, der als Hauptnutzer des Stadions gilt. Herthas Verantwortliche plädierten dabei lange Zeit für den Neubau eines reinen Fußballstadions nach dem Vorbild der Amsterdam Arena, in der das berühmte Ajax seine Spiele austrägt. Doch dieses Ziel läßt sich derzeit noch nicht verwirklichen.

Viele Pläne rund um das Stadion wurden ent- und wieder verworfen. Kritiker der Arena erinnern immer wieder an die Geschichte des Stadions, die untrennbar mit den Nationalsozialisten, mit Adolf Hitler und mit den Olympischen Sommerspielen 1936 verbunden ist, die Hitler zu verlogenen Propagandaspielen umfunktionierte, ehe er die Welt in einen grausamen Krieg hineinzog.

Nachdem Berlin 1931 den Zuschlag für die Olympischen Spiele bekommen hatte, entschied Hitler bald nach seinem Machtantritt die Diskussion um ein neues Stadion im Sinne einer monumentalen Arena.

Fußballgeschichte im Olympiastadion: Der junge Fritz Walter (mit Edmund Conen, rechts) nach einem Länderspiel gegen Spanien 1942. Nach Krieg und Nazi-Diktatur nahmen die Alliierten das Stadion in Beschlag. Bei einem Vorrunden-Spiel um die Deutsche Meisterschaft übergab der britische General Byrnes per symbolischem Anstoß die Arena wieder in deutsche Hände. Unten links die BVB-Spieler Preißler und Lenz.

Er wollte etwas Gigantisches für den deutschen Sport und dachte dabei vor allem an beeindruckende Aufmarschplätze. 1934 wurde der Vertrag zum Bau der Arena zwischen Architekt Werner March und dem Innenministerium abgeschlossen. Der Kostenvoranschlag belief sich für das Stadion auf rund 8,5 Millionen Reichsmark. Die Bauarbeiten begannen zügig, denn die Zeit drängte. 600.000 Kubikmeter Erdreich mußten bewegt werden, 17.200 Tonnen Zement, 7.300 Tonnen Walzstahl und über 30.000 Kubikmeter Naturstein wurden verarbeitet. Am Bau waren damals rund 500 Firmen beteiligt. Die Säulen und Außenwände mußten aus Muschelkalkstein errichtet werden, die „der Dauer und Beständigkeit des deutschen Reiches" entsprachen, wie es im Jargon der Nationalsozialisten hieß. Nach seiner Einweihung verfügte das Olympiastadion über 100.000 Plätze, in beiden Kurven gab es Stehplatzränge. Diese wurden später in Sitzplätze umgewandelt, so daß die Arena derzeit über 76.000 Plätze verfügt, von denen 27.000 überdacht sind.

Seit vielen Jahren ist bekannt, daß das Stadion dringend saniert werden muß. Immer wieder gab es kleinere Ausbesserungsarbeiten, meist blieb es bei Flickschusterei. Seit 1985 trägt der Deutsche Fußball-Bund (DFB) das Finale um den DFB-Pokal im Olympiastadion aus, und diese Endspiele haben sich zu einem Festtag für alle Fußballanhänger in Deutschland entwickelt. Das Wort vom „deutschen Wembley" wurde geboren. Doch das „deutsche Wembley" bröckelt und hat tiefe Risse. Nach nahezu unglaublichem Hickhack, der Erstellung von vielen Expertisen, nach Versprechungen der Politiker – vor allem vor Wahlen –, sich um die Arena zu kümmern, scheint nun endlich eine Lösung in Sicht.

Viele Möglichkeiten wurden diskutiert und durchgerechnet. Dutzende Architektenbüros beteiligten sich mit neuen Ideen und Umbauvorschlägen. Es gab die sogenannte „Luxus-Variante", die eine Total-Sanierung und Modernisierung erfordert hätte. Das innere und äußere Bild würde dabei durch eine Überdachung verändert. Kosten: rund 600 Millionen Mark. Als Variante zwei galt die „doppelte Lösung", also der Neubau eines Fußballstadions bei gleichzeitiger Sanierung des Olympiastadions. Angebliche Kosten: rund 500 Millionen Mark. Eine „Kombi-Lösung" (Abriß des Olympiastadions und Neubau eines kombinierten Stadions für Fußball und Leichtathletik) sollte rund 430 Millionen Mark verschlingen. Weiter diskutiert wurden die „Fußball-Lösung"

(Abriß und Neubau einer reinen Fußballarena/Kosten: 270 Millionen Mark) oder die „Stadion im Stadion-Lösung", wobei eine neue Arena in der alten errichtet werden sollte und dabei die historische Bausubstanz weitgehend erhalten werden könnte. Wahrscheinliche Kosten: rund 315 Millionen Mark.

Nach neuen Expertisen und Verhandlungen entschied der Berliner Senat schließlich im Dezember 1998, daß die Arena nach den Plänen der Architekten Gerkan, Marg und Partner (GMP) saniert und umgebaut würde. Die geschätzten Kosten belaufen sich auf rund 537 Millionen Mark. Die Bundesregierung hat bislang lediglich 100 Millionen Mark in Aussicht gestellt, 100 Millionen soll der Senat bereitstellen. Der Umbau müsse vor allem privat finanziert werden, hieß es nach der Entscheidung aus dem Berliner Senat. Im Mai 2000 sollen die Arbeiten beginnen. Nach Abschluß des Umbaus soll die Zuschauerkapazität bei 77.000 Plätzen liegen. Während der Umbauphase kann Hertha BSC weiter seine Bundesligaspiele bestreiten, allerdings bei geringerer Kapazität (rund 45.000 Plätze).

Das künftige Stadion soll multifunktional sein. Flexible Tribünen vor dem Unterring sollen dafür sorgen, daß die Besucher bei Fußballspielen näher am Geschehen sind. Bei Leichtathletik-Veranstaltungen können diese Tribünen nach hinten eingerollt werden. Einer der Architekten erklärte: „Unser Vorschlag orientiert sich an der räumlichen Faszination des Denkmals Olympiastadion. Wir wollen der Arena von Werner March keine futuristischen Hüllen überstülpen und haben deshalb alle Veränderungen sehr dezent vorgenommen."

Das neue Dach soll nur über dem Marathontor offen sein und somit die Sichtachse zum Glockenturm auf dem Maifeld freihalten. Für die Dachkonstruktion sind allerdings Stützen im Oberring notwendig, die auf einigen Plätzen die Sicht einschränken werden. Hertha BSC forderte erhebliche Nachbesserungen. Vor allem die störenden Stützen müßten weg, und rund 100 VIP-Logen sollen eingebaut werden.

Die kommenden Umbaujahre werden die Atmosphäre im Stadion sicherlich beeinträchtigen. Doch im Grunde kommt die Renovierung zum richtigen Zeitpunkt: Heute scheint sicher, daß in der modernisierten Großarena attraktiver Spitzenfußball geboten wird und nicht tristes Zweitliga-Gekicke vor leeren Rängen.

Das Olympiastadion aus der Vogelperspektive.

Walter Müller:
Präsident einer toleranten Gemeinschaft

Walter Müller, Jahrgang 1948, wurde am 24. September 1998 vom Aufsichtsrat zum Präsidenten von Hertha BSC bestellt. Wirtschaftsmanager Müller stammt aus Weinheim an der Bergstraße und ist Leiter der Mercedes-Niederlassung in Berlin mit rund 1.400 Mitarbeitern. Der glänzende Rhetoriker gilt bei Mercedes als sehr ehrgeiziger und erfolgreicher Manager.

Herr Müller, bereits im zweiten Jahr nach dem Wiederaufstieg in die erste Bundesliga schaffte Hertha BSC den Sprung in einen europäischen Wettbewerb. Die Entwicklung erfolgt rasant. Welche Ziele geben Sie als Präsident für die nahe Zukunft vor?
Durch das Erreichen eines Platzes im Europacup haben wir uns für die Zukunft zusätzlichen Spielraum, vor allem auf wirtschaftlichem Gebiet, erarbeitet. Nicht mehr und nicht weniger. Die Kernfrage ist, daß der Wert von Hertha BSC durch die sportlichen Erfolge und das sogenannte Standing des Gesamtvereins enorm gestiegen ist. Wir hatten keine Skandale, keinen Streit, der breit in der Öffentlichkeit ausgetragen wurde, und haben alle miteinander eine sachliche Arbeit in sämtlichen Vereinsgremien geleistet. Hertha BSC stellt heute einen wichtigen wirtschaftlichen Faktor dar.
Welche sportlichen Ziele schweben Ihnen vor, welche gibt das Präsidium vor?
Wir arbeiten langfristig nach einem Vier-Jahres-Plan. Unabhängig vom Erreichen der Champions League müssen wir in der Lage sein, die Entwicklung der Mannschaft und des Vereins fortzuschreiben. Das muß eine dynamische Entwicklung sein. Wir streben zuerst einen dauerhaften Spitzenplatz im deutschen Fußball an, haben uns dort wahrscheinlich vor allem der Konkurrenz vom FC Bayern München, von Borussia Dortmund, Bayer Leverkusen und auch vom VfL Wolfsburg zu erwehren. Für dieses Ziel dürfen wir keine Minute ausruhen, sonst fallen wir zurück. Wir haben gezeigt, wozu wir in der Lage sind. Jetzt

wollen wir dauerhaft oben bleiben. Wir werden die Voraussetzungen schaffen, damit wir in jedem Jahr die Mannschaft personell mit qualitativ hochwerti-
gen Spielern verstärken können.
Aus diesem Grunde steht die
Umwandlung des Vereins in eine Kapitalgesellschaft als wichtige Aufgabe an. Das wird noch
im Jahr 1999 passieren. Langfristig streben wir eine Spitzenpo-
sition auch im europäischen
Fußball an.

Präsident Walter Müller

Welche Bilder haben Sie dabei vor Augen?

Ich sehe Hertha BSC gegen die europäischen Spitzenmannschaften aus Spanien, Italien oder England in einem topmodernisierten Berliner Olympiastadion spielen, in einer Arena, die ebenfalls höchstes europäisches Niveau aufweisen muß. Das kann uns mit dem Olympiastadion gelingen, vorausgesetzt, der Senat folgt unseren Vorstellungen. Weiter sehe ich vor mir eine hochprofessionelle Geschäftsstelle, wo Leute mit hoher Kompetenz auf allen Gebieten für den Verein arbeiten.

Unter Ihrer noch relativ kurzen Ägide konnte die Anzahl der Vereinsmitglieder zuerst verdoppelt, später bereits verdreifacht werden. Warum sollte man Mitglied bei Hertha BSC werden?

Erstens bringt das eine ganze Menge Spaß. Mitglied in einem Verein zu sein, bedeutet, ich bin Teil einer starken Gemeinschaft, und diese Gemeinschaft bekommt auch durch mich ihre Stärke. Außerdem bekomme ich als Hertha-Mitglied viele Dienstleistungen und Vergünstigungen, sei es bei den Eintrittskarten oder im Merchandisingbereich. Bei Hertha BSC sind wir eine tolerante Gemeinschaft, die allerdings gegen jede Form von Radikalismus ist. Wir wollen auch Kindern und Jugendlichen moralische Werte vermitteln, die nicht unmittelbar etwas mit dem Profifußball zu tun haben. Hertha-Mitglied sollte man am besten über Jahre oder Jahrzehnte bleiben. Als nächstes Ziel streben wir 10.000 Mitglieder an, später 20.000. Eine Obergrenze sehe ich derzeit nicht.

Für welche Werte soll Hertha BSC stehen?

Zuerst für sportlichen und wirtschaftlichen Erfolg. Wir wollen Trends setzen und innovativ sein. Wir wollen dem Fußballgeschäft eine bestimmte Richtung geben, aktiv an der Entwicklung des Fußballs mitwirken. Hertha BSC muß offen für jeden sein, der zu uns will und unsere Ziele und unsere Satzung akzeptiert. Wir sind keine geschlossene Gesellschaft. Wir benötigen frischen Wind, neue Ideen auch durch neue Leute. Dabei müssen wir aber auch unsere lange Geschichte achten, die neben vielem Positivem ja auch Negatives bereithielt.

Welchen Wert besitzt Hertha BSC für die Stadt Berlin?

Hertha ist für die Außendarstellung der Hauptstadt sehr wichtig. Wir können mit unserem Auftreten im Ausland positive Werbung für unsere Stadt machen. In Berlin ist Hertha BSC nicht wegzudenken. Es gibt viele soziale Spannungen in der Stadt, die wir mit dem Spiel unserer Mannschaft im Stadion zumindest mildern können. Das Olympiastadion ist ja zu einem riesigen Schmelztiegel geworden. Dort treffen und vereinen sich Ost und West auf einzigartige Weise. Wir wollen auch die sogenannten kleinen Leute erreichen und selbstverständlich die Kinder und Jugendlichen. Wir wollen den gesamten Spielbetrieb unserer Mannschaften auf dem Gelände am Olympiastadion abwickeln, dort ein richtiges Vereinszentrum aufbauen – eine Heimat für alle Herthaner. Täglich sollen Eltern oder Bekannte dorthin pilgern. Es muß ein Restaurant geben, eben eine richtige Stätte der Begegnung. Das streben wir intensiv an.

Im Dezember 1998 weilten Sie mit einer Delegation des Berliner Senats in Spanien und besuchten auch den berühmten Fußballklub Real Madrid. Was ging in Ihnen vor, als Sie die wertvolle Champions-League-Trophäe einmal berühren durften?

Ja, ich habe den wertvollsten Pokal, den der europäische Fußball zu vergeben hat, angefaßt. Und – ehrlich – ich habe gedacht: Irgendwann ist es soweit, und auch wir von Hertha BSC haben diesen Cup bei uns in Berlin. Wir müssen es nur wollen und dieses Ziel im Auge behalten. Das hat nichts mit Selbstüberschätzung oder Größenwahn zu tun. Wir müssen selbstbewußt sein, hart arbeiten und möglichst wenige Fehler machen. Hertha BSC hat die Chance, viel zu erreichen, was heute noch als unmöglich erscheinen mag. Ich bin sehr zuversichtlich. Unser Verein befindet sich im Aufbruch. ∎

Hertha BSC und seine Fans

Hertha BSC ist heute unbestrittener Publikumsmagnet in der Hauptstadt. Das war nicht immer so. Im Kampf um die Zuschauergunst setzte
sich Hertha erst Ende der 20er Jahre deutlich von den Lokalrivalen ab,
als der Verein mehrfach im Endspiel um die Deutsche Meisterschaft
stand und diese dann 1930 und 1931 gewinnen konnte. Durch die Teilung der Stadt ging in den 60er Jahren Zuschauerpotential verloren,
ebenso durch die langen Jahre der Zweitklassigkeit vor allem in den
80er Jahren. Nach Meppen, nach Unterhaching oder nach Uerdingen
machte sich meist nur ein kleines Häuflein Aufrechter auf. Und die hatten nicht nur mit der Schmach der Zweitklassigkeit, sondern auch mit
einem lädierten Ruf zu kämpfen: Noch heute wird außerhalb Berlins
die Wahrnehmung der Hertha-Anhängerschaft stark beeinflußt durch
negative Erinnerungen an gewaltbereite Fangruppen, vor allem die
sogenannten „Frösche".

Die berüchtigten „Hertha-Frösche"

Die „Frösche" waren in den Glanzzeiten des Berliner Bundesligisten in
den 70er Jahren gefürchtet. Sie machten vor allem Negativ-Schlagzei-
len; ihnen wurde ein Hang zur Gewalt und Nähe zum Rechtsradikalis-
mus nachgesagt.

Den ungewöhnlichen Namen „Hertha-Frösche" gaben sich die
Anhänger nicht selbst. Den bekamen sie vom Berliner Sportjournalisten
und ehemaligen Hertha-Spieler Lutz Rosenzweig verpaßt, weil sie ständig auf den Holzbänken des Olympiastadions auf- und niederhüpften.
Peter Mager, Jahrgang 1939, den die *Bild-Zeitung* höchstselbst auf ihrer
Titelseite zu „Pepe, den Oberfrosch" ernannte, erinnert sich: „Als Hertha 1963 in der ersten Bundesliga dabei war, organisierte ich mit dem
Haru-Reisebüro Auswärtsfahrten zu den Hertha-Spielen. Aus dem Koffer verkaufte ich damals erste Fanartikel, besorgte auch Bier für die langen Fahrten nach Westdeutschland. Das wurde immer in den Schließfä-
chern im Bahnhof Friedrichstraße gebunkert, von wo aus wir unsere

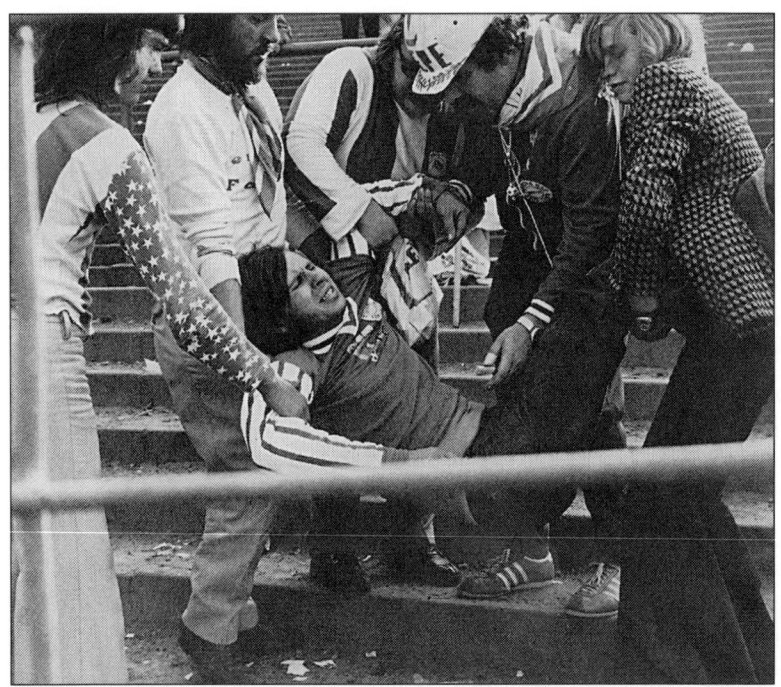

Die Hertha-Frösche verbreiteten auch Gewalt in den Stadien und ernteten Gegenwehr.

Reisen durch den Osten antraten. Oft mit den sogenannten Interzonenzügen oder auch mit Sonderzügen. Jeder von uns hatte bald seinen Spitznamen weg. Da gab es den Senf-Klaus oder den Wermut-Klaus, und ich wurde Pepe gerufen, weil ich einst den Film 'Die Lümmel von der ersten Bank' mit einem Pepe, dem Paukerschreck, zwölfmal gesehen hatte."

In den ersten Jahren seien sie etwa 20 bis 25 Fans gewesen, die zu wirklich jedem Spiel ihren Lieblingen hinterherreisten, auch ins Ausland. Auffällig ihre Kleidung, meist längsgestreifte blau-weiße Hosen und Jerseys. Lautstark ihr Gebaren auf den Traversen sämtlicher Stadien. Die zuerst lose Fanvereinigung, das Gros kam aus Tiergarten, hielt sich im Berliner Olympiastadion in den Blöcken E und F auf. Pepe Mager erinnert sich an das Spiel, bei dem sie ihren Namen „Frösche" bekamen: „Es war ein Spiel gegen Rot-Weiß Essen im Winter. Es war kalt, und auf den Bänken lag Schnee. Wir hüpften, um uns einigermaßen warm zu halten." Später hüpfte man aber leider auch bei der An- und Abreise zu den Spielen in der S-Bahn und verschreckte so die normalen Besucher. Im Stadion selbst traf man sich immer zuerst an der Olympiaglocke, um dann mit viel Brimborium in die Fan-Kurve zu ziehen. Mager: „Wir saßen immer in Höhe des Hertha-Tores, zogen oft in der Halbzeitpause um. Manchmal verschafften wir uns auch mit Gewalt Zutritt, ohne Eintrittskarten zu besitzen."

Der einst oberste Hertha-Frosch verneint heute, daß es Rechtsradikalismus unter seinen Leuten gegeben hätte, und beschreibt die Gruppierung so: „Es waren Knallköppe, Besoffene und echte Fußballfans." Er gibt zu, daß ihm später die „Frösche" außer Kontrolle gerieten.

Herthas ehemaliger Trainer Helmut Kronsbein, in dessen Ära auch viele Aktivitäten der Hertha-Frösche fielen, beschrieb in seinem Buch „Fiffi – gefeiert und gefeuert" diese besondere Spezies Anhänger so: „Sie stehen immer in der Höhe des Hertha-Tores, gewissermaßen als inoffizielle Beschützer. Insbesondere auswärts spürten wir die Unterstützung – und wir haben dafür zu danken. Ich möchte die treuen 'Frösche' nicht missen. Aber, da schlichen sich artfremde Elemente ein. Diesen ging es nicht darum, Fußballfreude zu genießen, sondern Krawall um jeden Preis zu machen. Mit den unlauteren Störelementen vermengt waren sie mittlerweile zu einer Gefahr für Hertha BSC geworden."

„Krawall um jeden Preis"

Eine Fan-Freundschaft verband die „Frösche" vor allem mit den Anhängern des FC Bayern. Lose Beziehungen unterhielt man auch zu den Fans des Karlsruher SC, zu Arminia Bielefeld und zu Hannover 96. Probleme gab es vor allem mit den Anhängern von Schalke 04 und vom 1. FC Nürnberg. Diese resultierten vor allem aus der Treue vieler Hertha-Fans zum im Ruhrgebiet und im Frankenland ungeliebten FC Bayern. „Zu besten Zeiten waren rund 1.500 bis 2.000 Hertha-Anhänger mit dem Zug unterwegs", sagt Pepe Mager, „auf Schalke kam es dann auch ab und an zu Schlägereien." Immer mehr Krawallmacher mischten sich unter die Gruppe von Mager, der schließlich bereits 1972 den Hertha BSC Fanklub mitbegründete und deren 1. Vorsitzender wurde. „Wir wollten Distanz zu den Fröschen."

Mager stellte einige Rekorde auf. So war er in der Bundesligasaison 1971/72 rund 30.000 Kilometer für seine Hertha unterwegs, 1970/71 waren es sogar dokumentierte 42.000 Kilometer. Viel Kurioses war dabei zu erleben. Vor allem für den vielfachen „Grenzgänger" Mager. So auf der Rückfahrt mit dem Pkw von einem Hertha-Spiel in Nyköping. Es ging natürlich durch das Gebiet der ehemaligen DDR. Bei Staaken am Grenzübergang zu Westberlin, so Mager, sagte ein DDR-Volkspolizist: „Blas' doch mal in Dein Horn!" Pepe blies aus Leibeskräften. Dem Volkspolizist gefiel's, seinem Kollegen auf der Westseite aber nicht. Der vergatterte den verdutzten Mager „wegen Verstoßes gegen die Signalordnung an der Grenze" zur Zahlung von fünf Mark Ordnungsgeld. Folgender Dialog soll sich zugetragen haben. Mager: „Wir haben doch drüben geblasen. Mit Genehmigung." Der Westberliner Beamte: „Die da drüben können gar nichts genehmigen. Die gibt es offiziell gar nicht."

Unangenehm fielen die „Hertha-Frösche" – es soll sich in Hochzeiten vor allem um Schüler und Lehrlinge zwischen 12 und 25 Jahren gehandelt haben – bei Fahrten mit den Interzonenzügen auf. Nach einem Spiel bei Eintracht Braunschweig, das friedlich 2:2 endete, stoppten die sogenannten Fans den Interzonenzug D 247 mehrfach auf offener Strecke. Dreimal wurde die Notbremse gezogen, und der Zugführer forderte in seiner Not Beamte an. 1982 brannte gar der Interzonenzug D 340 von Berlin-Zoo nach Aachen. Mager war auch dabei: „Außer meinen Freunden, waren damals sämtliche Fanklubs vertreten. So 'Zyklon B' oder die 'Hertha-Ultras'. Es wurde schon bei der Abfahrt viel getrunken. Ein Fan lag betrunken in einem Abteil, ein anderer wollte ihm einen Streich spielen und zündete die Gardine am Fenster an. Durch den Luftzug verbreitete sich das Feuer in Sekundenschnelle. Die Feuerlöscher funktionierten nicht. Mehrere Wagen brannten aus. Das alles passierte in Stadthagen bei Hannover. Der Schaden ging in die Millionen."

„Zyklon B", nebenbei bemerkt, war nicht nur der Name einer Fangruppe, sondern auch die Bezeichnung für jenes Nervengas, mit dem die Nazis in den Konzentrationslagern Juden und andere Bevölkerungsgruppen ermordeten…

Das Olympiastadion als Schmelztiegel

Die unglaublich gestiegene Popularität des Vereins nach dem Aufstieg in die erste Bundesliga 1996/97 brachte auch völlig neue Zuschauerschichten ins Olympiastadion, die zum Teil von weither anreisen. Der Osten der Stadt entdeckte die Hertha eigentlich noch einmal neu, nachdem es in der Saison 1990/91, als Hertha letztmals im Oberhaus des deutschen Fußballs vertreten war, noch zu keiner echten Identifikation mit der damals als rein Westberliner Mannschaft angesehenen Hertha gekommen war. Damals spielten die Berliner von Saisonbeginn an miserabel, was ihre Anziehungskraft trübte. Die Jugendlichen wie die älteren Fußballanhänger aus den Ostberliner Bezirken schlugen sich nach der politischen Wende mit anderen Problemen herum, versuchten sich mühsam einzurichten im neuen Staat und in der neuen Freiheit. Die Suche nach einem neuen Arbeitsplatz war wichtiger als der Stammplatz im Fanblock von Hertha BSC. Zudem bewiesen die damals Verantwortlichen bei Hertha BSC wenig Sensibilität im Umgang mit dem Osten, verzichteten fast gänzlich auf die Verpflichtung spielstarker Akteure aus Ostberlin. Berührungsängste verhinderten solch identitätsstiftende Maßnahmen.

Das alles ist zehn Jahre nach der deutschen Wiedervereinigung, bei der Berlin als brodelndes Laboratorium dient, anders geworden. Hertha BSC ist längst zu einem Gesamtberliner Verein geworden – viel mehr noch als vor dem Bau der Mauer 1961 – und hat sich die Sympathien des Brandenburger Umlandes erworben. Immer neue Anhänger unterschiedlicher sozialer Herkunft, unterschiedlicher politischer Einstellung, unterschiedlichen Alters suchen den Weg ins Olympiastadion und wollen in diesem Schmelztiegel der Leidenschaften dabei sein. Natürlich gibt es dabei immer mehr Leute, die ein solches Bundesligaspiel, das häufig auch im Fernsehen übertragen wird, für ihre politischen Ziele und Zwecke nutzen – in und vor der imposanten Arena.

Eine Umfrage des Kölner Marktforschungsinstituts „Sport und Markt" aus dem September 1997, also nach einem Monat neuerworbener Erstklassigkeit von Hertha BSC, ergab folgende Werte, die Herthas Ruf als unumstrittener Publikumsliebling eindrucksvoll festigten:

Die Frage nach ihrem Lieblingsverein in der Stadt beantworteten 763 Umfragekandidaten im Alter zwischen 14 und 65 Jahren so: 52 Prozent nannten Hertha BSC als ihren Lieblingsverein, weit abgeschlagen folgte der in Köpenick beheimatete **Jeder zweite Berliner liebt die Hertha** Ostklub 1. FC Union Berlin mit sieben Prozent und der traditionelle Hertha-Gegner Tennis Borussia mit fünf Prozent. Nur zwei Prozent der Befragten kannten Hertha BSC nicht, 41% stehen den Blau-Weißen positiv gegenüber, nur jeder Zehnte dagegen negativ. Das ist ein Potential, mit dem der Verein wuchern kann, das aber auch sorgsam gepflegt werden will.

Leider haftet den Hertha-Anhängern noch immer das Image an, eine eher rechte Gesinnung zu vertreten und auch ausländerfeindliche und antisemitische Elemente zu beherbergen. Die Berliner Polizei ordnet etwa 450 Fans der Hertha der gewalttätigen Szene zu, bei einem Besuch von über 50.000 Fans eine vergleichsweise geringe Zahl. Die Berliner Vereine 1. FC Union und der BFC Dynamo beispielsweise kommen bei viel geringeren Zuschauerzahlen ebenfalls auf rund 450 gewaltbereite Fans. Die Polizei zählt bei Hertha vor allem die Spiele gegen den FC Schalke 04, auch gegen Hansa Rostock und den 1. FC Nürnberg zu den sogenannten Risikospielen. Die Feindschaft zu Schalke rührt aus den 80er Jahren, als es im westfälischen Oer-Erkenschwick eine Massenkeilerei zwischen Fans beider Vereine gab. Und die Anhänger des Nürnberger „Club" gelten als Freunde der Schalker. Die Rivalität zu Hansa Rostock rührt eher aus der sportlichen Auseinandersetzung um die Nummer eins im sogenannten Fußball-Osten. Der letzte Klub aus der ehemaligen DDR-Oberliga, der in der ersten Bundesliga vertreten ist, hat zuletzt sogar Zuschauerpotential an Hertha BSC abgeben müssen. Fans, die etwa in der Mitte zwischen den Bundesligastandorten Berlin und Rostock wohnen, entscheiden sich immer häufiger für einen Trip nach Berlin, statt nach Rostock zu fahren.

In der Saison 1996/97 (noch zweite Liga) registrierte die Berliner Polizei 201 Anzeigen gegen Hertha-Fans wegen begangener Straftaten, in der Saison 1997/98 waren es 309 Anzeigen. Anteilig zur Zuschauermenge sank die Anzahl der Anzeigen allerdings. Es handelt sich um Körperverletzung, Beleidigung, Sachbeschädigung und Hausfriedensbruch. 26 Anzeigen resultierten aus rechten Propaganda-Delikten, so dem Zeigen von verfassungsfeindlichen Symbolen oder Volksverhetzung. Manche Zuschauer bewegen sich im Dunstkreis rechtsextremer Gesinnung. Parteien wie die rechtsextreme Deutsche Volksunion (DVU) oder auch die NPD versuchen, vor dem Stadion Propaganda zu machen. Die NPD wollte sich sogar bei den Hertha-Anhängern beliebt machen, indem man Aufkleber mit dem Motto „NPD für Hertha" verteilte. Dagegen war Hertha BSC sofort gerichtlich vorgegangen und hatte eine Unterlassungserklärung erwirkt, bei Androhung eines Strafgeldes von bis zu 500.000 Mark. Herthas Sprecher betonen immer wie-

Feiernde Hertha-Fans nach der tollen Saison 1998/99 im Olympiastadion.

der, daß „rassistische Äußerungen oder fremdenfeindliche Aktionen"
nicht geduldet würden. Man hat es zugegebenermaßen sehr schwer,
sich gegen solche Tendenzen zu wehren und durchzusetzen. Zu vielfältig und zu gewaltig ist inzwischen das Zuschauerpotential.

Ralf Busch vom Fan-Projekt Berlin: „In Gesprächen gestehen viele
Jugendliche ein, daß sie immer wieder bei Prügeleien mitmachen, weil
sie nicht von ihrer Gruppe oder ihrer Gang geächtet werden wollen.
Und in dieser Szene gehört es sich oft, rechts zu sein." Gerade aus den
ehemaligen Ostberliner Stadtbezirken, aus den Neubau-Siedlungen
Marzahn, Hellersdorf oder Hohenschönhausen, seien viele, oft sehr
junge Leute hinzugekommen, die aufgrund ihrer neuen Lebensverhält-
nisse, mit denen sie oft nicht fertigwurden oder besser nicht fertigwer-
den konnten (plötzliche Arbeitslosigkeit, plötzlich gefragte Eigeninitia-
tive, häufig arbeitslose Eltern etc.). Sie stehen rechtem Gedankengut
aufgeschlossen gegenüber. Eine Erscheinung, die nichts mit dem Fußball zu tun hat, die sich aber den Fußball als Ventil sucht.

So kam und kommt es ab und an in der inzwischen gewaltigen Fankurve von Hertha im Olympiastadion – das Wort Kurve ist in diesem

Zusammenhang zu kurz gegriffen – zu Beschimpfungen von Schieds-richtern („Jude") oder von dunkelhäutigen gegnerischen Spielern („Uh, Uh, Uh"). Bei An- und Abfahrt zur Arena per U- oder S-Bahn werden von kleinen Gruppen schon mal schlimme ausländerfeindliche Slogans skandiert. Dagegen geht der Verein inzwischen mit allen Mitteln und aller Härte vor.

Der Verein reagierte 1998 zudem mit einem attraktiven Werbespot gegen Rechtsradikalismus und Ausländerhaß, der auch außerhalb Deutschlands positiv aufgenommen wurde. Die beiden Profis Michael Preetz und der dunkelhäutige Alphonse Tchami, Hertha-Stürmer aus dem Kamerun, spielen in diesem Spot, der vor Heimspielen auf der riesi-gen Anzeigetafel gezeigt wird, die Hauptrollen.

Mit Beginn der Rückrunde der Spielzeit 1998/99 startete Hertha eine besondere Initiative. Dabei wurden Trikots aller gegnerischen Mann-schaften mit Originalautogrammen versteigert. Der Erlös ging an aus-ländische Institutionen wie die afrikanische ökumenische Kirche oder den arabischen Frauenverein. Ein deutliches Zeichen des Vereins gegen Ausländerfeindlichkeit. Doch das Problem, daß die Bühne eines Fußball-spiels von bestimmten Gruppen gern für politische Ziele benutzt wird, wird Hertha BSC weiter begleiten. In einer Stadt, die bald die Regierung in ihren Mauern begrüßen wird und die ein Schmelztiegel zwischen Ost und West ist, werden solche Vorgänge kaum zu vermeiden sein.

Neuestes Vorhaben der Hertha-Vereinsführung: Man will in die Sat-zung einen Passus gegen Ausländerfeindlichkeit und Rechtsradikalis-mus aufnehmen. Die Mitgliederversammlung wird darüber befinden müssen. Das wäre ein erneutes sichtbares und ungewöhnliches politi-sches Zeichen des Traditionsvereins.

„Früher", erinnert sich ein ehemaliger Fan der Hertha, der heute als Familienvater mit seinen Söhnen die Bundesligaspiele besucht, „früher gab es viele Splittergruppen unter den Anhängern. Da gab es die links-orientierten 'Hertha-Ultras' oder die Faschos, die sich bei 'Zyklon B' sammelten. Berlin war damals eine Insel, und alles schien irgendwie möglich. Es gab viele Punks und das Häuserbesetzen war in Mode. All das fand seinen Niederschlag im Stadion."

Heute habe sich die Atmosphäre im Stadion zum Positiven gewan-delt. „Der Verein nimmt die Fans viel ernster als früher, auch die Mann-schaft verabschiedet sich jedesmal in der Fankurve – egal, ob sie gewonnen oder verloren hat. Außerdem sind die Stadionkontrollen schärfer geworden. Der übergroße Teil des großen Publikums will mit rechtsradikalen Rufen nichts zu tun haben und wehrt sich dagegen."

Die Verrückten

Barbara Wegner-Ottow, Jahrgang 1959, kann sich ein fundiertes Urteil erlauben. Sie hat seit 1988 jedes Heim- und jedes Auswärtsspiel von Hertha BSC erlebt. Die Fans, so hat sie beobachtet, würden immer jünger, und nur ganz kleine Gruppen würden sich ab und an radikal gebärden.

Barbara Wegner-Ottow steht nicht im Fanblock, sie sitzt vielmehr seit vielen Jahren im Block 8, links, Reihe 5, Platz 17. Sie gehört zu einer kleinen Gruppe von Berlinern, für die Hertha „die Hälfte des Lebens" bedeutet. Die gesamte Arbeitswoche dreht sich alles nur um das Thema Hertha. Wie kommen wir preiswert und

Barbara Wegner-Ottow

pünktlich zum nächsten Auswärtsspiel? Wie sage ich es meinem Chef, daß ich schon wieder Urlaub benötige, um der Mannschaft ins Trainingslager nach Spanien oder nach Portugal hinterherreisen zu können?

Bei Barbara Wegner-Ottow begann alles bei einem Spiel zwischen Hertha BSC und Tennis Borussia. Da war sie gerade mal 14 Jahre jung. Seitdem ist „Hertha das Größte im Leben". „Wenn Hertha spielt oder trainiert – ich bin da, egal wo und wann." Nicht nur die attraktiven Bundesligaspiele werden besucht, nein, wirklich jeder Auftritt der Blau-Weißen wird live erlebt, jeder kleine Test, egal auf welchem Dorfplatz er stattfindet. Und auch beim Training ist sie, so oft es geht, auf dem Maifeld am Olympiastadion vor Ort. Motiv dieses verrückten Fan-Daseins sei, so Barbara Wegner-Ottow, „den Erfolg von Hertha hautnah miterleben zu wollen". Da müsse man im normalen Leben schon auf einiges verzichten, auf die Disco oder auf das neue Kleid.

So um die 10.000 Mark investieren die Treuesten der Treuen pro Jahr in ihre Leidenschaft. Kompromißbereit in Sachen Hertha sei sie nicht, sagt Barbara Wegner-Ottow. „Da kann sich mein Mann auf den Kopf stellen, ich gehe zu Hertha." Zum Glück ist der Mann auch mit der Hertha verbandelt und arbeitet ehrenamtlich als Schatzmeister der Amateurabteilung. Für die Angestellte in der Verkehrsverwaltung des Berliner Senats ist Blau-Weiß natürlich auch die Lieblingsfarbkombination, und ihre Küche im Häuschen in Pankow ist in den Farben Blau und Weiß gehalten. Selbst in schlimmsten Amateurzeiten des Vereins in den 80er Jahren waren Barbara Wegner-Ottow und ihre Freunde der Hertha absolut treu. Sie halten nichts von Gewalt oder Krakeelern. Im Gegenteil. Es sind ruhige Fans, die lautstark jubeln, aber sonst versuchen – wenn nötig – beruhigend auf andere Anhänger einzuwirken.

Fans wie Barbara Wegner-Ottow gelten als verrückt, aber sie sind ein wichtiges Kapital des Vereins. Das haben die Verantwortlichen auch zunehmend erkannt. Manager Dieter Hoeneß oder Trainer Jürgen Röber suchen regelmäßig das Gespräch, was ihnen bei der andauernden Nähe dieser Fans auch nicht schwerfallen dürfte. Einige Anregungen in Sachen Umgang mit den Fans können sich die Hertha-Oberen bei den Weitgereisten schon abholen. Doch den typischen Hertha-Anhänger, nein, den kann Barbara Wegner-Ottow wohl nicht repräsentieren. Dafür ist ihr Engagement denn doch zu extrem.

Die Verfolgten

Wie man als Fan von Hertha BSC ungeahnte Aufmerksamkeit erregen kann und gar zum Politikum wird, erlebte der gebürtige Berliner Helmut Klopfleisch (Jahrgang 1948). Seine Geschichte ist der Teilung Berlins geschuldet und auch ein Kapitel des Fan-Daseins von Hertha BSC, das man nicht vergessen sollte. Klopfleisch wuchs im Osten Berlins, in Pankow, auf und pilgerte vor dem Bau der Mauer stets zur „Plumpe" im Wedding, der Spielstätte von Hertha BSC. „Das war ja nicht weit von meinem Zuhause", sagt Klopfleisch, „der Verein war damals die Nummer eins im Norden Berlins. Ich bin damals oft umsonst in die Plumpe gekommen und betätigte mich als Balljunge."

Der Fußballfan besuchte in Pankow die Wilhelm-Pieck-Schule, an der bevorzugt auch Kinder von Diplomaten und hochrangigen DDR-Politikern unterrichtet wurden. „Damals wurden schon gravierende Unterschiede zwischen solchen Kindern und Jugendlichen und uns normalen Schülern gemacht. So wuchs von klein auf meine Abneigung gegen den Staat namens DDR", sagt Klopfleisch in der Rückschau. Er paßte sich jedenfalls in den folgenden Jahren nicht der Gesellschaft an, wurde weder Mitglied bei den Jungen Pionieren noch in der Freien Deutschen Jugend (FDJ), was natürlich Anstoß erregte. Klopfleisch pilgerte lieber zur „Plumpe" und suchte sich seine Idole bei Hertha BSC. Als er 13 Jahre alt war, schnitt ihn der Mauerbau wie viele andere Anhänger aus dem Osten von seinem Lieblingsverein ab. „Damals war ich wütend und hilflos", sagt Klopfleisch, der sofort nach Möglichkeiten suchte, seiner Hertha irgendwie näher zu kommen. Er bestieg häufig eine Hauswand in der Nähe zur „Plumpe": „Ich hörte mit Tränen in den Augen die Torschreie der Fans."

Später schrieb er an Hertha-Mitglieder und Funktionäre wie Wolfgang Holst, Fredy Stahr und auch an Berlins Fußballidol Hanne Sobek. Die Briefe gab er Rentnern mit, die in den Westen reisen durften. „Im Gegenzug brachten die mir meist den *Kicker* mit, in dem ich wenigstens über Hertha und die Bundesliga lesen konnte." Später traf sich Klopfleisch sogar in Ostberlin mit Spielern von Hertha BSC, was den Ostberliner Behörden nicht verborgen blieb. Der gelernte Elektriker weitete seine Fußball-Kontakte Richtung Westen aus und schrieb sich fortan sogar regelmäßig mit Franz Beckenbauer. Er reiste zu den wenigen Auftritten der (west-)deutschen Fußballnationalmannschaft in den damals sozialistischen Ländern und sprach die Nationalspieler samt Trainer an. Klopfleisch gelangte zu einer gewissen Bekanntheit bei vielen Profis, aber auch beim Ministerium für Staatssicherheit (MfS) der DDR. Ins Bild paßte, daß er den Wehrdienst verweigert hatte, was ihn in der DDR natürlich verdächtig machte.

Als er später in den 70er Jahren Hertha BSC zu sämtlichen Spielen im Europacup in östliche Länder folgte (u.a. nach Plowdiw/Bulgarien, nach Tiflis/UdSSR oder nach Prag), wurde er meist observiert. „Besucher bei auswärtigen Fußballspielen mit westdeutscher Beteiligung", hieß das im DDR-Behörden-Jargon. Ostberliner Fußballanhänger, die Westberliner Mannschaften, vor allem Hertha BSC, nachreisten, wur-

Ein Hertha-Fan als „Klassenfeind"

den häufig als „feindlich negative Kräfte" oder „negativ dekadente Jugendliche" bezeichnet. Klopfleisch wurde u.a. vorgehalten, daß er dem „Klassenfeind" Glückwünsche übermittelt habe, als er einst Franz Beckenbauer zum Gewinn des Weltmeistertitels 1974 schriftlich gratuliert hatte. „Mein Kontakt zu Beckenbauer war im nachhinein sowas wie meine Lebensversicherung", sagt Klopfleisch im Rückblick. Erst im Juni 1989, wenige Monate vor dem Fall der Mauer, wurde er in den Westen abgeschoben, nachdem er zuvor viele Ausreiseanträge gestellt hatte. Ohne Hab und Gut, ohne Arbeit kam er in Westberlin an und schlug sich zuerst als Toilettenmann durch. Klopfleisch war einige Zeit Ordner bei Hertha BSC und qualifizierte sich später zum Versicherungsfachmann. Er lebt in Wilmersdorf und besucht jedes Spiel von Hertha BSC. „Eigentlich wollte ich nur in Ruhe leben und zum Fußball zu Hertha gehen", sagt er, „das war damals in Ostberlin nicht möglich."

Die Fans in Zahlen

Mit dem sportlichen Erfolg kommen die Fans in ungeheuren Scharen. Hertha BSC erlebte die zurückliegenden Monate, insbesondere seit dem Wiederaufstieg in die erste Bundesliga, einen Boom an neuen Fanklubs, die sich beim Verein offiziell registrieren lassen und – so weit wie möglich – auch von diesem betreut werden. Mit Michael Brodhuhn stellte Hertha BSC einen hauptamtlichen Fanbetreuer ein, der regelmäßig Sprechstunden in der Geschäftsstelle abhält und sich um sämtliche Belange des Fanwesens kümmert.

Derzeit existieren 437 Hertha BSC-Fanklubs (Stand: 1. Juni 1999). Sie verteilen sich wie folgt: Berlin 340; Berliner Umland: 74; im übrigen Deutschland: 17. Im Ausland existieren sechs Fanklubs in Holland, Frankreich, Dänemark, Luxemburg, Australien und in Taiwan. Die Fanklubs umfassen insgesamt 7.593 Mitglieder und zählen natürlich in der übergroßen Mehrheit zum sogenannten harten Kern der Anhänger.

In den Zweitligazeiten war die Anzahl der in Fanklubs organisierten Anhänger gering. Vor 1997 gab es lediglich 51 Fanklubs. 1997 kamen 113 Klubs, 1998 193 und 1999 bislang 79 Fanklubs hinzu. Die Zahl wird weiter ansteigen.

Eine repräsentative Befragung von „Sport-Markt" sollte im Auftrag von Hertha BSC solche Zahlen vertiefen und dabei ermitteln, wie er denn nun wirklich ist, der Hertha-Fan. Ort der Befragung war das Berliner Olympiastadion. Es gab als Methode das persönliche Interview und das Selbstausfüllen von Fragebögen. Das Auswahlverfahren der Personen war zufällig. Gefragt wurden bei vier Heimspielen der Saison 1997/ 98 insgesamt 2.057 Besucher. Es handelt sich, um in der Sprache des untersuchenden Unternehmens zu bleiben, bei der befragten Klientel um das sogenannte „Vor-Ort-Publikum".

Demnach kristallisiert sich der Hertha-Anhänger so heraus: Er ist zwischen 24 und 27 Jahren alt, der Männeranteil liegt zwischen 80 % und 88 %, und ein großer Teil davon befindet sich in der Ausbildung.

Der Wohnort der Zuschauer war bei den untersuchten vier Spielen: Berlin zwischen 80 und 62 Prozent; Brandenburg 12 bis 25 Prozent; Sachsen und Sachsen-Anhalt jeweils 1 bis 4 Prozent; Mecklenburg-Vorpommern: 1 Prozent. Der Anteil der Nicht-Berliner stieg im Befragungszeitraum deutlich.

Über 70 Prozent der Befragten sind mindestens eine Stunde vor Anpfiff des Spiels im Stadion. Sie besitzen häufig eine Dauerkarte, sind im Schnitt 23 Jahre jung und kennen meist die Sponsoren der Hertha. Es scheint erwiesen, daß Hertha-Fans gern in größeren Gruppen zum Heimspiel kommen. Je enger die Verbindung zum Verein ist, desto größer sind die Gruppen.

Die Umfrage ergab auch Charakteristika zur Gruppe der Dauerkartenbesitzer, die immer größer geworden ist. In der Saison 1996/97 gab es bei Hertha 1.060 Dauerkartenbesitzer, 1997/98 waren es 12.144 und 1998/99 schon 18.109. Der typische Dauerkartenbesitzer ist zu 85 % männlich, sehr jung (Durchschnitt: 22,5 Jahre), stammt zu 76 % aus Westberlin, kommt meist in Gruppen von 8-9 Personen ins Stadion. Allerdings überrascht folgender Fakt: Nur 7 % der Dauerkartenbesitzer sind auch zahlende Vereinsmitglieder. Allerdings beweisen die Dauerkartenbesitzer auf anderem Gebiet ihre Vereinstreue: 85 % von ihnen kaufen Klub-Devotionalien und geben dafür im Schnitt 211 Mark pro Saison aus.

Interessant ist die Herkunft der Stadionbesucher nach Berliner Bezirken. Herthas Geburtsort, der Wedding, ordnet sich schlicht und einfach unter: Nur etwa 6 % der Besucher stammten bei den untersuchten Spielen aus dem Wedding. Von den einst Westberliner Bezirken liegen Neukölln (bis zu 15 %) und Reinickendorf (ca. 10 %) an der Spitze, in den ehemals Ostberliner Bezirken scheinen die meisten Hertha-Anhänger in Marzahn und in Pankow zu leben. Insgesamt stammt ein Viertel der Berliner Besucher aus Ost-Berliner Bezirken.

Die Rivalen

Mit ihrer zahlenmäßigen Übermacht brauchen die Anhänger der Hertha in Berlin keinen anderen Verein zu fürchten, und sie tun das natürlich auch nicht. Das Verhältnis zu den übrigen Berliner Vereinen hat sich daher längst entspannt.

▶ **Tennis Borussia:** Geblieben ist die Konkurrenz zum Stadtnachbarn TeBe, die noch aus den 20er und 30er Jahren unseres Jahrhunderts herrührt. Damals kamen zu den Derbys unglaubliche Zuschauermassen, das Duell der beiden erfolgreichsten Mannschaften der Stadt elektrisierte die Anhänger beider Vereine immer wieder. Dabei galten die Borussen, die ja auch als Fußballklub die Sportart Tennis in ihrem Vereinsnamen tragen, seit jeher als die Feinen und Reichen aus dem noblen Stadtteil Charlottenburg. Zum Klub fühlten sich schon immer Künstler und Intellektuelle hingezogen. So entwickelten sich die Duelle beider Vereine zu einer Art Klassenkampf. Hier das bodenständige Hertha BSC, mit dem Touch, ein Verein der Arbeiter zu sein, dort das feine TeBe, der Klub der Intelligenz.

TeBe kann nur ein halbes Dutzend Fanklubs aufweisen und insgesamt eine verschwindend geringe Anhängerschaft, die eher die leisen Töne pflegt. Zum Anfeuern der eigenen Mannschaft muß meist erst eine brasilianische Trommler-Gruppe bewegen, die Atmosphäre ist eher steril. Solche Fans sind natürlich für die Herthaner keine Konkurrenz, trotzdem wurmt eine Niederlage gegen die Männer aus Charlottenburg, die ihre Heimspiele im Mommsenstadion austragen. Als im Oktober 1998 die Lose im DFB-Pokal das Derby Tennis Borussia gegen Hertha BSC ergaben und TeBe nach anfänglichem Sträuben vom Mommsenstadion ins Olympiastadion umzog, sah Herthas Fanbeauftrager Brodhuhn keinerlei Anlaß für eventuelle Auseinandersetzungen oder Krawalle: „Das Derby hat eigentlich nur noch für die älteren Herthaner Bedeutung. Für unsere vielen jungen Fans ist das nur ein normales Pokalspiel gegen einen Zweitligisten."

Als Hertha BSC allerdings mit 2:4 und desolater Leistung gegen die Tennis Borussen unterlag, war die Schmach für viele Hertha-Fans riesengroß. Die **„...nur nicht gegen TeBe!"** drastische Äußerung eines Anhängers, die man gern verallgemeinern kann, lautete so: „Hertha kann gegen jeden Gegner verlieren, nur nicht gegen TeBe. Das ist eine Schande. Die ganze Woche ist nun versaut."

Insgesamt standen sich beiden Vereine in ihren langen Historie – TeBe wurde 1902 gegründet – 110mal gegenüber. Die Bilanz sieht Hertha deutlich vorn: 61 Siege stehen 14 Remis und 35 Niederlagen gegenüber. Das erste Derby gewann Hertha 1907 mit 3:0. Herthas höchster Sieg datiert aus dem Jahre 1914 (10:1), TeBes größter Erfolg war ein 10:4-Sieg im Jahre 1944.

Kurios in der Beziehung beider Vereine ist auch eine Episode aus dem Jahre 1959, also noch vier Jahre vor Einführung der Bundesliga. Damals wollten die beiden Vorsitzenden Fritz Gretzschel (TeBe) und Heinz

Heydebreck (Hertha) sogar eine Fusion beider Klubs vorantreiben, um eine Berliner Fußball-Großmacht zu bilden. Eine Idee, die in regelmäßigem zeitlichen Abstand in Berlin publik wurde. Daraus konnte natürlich nichts werden. Die Mitglieder und Fans vor allem von Hertha BSC votierten eindeutig gegen solch eine Verbindung. Auf der Hertha-Mitgliederversammlung stimmten 263 gegen diesen Vorschlag und nur drei Mitglieder dafür. Vorsitzender Heydebreck mußte seinen Hut nehmen.

Trotz aller Rivalität gab es doch Spieler, die von einem Klub zum anderen wechselten und in der Stadt Berlin für Diskussionen sorgten. Solch „Vergehen" ist in etwa mit einem Wechsel eines Profis von Borussia Dortmund zu Schalke 04 und umgekehrt zu vergleichen.

Innerhalb Berlins gab es nur ein Dutzend solcher Wechselspiele. Der einst unverwüstliche Hans Eder, später Co-Trainer und Trainer der Hertha, wechselte 1963 als erster das Lager, ging von Tennis Borussia zu Hertha BSC. Es folgten Hans Weiner (1972), Jürgen Baake (1979), Robert Jüttner und Jochem Ziegert (beide 1980). Ende der 80er Jahre kamen von TeBe zur Hertha: Frank Mischke, Mike Lünsmann, Sven Kretschmer, Daniel Scheinhardt und Thomas Zetzmann. 1991 folgte Sven Meyer. Der letzte abtrünnige Tennis Borusse ist der kroatische Stürmer Ilija Aracic, der in der Winterpause 1999 für rund 900.000 Mark Ablöse zu Hertha BSC wechselte, was ihm viele Schlagzeilen einbrachte.

Den umgekehrten Weg von Hertha zu TeBe fanden erst vier Akteure: Taskin Aksoy, Uli Bayerschmidt, Alf Fistler und Marco Sejna. Und Stürmer Lünsmann landete über den Umweg FC Sachsen Leipzig ebenfalls wieder im Mommsenstadion. Die alte Rivalität der beiden Vereine könnte neu belebt werden, wenn Tennis Borussia den Aufstieg in die erste Bundesliga schafft.

▶ **1. FC Union:** In Berlin existierte vor und nach dem Bau der Mauer am 13. August 1961 in leichter Abwandlung eines alten Hertha-Schlachtrufes der Spruch der Fans: „Ha-Ho-He, es gibt nur zwei Meister an der Spree – Union und Hertha BSC." Die Fans des Ostberliner Traditionsvereins 1. FC Union sangen diese Zeilen gern in ihrem reinen Fußballstadion an der Alten Försterei in Köpenick. Beide Vereine verband so etwas wie Sympathie über die Mauer hinweg. Union war der Underdog in der DDR-Oberliga, der meist von vornherein unterlegen war gegenüber dem starken BFC Dynamo aus Hohenschönhausen, der die geballte Unterstützung von DDR-Innenministerium, Zoll und dem Ministerium für Staatssicherheit besaß. Solch Ungerechtigkeit vernahmen auch die Hertha-Anhänger jenseits der Mauer und sympathisierten – sofern das überhaupt möglich war – mit den Union-Anhängern.

Diese Zuneigung für Union im Westteil der Stadt liegt allerdings auch zu großen Teilen in der kuriosen Historie der Unioner begründet. Ein kurzer Exkurs sei erlaubt: Am 17. Juni 1906 wurde der SC Olympia 06 Oberschöneweide gegründet, der sich ab 1920 SC Union 06 Oberschöneweide nannte. Oberschöneweide ist ein eher unansehnlicher Ortsteil, geprägt von der Industrie, gelegen zwischen den Ostberliner Stadtbezirken Köpenick und Treptow. Dies gilt als Ursprung der Geschichte der heutigen Unioner. Der SC Union 06 drang 1923 sogar bis ins Finale um die Deutsche Meisterschaft vor, unterlag allerdings im Berliner Grunewaldstadion dem Hamburger SV mit 0:3. Meist spielte der Verein weiter in der höchsten Berliner Spielklasse. Der historische Schnitt lag nach dem Ende des Zweiten Weltkrieges, exakt im Jahre 1950. In der Saison 1949/50 bestritt der SC Union 06 Oberschöneweide seine letzte Spielzeit in der Stadtliga Berlin und belegte hinter Tennis Borussia Platz 2. Zum Ende der Saison mußten sich die Vereine aus dem Ostteil der Stadt aus dem Spielbetrieb zurückziehen, weil der DFB das Vertragsspielerstatut in Berlin einführte. Der nach Gründung der DDR im Oktober 1949 entstandene Deutsche Sportausschuß wehrte sich gegen die Vertragsliga, die Ostmannschaften wurden in die Amateurklasse zurückgestuft. Deren Teilnahme am Gesamt-Berliner Spielbetrieb wurde verboten.

So übersiedelte die komplette Fußballabteilung vom SC Union 06 Oberschöneweide 1950 nach Westberlin. Fortan spielte man im Poststadion in Moabit. Im Ostteil durfte der Rest-Verein sich nur noch SG Union Oberschöneweide nennen.

Die Sympathien der Berliner Fußballanhänger gehörten damals vor allem dem SC Union 06 aus Moabit. Die erfolgreiche Zeit dieses Vereins endete mit Beginn der Fußball-Bundesliga 1963, in der Hertha BSC die Stadt Berlin vertrat. Allerdings hatte die Mannschaft bereits nach dem Bau der Mauer am 13. August 1961 zwangsläufig viele Zuschauer und Anhänger verloren, die nun nicht mehr die Heimspiele in Moabit besuchen konnten.

Im Ostteil lebte ein Zweig des Ur-Vereins unter sehr häufig geändertem Namen weiter, bis man 1966 den 1. FC Union Berlin gründete. Der gehörte der DDR-Oberliga oder der zweithöchsten Spielklasse, der DDR-Liga an. 1968 gelang mit dem 2:1-Endspiel-Sieg gegen den mit Nationalspielern gespickten FC Carl Zeiss Jena im FDGB-Pokal der größte Erfolg des in Ostberlin sehr populären Vereins. Doch auf das erste Wiedersehen zwischen Union und Hertha mußten die Anhänger beider Lager sehr lange warten.

Das gab es erst nach dem Fall der Mauer 1989, und zwar bereits im Januar 1990 bei einem Hallenturnier in der Ostberliner Werner-Seelen-binder-Halle. Und nicht von ungefähr hieß das erste große Ost-West-Wiedersehenstreffen im Olympiastadion am 27. Januar 1990 Hertha BSC gegen 1. FC Union Berlin. Diese Freundschaft oder Sympathie hat in der heutigen Zeit jedoch an Bedeutung verloren. Zwar besuchen Union-Anhänger auch die Bundesligaspiele von Hertha BSC, aber umgekehrt verirrt sich kaum ein Hertha-Fan zu Spielen der Regional-liga an die Alte Försterei. Eigentlich schade.

▶ **Der große Rest:** In den langen Jahren der Zweitklassigkeit verblaßten die alten Rivalitäten zu den großen Gegnern aus dem Westen und Süden Deutschlands. Das ist auch nach Herthas Wiederaufstieg so geblieben. Michael Brodhuhn, der Fanbeauftrage der Hertha, sagt: „Richtige Feindschaften gegenüber Fans anderer Klubs existieren nicht mehr. Zwar ist immer noch Schalke ein Gegner und auch der 1. FC Nürnberg, weil dessen Anhänger immer mit denen aus Schalke sympathisierten, aber das wird alles zunehmend lockerer gesehen. Die Toleranz unter den Hertha-Fans ist viel größer geworden." Früher galten auch die Anhänger des 1. FC Köln als „rotes Tuch", „doch die sind mittlerweile auch in Liga zwei verschwunden" (Brodhuhn) – ebenso wie 1999 der Nürnberger „Club".

Intensivere Kontakte gibt es traditionell zum Karlsruher SC, der aber ebenfalls in die zweite Liga abstieg, zu einem Zeitpunkt, als die alte Freundschaft wiederbelebt wurde. Spannend dürfte in Zukunft das Verhältnis zu den Fans des FC Bayern werden. Die gelten traditionell aus den Anfangszeiten der Bundesliga als Verbündete der Hertha-Fans, und nach dem Wiederaufstieg wurde diese Verbindung erneut gepflegt. Ein nicht uninteressanter Fakt angesichts der sich anbahnenden sportlichen wie wirtschaftlichen Rivalität zwischen Hertha und dem FC Bayern.

Günther Jauch:
Für eine Mark im Oberring

Günther Jauch (geb. am 13. Juli 1956) wuchs in Berlin auf. Nach dem Abitur an einem humanistischen Gymnasium in Berlin studierte er zwei Semester Politologie und besuchte anschließend die Münchner Journalistenschule, die er als damals jüngster Absolvent abschloß. Später folgten viele Stationen auf der journalistischen Karriereleiter, u.a. Moderation des „Aktuellen Sportstudios" im ZDF. Seit 1989 bei RTL, Sendungen: „Stern TV", die Lottoshow „Millionär gesucht" und Moderation der Fußball-Champions-League mit Franz Beckenbauer als ständigem Gast. Jauch lebt in Potsdam.

TV-Moderator Günther Jauch firmiert als Schirmherr von Hertha BSC.

Ende August 1996 stellte ihn der damalige Zweitligist Hertha BSC der Öffentlichkeit als neuen Schirmherrn des Vereins vor. Jauch betreut in dieser Eigenschaft u.a. den Hertha-Förderkreis, einen Verbund von rund 100 mittelständischen Unternehmen aus Berlin und Brandenburg, die Hertha BSC unterstützen.

Herr Jauch, ein Schirmherr ist laut Lexikon ein „offizieller Förderer einer seinem Schutz unterstellten Veranstaltung oder Institution". Steht Hertha BSC also unter Ihrem persönlichen Schutz, Herr Jauch?

Na ja, so ungefähr. Ich sorge für gute Stimmung, auch nach Niederlagen, und habe ein Auge auf das gesamte Geschehen im Verein. Ich will mit meinen Mitteln und Möglichkeiten halt ein positives Klima für die

Hertha schaffen, bin vielleicht sowas wie ein Lobbyist. Das aber nur in meiner Freizeit. Als Journalist bin ich ja zu Objektivität verpflichtet.

Wie wird man Schirmherr eines Fußball-Bundesligisten?

Hertha BSC und der Partner des Vereins, die Ufa, erfuhren von meiner langen Leidenschaft für Hertha. Zu dieser Zeit lag der Verein auf einem Abstiegsrang in der zweiten Bundesliga. Da dachte ich mir wie an der Börse: Immer einsteigen, wenn die Kanonen donnern.

Hat irgendein Schlüsselerlebnis in der Kindheit oder Jugend Ihr inniges Verhältnis zu Hertha geprägt?

Ich saß als Junge zum ersten Mal vor über dreißig Jahren im Olympiastadion. Das war 1968 ein Spiel in der Aufstiegsrunde zur ersten Bundesliga zwischen Hertha BSC und dem SV Alsenborn. 80.000 Zuschauer waren beim 1:1 dabei, das Hertha den Aufstieg brachte. Ich war beeindruckt und besorgte mir eine Schülerkarte für eine Mark und war immer im Oberring dabei. Bei jedem Heimspiel. Damals gab es noch sowas wie eine Art Frontstadtgefühl. Hier wir Berliner in der Insellage, dort der 1. FC Köln oder Gladbach oder auch Alemannia Aachen. Und wir waren dabei, wir steigen nicht ab. Da war eine große Sehnsucht, beim großen Fußball dabeizusein.

Welche Emotionen werden bei Ihnen frei, wenn Sie ein spannendes Spiel der Hertha sehen?

Es bleibt die banale Weisheit: Fußball ist deswegen so spannend, weil man vorher nie weiß, wie's ausgeht. In unserer überversicherten Gesellschaft ist speziell die Bundesliga vor allem deshalb so spannend, weil jeder jeden schlagen kann. Und Hertha kann inzwischen jede Mannschaft schlagen.

Der Verein wird geliebt oder auch gehaßt. Was macht für Sie das Phänomen Hertha BSC aus?

Hertha ist ein Verein mit Tradition, der schon zu oft totgesagt wurde. Kein anderer Verein in Deutschland hat das Lazarus-Syndrom so verkörpert wie Hertha BSC. Der Klub ist schon mehrmals von den Toten auferstanden.

Wo sehen Sie die Ursachen für den enormen Zuschauerzuspruch, der selbst die riesigen Kulissen aus den siebziger Jahren übertrifft?

Mir war von Anfang an klar, daß Hertha ein Zuschauermagnet ist. Drei Millionen Menschen in der Stadt, noch einmal zwei Millionen innerhalb des Berliner Rings – das ist ein unglaubliches Potential. Hinzu kommt: Die Berliner dürsten nach erstklassigem Fußball, und es sind dankbare Fans. Sie werden auch nicht unsolidarisch, wenn der Klub ein paarmal hintereinander verliert. Hertha ist inzwischen ein Verein für ganz Berlin, und er ist einer der wichtigsten Vereine in Deutschland. Ich weiß, daß der FC Bayern München langfristig nur einen Verein sieht, der ihm aufgrund des gewaltigen Zuschauerpotentials und als Hauptstadtklub Paroli bieten kann: Hertha BSC.

Der Verein ist auf dem schwierigen Weg zum Wirtschaftsunternehmen. Wieviel bodenständiges Vereinsleben wird übrigbleiben?

Der Klub als Wirtschaftsunternehmen und ein bodenständiges Vereinsleben widersprechen sich nicht. Der FC Bayern hat 80.000 Mitglieder und Fanklubs in aller Welt. Gleichzeitig ist er ein riesiges Wirtschaftsunternehmen.

Wie sollte der Verein mit seiner wechselvollen Geschichte, den vielen Skandalen, umgehen?

Man muß ja die Geschichte der Skandale nicht gerade pflegen, aber man darf sie auch nicht verleugnen. Schalke 04 hat das Klischee vom ewigen Skandalklub auch abstreifen können. Das schafft auch Hertha BSC.

Wie wird sich Ihrer Meinung nach der Verein in den nächsten Jahren entwikkeln?

Hertha muß sich ganz klar in Richtung internationaler Spitzenklub entwickeln. Mit Franz Beckenbauer in der Champions League das altehrwürdige Olympiastadion zu betreten, um Hertha BSC gegen Real Madrid zu sehen – das wäre sicher ein echter Lebenshöhepunkt.

Wie beurteilen Sie Ihre eigenen fußballerischen Fähigkeiten?

Ich war als Schüler ein ebenso begeisterter wie untalentierter Linksfüßler, der immer gern aus der Tiefe des Raumes gekommen wäre, wie weiland Wolfgang Overath und Günter Netzer. ■

„Nur nach Hause"

Offizielle Hymne von Hertha BSC
Musik und Text: Gavin Sutherland;
Deutscher Spezialtext: Frank Zander
und Hanno Bruhn;
Interpret: Frank Zander

Freunde, was gibt es Schöneres, als hier im Stadion unserer Hertha-Mannschaft die Däumchen zu drücken und sie von den Rängen zu unterstützen auf den Weg nach oben.

Refrain: Nur nach Hause, nur nach Hause,
nur nach Hause geh'n wir nicht.
Nur nach Hause, nur nach Hause,
nur nach Hause geh'n wir nicht. *(Wiederholung)*.

Alle warten voller Spannung auf das absolute Spiel. Denn die Jungens von der Hertha haben alle nur ein Ziel: Heute wollen sie gewinnen für das blau-weiße Trikot, sowieso, oho, oho und sowieso, oho, oho.

Refrain: Nur nach Hause…

All die Fans brüllen sich den Hals aus und der Stürmer, der stürmt vor. Alle jubeln, wenn der Ball rollt, voll hinein ins Gegnertor und am Abend, dann am Tresen, werden wir zum Libero, sowieso, oho, oho und sowieso, oho, oho.

Refrain: Nur nach Hause…
Bei dieser Schwiegermutter, bei dieser Miete – also bleiben wir doch gleich hier. Nur nach Hause…

Frank Zander: Seine Hymne wurde Kult

Der Sänger und Entertainer Frank Zander (geb. am 4.2. 1942) schuf die offizielle Hymne von Hertha BSC, die inzwischen Kultcharakter besitzt. Zander wurde durch zahlreiche Hits und Stimmungslieder bekannt, schuf u.a. „Die Urenkel von Frankenstein", „Ich trink' auf Dein Wohl, Marie", „Captain Starlight", „Oh Susi" oder „Hier kommt Kurt". Der Sänger, dessen Markenzeichen die Reibeisenstimme ist, moderierte u.a. die TV-Sendungen „Plattenküche" und „Bananas".

Herr Zander, die Urfassung der Hertha-Hymne stammt ja aus England. Rod Stewart schuf einst das weltbekannte Lied „Sailing". Gab es Probleme, als Sie dieses Lied umfunktionierten?
Ja, es gab enorme Schwierigkeiten, weil ich ja einiges verändert habe. Ich durfte das nur unter der Bedingung, das ich als Komponist und Texter keine finanziellen Forderungen erhebe. Das ist natürlich bitter, war aber nicht anders möglich. Ich kann damit inzwischen leben. Die Verhandlungen mit London zogen sich über drei Jahre hin. Ich wollte dieses Lied, noch ohne den speziellen Hertha-Text, ja als eine Art Rauswerfer-Lied für jede Kneipe. Ein Nachhause-Lied eben.
Wie kam die Verbindung mit Hertha BSC zustande?
Das hing mit den Erfolgen der sogenannten Hertha-Bubis zusammen, die 1993 im DFB-Pokal groß auftrumpften. Die waren ja Amateure und hauten reihenweise die hochbezahlten Profis weg. Das war faszinierend, und ganz Fußball-Berlin schwärmte von den Leistungen dieser Jungen. Vor dem Halbfinalspiel der Hertha-Amateure gegen Chemnitz wurde ich dann angesprochen, ob ich nicht was Stimmungsvolles produzieren könne – fürs Stadionprogramm. Über Nacht habe ich dann den Extratext entworfen. Das ging schnell, soviel Text ist es ja nicht. Der Refrain ist wichtiger, der soll mitgesungen werden. Da ist ein bißchen was vom Pokal drin, eben ein paar typische Redewendungen.
Am 31. März 1993 haben Sie dann vor 56.000 Zuschauern im Olympiastadion zum ersten Mal die Hymne gesungen. Was war das für ein Gefühl?

Zuerst war ich schon unsicher. Es gibt nichts Schlimmeres, als in einem Fußballstadion zu singen. Die Leute wollen Fußball sehen, sonst nichts. Das Drumherum interessiert oft niemanden. Das haben schon viele große Sänger erfahren müssen. Ich hatte Glück, die Fans sangen begeistert mit. Ich glaube, es gibt nur dieses eine Lied, das in einem Stadion beim Fußball ankommt. Ich trat dann 1997 vor 75.000 Fans beim Spiel gegen Kaiserslautern auf, das war schon eine Riesensache – auch für mich. Und dann gab es noch den Auftritt bei den Feierlichkeiten nach dem Aufstieg in die erste Bundesliga, als Tausende auf dem Maifeld dabeiwaren. Sowas vergißt man nicht. Auch ich nicht.

Wo liegt die Ursache für den Erfolg dieser Hymne?

Das hat auch mit dem Stadion zu tun, daß ja eine ganz besondere Atmosphäre besitzt. Das Lied hat vieles, ist nicht aggressiv. Im Gegenteil – es hat was von Fernweh, von Seefahrt und viel von Zusammenhalt. Sowas, zusammen gesungen von vielen Menschen unterschiedlicher Couleur, teils mit Feuerzeugen in der Hand, ist natürlich etwas für Fußballfans. Die Hymne wurde total angenommen. Ich kann den Erfolg auch nicht richtig erklären, und das muß man ja auch nicht. Es ist jedenfalls die beste Hymne von allen Bundesligavereinen.

Welche Mittel besitzt man als Sänger, wenn man in einem Stadionkessel auftritt, die Massen auch zu bekommen, zu berühren?

Das ist schwer. Was will man machen? Man ist in der Riesenschüssel nur ein kleiner Punkt. Aber man hat halt seine Stimme. Das Lied, der gesamte Auftritt muß berühren. Aber: Ein Haufen Fußballfans, das ist schon unberechenbar.

Ihre Stimme ist aber sehr markant.

Ja, ja, meine Reibeisenstimme. Die kam mal durch eine verschleppte Angina. Ich sang trotzdem weiter. Jetzt ist diese Stimme mein Markenzeichen. Die kann keiner nachmachen. Mit meiner alten Stimme hätte ich vielleicht nicht solch eine Karriere gemacht.

Haben Sie früher selbst mal an den Fußball getreten?

Ich habe Fußball früher mehr von weitem gesehen. Wenn ich mal ein bißchen gekickt habe, dann meist eher defensiv oder draußen auf Linksaußen. Da gibt's ja diesen berühmten Spruch: Linksaußen und Torhüter, die haben alle eine kleine Macke. Ich habe wohl mehr rumgestanden. Aber seit der Hymne schaue ich mir fast jedes Spiel von Hertha BSC im Fernsehen an und höre auch die Hymne. ∎

Namen und Fakten

Das große Hertha-ABC

Abteilungen

Außer der Abteilung Fußball mit den Profis und den Amateuren unterhält Hertha BSC drei weitere Abteilungen. Es sind dies Boxen (gegründet 1948), Kegeln (gegründet 1924) und Tischtennis (gegründet 1963). Die Abteilung Gesang (gegründet 1927) wurde in den 90er Jahren aufgelöst. Die aktuellen Mitgliederzahlen (Stand: 1. Juni 1999): Boxen: 277; Tischtennis: 75; Kegeln: 29.

Agerbeck, Henrik (geb. 30.6.1956)

55 Bundesligaspiele für Hertha BSC / 12 Tore (1978 und 1980)
Der Mann aus Dänemark spielte bei Malmö FF und KB Kopenhagen und avancierte zum dänischen Nationalspieler. In Berlin gab er einen schnellen und ballsicheren Rechtsaußen. Agerbeck lebt als Fischgroßhändler in Frankreich, in der Bretagne. „Meine schönste Zeit als Fußballer war die in Berlin", sagte er zum Abschied von der Hertha.

Altendorff, Hans-Joachim

(geb. 28.12. 1940) 70 Bundesligaspiele für Hertha BSC/10 Tore (1963-1971) Altendorff wechselte 1960 von NNW 98 zu Hertha BSC und spielte in den Bundesliga-Gründerjahren eine wesentliche Rolle. Altendorff war ursprünglich Mittelfeldspieler und wurde erst bei Hertha BSC zum Mittelstürmer umfunktioniert. Bei seinem Einstand bei Hertha – es war ein Spiel gegen Tegel, das 10:1 endete – schoß Altendorff sieben Tore. Auch der damalige Trainer Hanne Sobek, der dem Experiment, Altendorff zum Stürmer zu machen, zuerst skeptisch gegenüberstand, war nun überzeugt. In der Vertragsliga-Saison 1962/63 schaffte Altendorff 41 Tore. Das war damals deutscher Rekord in allen Ligen. In der Aufstiegsrunde zur ersten Bundesliga 1968 erlitt Altendorff im Spiel gegen Göttingen 05 einen schweren Beinbruch. Für die Saison 1968/69 fiel Altendorff gänzlich aus. 1969/70 klappte es mit einem Comeback, und er bestritt noch einmal 26 Spiele in der ersten Bundesliga, denen 1970 nur noch ein Auftritt folgte.

Ältestenrat

Vorsitzender ist der ehemalige langjährige Schatzmeister von Hertha BSC, Günter Herzog (Jahrgang 1922), der seit 1936 Mitglied des Vereins ist. Weiter gehören derzeit zu diesem Gremium, das sich als beratendes und schlichtendes Organ sieht: Wolfgang Holst, Heinz Striek, Lothar Pötschke und Günter Quackartz. Laut Satzung des Vereins, § 25, besteht der Ältestenrat als Rechtsorgan des Vereins aus fünf Mitgliedern. Diese müssen 15 Jahre ohne Unterbrechung Vereinsmitglied sein und werden auf Vorschlag des Präsidiums von der Mitgliederversammlung gewählt.

Amateurabteilung

Die Amateure von Hertha BSC mit ihren Männer- und Jugendmannschaften besitzen eine eigene Abteilungsleitung. Im November 1998 wurde folgende Führungscrew gewählt: Ronald Maschke (45) zum 1. Vorsitzenden; Günter Obersteller (68) zum 2. Vorsitzenden, Michael Ottow (35) zum Schatzmeister.

Der ehemalige Bundesliga-Profi Michael Jakobs (40) wurde zum Sportlichen Leiter der Amateurabteilung gewählt.

Aufsichtsrat

Um das Management der Vereine zu professionalisieren und von Zufallsmehrheiten in Mitgliederversammlungen unabhängiger zu machen, betrieb der DFB ab 1995 eine Reform des Vereinsrechts im Ligabereich. Dazu zählte auch die Einrichtung eines Aufsichtsrates als höchstes Kontrollorgan zwischen Mitgliederversammlung und Vorstand. Der erste Aufsichtsrat bei Hertha BSC wurde 1996 für vier Jahre bis 2000 gewählt. Mitglieder sind: Rolf Schmidt-Holtz (Mitglied des Vorstandes Bertelsmann-Entertainment), Robert Schwan (ehemaliger Manager des FC Bayern München und langjähriger Berater von Franz Beckenbauer), Dr. Carl A. Claussen (Geschäftsführer Elf 99 Medienproduktion und Vermarktung GmbH), Klaus Fehrmann (Regierungsdirektor a.D.), Axel Kirsch (Leiter Unternehmensentwicklung Thyssen AG), Norbert Sauer (Geschäftsführer und Produzent Ufa Fernsehproduktion, Berlin, Westdeutsche Universum Film, Köln), Prof. Rupert Scholz (Stell. Fraktionsvorsitzender von CDU/CSU im Bundestag), Günther Troppmann (Sprecher des Vorstandes der Deutschen Kreditbank Berlin) und Heinz Warneke (ehemaliger Geschäftsführer IMS Informationsgesellschaft Münzspiel GmbH/Lobbyist). Das Gremium wählte 1996 Rolf-Schmidt-Holtz zum Vorsitzenden des Aufsichtsrates. Dieser gab sein Amt wegen Arbeitsüberlastung im Dezember 1997 auf und blieb einfaches Mitglied. Als neuer Chef des Aufsichtsrates wurde im Dezember 1997 Robert Schwan gewählt.

Ausrüster

Viele Jahre war die Firma adidas der offizielle Ausrüster von Hertha BSC. Das Unternehmen aus Herzogenaurach zahlte rund 900.000 Mark pro Saison an die Berliner. Ab der Saison 1999/2000 ist der US-Sportartikelhersteller Nike neuer Ausrüster der Hertha. Beide verbindet ein Vier-Jahres-Vertrag, der Hertha BSC pro Jahr rund sechs Millionen Mark einbringt. Nike will entsprechend der eigenen Firmen-Philosophie dem Verein mit seinen Mitteln ein neues, junges, dynamisches Image verpassen. Hertha liegt mit dem Nike-Vertrag auf Rang drei in der Liga, was dessen Lukrativität angeht. Nur Bayern München (15 Millionen Mark jährlich von adidas) und Borussia Dortmund (sieben Millionen Mark pro Jahr von Nike) haben noch besser dotierte Verträge mit einem Ausrüster.

Aracic, Ilija (geb. 15.11.1970)
13 Bundesligaspiele für Hertha BSC/
5 Tore (1998/99)
Der kroatische Angreifer wechselte in der Winterpause 1998/99 vom Lokalrivalen Tennis Borussia zu Hertha BSC. Das Tauziehen um den vielseitigen und

kopfballstarken Stürmer dauerte über mehrere Wochen und sorgte für viele Schlagzeilen. Im Juni 1999 wäre Aracics Vertrag ausgelaufen, und er hätte ablösefrei den Verein wechseln können. Hertha wollte ihn aber unbedingt schon für die Hinrunde der Saison und zahlte rund 900.000 Mark Ablöse an TeBe. Aracic ist in Slavonski Brod geboren. 1994 empfahl ihn der deutsche Trainer Hans Meyer dem Chemnitzer FC. Dort traf er in 45 Zweitligaspielen viermal. Aracic stieg mit Chemnitz in die Regionalliga Nordost ab und fiel dort nach 18 Toren auch anderen Vereinen auf. Tennis Borussia holte ihn nach Berlin, wo er 16 Treffer zum Aufstieg in die 2. Bundesliga beisteuerte. Den letzten Anstoß für Hertha BSC, den Stürmer vom Lokalrivalen loszueisen, gab dessen spektakulärer Auftritt im Oktober 1998 im DFB-Pokalspiel TeBe gegen Hertha im Olympiastadion (4:2). Damals erzielte Aracic zwei Treffer gegen seinen heutigen Verein. Der katholisch erzogene Aracic gilt als sehr umgänglicher und höflicher junger Mann. Er feierte am 20.2.1999 einen sensationellen Einstand. Im Heimspiel der Hertha gegen Borussia Dortmund (3:0) wurde er in der zweiten Halbzeit beim Stand von 0:0 eingewechselt und traf zweimal.

Arnold, Marc (geb. 19.9.1970)
26 Bundesligaspiele für Hertha BSC/ 2 Tore (1997/98); 39 Zweitligaspiele für Hertha BSC/3 Tore (1995-1997)
Der im südafrikanischen Johannesburg geborene Mittelfeldspieler kam im Februar 1996 von Borussia Dortmund zu Hertha BSC. Der kleine Techniker spielte zuvor bei den Stuttgarter Kickers, Freiburger FC und Ulm 46. Bei Borussia Dortmund schaffte er aufgrund des riesigen und hochkarätigen Spielerkaders nicht den Durchbruch zum etablierten

Bundesligaspieler (9 Einsätze). Der gelang ihm erst in Berlin. Arnold gehörte zur Aufstiegsmannschaft der Hertha 1996/97. Nach einer Leistenoperation im Sommer 1998 schaffte Arnold nicht mehr den Sprung in die Stammelf von Hertha BSC, wurde auch von den Neuzugängen Wosz und Tretschok, zu denen Trainer Röber mehr Vertrauen hatte, verdrängt. Im Dezember 1998 wurde Arnold zum Karlsruher SC verkauft. Ablösesumme: 350.000 Mark. Arnolds wohl bestes Spiel für Hertha absolvierte er beim 2:1-Sieg gegen den FC Bayern München im März 1998.

Bader, Martin (geb. 14.2.1968)
Der studierte Diplom-Sportökonom begann seine berufliche Karriere bei einem der führenden europäischen Rechtevermarkter, der Ufa, im Mai 1994 am Stammsitz des Unternehmens in Hamburg. Bereits im Februar 1995 bekam er die komplizierte Aufgabe, bei Hertha BSC in Berlin die Interessen des seit 1994 mit der Ufa vertraglich verbundenen Vereins wahrzunehmen. Bader arbeitete als sogenannter Projektleiter für den kompletten Neuaufbau von Marketing und Infrastruktur des damaligen Zweitligisten. Salopp kann man ihn als ersten verantwortlichen Statthalter der Ufa in Berlin bezeichnen. Mit seiner eloquenten Art erwarb sich Bader nach Abbau vieler Vorurteile durch alteingesessene Herthaner viel Anerkennung im Verein. Er machte das Berliner Olympiastadion in kurzer Zeit zu einer der bestvermarkteten Arenen der Bundesliga. 1998 wechselte Bader die Fronten und ging als Angestellter direkt zu Hertha BSC. Er nahm die neugeschaffene Stelle des Assistenten des Sportlichen Leiters ein und arbeitet seitdem an der Seite von Dieter Hoeneß.

Basler, Mario (geb. 18.8.1968)
74 Zweitligaspiele für Hertha BSC/
17 Tore (1991-1993)
Mittelfeldspieler Basler, gebürtiger Pfälzer, spielte bei Rot-Weiß Essen, als ihn
der damalige Hertha-Trainer Bernd
Stange vom Ruhrgebiet nach Berlin lotste. Ablöse: 150.000 Mark. Basler, der
bereits damals durch einen unglaublich
harten Schuß und seine Technik auffiel,
gehörte zwei Jahre lang zu den schillerndsten Hertha-Akteuren. Schließlich
holte ihn Trainer Otto Rehhagel 1993
zu Werder Bremen (2,2 Millionen Mark
Ablöse), wo er sich für den damaligen
Bundestrainer Berti Vogts empfahl. „Su-
per-Mario" war WM-Teilnehmer 1994
in den USA (ein Einsatz) und EM-Teilnehmer 1996 in England (er verletzte
sich im ersten Spiel/ein Einsatz), verpaßte aber 1998 als Spieler des FC Bayern München (die zahlten acht Millionen Mark Ablöse an Bremen), wo er
1996 einen Vertrag bis 1999 unterschrieb, die Teilnahme an der Weltmeisterschaft in Frankreich. Der ehemalige
Bundestrainer Vogts: „Basler ist ein Genie, aber er verplempert sein enormes
Talent." Mit dem FC Bayern wurde Basler Deutscher Meister 1997 und 1999 so-

wie DFB-Pokalsieger 1998. Dabei gelang ihm im Finale gegen den MSV
Duisburg in der Schlußminute mit einem Freistoß der entscheidende 2:1-
Siegtreffer.

Beer, Erich (geb. 9.12.1946)
253 Bundesligaspiele für Hertha BSC/
83 Tore (1971-1979)
Der in Franken geborene Erich Beer
wurde in Berlin nur „Ete" gerufen. Der
Stürmer und Mittelfeldspieler („ich
konnte schon ein Spiel sehr gut lenken
und an mich reißen, aber ein klassischer
Spielmacher war ich trotzdem nicht")
spielte vor seiner Zeit in der Bundesliga
beim VfL Neustadt, später bei der
SpVgg. Fürth. 1968/69 gab er seinen
Einstand in der ersten Bundesliga beim
1. FC Nürnberg (25 Spiele/2 Tore). Danach wechselte Beer zu Rot-Weiß Essen,
wo er von 1969 bis 1971 zu 64 Spielen
und 10 Toren kam. Herthas Obmann
oder Manager Wolfgang Holst holte ihn
nach Berlin, wo Beer die durch den
Bundesligaskandal stark angeschlagene
Mannschaft führen sollte. Mit Beer, der
in seiner gesamten Laufbahn als untadeliger Sportsmann galt, wollte Hertha
BSC seinerzeit auch das schlechte

Masseur Peter Bentin (geb. 16.7.1941)
Man muß sich nur immer die so schön gestellten Mannschaftsfotos vor Saisonbeginn herauskramen. Dann kann man den Lebenslauf des Peter Bentin ein wenig verfolgen. Bentin, meist in hockender Stellung mit einem Massageköfferchen mit wechselndem Sponsor, ist immer dabei. Mal mit Bärtchen, meist ohne. Mal mit längerem Haarschopf, meist kurzgeschnitten. Die Mannschaft, natürlich mit dem Masseur und Physiotherapeut, vor der Olympischen Flamme im Olympiastadion, die Mannschaft mit Bentin auf dem Maifeld, die Mannschaft mit Bentin vor dem Osttor der altehrwürdigen Arena, die Mannschaft mit Bentin vor dem Brandenburger Tor. Seit 32 Jahren knetet Peter Bentin die Muskeln der Spieler von Hertha BSC, rennt bei Verletzungen der Herthaner an der Seite des Arztes wieselflink über die Rasenplätze in sämtlichen Bundesliga-Arenen. Immer fit, immer einsatzbereit. Beim Training läßt er kaum eine Gymnastik aus, dreht unermüdlich seine Jogging-Runden und besticht mit Liegestützen in Serie, die er allerdings mit einem Arm ausführt. Wer kann sowas schon nachmachen? Peter Bentin, der beliebte Physiotherapeut, kam über den berühmten Tenor Rudolf Schock zu Hertha BSC. „Ich lebte damals in der Schweiz", sagt Bentin, „und mußte Schock nach Sylt begleiten. Dort trafen wir auf seinen Freund, den damaligen Trainer der Hertha, Helmut Kronsbein. Rudolf Schock schmetterte ab und an Arien auf den Weihnachtsfeiern des Fußballklubs, Peter Bentin blieb dem Ver-

ein erhalten. 18 Trainer bei Hertha hat Bentin inzwischen kommen und gehen sehen. Mit Fug und Recht kann er sich als Nestor seiner Sparte in der Bundesliga bezeichnen. Hunderte von Profis gingen durch seine Finger, wurden von ihm behandelt und auf der Massagebank durchgeknetet. Er sei so etwas wie der Seelentröster, sagt Bentin, „manchmal komme ich mir auch wie ein seelischer Mülleimer der Stars vor".

Alle Generationen von Hertha-Spielern schätzen neben den besonderenen Tinkturen und Wundermitteln und dessen heilenden Händen vor allem eines am meisten an Peter Bentin: seine absolute Verschwiegenheit. Er hört und sieht fast alles, kennt alle Macken der Spieler, Trainer, Manager oder Präsidenten. Doch all das bleibt sein Geheimnis.

Image des Vereins aufbessern. Das gelang sehr gut. Beer entwickelte sich in Berlin zum Führungsspieler und gelangte sogar in die Nationalmannschaft. Für Deutschland bestritt Beer insgesamt 24 Länderspiele (7 Tore).
Erich Beer steht in vielen Statistiken von Hertha BSC ganz weit vorn. Mit seinen 253 Bundesligaspielen rangiert er hinter Michael Sziedat (280) und Holger Brück (261) auf Rang 3 der „ewigen" Einsatztabelle. Seine 83 Treffer bedeuten Rang 1 vor Lorenz Horr (76) und Michael Preetz (37). In der Saison 1975/76 erzielte Beer 23 Treffer. Diese reichten aber damals nur zu Rang 2 hinter dem Schalker Klaus Fischer (29 Tore). Beer stand 1977 und 1979 mit Hertha in den verlorenen DFB-Pokalfinals und absolvierte insgesamt 15 Europacupspiele für die Berliner. Erich Beer galt stets als Mann ohne Skandale und war in den 70er Jahren sogar für viele ein positives Synonym für Hertha BSC *(siehe Interview in diesem Buch)*. Beer ging 1979 nach Dschidda in Saudi-Arabien und lernte dort noch einmal eine ganz andere Fußballwelt kennen. Heute lebt er in München und ist bei BMW als Leiter des Fuhrparks/Entwicklung tätig.

Bob, Michael (geb. 6.5.1954)
Chef der Michael Bob GmbH Fabrikation und Vertrieb von Jerseystoffen und Webwaren, Textilveredelung. Der ehemalige Vizepräsident von Hertha BSC – er war Anfang der 90er Jahre Stellvertreter von Heinz Roloff – legte einst sein Ehrenamt nieder, weil er sich mehr auf seine unternehmerischen Aufgaben konzentrieren wollte. Legendär wurden seine Parties anläßlich der Hallenfußballturniere in der Deutschlandhalle. Bob lud sämtliche Mannschaften in seine imposante Villa nach Dahlem ein, wo er die Players-Party veranstaltete. Zu diesem Zwecke wurden riesige Zelte an die Villa angebaut, wo sich Spieler, Trainer und Funktionäre stets prächtig amüsierten. Anläßlich dieser Parties wurden auch häufig Kontakte geknüpft, u.a. die Trainerverpflichtung von Otto Rehhagel zum FC Bayern München eingefädelt. Michael Bob gehört dem Wirtschaftsrat von Hertha BSC an.

Bonhof, Rainer (geb. 29.3.1952)
6 Bundesligaspiele für Hertha BSC/1 Tor (1982/83)
Der offensive Mittelfeldspieler, 53maliger Nationalspieler und Weltmeister von 1974, gab zum Abschluß seiner langen und erfolgreichen Laufbahn nur ein kurzes Intermezzo bei Hertha BSC. Bonhof wurde 1982 für die damals enorme Summe von 420.000 Mark vom 1. FC Köln nach Berlin geholt. Er sollte als erfahrener Spieler die Mannschaft als Libero führen wie einst zehn Jahre zuvor „Luggi" Müller. Doch das Experiment mißlang. Bonhof spielte nur noch sechsmal für Hertha in der Bundesliga, mußte nach einer Verletzung seine Laufbahn beenden und wurde Sportinvalide. Bonhof hatte zuvor bei Borussia Mönchengladbach, Köln und beim spanischen FC Valencia gespielt. Bonhof arbeitete später als Trainer beim DFB, war viele Jahre Assistent von Bundestrainer Berti Vogts. Im November 1998 übernahm Bonhof seinen ersten Job als Cheftrainer – bei seinem ehemaligen Klub Borussia Mönchengladbach. Mit diesem stieg er prompt in die zweite Bundesliga ab.

Brodhuhn, Michael (geb. 18.7.1963)
Hauptamtlicher Fanbeauftragter von Hertha BSC. Brodhuhn wurde einst von seiner Ur-Oma mit zu einem Spiel von Hertha BSC ins Olympiastadion genommen. Das war 1972. Seitdem ist Brodhuhn dem Verein treu geblieben

und steht in der Fankurve. Nach 1994 arbeitete er nebenberuflich als Fanbeauftragter der Berliner, seit Juli 1997 war er hauptamtlich in dieser Funktion tätig. Brodhuhn bekam mit Holger Spittel und Dured el Rifai zwei weitere Mitstreiter, die sich um die Fanangelegenheiten kümmern (gemeinsame Aktionen im Fanblock, Organisation von Fahrten zu den Auswärtsspielen, Kontakte zu anderen Fans und Fanklubs etc.). Zweimal wöchentlich hielt Brodhuhn in der Geschäftsstelle, wo er seinen Sitz hatte, eine Sprechstunde für Fans ab, die stark frequentiert wird. Im Sommer 1999 beendete Brodhuhn seine Tätigkeit bei Hertha BSC. Nachfolger wurden Carsten Grab.

Brungs, Franz (geb. 4.12.1936)
84 Bundesligaspiele für Hertha BSC/ 24 Tore (1968-1971)
Der Angriffsspieler kann in seiner langen und erfolgreichen Laufbahn auf insgesamt 235 Bundesligaspiele verweisen, in denen er zu 97 Treffern kam. Außer für Hertha BSC spielte er für Borussia Dortmund (54 Spiele/23 Tore/1963-1965) und den 1. FC Nürnberg (97 Spiele/50 Tore/1965-1971). Sein größter Erfolg war die Deutsche Meisterschaft 1968 mit dem 1. FC Nürnberg. Brungs war ein klassischer Mittelstürmer. Wegen seiner enormen Kopfballstärke bekam er den Beinamen „Goldköpfchen.“ Brungs versuchte sich nach seiner Profi-Laufbahn mit unterschiedlichem Erfolg als Trainer u.a. bei Kickers Offenbach, SpVgg. Fürth, VfB Coburg, SpVgg. Bayreuth, Hessen Kassel und SV Türk Gücü München. Heute lebt er in Nürnberg und betreibt einen Toto-Lotto-Laden.

Brück, Holger (geb. 30.9.1947)
261 Bundesligaspiele für Hertha BSC/ 26 Tore (1972-1980)

Brück tat sich in seinen erfolgreichen Hertha-Jahren als stets körperlich fitter, athletischer Spieler hervor, der ein gutes Auge für die Spielsituation besaß und einen sehr sicheren Elfmeterschützen abgab. Brück war an sämtlichen großen Erfolgen der Hertha in den 70er Jahren maßgeblich beteiligt, wurde Vizemeister und stand in den DFB-Pokalendspielen 1977 und 1979. Brück spielte später mit fast 50 Jahren noch in der Landesliga in Hessen. Er lebt in Kassel und betreibt dort das „Sporthaus Brück“.

Budenzauber (Hallenfußball)
Die Geburtsstunde des Hallenfußballs in Deutschland schlug einst in Berlin, und Hertha BSC war daran maßgeblich beteiligt. Der Direktor der Deutschlandhalle und spätere Hertha-Präsident Heinz Warneke ergriff gemeinsam mit Dieter Dolgner von Coca-Cola die Initiative und fand bei Hertha BSC Mitstreiter. Das erste Turnier unter dem Dach der Deutschlandhalle fand vom 13. bis zum 17. Januar 1971 statt. Es dauerte sage und schreibe fünf Tage. Erster Schütze beim ersten Spiel zwischen Werder Bremen und Wacker 04 war der Bremer Max Lorenz, der den 1:0-Sieg des Bundesligisten sicherte. Weiter waren am Turnier beteiligt: Hertha BSC, Tennis Borussia, Borussia Mönchengladbach und Eintracht Braunschweig. Am ersten Spieltag gab es in sechs Spielen gleich dreimal ein torloses 0:0, und es fielen nur fünf Tore. Die 7.500 Zuschauer zeigten sich arg enttäuscht. Vom angekündigten Budenzauber keine Spur. Die Tore maßen damals nur 2 mal 3 Meter, was den Torerfolg natürlich erschwerte. Die Organisatoren ließen daher über Nacht die Tore auf 5 Meter verbreitern. Schon am zweiten Turniertag fielen 14 Treffer, und am dritten Turniertag strömten 9.000 Fans in die Halle.

Nach der Auftaktpleite waren es am zweiten Tag nur 3.500 gewesen. Das erste Turnier gewann Hertha BSC.

Das Turnier unterm Dach der Deutschlandhalle entwickelte sich zu einem der beliebtesten in ganz Deutschland. Insgesamt beteiligten sich über 60 Mannschaften aus Deutschland, Europa und aus Übersee an diesen Turnieren. Mit dabei waren u.a. Rapid Wien, Dynamo Moskau, Fenerbahce Istanbul, Grasshopper Zürich, Spartak Moskau oder auch Chacarita Juniors (Argentinien) und Penarol Montevideo (Uruguay). Als Torschützenkönige trugen sich u.a. in die Annalen ein: Jupp Heynckes (Mönchengladbach), Gerd Müller (Bayern München), Rudi Völler (Werder Bremen) oder Mario Basler (damals Hertha BSC). Gastgeber Hertha BSC konnte das Turnier insgesamt achtmal gewinnen. Rund 800.000 Fans strömten insgesamt zu den Hallenturnieren in die altehrwürdige Deutschlandhalle, die geschlossen wurde und erstmals im Januar 1998 als Austragungsort der neuerbauten Max-Schmeling-Halle im Prenzlauer Berg weichen mußte. Dort fehlte allerdings die bis dato gewohnte Atmosphäre. 1999 blieb die Stadt Berlin ohne ein Hallenturnier.

Covic, Ante (geb. 31.8.1975)
38 Bundesligaspiele für Hertha BSC/ 4 Tore (seit 1997); 28 Zweitligaeinsätze für Hertha BSC/4 Tore (1996/97)

Der in Split geborene Kroate schloß sich im Juli 1996 Hertha BSC an. Der Angreifer, der auch im offensiven Mittelfeld agieren kann, war maßgeblich am Aufstieg von Hertha in der Saison 1996/97 beteiligt. Er spielte vorher bei Hajduk Split, in der Jugend von Hertha BSC, beim VfB Stuttgart (13 Bundesligaspiele/2 Tore) und beim 1. FC Nürnberg. Covic kam auf 15 Einsätze in der U-21

von Kroatien und agierte als Kapitän der kroatischen U-18-Auswahl. Er galt einige Zeit als der Liebling der Berliner Kids, war auf dem Weg zu einer Art Bravo-Star. Nach seiner Hochzeit mit der Polizistin Nadja und der Geburt seines Kindes 1998 versuchte Covic, sich ein anderes, solideres Image zu geben, was ihm auch gelang. Ende der Spielzeit 1998/99 erlitt er beim Spiel bei Bayern München einen Kreuzbandriß.

Csernai, Pal (geb. 21.10.1932)
Der gebürtige Ungar Pal Csernai, im Branchenjargon „Pal mit dem Seidenschal" genannt, weil er sich stets elegant mit einem Halstuch schmückte, besaß bereits große Meriten als Trainer und Fußball-Lehrer, als er 1991 ein Intermezzo bei Hertha BSC gab. Der 1955 aus Ungarn ausgewanderte Csernai heuerte zunächst als Assistent von Trainer und Landsmann Gyula Lorant beim FC Bayern München an. Von 1979 bis 1983 agierte Csernai erfolgreich als Cheftrainer des FC Bayern. Später wurde Csernai, der in der Bundesliga die Raumdeckung einführte (auch „Pal-System" genannt), noch Pokalsieger mit Benfica Lissabon. Csernai löste in der Bundesligasaison 1990/91 im November den glücklosen Aufstiegstrainer Werner Fuchs bei Hertha BSC ab und sollte die Berliner, die Tabellenletzter waren, vor dem sofortigen Wiederabstieg bewahren. Das gelang nicht. Der Ungar Csernai, wegen seiner oft unnahbaren und zynischen Art von vielen Spielern gefürchtet, amtierte exakt 116 Tage als Hertha-Coach (vom 11.11.1990 bis 9.3.1991). Nur in drei Spielen saß er auf der Bank und holte dabei einen Zähler beim 0:0 gegen seinen ehemaligen Verein Bayern München. Csernai galt als glänzender Theoretiker und Taktiker, hatte aber in Berlin den Zenit seines

Torwarttrainer Nello di Martino
(geb. 22.11.1951)

In der langen Reihe der Hertha-Spieler, die für die Blau-Weißen in der Bundesliga kickten, fehlt sein Name. Nur unter der Rubrik „Amateur-Oberliga", also in den Niederungen der Vereinsgeschichte, taucht er auf: Nello di Martino. Im Jahre 1986/87 hütete der Mann mit dem schwarzgelockten Haar viermal das Tor von Hertha BSC. Eigentlich nicht der Rede wert.

Warum ist dann Nello di Martino „die Hertha an sich", wie es Manager Hoeneß einmal verkündete? Ganz einfach: Dieser Mann ist ein Stück Herz des Vereins, ein „Mädchen für alles". In seinem Arbeitsvertrag steht allerdings korrekt: Trainerassistent für die Torhüter. Diese Aufgabe teilt er sich seit 1998 mit dem einstigen jugoslawischen Nationaltorhüter Enver Maric. Beide verstehen sich gut. Di Martino ist sich nicht zu schade, auch mal die Trainings-Hütchen zu schultern, die Bälle einzusammeln ist sowieso sein Ding. Und die Journalisten bei den täglichen Übungsstunden ein wenig auf Distanz zu halten. Für die wäre er eine Fundgrube für Insider-Geschichten. Doch Nello di Martino schweigt wie ein Grab.

Seit 27 Jahren ist di Martino, der Italiener, in Deutschland, und seit 27 Jahren gehört er zu Hertha BSC. Die Spieler sagen, er ist unser guter Geist. Vor allem aber ist er der sogenannte Reiseleiter, koordiniert die Flüge und Fahrten zu den Auswärtsspielen, bucht die Hotels, sucht die besten Plätze für die Trainingslager aus. Für Manager Hoeneß ist der fit gebliebene Endvierziger schlichtweg eine Kultfigur. Di Martino kennt alle und jeden im Bundesligageschäft. Natürlich reichen seine Verbindungen bis nach Italien. Sogar bis zum Meistertrainer Giovanni Trapattoni. „Den Trapattoni", erzählt Nello, „den verfolge ich ganz genau in seiner Laufbahn." Einst habe er dessen Geheimnummer nach München weitergegeben. „Das war an einem Samstag. Am Dienstag darauf war der schon der neue Cheftrainer bei den Bayern."

Im Frühjahr 1998 flatterte ihm ein lukratives Angebot auf den Berliner Tisch. Der SSC Neapel, einst UEFA-Cupsieger und stolzer Verein eines Weltstars namens Diego Armando Maradona, schickte ihm ein Angebot als Torwarttrainer. Nello di Martino, geboren in der Stadt am Vesuv, kam ins Grübeln, konnte nächtelang nicht schlafen. Es war halt ein Traumangebot. Doch dann entschied sein Herz. „Bleib hier", sagte das, „und ich blieb." Was wäre Hertha BSC ohne Nello di Martino? Ein Verein ohne liebenswerten Organisator, ein Verein, dem ein Stück seiner Seele fehlen würde.

Schaffens offenbar bereits überschritten. Mit rund 200.000 Mark Abfindung in der Tasche verließ er Berlin.

Dardai, Pal (geb. 16.3.1976)
35 Bundesligaspiele für Hertha BSC/ 1 Tor (seit 1997); 10 Zweitligaeinsätze für Hertha BSC (1996/97)
Der Ungar ist seit dem 1. Januar 1997 in Berlin unter Vertrag. Der Mittelfeldspieler gilt als eines der hoffnungsvollsten Talente im ungarischen Fußball. Er spielte zuvor beim MSC Pecs in seiner Heimatstadt und später bei BVSC Budapest. 1998 kam er zu seinem Länderspiel-Debüt für Ungarn. Seitdem gehört er zum Stamm der Nationalmannschaft. Im Dezember 1998 wurde sein Vertrag bis Juni 2000 verlängert.

Diefenbach, Jürgen (geb. 27.3.1956)
104 Bundesligaeinsätze für Hertha BSC/ 2 Tore (1975-1980)
Diefenbach kam einst von den Offenbacher Kickers nach Berlin, wurde in der Stadt heimisch und gab fünf Jahre einen sehr zuverlässigen Profi ab. Diefenbach absolvierte in der Saison 1979/80, die mit dem Abstieg in die zweite Bundesliga endete, mit 33 Einsätzen die meisten Spiele des gesamten Kaders. Er lebt heute als Physiotherapeut in Reinickendorf und beteiligt sich an Spielen der Hertha-Traditionsmannschaft, die von „Moppel" Nickel betreut wird.

Dinzey, Michel (geb. 15.10.1972)
29 Erstligaeinsätze für Hertha BSC/ 1 Tor (1997/98); 30 Zweitligaeinsätze für Hertha BSC/5 Tore (1996/97)
Der Abwehr- und Mittelfeldspieler hört auf den klangvollen Namen Mazinga Sinda Dinzey Michel. Er kam im Juli 1996 zu Hertha und kostete 200.000 Mark Ablöse an den VfB Stuttgart. Dinzey spielte zuvor für 1. FC Schöneberg, FC Wannsee, VfB Lichterfelde, VfB

Stuttgart und FC St. Pauli (44 Bundesligaeinsätze). Er war Mitglied der Aufsteigermannschaft 1996/97. Dinzey, dessen Vater aus dem Kongo stammt, ist für die Nationalmannschaft von Zaire (jetzt: Demokratische Republik Kongo) spielberechtigt. Bislang kam er zu einem halben Dutzend Länderspielen und mußte jedesmal die strapaziöse Reise nach Zentralafrika antreten.
Nach der Saison 1997/98 wechselte der Linksfuß zu 1860 München. Ablösesumme: 1,3 Millionen Mark.

Ehrmantraut, Horst (geb. 11.12.1955)
30 Bundesligaspiele für Hertha BSC/ 1 Tor (1982-1983)
Der unauffällig und zuverlässig spielende Abwehr- und Mittelfeldmann kam in seiner Spieler-Karriere auf insgesamt 81 Bundesligaeinsätze (1 Tor). Außer in Berlin stand er bei Eintracht Frankfurt (1979-1980) und beim FC Homburg (1986-1988) unter Vertrag. Sein größter Erfolg: 1980 errang „Ehre" mit der Frankfurter Eintracht den UEFA-Cup (gegen Borussia Mönchengladbach). Wenn bei Hertha BSC ein neuer Trainer gesucht wurde, was öfters passierte, gehörte Ehrmantraut („Ich habe

Hans „Gustav" Eder (geb. 14.11.1934) „Ich bin der geborene Co-Trainer", sagt Eder von sich, und tatsächlich war er nie ein Mann, der am Stuhl seines Chefs sägte. Und Chefs hatte er viele. Zwischen 1968 und 1990 erlebte der frühere Hertha-Spieler elf Cheftrainer, denen er ein immer loyaler Mitstreiter war.

Eders Fußball-Laufbahn hatte im Ostteil Berlins begonnen. 1947 spielte er bei Union Oberschöneweide. Mit der gesamten ersten Männermannschaft und der Jugend ging Eder 1950 in den Westen Berlins, wo das Team unter dem Namen Union 06 im Poststadion in Moabit eine neue Heimat fand. Mit 18 Jahren spielte er in der ersten Mannschaft. 1957 wechselte Eder, ein Abwehr- und Mittelfeldspieler, zu Tennis Borussia, wo er sich zu einem der besten Spieler Berlins entwickelte. Wolfgang Holst lotste Eder noch vor der Einführung der Bundesliga (1963) zu Hertha. TeBe verlangte damals die horrende Summe von 80.000 Mark Ablöse, obwohl solche finanziellen Dimensionen vom DFB verboten waren. Hertha zahlte und bekam Eder.

Der erlebte dann sämtliche Höhen und Tiefen des Vereins hautnah mit, stieg als Spieler 1965 zwangsversetzt in die Regionalliga ab („Das war ein Schock für uns"), erlebte als Assistent von Kronsbein den Bundesligaskandal von 1971 („Ich selbst habe wirklich nichts von den Bestechungsgeldern gewußt") und mußte in der Saison 1971/72, als Hertha immer mehr Spieler wegen Bestechlichkeit gesperrt wurden, selbst noch einmal die Töppen anziehen.

„Gustav" Eder und Pelé 1960 bei einem Spiel des FC Santos in Berlin.

Eder begleitete und erlebte als Trainer-Assistent viele Generationen von Hertha-Spielern, formte diese entscheidend mit. Am nachhaltigsten im Gedächtnis geblieben sind ihm dabei Lorenz Horr, Erich Beer, Erwin Kostedde und Wolfgang Gayer. Als einen großen Fehler in seiner Tätigkeit sah er, daß in seiner letzten Saison auf der Bank 1990/91 Hertha BSC die Chance verpaßte, gute Spieler aus dem Ostteil Berlins zum Verein zu lotsen. Er selbst habe viele Spieler im Osten beobachtet. „Aber der damalige Manager Horst Wolter wollte keine Oststars vom BFC Dynamo." Das Ende vom Lied ist bekannt: Hertha stieg sang- und klanglos ab.

Warum den getreuen Eder alle „Gustav" nennen? Weil er einst ein eisenharter Verteidiger war, eben der „eiserne Gustav".

immer einen Koffer in Berlin") stets zu den Kandidaten. Doch fast ausgehandelte Verträge scheiterten. Ehrmantraut arbeitete viele Jahre erfolgreich als Cheftrainer in der Provinz beim emsländischen SV Meppen in der zweiten Bundesliga. 1997 übernahm der als akribischer Arbeiter geltende Fußball-Lehrer den damaligen Zweitligisten Eintracht Frankfurt und schaffte in der Saison 1997/98 den Aufstieg in die erste Bundesliga. Im Dezember 1998 bei der Eintracht vorzeitig entlassen.

Faeder, Helmut (geb. 3.7.1935)
48 Bundesligaspiele für Hertha BSC / 12 Tore (1963-1965)
Helmut Faeder (genannt „Der Dicke") verkörpert wie kein zweiter Spieler ein langes und erfolgreiches Stück Hertha-Geschichte der 50er und 60er Jahre. Faeder, exzellenter Angreifer, gehört zu den Rekordspielern von Hertha BSC. Außer seinen Erstligaeinsätzen kann Faeder, der auch ein Länderspiel für Deutschland bestritt (am 28.12.1958 in Kairo gegen Ägypten, 1:2, u.a. im Sturm mit den beiden Weltmeistern von 1954 Helmut Rahn und Max Morlock) 218 Spiele in der Berliner Vertragsliga aufweisen (127 Tore/1954-1963), 36 Hertha-Spiele in der Regionalliga (43 Tore/ 1965-1967) und 17 Einsätze in der Amateurliga (19 Tore/1953-1954). In einer Liste der Einsätze für Hertha BSC seit Einführung der Vertragsliga im Jahre 1950/51 liegt Helmut Faeder mit insgesamt 351 Einsätzen klar an der Spitze. Ebenfalls führt er die „ewige" Torjägerliste seit 1950/51 deutlich mit 212 Treffern an. Für Faeder kam die Einführung der Bundesliga 1963 etwas zu spät, sonst wäre der damals 28jährige zu noch mehr Einsätzen in der höchsten deutschen Spielklasse gekommen. Nach seinem Abschied von Hertha BSC 1967,

dem damals 32jährigen wurde aus „Altersgründen" gekündigt, wechselte Faeder zu Hertha Zehlendorf. Heimspiele von Hertha BSC ignorierte er später lange, weil er seinen Abgang aus dem Verein als schäbig ansah. Faeder trat aber nie aus dem Verein aus und ist exakt seit dem 28. Juli 1953 Mitglied. Er kam einst vom kleinen SV Buchholz im Norden der Stadt zur großen Hertha.
(Siehe Interview in diesem Buch.)

Fahrian, Wolfgang (geb. 31.5.1941)
25 Bundesligaspiele für Hertha BSC (1964-1965)
Der einst erstklassige Torhüter kann auf insgesamt 67 Bundesligaspiele verweisen. Nach seinem Engagement bei Hertha, dort spielte er nach der Zwangsversetzung der Berliner aus der ersten Bundesliga noch 17mal in der Regionalliga, ging er zu 1860 München und später zu Fortuna Köln, wo er das Intermezzo der Kölner Südstädter in der ersten Bundesliga als Nummer eins absolvierte. Der von der TSG Ulm nach Berlin gekommene Fahrian bestritt zwischen 1962 und 1964 10 Länderspiele für Deutschland und war die Nummer eins bei der Weltmeisterschaft 1962 in Chile. Fahrian arbeitet als lizenzierter Spielervermittler und gehört zu den Branchenführern. U.a. betreut er auch Michael Preetz. Hertha lockte Fahrian damals mit weitaus überhöhtem Handgeld (80.000 Mark) nach Berlin. Das DFB-Sportgericht verurteilte Fahrian deswegen zu 10.000 Mark Geldstrafe und einer sechsmonatigen Sperre.

Fanklubs
Hertha BSC wird von einer immer größer werdenden Anzahl eingetragener Fanklubs unterstützt, die vom Verein betreut werden und gewisse Vorteile genießen. Mit Stand vom 1. Juni 1999 gab

es folgende eingetragene Fanklubs: Gesamtzahl: 437 mit insgesamt 7.593 Mitgliedern. Aufgeschlüsselt ergibt sich: Berlin: 340 Fanklubs mit 6.113 Mitgliedern; Berliner Umland: 74 Fanklubs mit 1.143 Mitgliedern. Die Umland-Klubs befinden sich in: Altlandsberg, Bernau, Bestensee, Birkenwerder, Blankenfelde (2), Blumberg, Brandenburg, Brieselang (2), Briesen, Calau, Cottbus, Dahlwitz-Hoppegarten, Dallgow (2), Erkner, Falkensee (5), Frankfurt/Oder (2), Fredersdorf, Friedersdorf, Fürstenwalde/Spree, Forst/Lausitz, Gielsdorf, Hennigsdorf, Hohen Neuendorf (2), Jüterbog (2), Klosterfelde, Leegebruch, Liebenwalde, Löpten, Ludwigsfelde, Marienthal, Michendorf, Milmersdorf, Nauen, Neuruppin, Niederneuendorf, Nuthe-Urstromtal, Oderin, Paulinenaue, Potsdam (6), Prieros, Rädel, Rangsdorf, Seelow, Sputendorf, Strausberg (3), Teltow, Templin, Treuenbrietzen, Velten, Wandlitz, Werder, Wilhelmshorst, Woltersdorf, Zepernick, Zossen (2). Übriges Deutschland: 17 Fanklubs mit 165 Mitgliedern, und zwar in Dresden, Hespe, Schlangen, Duderstadt, Braunschweig, Salzgitter, Gronau, Coesfeld, Bonn, Swisstal, Brensbach, Illingen, Karlsruhe, München, Lindenberg, Weidenberg. Im Ausland bildeten sich bislang 6 Fanklubs mit 192 Mitgliedern, und zwar in Australien, Dänemark, Frankreich, Holland, Luxemburg und in Taiwan. Der bekannte Fanklub namens „Hertha-Freunde '92" gibt unter großem finanziellen und organisatorischen Aufwand die offizielle Vereinszeitung „Der Hertha-Freund" heraus.

Fährmann, Christian (geb. 5.10.1975)
15 Bundesligaspiele für Hertha BSC (1997/98); 40 Zweitligaspiele für Hertha BSC/4 Tore (1995-1997)

Der offensive Mittelfeldspieler kam über die Stationen Tasmania 73 und Hertha-Amateure zu den Profis der Berliner. Er gehörte zur Aufsteiger-Mannschaft 1996/97. DFB-Trainer Hannes Löhr berief ihn 1997 in die deutsche U-21-Auswahl, mit der Fährmann auch die U-21-Europameisterschaft 1998 in Rumänien bestritt. Im Juli 1998 wechselte Fährmann für rund 600.000 Mark Ablöse zum Karlsruher SC. Bei den Vertragsverhandlungen im Badischen wurde er von seinem Freund und Teamkameraden Axel Kruse begleitet und beraten.

Felder, Hans-Georg (geb. 12.1.1966)
Felder, seit Sommer 1998 Pressechef von Hertha BSC, hat vielen der Berliner Profis einige Meriten voraus: Er ist 78-maliger Nationalspieler. Allerdings in der Sportart Korfball, einem besonders in den Niederlanden populären Sport, der eine Mixtur aus Basketball und Handball darstellt. Felders sportliche Bilanz beim Kampf um erzielte Körbe ist eindrucksvoll: vier Teilnahmen an den World Games, der Olympiade der nicht olympischen Disziplinen (1985 in London, 1989 in Karlsruhe, 1993 in Den Haag, 1997 in Lahti). Dazu kommen vier Starts bei Weltmeisterschaften. Er ist fünffacher Deutscher Meister mit dem Verein von Grün-Weiß Castrop-Rauxel.

Fiedler, Christian (geb. 27.3.1975)
7 Bundesligaspiele für Hertha BSC (1997/98); 97 Zweitligaspiele für Hertha BSC (1994-1997)

Der in Berlin geborene Torwart ist bereits seit dem 1. Juli 1990 bei Hertha BSC unter Vertrag und damit der dienstälteste Herthaner im Bundesligakader. Er kam vom Lichtenrader BC. Erstmals geriet der 1,80 m große Keeper, dessen

Körpergröße oft Anlaß für negative Spekulationen über seine Fähigkeiten als Torhüter auslöste, 1993 ins Blickfeld. Fiedler war der jüngste Spieler der Hertha-Amateure, die sensationell bis ins Finale des DFB-Pokals vorstießen. In den beiden Spielzeiten 1995/96 und 1996/97 bestritt Fiedler jeweils sämtliche 34 Punktspiele in der zweiten Bundesliga und besaß großen Anteil am Aufstieg in die erste Bundesliga. Er ging auch als die Nummer eins von Trainer Jürgen Röber in die erste Bundesligasaison 1997/98, mußte aber nach schlechtem Start des Teams und einigen Patzern bereits nach dem siebten Spieltag und einer hohen 0:4-Niederlage beim FC Hansa Rostock seinen Platz an den jungen Ungarn Gabor Kiraly abgeben. „Fiedel" gehörte lange Zeit der deutschen U-21-Auswahl unter Trainer Hannes Löhr an und bestritt u.a. die U-21-Europameisterschaft 1998 in Rumänien. Nach seiner Rückversetzung bei Hertha trug er sich längere Zeit mit Abwanderungsgedanken, verlängerte aber bis Juni 2001.

Förderkreis

Der sogenannte Förderkreis von Hertha BSC wurde 1995 gebildet. Einer der Gründungsmitglieder und Organisatoren war Klaus Brüggemann, Chef des Hotel „Antares", am Anhalter Bahnhof gelegen. Der Förderkreis ist eine Gruppe von klein- und mittelständischen Unternehmen aus Berlin und der Region Brandenburg, die als Multiplikatoren und Kommunikatoren des Vereins auftreten. Dem Kreis gehören mittlerweile rund 85 Unternehmen an. Schirmherr ist der TV-Moderator Günther Jauch. Förderkreis-Mitglieder zahlen pro Saison 12.500 Mark an den Verein. Dafür werden u.a. als Gegenleistung geboten: Werbliche Nutzung des Titels „Förderer von Hertha BSC", zwei VIP-Eintrittskarten auf der Haupttribüne, eigener VIP-Bereich namens „Hertha-Lounge", gemeinschaftliche Darstellung im Stadionmagazin u.v.m. Der Förderkreis, in dem viele langjährige Anhänger des Vereins vertreten sind, die bereits zu Zweitligazeiten zur Hertha hielten und diese unterstützten, soll ein Bindeglied zwischen Verein und Berliner Wirtschaft sein.

Fraydl, Gernot (geb. 10.12.1939)
31 Bundesligaspiele für Hertha BSC (1968-1970)
Der österreichische Nationaltorwart zählte zu den besten Torhütern, die Hertha BSC beschäftigte. Er hatte es allerdings in Berlin sehr schwer, weil Trainer Helmut Kronsbein ein ungewöhnliches Wechselspiel im Tor der Hertha praktizierte. Er ließ Fraydl im Wechsel mit Volkmar Groß agieren, tauschte den Keeper von Spiel zu Spiel aus. Das mißfiel Fraydl, der daraufhin Berlin verließ. Fraydl lebt heute im österreichischen Deutschlandsberg.

Freundeskreis zur Förderung der Jugendarbeit von Hertha BSC
Der Ursprung dieser Vereinigung liegt im Jahre 1986, als Hertha BSC ins Amateurlager abgestiegen war. Präsident Heinz Roloff forderte angesichts der Misere, eine eigene Jugendarbeit zu forcieren. Mit Hilfe des sogenannten Freundeskreises wurde das Konzept einer leistungsorientierten Nachwuchsarbeit aus der Taufe gehoben. Das heutige Mitglied des Hertha-Aufsichtsrates, Klaus Fehrmann, war Mitbegründer des Freundeskreises und dessen erster Vorsitzender. Damals koordinierte mit Dr. Hans Kluge ein ehemaliger Hertha-Spieler die Jugendarbeit. Kluge bestritt zwischen 1965 und 1968 51 Regionalli-

gaspiele für Hertha (9 Tore). Kluge, der derzeit als lizenzierter Spielerberater arbeitet, war als Jugendkoordinator bis 1994 bei der Hertha tätig und auch für den Freundeskreis zuständig. Stolz sagt er: „Als die Amateure von Hertha 1993 bis ins DFB-Pokalfinale vordrangen, waren bis auf Gerald Klews alle anderen zehn Finalisten aus Herthas eigener Jugendarbeit hervorgegangen. Das war der Höhepunkt unserer Arbeit."

Der Freundeskreis von Hertha BSC ist derzeit ein Verbund von rund 35 Unternehmern, Freiberuflern und Selbstständigen, die sich speziell der Jugendarbeit verschrieben haben. Den Vorsitz halten Renate Döhmer und der Berliner Rechtsanwalt Mirko Röder, zuständig im Präsidium ist Vizepräsident Jörg Thomas. Der Jahresbeitrag jedes Mitglieds beträgt 600 Mark. Das Geld dient zur Förderung der Jugendarbeit, wird u.a. verwendet für die Ausrichtung von Trainingslagern, für die Schaffung von Arbeitsplätzen in Firmen oder für die Schaffung eines künftigen Jugend-Internats.

Fuchs, Werner

(geb. 25.10.1948; gest. 11.5.1999)
Als Spieler arbeitete sich Fuchs über den FC St. Wendel, FSV Salmrohr, Preußen Münster, Hannover 96, SV Alsenborn bis zum Erstligisten 1. FC Kaiserslautern empor. In der Pfalz kam er aber nur zu einem Einsatz in der ersten Bundesliga (1967/68). Mehr Erfolg war dem in Berlin einst sehr beliebten Fuchs als Trainer beschieden. Nach Stationen bei Alemannia Aachen und beim 1. FC Saarbrücken wurde er 1988 bei Hertha BSC als Nachfolger von Jürgen Sundermann verpflichtet. Er kam im Oktober 1988 und verhinderte nach schlechtem Start der aus der Amateuroberliga aufgestiegenen Berliner in der zweiten Bundes-

liga den Abstieg (Rang 13 unter 20 Mannschaften). In seiner zweiten Saison als Hertha-Coach schaffte Fuchs den langersehnten Aufstieg in die deutsche Eliteklasse. Fuchs erlebte im November 1989 in Berlin den Fall der Mauer und die Begeisterung der Fans aus dem Ostteil der Stadt für Hertha BSC. Der Verein besaß die einmalige Chance, Spieler aus dem Osten zu verpflichten und das fußballhungrige brandenburgische Umland für den Verein zu begeistern. Diese Chance wurde leider vertan, und auch Fuchs mußte sich in der Nachschau gefallen lassen, einen Anteil am Mißerfolg zu haben. Unter Fuchs gelang der mit hohen Erwartungen begleiteten Hertha von August bis Anfang November 1990 in der ersten Bundesliga nur ein Sieg und drei Remis. Fuchs mußte am 9.11.1990 gehen und bekam eine Abfindung von rund 150.000 Mark. Später trainierte Fuchs Eintracht Braunschweig, den 1. FC Saarbrücken und erneut Alemannia Aachen. Nie schaffte er nach seinem Ausscheiden bei Hertha BSC wieder den Sprung in die Eliteklasse. Wegen seines ehrlichen und offenen Auftretens in insgesamt 758 Tagen seiner Amtszeit gehört Werner Fuchs zu den in Berlin bei Fans und Medien beliebtesten Trainern der Bundesligageschichte. Das Schicksal schlug 1999 erbarmungslos zu: Fuchs stand mit Alemannia Aachen unmittelbar vor dem Aufstieg in die zweite Bundesliga. Bei einem Waldlauf mit seiner Mannschaft fiel der Trainer um und erlitt einen Herzinfarkt. Die Wiederbelebungsversuche blieben ohne Erfolg. Fuchs starb im Alter von 50 Jahren den sogenannten „Sekunden-Tod". Zum entscheidenden Aufstiegsspiel nur wenige Tage nach dem Tod von Fuchs begleiteten 8.000 Fans die Alemannia nach Erkenschwieck, wo man für den Trainer siegen wollte. Aachen gewann 2:0, die Spieler zogen sich nach dem Triumph Trikots über mit der Aufschrift: „Danke, Trainer!"

Gayer, Wolfgang (geb. 9.1.1943)
98 Bundesligaspiele für Hertha BSC/ 30 Tore (1968-1972)
Gayer kam von Borussia Neunkirchen nach Berlin. Im Saarland hatte er bei der Borussia, die in den Gründerjahren der deutschen Eliteklasse zur ersten Bundesliga zählte, schon 34 Erstligaspiele (12 Tore) absolviert. Bevor Gayer, der aus Mannheim stammt, aber mit einem Wiener Dialekt ausgestattet war, nach Berlin wechselte, hatte er zwei Verträge gleichzeitig unterschrieben: bei Hertha und beim 1. FC Kaiserslautern. Das hatte eine zweimonatige Sperre seitens des DFB zur Folge. Hertha legte mit Erfolg Berufung ein. Gayer zählte zu den spielstärksten Angreifern, die je für Hertha in der Liga antraten. Später ging Gayer nach Südafrika, nach Cape Town, und wurde auch südafrikanischer Meister.

Gergely, Laszlo (geb. 28.10.1941)
35 Bundesligaspiele für Hertha BSC/ 0 Tore (1970-1972)
Der rumänische Nationalspieler kam vom vielfachen Meister Dinamo Bukarest nach Berlin. Der exzellente Techniker war 1971 maßgeblich in den Bundesligaskandal verwickelt und mußte deshalb zwangsweise seine Laufbahn bei Hertha beenden. Gergely lebt in Berlin und arbeitet erfolgreich als Gastwirt in der Bezirkssportanlage Wilmersdorf.

Gersdorff, Bernd (geb. 18.11.1946)
85 Bundesligaspiele für Hertha BSC/ 15 Tore (1976-1980)
Gersdorff wurde in Berlin-Wilmersdorf geboren und spielte in seiner Jugend beim SC Charlottenburg. Er kann auf die enorme Anzahl von insgesamt 300 Bundesligaeinsätzen verweisen, in denen er 68 Treffer erzielte. 203mal lief er für Eintracht Braunschweig auf. 1973/74 wurde er mit dem FC Bayern München Deutscher Meister (12 Einsätze/2 Tore). Gersdorff stieg nach seiner Zeit als Profi zu einem erfolgreichen Geschäftsmann auf und ist Vertreter von Ausrüster adidas für Norddeutschland.

Geschäftsstellen

Im Laufe der Vereinsgeschichte bezog Hertha BSC verschiedene Geschäftsstellen. Lange waren Räumlichkeiten im Wedding Anlaufpunkt für alle Herthaner (Heidebrinker Straße und Behmstraße). Später zog Hertha in die Pommernallee 5 am Theodor-Heuß-Platz (Charlottenburg) um, wo man von 1975 bis 1984 residierte. Von 1984 bis 1995 wurden die Geschäfte von der noblen Villa in der Reichsstraße 17 in Charlottenburg aus geführt. Die Villa wurde aus Kostengründen aufgegeben (300.000 Mark Jahresmiete), und man zog 1995 in bescheidene Räumlichkeiten in die Heerstraße 25 (nahe Olympiastadion), wo man bei einer Versicherung auf 170 Quadratmetern als Untermieter unterkam. Erst 1997 wurde die neue, 800 Quadratmeter große Geschäftsstelle in der Hanns-Braun-Straße auf dem ehemaligen Gelände der britischen Alliierten bezogen. Fußweg zum Olympiastadion: fünf Minuten. Dort gibt es erstmals einen Showraum für Vereins-Devotionalien, Räumlichkeiten für den Kartenvorverkauf und genügend Platz für die vielen neuen Mitarbeiter für die Bereiche Öffentlichkeitsarbeit, Merchandising, Sponsoring usw. Allein in der ersten Bundesligasaison nach dem Wiederaufstieg (1997/98) wurde die Mitarbeiterzahl in der Geschäftsstelle von einst 3,5 auf 18 erhöht. Außerdem gelang die Einführung eines Computersystems auch für den Kartenvor- und Verkauf. Hertha BSC möchte in einer weiteren Baustufe die Geschäftsstelle weiter ausstatten und zu einem Zentrum für den gesamten Verein (einschließlich Amateure und Nachwuchsabteilungen) entwickeln.

Glöde, Heikko (geb. 12.7.1961)
11 Bundesligaspiele/2 Tore für Hertha BSC (1982/83)
Glöde blieb nach dem Abstieg aus der ersten Bundesliga der Hertha noch bis 1986 treu und bestritt 108 Zweitligaspiele/29 Tore für die Berliner. Weitere Stationen: 1986 bis 1990 beim VfL Osnabrück (2. Liga), 1990 bis 1993 beim 1. FC Saarbrücken (2. Liga) und 1993/94 beim FC Remscheid (2. Liga). Seit 1994 arbeitet Glöde sehr erfolgreich als A-Jugendtrainer bei Hertha BSC und konnte mit seinen Mannschaften viele Titel erringen. Zusätzlich betätigt sich Glöde als Spielerbeobachter.

Götz, Falko (geb. 26.3.1962)
17 Zweitligaspiele für Hertha BSC (1996/97)
Götz spielte beim vielfachen DDR-Fußballmeister BFC Dynamo. Er flüchtete 1983 bei einem Europacupspiel des BFC in Belgrad (gegen Partizan) in den Westen, gemeinsam mit Dirk Schlegel (es war im übrigen der erste Europacup-Einsatz des späteren Hertha-Profis Andreas Thom für den BFC Dynamo). Götz spielte in der Bundesliga 1984-1988 für Bayer Leverkusen (115 Spiele/26 Tore) und 1988-1992 für den 1. FC Köln (127 Spiele/20 Tore). Mit Leverkusen errang er unter Trainer Erich Ribbeck 1988 den UEFA-Cup. Danach wechselte er in die Türkei und wurde mit Galatasaray Istanbul zweimal türki-

scher Meister. Götz kam zu Hertha BSC in die zweite Bundesliga und in der Aufstiegssaison 1996/97 zu insgesamt 17 Einsätzen. Nach mehreren Verletzungen beendete er seine Laufbahn. Götz erwarb an der Sporthochschule in Köln 1998 die Trainerlizenz und ist Cheftrainer der Hertha-Amateure, die er in der Saison 1998/99 von der Oberliga in die Regionalliga führte. Sein Assistent: Dirk Schlegel. Außerdem arbeitet Götz als sogenannter Scout und beobachtet Spiele und Spieler für Hertha-Cheftrainer Röber.

Granitza, Karl-Heinz (geb. 1.11.1951)
73 Bundesligaspiele für Hertha BSC/34 Tore (1976-1979)
Der gefürchtete Torjäger, einer der erfolgreichsten in der Bundesliga-Geschichte der Berliner, kam 1976 aus dem saarländischen Völklingen nach Berlin. Beim Regionalligisten Röchling Völklingen stieg er in der Saison 1975/76 zum Torschützenkönig der Regionalliga Süd auf (29 Treffer). Er spielte zuvor für VfL Lünen, Eintracht Dortmund, Lüner SV und DJK Gütersloh. 1 B-Länderspiel 1976 gegen Rumänien. 1977/78 steckte Hertha BSC wieder

Granitza als Cover-Boy eines US-Fußballmagazins.

einmal in Geldnot und schickte Granitza für eine Leihgebür von 136.000 Mark, davon wurden zwei Monatsgehälter für die Mannschaft finanziert, in die USA-Profiliga (NASL) zu den Chicago Stings. Granitza erreichte mit Hertha BSC 1977 und 1979 jeweils die Endspiele im DFB-Pokalwettbewerb, wo die Berliner aber beide Male unterlagen. 1979 wurde Granitza endgültig an die Chicago Stings verkauft. Ablöse: 410.000 Mark. Dort spielte der wuchtige Stürmer unter dem deutsch-amerikanischen Trainer Willi Roy und gehörte fast zehn Jahre zu den Stings. 1981 errang er mit Chicago den Meistertitel der NASL (North American Soccer League), traf auch auf Franz Beckenbauer und den brasilianischen Weltstar Pelé, die bei Cosmos New York unter Vertrag standen. 1982 gewann Granitza die Wahl zum „Sportler des Jahres" von Chicago vor Box-Weltmeister Muhammad Ali und Basketball-Superstar Michael „Air" Jordan. Da sich Granitza auch für karitative Zwecke in der Metropole am Michigansee engagierte, wurde ein sogenannter „Granitza-Day",

der 16. April, ausgerufen und nach ihm benannt. Von 1987 bis 1990 besaß Granitza in Chicago ein 250-Plätze-Restaurant mit französisch-italienischer Küche namens „State Street". Das verkaufte er an den bekannten Jazzpianisten Ramsay Lewis. 1990 kehrte er nach Berlin zurück und eröffnete in der Grolmannstraße in der Nähe des Szeneviertels am Savignyplatz eine amerikanische Kneipe, der er den Namen „State Street" gab. 1997 verkaufte er die Kneipe und betätigte sich eine Saison lang als Fußball-Kolumnist für die Boulevardzeitung *BZ*. Auffälliges Merkmal von Granitza: Er ist Träger knallbunter Brillen, die stets Sonderanfertigungen sind.

Grau, Gerhard (geb. 27.10.1947)
157 Bundesligaspiele für Hertha BSC/ 14 Tore (1972-1978)
Grau wurde von Hessen Kassel nach Berlin geholt, als man bei Hertha nach dem Bundesligaskandal eine neue Mannschaft aufbauen mußte. Er entwickelte sich in Berlin zu einer festen Größe in der Mannschaft und avancierte zu einem gefährlichen Außenstürmer. Grau betreibt heute eine Gaststätte in Kassel.

Greiser, Dirk (geb. 24.2.1963)
15 Bundesligaspiele/2 Tore für Hertha BSC (1990/91); 66 Zweitligaspiele/ 15 Tore für Hertha BSC (1988-1990)
Greiser amtierte in der Aufstiegssaison und in der ersten Liga 1990/91 als Mannschaftskapitän. Er kam über Tennis Borussia und Wacker zur Hertha. Der Libero, stets auch torgefährlich, ist ein studierter Jurist. In seiner aktiven Zeit bei den Blau-Weißen gehörte Greiser zu den auffälligsten Persönlichkeiten auf dem Platz und auch außerhalb des Spielfeldes. Besonders seine gefährlichen Vorstöße, die häufig zu Treffern

führten, waren charakteristisch für den 1,92 m großen Libero.

Gries, Theo (geb. 10.2.1961)
28 Bundesligaspiele für Hertha BSC/
6 Tore (1990/91); 148 Zweitligaspiele
für Hertha BSC/68 Tore (1988-1994)
Der Torjäger kam 1988 von Alemannia
Aachen nach Berlin und stieg schnell
zum Publikumsliebling auf. Gern riefen
die Massen in Anlehnung an „Uwe,
Uwe" (Hamburgs Idol Uwe Seeler) im
Olympiastadion „Theo, Theo!" Gries zu
seiner Popularität: „Das lag bestimmt
nicht nur an meinen vielen Toren. Ich
galt eigentlich als Mannschaftsspieler,
habe vor allem stets bis zur letzten Minute gekämpft. Sowas honoriert das Publikum." Im Dezember 1992 sorgte
Gries für einen Rekord in der zweiten
Bundesliga. Als erster Spieler überhaupt
durchbrach er die Schallmauer von 100
erzielten Treffern in Liga zwei. In Liga
eins lief es dagegen nicht so gut: In der
Saison 1990/91 traf Gries nur sechsmal.
„Da spielten sehr viele negative Fakto-
ren eine Rolle", sagt Gries, „die ständige
Unruhe durch Trainerwechsel und eine
langwierige Schulterverletzung." Während der Spielzeit 1993/94 wurde Gries
gemeinsam mit Walter Junghans und
Uli Bayerschmidt vom damaligen Trainer Uwe Reinders aussortiert und suspendiert. Eine Maßnahme, die in Berlin
auf totales Unverständnis stieß. 1995/
96 beendete Gries bei Tennis Borussia
seine aktive Laufbahn. Seit 1995 betreibt er gemeinsam mit seinem ehemaligen Teamkameraden bei Hertha BSC,
Uli Bayerschmidt, ein ambulantes Reha-
zentrum in Potsdam. Nebenher trainiert
er seit 1998 die A-Jugendlichen des SC
Charlottenburg. Nach Theo Gries ist
nach wie vor ein Fanklub von Hertha
BSC benannt, dessen Ehrenpräsident
der ehemalige Profi ist. Er ist damit der
einzige Spieler Herthas, nach dem ein
Fanklub benannt ist.

Groß, Volkmar (geb. 31.1.1948)
101 Bundesligaspiele für Hertha BSC
(1968-1972)
Der exzentrische Torhüter, der einen
unkonventionellen Lebenswandel bevorzugte, kam auf insgesamt 153 Bundesligaspiele. Außer bei Hertha hütete
er das Tor bei Tennis Borussia (17 mal)
und bei Schalke 04 (35 mal). Groß lebt
heute in Kalifornien und betreibt einen
Autohandel. Viele seiner Weggefährten
bei Hertha BSC halten ihn für einen der
besten Torhüter seiner Zeit. Fast alle
trauten ihm bei entsprechendem Lebenswandel zu, damals zur Nummer
eins im deutschen Fußball aufzusteigen.
Der damalige Hertha-Trainer-Assistent
Hans Eder: „Groß besaß enorme Fähigkeiten, war ein unglaublicher Keeper.
Leider hat er seine Möglichkeiten nie
richtig ausgeschöpft."

Ha-Ho-He – Hertha BSC
Schlachtruf der Anhänger von Hertha
BSC. Er entstand bereits im Jahr 1927
und hat sich bis in die heutigen Tage gehalten. Hertha spielte 1927 in der Endrunde um die Deutsche Meisterschaft.
Im Halbfinale war die SpVgg. Fürth der
Gegner. Neutraler Spielort war das Stadion des VfB Leipzig im Ortsteil Probstheida nahe dem Völkerschlachtdenk-
mal. Im Sonderzug von Berlin nach
Leipzig kreierten die 1.500 Hertha-Fans
zum ersten Mal den Schlachtruf. Das
Halbfinalspiel wurde an jenem 29. Mai
1927 vor 25.000 Zuschauern mit 2:1
(0:1) gewonnen. Man hatte sich auch die
Sympathien der Leipziger Zuschauer erworben, indem man in den Farben des
VfB antrat. Viele Leipziger sollen in den
neuen Ruf „Ha-Ho-He – Hertha BSC"
mit eingestimmt haben.

Hartmann, Michael (geb. 11.7.1974)
36 Bundesligaspiele für Hertha BSC/
2 Tore (seit 1997); 87 Zweitligaspiele für
Hertha BSC/4 Tore (1994-1997)
Der schnelle offensive Mittelfeldspieler
oder auch Flügelstürmer auf der linken
Außenbahn kam im Juli 1994 vom BSV
Brandenburg nach Berlin. Der damalige
Hertha-Trainer Karsten Heine hatte das
Talent des guten Technikers erkannt
und Hartmann zum Hauptstadtverein
geholt – für 150.000 Mark. Vor der Station BSV Brandenburg spielte er bei
Stahl Hennigsdorf. In die Schlagzeilen
geriet „Hardy" während des traditionel-
len Berliner Hallenfußballturniers im
Januar 1997. Mit 10 Treffern avancierte
er zum gefeierten Torschützenkönig.
Hartmann gehörte zur Aufsteigermann-
schaft 1996/97, konnte aber die in ihn
gesetzten Erwartungen in der ersten
Spielzeit im Oberhaus nicht erfüllen
und mußte meist die Ersatzbank drük-
ken. Er schaffte Ende 1998 erneut den
Durchbruch zum Stammspieler und erhielt eine Berufung in die neue A-2-
Nationalmannschaft unter DFB-Trainer
Horst Hrubesch. Spielte eine sehr gute
Saison 1998/99.

Hausmann, Christian (geb. 21.11.1963)
21 Zweitligaspiele/1 Tor für Hertha
BSC (1991/92)
Hausmann spielte er in der ersten Bun-
desliga für Bayer Leverkusen (1986-
1989/56 Spiele/2 Tore) und für den 1.
FC Nürnberg (1988-1991/50 Spiele/5
Tore). Danach wechselte er zu Hertha
BSC und erlangte durch eine schwere
Verletzung traurige Berühmtheit. Bei
einem Spiel der Hertha gegen den SV
Meppen prallte er mit dem Meppener
Torwart Brasas, einem Hünen von Gestalt (heute bei Werder Bremen unter
Vertrag) zusammen und blieb bewußt-
los liegen. Er hatte ein Knie des Keepers
unglücklich in die Seite bekommen. Danach mußte Hausmann operiert werden. Er verlor eine Niere und die Milz.
Ein halbes Jahr lang konnte er danach
wegen der starken Schmerzen kaum
richtig schlafen. „Das mußte ich damals
oft im Sitzen machen, weil dabei die
Schmerzen geringer waren", erinnert
sich Hausmann. Er mußte seine Laufbahn als Fußball-Profi beenden. Hausmann arbeitet als Versicherungsvertre-
ter im Außendienst und lebt in Altdorf
bei Nürnberg. Bekannt wurde Hausmann 1986 nach einem 3:0-Sieg von
Bayer Leverkusen in München gegen
die Bayern, bei dem er ein Tor schoß und
überragend spielte. Bayern-Manager Uli
Hoeneß äußerte damals überschweng-
lich: „Vielleicht sollten wir statt Maradona lieber Hausmann kaufen."

Heine, Karsten (geb. 6.4.1955)
Karsten Heine war 24 Jahre als Spieler
aktiv. Seine Stationen: 1961-1968 bei
GSG Köpenick, 1968- 1982 beim 1. FC
Union Berlin (DDR-Oberliga), 1982-
1985 bei Stahl Brandenburg, 1985-1986
beim 1. FC Union. Heine, als Mittelfeld-
und Abwehrspieler eingesetzt, kam auf
insgesamt 286 Spiele in der DDR-Ober-

Karsten Heine (links), Bernd Stange

wurde er Cheftrainer; in der Saison 1995/96, für die Hertha „einen Platz im oberen Tabellendrittel" als Ziel angab, wurde Heine in der Winterpause seines Amtes enthoben. Danach fungierte Heine erneut als Trainer beim 1. FC Union und später beim Regionalligisten SV Babelsberg 03.

liga, eine beachtlicher Zahl. Stationen als Trainer: 1986-1987: WBK Berlin, 1987-1990: 1. FC Union; 1990-1991: Amateurtrainer bei Hertha BSC; 1991-1992: Co-Trainer 2. Bundesliga und Amateurtrainer Hertha BSC, 1992-1994 Co-Trainer 2. Bundesliga. Vom März 1994 an amtierte er als Cheftrainer bei Hertha BSC. Im Dezember 1995 wurde Jürgen Röber sein Nachfolger.

Als Union-Trainer kam Heine nach dem Fall der Mauer am 27. Januar 1990 zum Freundschaftsspiel gegen Hertha ins Olympiastadion (1:2). Fünf Monate später wurde er Trainer der Amateure von Hertha BSC. Der langjährige Co-Trainer der ersten Mannschaft ging auch als Cheftrainer für einen Tag in der ersten Bundesliga in die Historie ein. Das war in der Saison 1990/91: Am 12. März. wurde Pal Csernai war entlassen, Nachfolger Peter Neururer kam erst einen Tag später nach Berlin. Heine amtierte als Co-Trainer unter Fuchs, Csernai, Neururer und Sebert. Im März 1994

Hermandung, Erwin (geb. 25.8.1944) 192 Bundesligaspiele für Hertha BSC/ 34 Tore (1971-1977)

Kam von Alemannia Aachen und machte sich als robuster und unermüdlicher Kämpfer einen Namen. Hermandung wechselte einst vom SV Baal, einem Bezirksligisten, zu Alemannia Aachen, für das er 98 Bundesligaspiele (19 Tore) bestritt (1967-1970). Der gelernte Bauhandwerker wurde oft treffend als Kraftpaket mit Pferdelunge bezeichnet. Als Herthas Angebot kam, war er auch von holländischen Klubs umworben. PSV Eindhoven bot damals 175.000 Gulden Ablöse an. Als Wolfgang Holst Hermandung verpflichtete, sagte dieser laut Holst bei den Vertragsverhandlungen: „Erzähl' mir nicht was von netto und brutto, sondern sag', was ich auf die Hand kriege!"

Hermandung spielte nach seiner Zeit bei Hertha vier Jahre bei Eintracht Trier und ein Jahr bei der SpVgg. Bayreuth. Mit 38 Jahren beendete er seine aktive Laufbahn. Es folgten Stationen als Spielertrainer bei Alemannia Aachen und fünf Jahre als Assistenztrainer und Amateurcoach bei Aachen. Erwin Hermandung erlitt später schwere Schicksalsschläge. Seine Frau starb nach einer langen schweren Krankheit. Er mußte eine Augenoperation über sich ergehen lassen. Trotzdem ist seine Sehfähigkeit auf dem linken Auge sehr stark eingeschränkt. Er wurde berufsunfähig. Hermandung lebt heute in Baal, einem Ort zwischen Aachen und Mönchengladbach. Hermandung: „Noch heute bekomme ich ab und an Autogrammpost, die vor allem meine schöne Zeit bei Hertha betreffen."

Hertha

„Hertha" heißt im übertragenen Sinne „die Starke" und ist eine Nebenform des weiblichen Vornamens „Herta". Eigentlich kommt der Name von der frühgermanischen Göttin Nerthum. Aus Nerthum wurde später Herthum und schließlich Hertha. Als Vorbild für den Vereinsnamen diente den Gründern von Hertha BSC im Jahre 1892 ein gleichnamiger Havel-Dampfer. Geläufige Beinamen für Hertha BSC sind „Tante Hertha" oder „Die alte Dame". Der Berliner Verein Hertha Zehlendorf wird auch als die „kleine Hertha" bezeichnet.

Hertha-Echo

Die lokale Berliner Rundfunksendung (Kabelradio 92,6) existiert seit dem 16. Februar 1989 und ist vor allem ein Magazin „von Fans für Fans". Die Idee kam dem langjährigen Hertha-Mitglied und -Anhänger Manfred Sangel, „weil mir die Berichterstattung in den Zeitungen über Hertha zu negativ erschien". Seine Sendung sei möglichst objektiv, „ist aber natürlich auch oft durch die rosarote Vereinsbrille gesehen". Mit seinen Mitstreitern Jürgen Kaiser und Holger Spittel gestaltet Sangel an jedem ersten Donnerstag im Monat eine Einstunden-Sendung. Erste Studio-Gäste waren im Februar 1989 der damalige Hertha-Trainer Werner Fuchs samt Manager Horst Wolter und Spieler Dirk Kurtenbach. Die Sendung bietet Berichte, Interviews mit Studiogästen, und die Moderatoren spielen ausschließlich Fußball-Lieder sämtlicher Vereine. In der Jubiläumssendung „10 Jahre Hertha-Echo" im Februar 1999 waren Hertha-Trainer Jürgen Röber und der Autor dieses Buches zu Gast und schilderten, wie sie 1989 den Verein Hertha BSC erlebt hatten.

Hertha-Harlekins

Eine erst im Jahr 1999 gegründete Gruppe von Fans, die sich zum Ziel gesetzt hat, die Fanaktivitäten während der Heimspiele zu koordinieren und in eine Choreografie zu kleiden. Damit soll eine bessere Stimmung erreicht werden und mehr gemeinschaftliches Denken und Handeln der verschiedenen Fangruppierungen und Fanklubs. Jedes Mitglied eines anderen Fanklubs kann zusätzlich Mitglied bei den Hertha-Harlekins werden, die sich als übergeordnete Gruppierung verstehen, die keinerlei politische oder etwa gewalttätige Interessen verfolgt. Die Harlekins traten bislang vor allem mit überdimensionalen Transparenten und Zettelaktionen, die choreografiert wurden, im Stadion auf.

Hertha-Wetter

Wenn das Wetter bei Fußballspielen von Hertha BSC schön ist und die Sonne scheint, spricht man vom sogenannten

Hertha-Wetter. Der Ursprung geht bis ins Jahr 1927 zurück. Damals kam die bekannte Mannschaft von Penarol Montevideo aus dem Land des später zweifachen Fußball-Weltmeisters Uruguay (1930 und 1934) nach Berlin. Für Hertha allein wäre das finanzielle Risiko für die Europareise der Gäste zu groß gewesen. So wurden zusätzlich der Hamburger SV und der Dresdner SC als Spielpartner für die Südamerikaner verpflichtet. In Berlin war das Poststadion in Moabit voll besetzt, der Eintritt für einen Logenplatz betrug 14 Mark. Bei gutem Wetter gewann Hertha BSC mit 1:0 und verbuchte auch beachtliche Einnahmen. Dagegen machten die Hamburger und die Dresdener später bei schlechtem Wetter finanzielle Defizite. Seitdem spricht man bei gutem Wetter und zu erwartenden guten Einnahmen vor einem wichtigen Spiel vom Hertha-Wetter. Es existiert auch das Schlagwort: „Mit der Sonne steigen die Chancen Herthas."

Heuer, Klaus (geb. 14.9.1935)
8 Bundesligaspiele für Hertha BSC (1963-1964)
Der gebürtige Berliner begann seine Laufbahn bei ASV Weißensee und Eintracht Weißensee, 1957 ging er zu Viktoria 89 und wechselte 1959 zum BSV 92. 1959 avancierte Heuer dort zum Torschützenkönig der Stadtliga Berlin (21 Treffer). Hertha BSC wurde auf den Mittelstürmer aufmerksam und verpflichtete ihn. Von 1961 bis 1963 spielte Heuer 43mal für Hertha in der Vertragsliga (6 Tore). Nach vier Spielen in der ersten Bundesliga 1963 als Mittelstürmer funktionierten ihn die Trainer zum Verteidiger um. 1965 erlebte Heuer den Zwangsabstieg in die Regionalliga und spielte von 1965 bis 1967 noch 28mal (6 Tore) für Hertha in der Regionalliga. Danach beendete er seine Laufbahn

beim BSV 92 und spielte nur noch bei den „Alten Herren" von Hertha BSC.

Herzog, Hendrik (geb. 2.4.1969)
53 Bundesligaspiele für Hertha BSC/ 2 Tore (seit 1997)
Der kantige Abwehrspieler (Spitzname: „Vinni, die Axt" in Anlehnung an den berühmt-berüchtigten eisenharten englischen Spieler Vinni Jones) kam im Juli 1997 nach Berlin zurück. Herzog spielte einst in der DDR bei Dynamo Eisleben und später beim vielfachen DDR-Meister BFC Dynamo. Der kopfballstarke Verteidiger mit Offensivdrang kam in der DDR zu sieben Länderspielen. Sein größtes Erlebnis: das Länderspiel im berühmten Maracana-Stadion von Rio de Janeiro. Mit der DDR-Mannschaft erreichte er im Mai 1990 gegen Brasilien ein 3:3. Vom BFC Dynamo, der von 1990 bis 1999 FC Berlin hieß, wechselte er zu Schalke 04 und später zum VfB Stuttgart (insgesamt 117 Bundesligaspiele/11 Tore). Kurios: Als Herzog 1995 beim VfB Stuttgart unterschrieben hatte, wohin ihn der damalige VfB-Trainer Röber gelockt hatte, wurde der Fußball-Lehrer zwei Tage später entlassen. Herzog traf erst in Berlin wieder auf Rö-

ber. In der Saison 1997/98 erlitt er in der Rückrunde im Spiel beim Hamburger SV einen schmerzhaften Kiefernbruch, spielte aber tapfer weiter, was seinem Image als nimmermüdem Kämpfer neuen Stoff gab.

Hoeneß, Dieter (geb. 7.1.1953)
Der jüngere der beiden lange Zeit erfolgreich fußballspielenden Hoeneß-Brüder aus Ulm wurde ausgerechnet von Bruder Uli, der 1979 den Managerposten beim FC Bayern München angetreten hatte, im gleichen Jahr als Stürmer beim bayerischen Nobelverein verpflichtet. Ablöse damals: nur 175.000 Mark. Zuvor schoß Dieter Hoeneß seine Tore beim VfB Stuttgart, wo er 1979 Vizemeister wurde. Insgesamt absolvierte D.H. die stattliche Anzahl von 288 Bundesligaspielen, in denen er 127 Treffer erzielte, die Mehrzahl per Kopf. Mit den Bayern wurde Hoeneß, der einen spiel- und kampfstarken Mittelstürmer alter Prägung abgab, fünfmal Deutscher Fußballmeister sowie dreimal DFB-Pokalsieger. In 52 Europacupspielen für den FC Bayern traf er 26mal. Mehr schaffte nur Gerd Müller, der „Bomber der Nation". Hoeneß kam auf sechs Einsätze in der Nationalmannschaft (fünf Tore). 1986 gehörte er zum deutschen Aufgebot bei den Weltmeisterschaften in Mexiko. Sein sechstes und letztes Länderspiel war das WM-Finale gegen Argentinien (2:3), wo er in der zweiten Halbzeit eingewechselt wurde. Am 15. Februar 1984 gelang ihm beim 6:0-Sieg gegen Eintracht Braunschweig ein seltener Rekord: fünf Treffer innerhalb von nur 21 Minuten. Nach dem Ende seiner Profikarriere ging Dieter Hoeneß zuerst in leitende Funktionen beim ehemaligen Bayern-Hauptsponsor Commodore. Von 1990 bis 1995 war Hoeneß Manager beim VfB Stuttgart, wo er im April 1995

gemeinsam mit Trainer Jürgen Röber von VfB-Präsident Gerhard Mayer-Vorfelder entlassen wurde. Hoeneß Ansehen in Stuttgart hatte gelitten, als er gemeinsam mit dem damaligen Trainer Christoph Daum bei einem Europacupspiel bei Leeds United nicht bemerkte, daß der VfB einen damals verbotenen vierten ausländischen Spieler eingewechselt hatte. Im November 1996 verpflichtete ihn Hertha BSC zunächst als Vizepräsidenten, einige Monate später löste er Carl-Heinz Rühl als verantwortlichen Manager ab und besetzt seitdem einen Posten im Präsidium der Hertha. Hoeneß war maßgeblich am Aufbau neuer professioneller Strukturen auf allen Gebieten beim Berliner Traditionsverein beteiligt. Im März 1999 unterschrieb Hoeneß einen neuen Dreijahresvertrag als Manager bei Hertha BSC. *(Siehe Kapitel: „Die Väter des Erfolgs II")*

Holst, Wolfgang (geb. 30.6.1922)
Holst ist „Mr. Hertha" und auch im hohen Alter noch ein wandelndes Lexikon in Sachen Bundesligageschichte von Hertha BSC. Wolfgang Holst beeinflußte mit seiner Tätigkeit in verschiedenen Vorstandsfunktionen entscheidend den Verein, vor allem in den Gründerjahren der Bundesliga.
Holst wurde in Rostock geboren und spielte mit zehn Jahren bei Rostock 99 selbst Fußball. Seine innige Liebe zu Hertha BSC begann bereits im Jahre 1932. Als Zehnjähriger schenkte ihm sein Vater ein Buch mit dem Titel „Kampf um den Ball", das Geschichten aus dem Berliner und dem Brandenburger Fußball zum Inhalt hatte. „Über Hertha hatte ich schnell alles auswendig gelernt", erinnert sich Holst an seine Kindheit. Nach sechs Jahren im Krieg – er meldete sich freiwillig zur „Leibstandarte Adolf Hitler" – und amerikani-

scher Kriegsgefangenschaft lebte Holst zuerst in Paderborn. Da er einer verbrecherischen Organisation angehört hatte, durfte er nicht studieren und bekam Probleme bei der Suche nach einem Job. In Paderborn trat er 08 Paderborn bei. 1959 kam er nach Berlin und war als Repräsentant einer Spielautomatenfirma tätig. 1960 trat Holst Hertha BSC als Mitglied bei und wurde sofort Leiter der Alten Herren, wo er noch einige Zeit selbst aktiv am Ball war. 1962 wurde er als Spielausschuß-Obmann erstmals in den Hertha-Vorstand gewählt. Der Spielausschuß-Obmann war seinerzeit faktisch Manager eines Vereins. Wolfgang Holst prägte viele Jahre entscheidend das Bild der jeweiligen Hertha-Mannschaften, da er insgesamt rund 100 Spieler nach Berlin holte. 1971 wurde er vom DFB wegen seiner allerdings nur mittelbaren Verwicklung in den Bundesligaskandal zunächst lebenslang für sämtliche Tätigkeiten in einem Fußballverein gesperrt. Holst wurde aber nach fünf Jahren begnadigt. Von 1979 bis 1985 führte er Hertha BSC als Präsident. Noch heute – Holst gehört seit 1997 dem Ältestenrat des Vereins an – gilt der Gastronom als die graue Eminenz des Vereins. Holst besitzt mit der Kneipe „Holst am Zoo" eine große Gaststätte direkt am Bahnhof Zoo sowie die Kneipe „Holst in Kreuzberg". Die emotionsgeladenen, aber im Endeffekt meist versöhnlich wirkenden Reden von Wolfgang Holst, der ein begnadeter Rhetoriker ist (Beiname: Pater Leppich), auf diversen Mitgliederversammlungen sind inzwischen Legende. Holst haftet zwar stets der Beigeschmack unlauterer Mittel an, die er in den 60er und 70er Jahren anwandte, um den Verein konkurrenzfähig zu halten, aber alle seine Mitstreiter von einst verweisen darauf, daß Holst sich nie persönlich bereichert habe.

Horr, Lorenz (geb. 27.9.1942)
240 Bundesligaspiele/75 Tore für Hertha BSC (1969-1977)
Wolfgang Holst lotste den ungemein vielseitigen Angreifer im Juni 1969 vom SV Alsenborn nach Berlin und landete damit auf dem Transfermarkt einen Volltreffer. Horr avancierte fast zehn Jahre lang zu einem der auffälligsten und wichtigsten Spieler bei Hertha BSC. Mehrere Spielzeiten stieg er zum erfolgreichsten Torschützen der Berliner auf (1970/71: 20 Tore; 1971/72: 11 Tore; 1972/73: 12 Tore). Der durchschlagskräftige Stürmer, beliebt bei Mitspielern und Fans, errang 1974/75 den zweiten Platz in der Meisterschaft mit Hertha BSC. Sein letztes Spiel für Hertha war die Wiederholung des DFB-Pokalfinales 1977 gegen den 1. FC Köln in Hannover. Horr wohnt wieder in seiner alten Heimat in der Pfalz in Alsenborn, ganz in der Nähe von Fritz Walter, dem Kapitän der Weltmeisterelf von 1954. Horr arbeitet als Bauzeichner, geht nicht mehr live zum Fußball, obwohl der Betzenberg mit dem 1. FC Kaiserslautern in unmittelbarer Nähe liegt. Er hat nicht von heute auf morgen mit dem Fußball aufgehört, nach dem Abgang

bei Hertha noch verschiedene Vereine trainiert (u.a. SW Ludwigshafen, FSV Salmrohr, FK Pirmasens und den SV Alsenborn). „Der Abschied vom Fußball war bei mir ein langer Prozeß", sagt Horr, „er passierte schrittweise und tat deshalb nicht ganz so weh."

Jakobs, Michael (geb. 18.7.1959)
11 Bundesligaspiele für Hertha BSC (1990/91); 58 Zweitligaspiele für Hertha BSC (1988-1990)
Jakobs spielte vor seiner Zeit bei Hertha BSC in der ersten Bundesliga beim VfL Bochum (88 Spiele/2 Tore) und bei Schalke 04 (97 Spiele/6 Tore).
Jakobs gehörte der Hertha-Mannschaft an, die 1989 unter Trainer Werner Fuchs den Aufstieg in die oberste deutsche Spielklasse schaffte, aber nach einem Jahr in der ersten Bundesliga sofort wieder abstieg. Jakobs betrieb zwischenzeitlich in Berlin ein Reha-Zentrum und einen Fanshop. Im November 1998 wurde er zum Sportlichen Leiter der Amateurabteilung von Hertha BSC gewählt, einer vorerst ehrenamtlichen Funktion. Sein Bruder Ditmar Jakobs (geb. 1953) spielte einst erfolgreich beim Hamburger SV. Michael Jakobs spielte vorwiegend auf der linken Abwehrseite und galt als ungeheuer trainingsfleißig.

Junghans, Walter (geb. 26.10.1958)
28 Bundesligaspiele für Hertha BSC (1990-1991); 143 Zweitligaspiele für Hertha BSC (1988-1994)
Der Torhüter kam 1988 von Schalke 04 nach Berlin. Von 1978 bis 1982 hütete er das Tor beim FC Bayern München, war dort der erste Keeper nach der Ära von Nationaltorwart und Weltmeister Sepp Maier. Junghans kam 67mal bei Bayern in der ersten Bundesliga zum Einsatz und später noch 110mal bei Schalke (1982-1987). In der zweiten Liga hielt

der gebürtige Hamburger nach dem Erstliga-Intermezzo 1990/91 der Hertha auch lange die Treue. Insgesamt stand er 143mal in der zweiten Bundesliga im Hertha-Tor. Sein Abgang in Berlin war unschön. Gemeinsam mit Bayerschmidt und Gries wurde er von Trainer Reinders suspendiert. Walter Junghans, in Berlin einst beliebt, arbeitete später u.a. als Co-Trainer von Weltstar Bernd Schuster bei Fortuna Köln (1997/98) und wechselte 1998 gemeinsam mit Schuster zum Lokalrivalen 1. FC Köln. Junghans lernte einst den Beruf des Technischen Zeichners, erlebte in seiner langen Laufbahn viele Höhen und Tiefen. Beim FC Bayern wurde ihm einst der Belgier Jean-Marie Pfaff vor die Nase gesetzt, beim FC Schalke holte man Toni Schumacher, der fortan die Nummer eins spielen durfte. In der Erstliga-Saison 1990/91, die für Hertha sang- und klanglos mit dem Abstieg endete, zählte Junghans trotz der vielen Gegentore zu den Besten der Mannschaft.

Karl, Steffen (geb. 3.2.1970)
27 Bundesligaspiele für Hertha BSC/ 1 Tor (1997/98); 63 Zweitligaspiele für Hertha BSC/1 Tor (1995-1997)
Der Hallenser Steffen Karl kam im Juli 1995 zu Hertha BSC und hatte da bereits eine bewegte Laufbahn hinter sich. Trainer Karsten Heine verpflichtete den Mann mit dem „Hammer". Über Medizin Halle und den HFC Chemie (DDR-Oberliga) führte ihn sein Weg zu Borussia Dortmund (72 Bundesligaspiele/2 Tore). Später wechselte er zu Manchester City und zum Schweizer FC Sion. Karl gehörte zur Aufsteigermannschaft 1997 und wird wegen seiner Schußstärke und Einsatzfreude „Eisen" gerufen. Der Mittelfeldspieler, dessen Lieblingsposition der Liberoposten ist, gilt ein wenig als schlampiges Genie, das nie vollends seine wahre Leistungsstärke erreichte.
Beim HFC Chemie war Karl einst in Ungnade gefallen und von höchster Stelle suspendiert worden. Karl hatte in geselliger Runde in der Mocca-Milch-Eisbar in Halle gegenüber dem ehemaligen Spieler von Wismut Aue, Thomas Weiß, der bereits in den Westen gewechselt war, geäußert: „Wir sehen uns in der Bundesliga wieder!" Ein Kamerad verpfiff Karl, dessen lockere Äußerung als angedachte Republikflucht gewertet wurde. Karl wurde in die Fußballprovinz zu Stahl Hettstedt abgeschoben und mußte später seinen Dienst in der Armee antreten. In der Wirren der Wendezeit Ende 1989 ging er mit seiner Frau nach Dortmund. In der Winterpause 1998/99 wechselte er zum Zweitligisten FC St. Pauli. Hertha kassierte noch eine Ablösesumme von 250.000 Mark.

Kessler, Georg (geb. 23.9.1932)
Trainer von Hertha BSC in der Saison 1974/75 (Vizemeister), 1975/76 (Platz 11) und 1976/77 (Platz 10). Kessler, wegen seines gepflegten Aussehens und gewählten Auftretens auch „Sir" genannt, führte die Berliner 1977 ins DFB-Pokalfinale, das gegen den 1. FC Köln nach einem 1:1 n.V. im fälligen Wiederholungsspiel mit 0:1 verlorenging. Kessler hatte einmal die niederländische Nationalmannschaft trainiert. In Folge pflegte er zum Gaudi der Journalisten sehr oft zu sagen: „Ich mit meiner internationalen Erfahrung..."
Kessler war nach seiner Station in Berlin in vielen Ländern Europas erfolgreich. Seine wichtigsten Stationen: Wacker Innsbruck, AZ 67 Alkmaar (mit der holländischen Provinzmannschaft wurde Kessler 1980/81 Meister und Pokalsieger der Niederlande), FC Brügge (Belgien), Olympiakos Piräus, 1. FC Köln , Standard Lüttich (Technischer Direktor), FC Antwerpen (Trainer und später Technischer Direktor). Mit Antwerpen wurde Kessler Vizemeister, mit Wacker Innsbruck Pokalsieger in Österreich. Kessler wurde häufig als Holländer betrachtet. Er stammt allerdings aus dem saarländischen St. Ingert, hatte aber eine holländische Mutter.

Kleff, Wolfgang (geb. 16.11.1946)
33 Bundesligaspiele für Hertha BSC (1979-1980)
Torhüter Kleff erlebte seine größte Zeit bei Borussia Mönchengladbach. Für die sogenannte Fohlenelf bestritt er insgesamt 321 Bundesligaspiele. Zum Ausklang seiner erfolgreichen Laufbahn stand er im Tor von Fortuna Düsseldorf (59 Bundesligaspiele) und vom VfL Bochum (20 Spiele). Kleff wurde wegen seiner frappierenden Ähnlichkeit mit dem ostfriesischen Komiker Otto Waalkes nur „Otto" gerufen und wurde diesem Namen durch viele Eskapaden auch gerecht. Kleff bestritt zwischen 1971

und 1973 sechs Länderspiele. Am 5. April 1980 stand Kleff im Tor der Hertha, als diese ihre bislang höchste Niederlage in der Bundesligageschichte gegen den Hamburger SV (0:6) erlitt. Kleff erinnert sich: „Es war Ostern, und ich hatte meine Verwandtschaft nach Berlin eingeladen. Vor 40.000 Zuschauern entwickelte sich eine Katastrophe. Meine Abwehrspieler ließen mich total allein. Ich hatte die Nase voll, stellte mich mit verschränkten Armen an die Strafraumgrenze und sagte zum HSV-Star Kevin Keegan: 'Schieß doch rein!' Und der hat dann reingeschossen." Am Ende stieg man ab und hatte das um zwei Tore schlechtere Torverhältnis gegenüber Uerdingen. Das 0:6 im Olympiastadion hat so eventuell damals den Klassenerhalt gekostet.

Kliemann, Uwe (geb. 30.6.1949)
168 Bundesligaspiele für Hertha BSC/
13 Tore (1974-1980)
Uwe Kliemann, der wegen seiner respektablen Größe von 1,95 m auch „Funkturm" genannt wurde und in den 70er Jahren einen Afro-Look als Frisur zur Schau trug, gehörte zu den wichtigsten Berliner Profis. Außer bei Hertha kam er zu Bundesliga-Meriten bei Rot-Weiß Oberhausen (56 Spiele/4 Tore/ 1970-1972) und bei Eintracht Frankfurt (68 Spiele/8 Tore/1972-1974). 1984/85 übernahm er als Trainer die Hertha, mit der er in der 2. Bundesliga den 14. Platz erreichte. Nach vier Monaten der folgenden Spielzeit mußte er vorzeitig seinen Hut nehmen, was den Abstieg in die Amateuroberliga nicht verhinderte. Kliemann begann seine Laufbahn bei Hertha Zehlendorf. Hertha BSC versäumte es, das Talent an sich zu binden, und reagierte nicht, als Kliemann die Stadt Richtung Oberhausen verließ. Bei seiner Rückholaktion soll Verleger Axel Cäsar Springer seinerzeit die 519.000 Mark Ablöse an Eintracht Frankfurt selbst gezahlt haben. Kliemann gehört zur Hertha-Mannschaft, die 1974/75 den zweiten Platz in der Deutschen Meisterschaft hinter Borussia Mönchengladbach errang, und er stand in den Pokal-Endspielen 1977 und 1979. Kliemann kam zu einem Länderspiel für Deutschland (1975 bei einem 1:1 gegen die Niederlande).

Kliemann war später Jugendtrainer und Co-Trainer (unter Werner Fuchs) bei Eintracht Braunschweig und später beim VfL Wolfsburg. Heute lebt er in Müden-Eitenbüttel, einem 710-Seelen-Dorf an der Aller, und ist seit 1998 als Sozialarbeiter tätig. Er unterrichtet sozial schwächere und benachteiligte Jugendliche, die versuchen, ihren Haupt- oder Realschulabschluß nachzuholen. *(Siehe auch Interview in diesem Buch.)*

Klimaschefski, Uwe (geb. 11.12.1938)
57 Bundesligaspiele für Hertha BSC/
7 Tore (1963-1965)
Abwehrspieler Klimaschefski, genannt „Klima", verließ Berlin nach dem Zwangsabstieg der Hertha 1965 und wechselte zum 1. FC Kaiserslautern, wo

er noch 102 Bundesligaspiele/5 Tore bestritt. Später entpuppte sich Klimaschefski im Trainerberuf als Wanderer. Er coachte u.a. FC Homburg, Hapoel Haifa, Mainz 05, 1. FC Saarbrücken, FC St. Gallen, 1860 München, Darmstadt 98 und Blau-Weiß 90 Berlin (1991). 1980/81 gab er ein Trainer-Intermezzo bei Hertha BSC und kam in der 2. Liga Nord auf Rang 3. In der folgenden Spielzeit wurde er im Dezember 1981 durch Georg Gawliczek ersetzt. Klimaschefski galt in den Gründerjahren der Bundesliga im Team von Hertha BSC als Stimmungskanone und verrückte Ulknudel. Sein ehemaliger Mitspieler Hans Eder: „Der hatte eine lustige Macke und war positiv verrückt. Wir wußten als Spieler nie, was der anstellen würde." Ein besonderes Markenzeichen von „Klima": seine unglaublich krummen Fußballer-Beine.

Klötzer, Kuno (geb. 19.4.1922)
Klötzer spielte einst als Verteidiger bei VfB Helmstedt und bei Werder Bremen. Seine Trainerstationen waren äußerst vielfältig. Die wichtigsten Vereine, die er trainierte: Fortuna Düsseldorf, Hannover 96, Preußen Münster, Schwarz-Weiß Essen, Wuppertaler SV, Rot-Weiß Essen, 1. FC Nürnberg, Kickers Offenbach, Hamburger SV, Hertha BSC und der MSV Duisburg. Sein größter Erfolg war die Erringung des Europacups der Pokalsieger mit dem HSV 1977. Mit Hertha BSC erreichte Klötzer, der von 1977 bis 1979 in Berlin arbeitete, das Finale im DFB-Pokal (1979) und wurde 1977/78 Meisterschaftsdritter. Er löste einst Georg Kessler ab und wurde wiederum von Hans Eder beerbt. Klötzer galt als Vatertyp bei den Spielern, obwohl er durchaus ein hartes Training durchführte.

Kiraly, Gabor (geb. 1.4.1976)
61 Bundesligaspiele für Hertha BSC (seit 1997)
Der etwas andere Torhüter. Kiraly kam im Juli 1997 zum damaligen Erstligaaufsteiger Hertha BSC. Der Ungar, der zur U-21-Auswahl seines Landes gehörte, spielte zuvor bei Haladas Szombathely und kam für rund 200.000 Mark Ablöse nach Berlin. Für Szomathely bestritt er 76 Spiele in der ungarischen Oberliga, der höchsten Spielklasse. Anfangs war er nur als Nummer zwei hinter Stammkeeper Christian Fiedler verpflichtet worden, avancierte aber sehr schnell zur Nummer 1 und zu einem der neuen Publikumslieblinge. Kiraly ist ein mutiger Keeper, der allerdings auch mit leichtsinnigen Eskapaden Trainer und Fans einige Male zur Verzweiflung trieb. So stoppte er Bälle kurz vor der eigenen Torlinie gern lässig mit einem Fuß. Sein Vorbild ist der ungarische Torhüter Hegedüs, von dessen Tricks Kiraly gern schwärmt. Hegedüs habe einmal einen Abwurf mit dem Zielen an die eigene Torlatte begonnen. Sowas imponiert Kiraly, der mit weiten Abwürfen und mutigen Paraden besticht. Im Laufe seiner ersten Saison bei Hertha stieg er gar zum ungarischen Nationaltorhüter auf. Ende 1998 gab er in Wien beim 3:2-Sieg der Ungarn gegen Österreich sein Debüt und parierte dabei einen Strafstoß des Österreichers Toni Polster. Kiraly trägt gern lange, weite Schlabberhosen und bei jedem Spiel unter seinem Pullover ein Trikot mit der Nummer 13. Im Sommer 1998 gelang ihm beim sogenannten ExNorm-Cup in Heidenheim, an dem Hertha während der Saisonvorbereitung teilnahm, gegen den Karlsruher SC (3:1) ein seltener Treffer. Sein weiter Abschlag gelangte fast bis in den gegnerischen Strafraum, dort rutschte der Keeper des Karlsruher SC, Simon

Jentzsch, aus, und das Leder trudelte ohne jegliche Zwischenberührung ins Netz. Torschütze: Kiraly. Dieser kuriose Treffer wurde von den Zuschauern der ARD zum „Tor des Monats" Juli gewählt.

Kostedde, Erwin (geb. 21.5.1946)
26 Bundesligaspiele für Hertha BSC/
14 Tore (1975-1976)
Enfant terrible Kostedde spielte in der ersten Bundesliga außer in Berlin für den MSV Duisburg (19 Spiele/5 Tore/1967/68), Kickers Offenbach (92 Spiele/52 Tore/1972-1975), Borussia Dortmund (48 Spiele/18 Tore/1976-1978) und Werder Bremen (33 Spiele/9 Tore/1981/82). Zweimal errang der bullige Mittelstürmer die Krone des Torschützenkönigs der Bundesliga: 1970/71: 26 Treffer; 1979/80: 30 Treffer. Kostedde kam zu drei Länderspieleinsätzen und spielte auch erfolgreich im Ausland bei Stade Lavall (Frankreich) und Standard Lüttich (Belgien). Auch dort wurde er Torschützenkönig. In Berlin konnte er während seines einjährigen Gastspiels die hochgesteckten Erwartungen nicht erfüllen. Kostedde lebt in Münster. Häufig gab es in den Medien Berichte über Alkoholeskapaden und seinen sozialen Abstieg.

Kovac, Niko (geb. 15.10.1971)
148 Zweitligaeinsätze für Hertha BSC/
15 Tore (1991-1996)
Der vielseitige Profi war zuletzt bei Bayer Leverkusen aktiv und wechselte zum 1. Juli 1999 zum Hamburger SV. Bruder Robert (geb. 6.4.1974) spielt weiter bei Bayer. Kovac, ein Kroate, wurde in Berlin geboren und bestritt inzwischen fünf Länderspiele für Kroatien. Vor seiner Zeit bei Hertha spielte er bei Rapide Wedding und Hertha Zehlendorf. Kovac stieg in Zweitligazeiten zum kampfstarken Führungsspieler bei Hertha auf. Er ging fort, weil er nach fünf Jahren in der zweiten Liga nicht mehr an den Aufstieg glaubte.

Köpke, Andreas (geb. 12.3.1962)
71 Zweitligaspiele für Hertha BSC (1984-1986)
Für den späteren deutschen Nationaltorhüter war Hertha BSC die dritte Station seiner Laufbahn. Der gebürtige Kieler spielte zuerst bei Holstein Kiel, kam 1982 nach Berlin und heuerte zuerst beim SC Charlottenburg an, ehe er zur Hertha wechselte. Vom damaligen Zweitligisten zog Köpke weiter zum 1. FC Nürnberg, spielte später bei Eintracht Frankfurt und Olympique Marseille. Köpke war WM-Teilnehmer 1990 (ohne Einsatz), 1994 (ohne Einsatz) und 1998. 1996 stand er im Tor der Nationalmannschaft, die in England den Europameistertitel errang. Nach der WM in Frankreich 1998 mit dem Aus im Viertelfinale gegen Kroatien (0:3) erklärte Köpke seinen Rücktritt aus der Nationalmannschaft. Köpke absolvierte 59 Länderspiele für Deutschland. Berlin brachte Köpke sportlich kein Glück: Mit dem SC Charlottenburg stieg er aus der zweiten Liga ab, und auch mit Hertha BSC konnte er die zweite Liga nicht halten, mußte ins Amateurlager hinab. Köpke geht damit als ein unglücklicher Absteiger in die Historie ein: Den beiden Abstiegen in Berlin folgten zwei mit Nürnberg und einer mit Eintracht Frankfurt.

Kramell, Rolf (geb. 9.9.1924)
Jeder kennt ihn, viele fürchten ihn, alle haben Respekt vor ihm: Rolf Kramell, jahrelang der Beschützer der alten Dame namens Hertha. Seit der Saison 1972/73 ehrenamtlicher Sicherheitsbeauftragter der Hertha. Der ehemalige

Kriminalkommissar betreut seit 1993 die Medienvertreter und Ehrengäste. Sohn Andreas ist Sicherheitschef, Sohn Christian ist Stellvertreter und Einsatzleiter des Sicherheitsdienstes. „An meinem 75. Geburtstag möchte ich abtreten", sagt Kramell. Er ist gefürchtet ob seiner Strenge und Disziplin. Kramell, der oft etwas knorrig daherkommt, freut sich besonders über die Entwicklung der Zuschauerzahlen: „Die Spieler nehmen die Fans an, und die Fans nehmen die Spieler an."

Schon 1964 engagierte sich Rolf Kramell in der Kegelabteilung von Hertha BSC und wurde sogar achtmal Deutscher Meister. Als es in den 70er Jahren erforderlich wurde, die Sicherheitsvorkehrungen in den Bundesligastadien zu verbessern, bekam der Hauptkommissar den Auftrag, den Ordnungsdienst aufzubauen. In der Saison 1972/73 trat Kramell sein Amt an und war der erste offizielle Sicherheitsbeauftragte eines Bundesligavereins. Johannes B. Kerner, TV-Moderator, lernte als 18jähriger unter Rolf Kramell die Aufgaben und Pflichten eines Stadionordners. Kramell: „Viele Fans, denen ich einst ein Stadionverbot ausgesprochen habe, haben mir diese Maßnahme inzwischen verziehen."

Kreische, Hans (geb. 7.12.1922)
Der Halbstürmer gehörte zu dem Dutzend Spielern der einstigen SG Dresden-Friedrichstadt, die 1950 komplett nach Westberlin flüchteten und in der Saison 1950/51 für Hertha BSC spielten. Kreische, befreundet mit dem späteren Bundestrainer Helmut Schön, kam bei Hertha zu 19 Einsätzen (7 Tore). Kreische spielte vor dem Zweiten Weltkrieg beim berühmten Dresdner SC, später noch bei DSC Heidelberg und Dynamo Dresden. Er kam auch in der Berliner

Stadtauswahl unter Trainer Hanne Sobek zum Einsatz. Sohn Hans-Jürgen (Jahrgang 1947) spielte später 20 Jahre in der DDR-Oberliga für Dynamo Dresden und bestritt 50 Länderspiele für die DDR. Er führt eine Fußball-Talentschule in Weißig bei Dresden.
(Siehe Interview in diesem Buch)

Kremer, Willibert (geb. 15.10.1939)
28 Bundesligaspiele für Hertha BSC/ 4 Tore (1964-1965)
Kremer, ein beweglicher Abwehrspieler, agierte einst unter Hennes Weisweiler bei Viktoria Köln und vor Einführung der Bundesliga bei Borussia Mönchengladbach. Nach seiner Zeit bei Hertha BSC, die durch den Zwangsabstieg 1965 beendet wurde, spielte er noch beim MSV Duisburg in der ersten Bundesliga (91 Spiele/6 Tore). Nach seiner Karriere als Profi stieg Kremer ins Trainergeschäft ein. 1992 holte ihn der damalige Präsident von Tennis Borussia, Jack White, nach Berlin. Die Mission, TeBe in den bezahlten Fußball zu führen, konnte Kremer nicht erfüllen und mußte gehen. Kremer ist heute als Talentesucher für Bayer Leverkusen tätig.

Kristensen, Jörgen (geb. 12.12.1946)
45 Bundesligaspiele für Hertha BSC/ 8 Tore (1976-1978)
Kristensen war ein äußerst starker Linksfuß. Er kam von Feyenoord Rotterdam nach Berlin. Mit den Holländern hatte er zuvor den UEFA-Cup im Finale gegen Tottenham Hotspur gewonnen (1973/74). Sein bestes Spiel im Hertha-Trikot soll er 1978 im Frankfurter Waldstadion gegen Eintracht Frankfurt (5:0 für Hertha) abgeliefert haben.
Er spielte später bei den Chicago Stings in der USA-Profiliga und galt dort wegen seiner vielen vorzüglichen Pässe als „Mr. Assists". Die Amerikaner werteten

neben den Torschützen auch die Vorlagengeber. Mitspieler Hans Weiner über Kristensen: „Einer der komplettesten Spieler, die Hertha je besaß."

Kronsbein, Helmut
(geb. 25.12.1914, gest. 27.3.1991)
Kein anderer Trainer prägte in vielen Jahren Bundesliga so die Geschichte und die Geschicke von Hertha BSC wie Kronsbein, der von allen nur „Fiffi" gerufen wurde. Den Ursprung seines Spitznamens erklärte Kronsbein einmal mit seiner „Pfiffigkeit". Der gelernte Friseur und spätere Möbelkaufmann meldete sich 1948 an der Sporthochschule in Köln und erwarb unter dem damaligen Bundestrainer Sepp Herberger sein Fußball-Lehrer-Diplom. Bereits 1952 führte er den SSV Ulm in die Oberliga Süd. Und 1954 errang er mit Hannover 96, neben Hertha die wichtigste Zeit seiner Trainerkarriere, den Titel des Deutschen Meisters. Später trainierte Kronsbein den Meidericher SV, Alemannia Aachen und den VfR Mannheim, ehe der einstige Feldwebel der Heeresmusikschule Bückeburg nach Berlin kam. Dort entwickelte sich zwischen dem Trainer und dem ein-

flußreichen Obmann und späteren Präsidenten Wolfgang Holst eine schier unzertrennliche Freundschaft. Kronsbein strich für damalige Verhältnisse das Traumgehalt von rund 40.000 Mark im Jahr ein. Kronsbein führte Hertha aus der Regionalliga, wohin man den Verein 1965 wegen Zahlung überhöhter Spielergehälter verbannt hatte, wieder in die erste Bundesliga. Dort erreichte er zweimal den respektablen dritten Rang. Kronsbein galt als unglaublich autoritär. Seine cholerischen Anfälle waren gefürchtet. Er regierte wie beim Militär mit eisernem Besen. Auf Auswärtsfahrten und in Berlin kontrollierte er regelmäßig alle Spieler, ob diese auch kein unangemessenes Nachtleben führten. Häufig kam der äußerst temperamentvolle Mann mit dem DFB in Konflikt, wurde sogar wegen grob unsportlichen Verhaltens und Schiedsrichterbeleidigung einmal zu einer Geldstrafe in Höhe von 9.500 Mark verurteilt. Nach dem Bestechungsskandal 1971, als Hertha BSC in enorme finanzielle Turbulenzen geriet, wurde Kronsbein entlassen. Kronsbein heuerte erneut bei Hannover 96 an. 1980 gab es noch einmal ein Intermezzo bei Hertha BSC.

Freunde: „Fiffi" Kronsbein (l.) und Wolfgang Holst.

Kronsbein betrieb später eine Gaststätte mit dem Namen „Bei Fiffi" und in Schöneberg ein Gästehaus für reisende Sportler. Dramatisch verlief sein Privatleben. Am 1. Juli 1979 hatte er seine Frau Gerda tot in der gefüllten Badewanne aufgefunden. Als Todesursache galt Selbstmord durch Stromschlag, weil neben der Leiche ein eingeschalteter Fön gefunden worden war. Erst Jahre später kam es erneut zu Ermittlungen. Im August 1984 wurde wegen einiger Ungereimtheiten ein Indizien-Prozeß gegen Kronsbein eröffnet. Die Anklage lautete auf Körperverletzung mit Todesfolge. Kronsbein wurde auch auf Antrag der in Beweisnot geratenen Staatsanwaltschaft freigesprochen. 1985 heiratete der inzwischen 70jährige ein zweites Mal eine um 25 Jahre jüngere Frau. Zeuge der Trauung war natürlich Wolfgang Holst. Kronsbein starb 76jährig in der Universitätsklinik in Berlin-Steglitz.

Kruse, Axel (geb. 28.9.1967)
11 Bundesligaspiele für Hertha BSC (1997/98), 12 Bundesligaspiele/2 Tore für Hertha BSC (1990/91); 41 Zweitligaspiele für Hertha BSC/22 Tore (1989-1990, 1996/97)
Kruse spielte zweimal für die Hertha. 1989, kurz vor dem Fall der Mauer, flüchtete der beim FC Hansa Rostock spielende Stürmer bei einem internationalen Spiel in Kopenhagen in den Westen und kam nach Berlin. Bei Hertha BSC bekam er Hilfe und die Möglichkeit für einen Neuanfang. Nach einer internationalen Sperre konnte ihn Trainer Werner Fuchs in der Aufstiegssaison 1989/90 noch zwölfmal einsetzen (7 Tore). Beim Fuchs-Nachfolger Csernai fiel der temperamentvolle Angreifer, der sich nicht den Mund verbieten ließ, in Ungnade. Nach einer Trainingsrauferei mit einem Mitspieler suspendierte

ihn der Trainer. Kruse wurde zu Eintracht Frankfurt verkauft. Kruse spielte vor dem Fall der Mauer bei Motor und Dynamo Wolgast und in der DDR-Oberliga bei Hansa Rostock. Er kam auch in den verschiedensten Nachwuchsauswahl-Teams der DDR zum Einsatz. Später stürmte er für Frankfurt, den FC Basel und den VfB Stuttgart. 1993 sorgte Kruse für Schlagzeilen und wurde zum Hauptdarsteller einer immer wieder gern im Fernsehen gezeigten Szene. Er rannte in einem Bundesligaspiel Schiedsrichter Osmers einfach um und sagte zum Referee: „Osmers, was pfeifen Sie für eine Scheiße!" Kruse bekam vom DFB zehn Spiele Sperre und eine Geldstrafe von 8.000 Mark.
Im Sommer 1996 holte ihn Trainer Röber als Führungsspieler und Identifikationsfigur für die Fans nach Berlin zurück. Ablöse: 1,2 Millionen Mark. Röbers Plan gelang. Kruse, inzwischen gereift und nur noch ein „kontrollierter Hitzkopf", stieg zum Mannschaftskapitän auf und stand in der internen Hackordnung ganz oben. Mit 15 Treffern avancierte er in der Aufstiegssaison 1996/97 zum besten Torschützen und war der verlängerte Arm des Trainers. Kruse wurde zu einem der wichtigsten Garanten des Aufstiegs und der neuen Hertha. Die erste Saison in der ersten Bundesliga 1997/98 wurde aber zum Alptraum für den einstigen Publikumsliebling. Unzählige Verletzungen (Muskelfaserriß, Gehirnerschütterung, Riß der Patellasehne u.v.m.) brachten ihm nur sporadische Einsätze oder die Ersatzbank. Kruse verlor auch sein Amt als Mannschaftskapitän. Im Sommer 1998 versuchte Kruse vergeblich, noch einmal Anschluß zu finden. Ein Comeback gab es leider nicht mehr. Kruse wurde Anfang 1999 als Aushängeschild des neugebildeten Berliner Football-Teams Berlin

Thunder der Öffentlichkeit vorgestellt. Nach Manfred Burgsmüller (einst Werder Bremen) ist Kruse der zweite ehemalige Bundesliga-Stürmer, der sich im Metier des Footballs versucht.

Lakies, Carsten (geb. 8.1.1971)
3 Bundesligaspiele für Hertha BSC (1997/98)
Lakies kam wegen eines kuriosen Zwischenfalls beim FC Bayern München zu einer gewissen Popularität. In einem Spiel der Bayern gegen den SC Freiburg wechselte Trainer Giovanni Trapattoni Nationalmannschafts-Kapitän Jürgen Klinsmann elf Minuten vor Schluß aus und brachte statt dessen den Amateurspieler Lakies. Klinsmann trat vor Wut in eine Werbetonne, die danach ein großes Loch aufwies. Angreifer Lakies spielte vor seinem Wechsel 1997 nach Berlin (Ablöse: 500.000 Mark) bei Hessen Kassel, FSV Frankfurt, Darmstadt 98 und den Amateuren des FC Bayern. Lakies kam in der Saison 1997/98 nur zu drei Kurzeinsätzen. Der auf den Spitznamen „Lucky" hörende Spieler gehörte zu den beliebtesten Profis innerhalb der Mannschaft, da er die absolute Stimmungskanone gab. Kapitän Preetz äußerte aus diesem Grund einmal: „Der ist unverkäuflich!" Im November 1998 wurde Lakies für 350.000 Mark an den Regionalligisten SV Waldhof Mannheim ausgeliehen, mit dem er 1998/99 in die zweite Bundesliga aufstieg.

Levin, Wolfgang (geb. 24.10.1945)
Levin war von 1973 bis 1990 beim Berliner Fußballverband (BFV) u.a. als Geschäftsführer beschäftigt. Später arbeitete er in verantwortungsvoller Position auf der Trabrennbahn Mariendorf, ehe er im Juli 1991 die Nachfolge von Reinhard Roder als Geschäftsführer/Manager bei Hertha BSC antrat. Levin wurde auf dieser Position im Sommer 1995 von Carl-Heinz Rühl abgelöst. Levin nahm 1992 erste Kontakte zum späteren Hertha-Marketingpartner Ufa auf und führte mit dem Hamburger Unternehmen erste Verhandlungen. Später arbeitete Levin als Manager beim Regionalligisten FC Berlin (heute wieder BFC Dynamo), beim damaligen Zweitligisten KFC Uerdingen und beim Regionalligisten SV Babelsberg 03.

Lünsmann, Mike (geb. 23.11.1969)
28 Bundesligaspiele für Hertha BSC/ 3 Tore (1990/91); 191 Zweitligaspiele für Hertha/40 Tore (1988-1990, 1992-1995)
Der Spandauer Junge kam 1988 von Tennis Borussia zur Hertha und entwickelte sich zu einem erfolgreichen Torjäger. 1996 schob ihn Hertha BSC ab, nachdem er häufig mit Verletzungen zu kämpfen hatte und wenig zum Einsatz kam. Lünsmann spielte fortan in der Regionalliga bei LR Ahlen und beim FC Sachsen Leipzig. Dort stieg er wieder zum Torjäger auf. Leipzigs Konkurrent Tennis Borussia kaufte ihn den Sachsen in der Winterpause 1997/98 weg. Der damalige TeBe-Trainer Hermann Gerland: „Der bringt alle Voraussetzungen für die erste Liga mit, ist beidfüßig, schnell und kopfballstark." Nach einigen sporadischen Einsätzen schmorte Lünsmann allerdings auf der Reservebank.

Maas, Rob (geb. 17.12.1969)
6 Bundesligaspiele für Hertha BSC (seit 1998)
Der Niederländer Rob Maas wechselte 1996 von Feyenoord Rotterdam zu Arminia Bielefeld und bestritt für die Ostwestfalen insgesamt 56 Bundesligaspiele (3 Tore). Der Abwehrspieler kam vor der Saison 1998/99 ablösefrei zu Hertha BSC. Maas stand früher in der niederländischen Olympiamannschaft.

In einem der ersten Vorbereitungsspiele für die Saison 1998/99 verletzte sich Maas schwer an der Achillessehne und fiel fast die gesamte Hinrunde aus. Erster Einsatz für Hertha: Dezember 1998 beim 2:1-Auswärtssieg beim FC Hansa Rostock. Doch Maas blieb in Berlin das Pech treu. Im April 1999 mußte er erneut an der Achillesehne, diesmal am anderen Fuß, operiert werden.

Mager, Peter (geb 30.3.1939)
Mager, bekannt als „Hertha-Oberfan Pepe", wurde in der Poststraße im Berliner Nikolaiviertel geboren. Nachdem sein Vater die DDR Richtung Westdeutschland verlassen hatte, wuchs Mager im Waisenhaus auf und verließ die DDR Ende der 50er Jahre ebenfalls. Der schwergewichtige Mann ist seit Gründung der Bundesliga im Jahre 1963 Fan von Hertha BSC und versäumte viele Jahre kein Spiel. Er amtierte bei unzähligen Auswärtsfahrten als Reiseleiter und verkaufte Hertha-Fanartikel aus dem Koffer. Später scharte er eine Gruppe von etwa 25 Fans um sich, die auch sämtliche Auswärtsspiele der Hertha besuchten. Diese Gruppe erlangte als sogenannte „Hertha-Frösche" traurige Berühmtheit. Mager wurde zum Vorsitzenden dieser Fan-Vereinigung gewählt und nannte sich fortan „Oberfrosch Pepe". Später distanzierte sich Mager von den häufig randalierenden „Fröschen" und führte den „Hertha BSC Fanclub". Mager, den man als ein Berliner Original mit „Kodderschnauze" bezeichnen darf, sorgte Anfang der 90er Jahre noch einmal für medienträchtiges Aufsehen, als er bei einer Hertha-Mitgliederversammlung als Gegenkandidat zum amtierenden Präsidenten Heinz Roloff auftrat und den Slogan von sich gab: „Wird Dir Deine Frau zur Qual, erwürg Sie mit dem Hertha-Schal". Mager,

der Hertha-Devotionalien zuerst aus dem Koffer, dann aus dem Auto verkaufte, steht seit 1990 mit einem mobilen Fanartikelverkaufsstand am Südtor des Olympiastadions. Seit Juli 1995 betreibt er zusätzlich einen Fanartikelladen namens „Intershop" im ehemals Ostberliner Stadtbezirk Friedrichshain. Für Aufsehen sorgte Mager, als er sich die Rechte an den Marken des ehemaligen DDR-Fußballmeisters BFC Dynamo sicherte. Die Geschäfte mit Fanartikeln dieses Vereins florieren prächtig.

Malessa, Torsten (geb. 3.9.1977)
Vierter Torhüter von Hertha BSC, in der Amateurmannschaft (Oberliga/seit 1999/2000 Regionalliga) eingesetzt. Malessa sorgte im Januar 1999 für unglaubliche Schlagzeilen in Berlin und darüber hinaus in Deutschland. Das gelang ihm nicht mit sportlichen Leistungen, sondern einer Lüge, die er als Scherz gedacht hatte, die aber Dimensionen annahm, die der Torhüter nicht voraussehen konnte. Malessa hatte behauptet, in der Süddeutschen Klassen-Lotterie (SKL) acht Millionen Mark gewonnen zu haben. Illustrierte rissen sich um eine Story mit dem weithin unbekannten Torhüter. Hertha plante – um

dem Medienrummel Herr zu werden – eine Pressekonferenz mit Malessa. Doch dieser gab plötzlich kleinlaut und reumütig zu, nur einen Scherz gemacht zu haben. O-Ton Malessa: „Mir waren die Konsequenzen einer aus Spaß gemachten Äußerung nicht klar." Danach fielen die Schlagzeilen weniger schmeichelhaft aus: „Berlins größter Lügner". Malessa blieb bei Hertha BSC unter Vertrag und verließ den Verein nach der Saison 1998/99.

Mandreko, Sergej (geb. 1.8.1971)
33 Bundesligaspiele für Hertha BSC/ 1 Tor (seit 1997)
Mandreko hat einen sehr weiten Weg nach Berlin hinter sich. Geboren wurde der Mittelfeldspieler in Kurgantube im fernen Tadschikistan. In seiner Heimat spielte er zuerst beim einst wichtigsten Verein namens Pamir Duschanbe. Er bestritt für Rußland fünf Länderspiele und spielte für die Russen bei der Junioren-Weltmeisterschaft. Später wechselte er auch wegen der vielen politischen Wirren in seiner Heimat nach Österreich zu Rapid Wien. Mit Rapid erreichte Mandreko 1995/96 das Finale im Europacup der Pokalsieger (0:1 gegen Paris St. Germain). Im Sommer 1997 wechselte er ablösefrei zu Hertha BSC. Von ihm stammt das Zitat: „Hertha war ein beliebter Verein in der DDR."

Maric, Enver (geb. 25.4.1948)
Der gebürtige Bosnier begann seine Laufbahn als Torhüter bei Velez Mostar und kam zwischen 1972 und 1976 auf insgesamt 32 Länderspiele für Jugoslawien. 1974 hütete Maric das Tor der Jugoslawen bei der WM-Endrunde in Deutschland, 1976 bei der EM-Endrunde in Belgrad. Maric ist mit insgesamt 449 Meisterschaftsspielen Rekordspieler im ehemaligen Jugoslawien. Zwischen 1976

und 1978 stand er 47mal beim Bundesligisten Schalke 04 im Tor. 1993 flüchtete Maric aus seiner Heimat Bosnien, weil dort der Bürgerkrieg tobte. Auf Initiative seines Landsmannes, des in Deutschland etablierten Trainers Aleksandar Ristic, kam er nach Düsseldorf. Vor der Saison 1998/99 wechselte er als Torwarttrainer zu Hertha BSC. Sohn Leo heuerte zeitgleich beim Regionalligisten 1. FC Union Berlin an, wechselte in der Winterpause 1998/99 zum Lokalrivalen BFC Dynamo nach Hohenschönhausen. Neben seiner Tätigkeit bei Hertha BSC trainiert Maric sen. seit 1993 auch die Torhüter der bosnischen Nationalmannschaft.

Medizinische Abteilung
1997, nach dem Aufstieg in die erste Bundesliga, stellte Hertha BSC ein neues Mediziner-Team an. Die Verantwortung trägt seitdem Dr. Ulrich Schleicher, der die Klinik „Biberburg" in Spandau betreibt, wo beste medizinische Voraussetzungen vorhanden sind. Ihm zur Seite stehen Physiotherapeut Jörg Drill und Masseur Peter Bentin, der dienstältester Herthaner überhaupt im aktuellen Funktionsteam. Schleicher ist Orthopäde. Er studierte in Berlin und in Freiburg, wo er als Oberarzt an der Universitätsklinik tätig war. Später arbeitete er beim Sportmedizinischen Leistungszentrum in Freiburg, wo er mit dem Spitzensport in Berührung kam. Schleicher mißt 2,03 m und ist damit der größte Mannschaftsarzt in der Fußball-Bundesliga.

Meyer, Sven (geb. 4.9.1970)
70 Zweitligaspiele für Hertha BSC/ 4 Tore (1993-1996)
Sven Meyer, ein kopfballstarker Libero, empfahl sich über die Amateure und deren Pokalerfolge 1993 für die Profimannschaft der Berliner. In der Ama-

teurtruppe, die 1993 bis ins Finale des DFB-Pokals vordrang, gehörte er zu den Führungsspielern. Nach einigen guten Spielzeiten konnte er sich allerdings in der Profimannschaft nicht entscheidend durchsetzen und wechselte in die Regionalliga zum 1. FC Union nach Köpenick. Wegen dauernder finanzieller Engpässe und ausstehender Gehälter verließ er die Unioner im Frust und nahm ein exotisches Angebot aus China an. Meyer unterschrieb 1997 einen Zweijahres-Vertrag beim FC Chengdu in einer Zwei-Millionenstadt – rund 7.000 Kilometer von seiner Heimat Berlin entfernt gelegen. 1998 kehrte er nach vorzeitiger Auflösung seines Vertrages nach Berlin zurück („Die Kulturen waren doch zu verschieden. Ich hatte rund 50 Wörter Chinesich gelernt"). Meyer schloß sich im Herbst 1998 dem Regionalligisten SV Babelsberg 03 an.

Mitglieder
Die Mitgliederzahlen bei Hertha BSC explodieren förmlich: Mai 1998: 2.300; August 1998: 3.000; Januar 1999: 3.900; 1. Juni 1999: 5.571. Das älteste Mitglied (Stand: 20.1.1999) ist Rudolf Röder. Der Mann aus Wittenau trägt die Mitgliedsnummer 554 und wurde am 16. Februar 1907 geboren. Seit Januar 1980 ist Röder Mitglied bei Hertha. Jüngstes Vereinsmitglied (Stand: 20.1.1999) ist Vivien Schmalz. Das Mädchen aus Spandau wurde am 22.11.1998 geboren und im zarten Alter von vier Tagen als Hertha-Mitglied registriert. Als treuestes Mitglied gilt Erwin Paschke. Der Reinickendorfer, geboren am 11. Mai 1907, trat dem Verein bereits am 25. Januar 1925 als aktives Mitglied bei. Das Mitglied mit dem derzeit längsten Anreiseweg ist Marco Maschke, Bruder des Amateurvorsitzenden des Vereins. Maschke lebt und arbeitet in Chengdu in China.

Die meisten Hertha-Mitglieder kommen aus dem Wedding, dem Stadtbezirk, aus dem der Verein auch stammt und wo er seine Wurzeln hat. Viele zahlende Mitglieder kommen auch aus folgenden Stadtbezirken oder Stadtteilen: Neukölln, Reinickendorf, Tempelhof. In Ostberlin, woher jedes siebte Vereinsmitglied stammt, führt diese spezielle Statistik Pankow vor Marzahn und Prenzlauer Berg an.

Müller, Ludwig (geb. 25.8.1941)
97 Bundesligaspiele für Hertha BSC/ 10 Tore (1972-1975)
136 Bundesligaspiele/10 Tore für den 1. FC Nürnberg (1964-1969), 81 Bundesligaspiele/6 Tore für Borussia Mönchengladbach (1969-1972). Müller führte als Kapitän Hertha BSC 1974/75 auf den zweiten Platz in der Bundesliga und beendete danach seine Karriere. Mit Nürnberg und Mönchengladbach war er jeweils Deutscher Fußballmeister geworden. Hertha zahlte damals für Müller 60.000 Mark Ablöse an Mönchengladbach und 70.000 Mark Handgeld an den sechsmaligen Nationalspieler. „Luggi" Müllers Verpflichtung gilt als eine der wichtigsten und gelungensten in der Vereinsgeschichte. Der vorbildliche Sportsmann trug nach dem Bundesligaskandal maßgeblich zur Verbesserung des Hertha-Images bei. Müller lebt im fränkischen Haßfurt und führt ein bekanntes Geschäft für Damenmoden, das er bereits während seiner Profizeit aufgebaut hatte. *(Siehe auch Interview in diesem Buch.)*

Müller, Walter (geb. 29.5.1948)
Müller wurde am 24. September 1998 als Nachfolger des eine Woche zuvor zurückgetretenen Rechtsanwalts Manfred Zemaitat zum Präsidenten von Hertha BSC bestellt. Der Mercedes-

Manager, Leiter der Mercedes-Benz-Niederlassung in Berlin, stammt aus Weinheim an der Bergstraße. Er studierte Physik und Mathematik in Heidelberg, begann als Nachwuchsverkäufer bei Mercedes in Mannheim und arbeitete sich in der Konzern-Hierarchie weit nach oben. Müller soll den Verein ins neue Jahrtausend und in den internationalen Fußball führen. Mit seinem Engagement als Mercedes-Manager an der Spitze eines Fußball-Bundesligisten (das gab es bei Mercedes-Benz noch nie) verbinden sich Hoffnungen, daß der Konzern seine finanzielle Hilfe für Hertha BSC noch erweitern wird. Mercedes-Benz Deutschland gehört seit zwei Jahren zu den sogenannten „Partnern von Hertha BSC", die bis zu 650.000 Mark jährlich in den Verein stecken.
(Siehe auch Interview in diesem Buch.)

Neuendorf, Andreas (geb. 9.2.1975)
15 Bundesligaspiele für Hertha BSC/
3 Tore (seit 1998)
Der gebürtige Berliner Andreas Neuendorf spielte bei Stern 1900 Berlin, Blau-Weiß 90 Berlin und den Reinickendorfer Füchsen, wo er Spähern des Bundesligaklubs Bayer Leverkusen auffiel. Von 1994 bis 1997 spielte Neuendorf, ein gefährlicher Linksfuß, der sich im Mittelfeld am wohlsten fühlt, für den Konzernklub in Leverkusen. 1998 wechselte Neuendorf zurück in seine Heimatstadt Berlin, wo er für die Ablösesumme von einer Million Mark bei Hertha BSC anheuerte. Sein Vertrag läuft bis Juni 2000. Allerdings besitzt Bayer Leverkusen ein Rückkaufrecht bis zum 31.12.1999. Sollte Bayer von diesem Recht Gebrauch machen, müßte Neuendorf ab 1. Juli 2000 wieder zurück in den Fußball-Westen. Neuendorf hört auf den ungewöhnlichen Spitznamen „Zecke". In seiner Zeit bei Bayer hatte sich bei einem Training

in einem Waldstück eine Zecke in seiner Kniekehle verbissen. Eine Blutvergiftung war die Folge. Neuendorf: „Der Strich ging schon bis in meine Leiste. Eine gefährliche Situation. Ich mußte drei Tage im Krankenhaus verbringen, die Zecke hatte ich aber zuvor abgeschlagen." Neuendorf hat seinen Spitznamen so verinnerlicht, daß er heute Autogrammkarten nur noch mit dem Signum „Zecke" zeichnet. Er bestritt 44 Bundesligaspiele für Leverkusen (1 Tor) und 23 U-21-Länderspiele für Deutschland (1 Tor). In der Spielzeit 1998/99 geriet Neuendorf in die Schlagzeilen, als er beim 2:0-Heimsieg der Hertha gegen den VfB Stuttgart einen spektakulären Treffer erzielte, dem ein klares Handspiel vorausging, das der Referee allerdings nicht erkannt hatte. Nach dem TV-Beweis wurde Neuendorf nachträglich vom DFB-Sportgericht zu einer Sperre von 14 Tagen verurteilt. Im Mai 1999 wurde Neuendorf von DFB-Trainer Hrubesch in die neue A-2-Nationalmannschaft berufen.

Nigbur, Norbert (geb. 8.5.1948)
101 Bundesligaspiele für Hertha BSC (1976-1979)
Nigbur zählte zur Gilde der großen Hertha-Keeper. Außer für die Berliner spielte er in der ersten Bundesliga für Alemannia Aachen (20 Spiele) und Schalke 04 (355 Spiele). Nigbur bestritt zwischen 1974 und 1980 insgesamt sechs Länderspiele. Er lebt in Gelsenkirchen und widmete sich lange seinem Hobby, dem Trabrennsport. Zeitzeugen berichten, daß er sein stärkstes Spiel für Hertha im Europapokal 1978 in Tbilissi (Tiflis) bestritt. Vor 80.000 Zuschauern verhinderte er beim 0:1 (Hinspiel 2:0 für Hertha) mit großartigen Paraden das Ausscheiden der Berliner, die später noch bis ins Halbfinale vordrangen.

Olic, Ivica (geb.14.9.1979)
2 Bundesligaspiele für Hertha BSC (seit 1998)
Kam im Oktober 1998 von Marsonia Slavonski Brod/Kroatien nach Berlin. Der Stürmer besaß einen Vorvertrag bei Inter Mailand und wurde für 500.000 Mark Ablöse verpflichtet. In der Saison 1998/99 setzte ihn Amateur-Trainer Falko Götz häufig in der Oberligamannschaft ein, um ihm Spielpraxis zu geben. Manager Hoeneß ließ Olic zuerst eine Woche lang unter dem Namen seines Beraters Dikic trainieren, um den Transfer so lange wie möglich geheimhalten zu können.

Patzke, Bernd (geb. 14.3.1943)
66 Bundesligaspiele für Hertha BSC/ 4 Tore (1969-1971)
Der Verteidiger spielte einst bei Minerva 93, Standard Lüttich und in der Bundesliga auch bei 1860 München (136 Spiele/2 Tore). Patzke bestritt 24 Länderspiele und war WM-Teilnehmer 1966 (ohne Einsatz) und 1970. Sein Name ist untrennbar mit dem Bundesligaskandal 1971 verbunden, als er und andere Herthaner Bestechungsgelder annahmen. Patzke wurde damals mit einer Spielsperre von vier Jahren belegt. Am 26.11.1973 wurde er begnadigt. Patzke war später u.a. Trainer bei 1860 München und der Nationalmannschaft des Oman. 1992/93 amtierte er als Manager bei Tennis Borussia.

Preetz, Michael (geb. 17.8.1967)
66 Bundesligaspiele für Hertha BSC/ 37 Tore (seit1997); 31 Zweitligaspiele für Hertha BSC/9 Tore (1996/97)
Der 1,92m große Stürmer kam im Sommer 1996 nach Berlin und erkämpfte maßgeblich mit den Aufstieg in die erste Bundesliga. Der „Lange" stürmte schon vor seiner Zeit in Berlin in der ersten und der zweiten Liga mit viel Erfolg (61 Bundesligaspiele/7 Tore). Viermal, inklusive Hertha BSC, erkämpfte er den Aufstieg in die 1. Liga mit.
Seine Stationen: Düsseldorfer SC 99, Fortuna Düsseldorf, 1. FC Saarbrücken, MSV Duisburg, Wattenscheid 09. Preetz' Vertrag in Wattenscheid lief im Sommer 1996 aus, und er ging ohne neuen Verein in den Urlaub. Am Strand in der Türkei erreichte ihn dann der Anruf von Hertha-Trainer Jürgen Röber, der den Angreifer nach Berlin lotste. Bei Hertha überzeugte Preetz in der Erstligasaison 1997/98 mit sehr starken Leistungen und stieg mit 14 Treffern zum drittbesten Torjäger der Bundesliga auf; 1998/99 holte er sich mit 23 Treffern die Torjägerkrone. Michael Preetz engagiert sich seit Jahren in der Vereinigung der Vertragsfußballer (VdV) und ist deren Vizepräsident. Preetz wurde 1998 zu Berlins „Sportler des Jahres" gekürt und kam im Februar 1999 in den Spielen gegen die USA (0:3) und Kolumbien (3:3) zu seinen ersten Länderspielen. Nach seinen gelungenen Auftritten geriet Preetz ins Visier ausländischer Vereine. Dieter Hoeneß er-

klärte Preetz daraufhin „für unverkäuflich" und gab ihm einen neuen Vertrag bis zum Juni 2002. Nach seiner Karriere bekommt er die Möglichkeit, für mindestens drei weitere Jahre ins Management des Vereins einzusteigen.

Rahn, Uwe (geb. 21.5.1962)
21 Bundesligaspiele für Hertha BSC/
5 Tore (1990/91)
Der Mittelfeld- und Angriffsspieler kam 1990 nach Berlin und hatte bereits den Zenit seiner Laufbahn überschritten. Trotzdem investierte Hertha damals 1,7 Millionen Mark Ablöse, die lange als interner Vereinsrekord bestehen blieben. Rahn war in Berlin häufig verletzt, konnte sein Können nicht voll entfalten. Seine beste Zeit hatte er zwischen 1980 und 1989 bei Borussia Mönchengladbach (227 Bundesligaspiele/81 Tore), wo er auch zum Nationalspieler aufstieg (14 Länderspiele). 1987 wurde Rahn Torschützenkönig der Liga (24 Treffer) und zum Fußballer des Jahres gewählt. Er stürmte für den 1. FC Köln (43 Spiele/13 Tore), Fortuna Düsseldorf (15 Spiele/5 Tore) und für Eintracht Frankfurt (12 Spiele/3 Tore). 1993 heuerte er in der japanischen J-League an und spielte für die Urawa Red Diamonds.

Ramelow, Carsten (geb. 20.3.1974)
80 Zweitligaspiele für Hertha BSC/
5 Tore (1991-1996)
Ramelow gehörte zu den größten Berliner Talenten. Er stieg 1993 bei den Hertha-Amateuren zu einem Führungsspieler auf, erreichte das DFB-Pokalfinale gegen Bayer Leverkusen (0:1). Später wurde Ramelow, der Spielmacherqualitäten besitzt, in Berlin mit zu großen Erwartungen belastet („Ich war zu jung, um der Verantwortung gerecht zu werden"). An diesen Anforderungen zerbrach er schließlich, weil er u.a. auch

zum Buhmann bei einem Teil des Publikums geworden war. Im Januar 1996 wechselte er für eine Ablöse von rund 1,5 Millionen Mark zum Bundesligisten Bayer Leverkusen, wo er eine kontinuierliche Entwicklung nahm. Im Herbst 1998 kam er zu seinem Länderspiel-Debüt unter dem neuem Teamchef Erich Ribbeck gegen Moldawien.

Rasmussen, Ole (geb. 19.3.1952)
109 Bundesligaspiele/4 Tore für Hertha BSC (1975-1980; 1982-1983)
Der Däne Rasmussen errang 1974/75 mit den zweiten Platz in der Meisterschaft für Hertha BSC. Nach dem Abstieg aus der ersten Liga 1980 blieb er Hertha treu und absolvierte noch 46 Einsätze in der zweiten Bundesliga/1 Tor. Rasmussen lebt heute in Naestveadt und betreibt einen landwirtschaftlichen Betrieb. Einige Jahre trainierte er noch eine Mannschaft in der zweiten dänischen Liga.

Rehhagel, Otto (geb. 9.8.1938)
53 Bundesligaspiele für Hertha BSC/
6 Tore (1963-1965)
Der eisenharte Verteidiger, ein Mann der „Grätsche", gehörte zur ersten Bundesligamannschaft von Hertha. Der gelernte Anstreicher aus Essen kam von Rot-Weiß Essen nach Berlin. Nach seinem Wechsel 1965 zum 1. FC Kaiserslautern kam er in der Pfalz noch zu 148 Bundesligaspielen (16 Tore). Rehhagel stieg später nach vielen Stationen zu einem der erfolgreichsten deutschen Trainer auf. Seit 1972 war er Cheftrainer bei folgenden Vereinen: 1. FC Saarbrücken, Kickers Offenbach, Werder Bremen, Borussia Dortmund, Arminia Bielefeld, Fortuna Düsseldorf und erneut Werder Bremen. Dort begann seine große Ära. Er führte Werder zur Meisterschaft (1988 und 1993), zum DFB-Pokalsieg

Jürgen Sundermann (links) und Otto Rehhagel, 1965.

(1991) und zum Sieg im Europacup der Pokalsieger (1992). Nach einem Jahr beim FC Bayern München, wo sein Vertrag vorzeitig gelöst wurde, übernahm er den abgestiegenen 1. FC Kaiserslautern, führte ihn in die erste Bundesliga zurück und wurde auf Anhieb Deutscher Meister 1997/98.
Rehhagel gilt als Berlin-Liebhaber und besucht häufig die Hauptstadt. Von ihm stammt der Ausspruch: „Mit 50 bist du als Fußballtrainer reif für die Klapsmühle. Wenn du genug Geld verdient hast, kannst du wenigstens erster Klasse liegen." Rehhagel ist natürlich noch immer im Beruf. Jetzt sagt er, sein Vorbild sei Raymond Goethals. „Der saß als Cheftrainer von Olympique Marseille noch mit 72 Jahren auf der Bank und gewann den Europacup."

Reiss, Piotr (geb. 20.6.1972)
10 Bundesligaspiele für Hertha BSC/ 1 Tor (seit 1998)
Der Pole wechselte im Dezember 1998 von Lech Poznan zu Hertha BSC und beendete vorerst die über Monate anhaltende Suche nach einem gleichwertigen Stürmer neben Michael Preetz. Reiss kostete 1,9 Millionen Mark an Ablösesumme, die der finanziell klamme Verein in Poznan sehr gut gebrauchen konnte. Reiss absolvierte ein zweitägiges Probetraining bei Hertha, wo er sofort überzeugte.
Reiss ging aus Lech Poznan hervor, spielte 1991 bis 1993 während seiner Armeezeit beim Drittligisten Gornik Kotwica, 1993/94 bei Amica Wronski und von 1994 bis 1998 bei Lech Poznan, wo er zuletzt auch das Kapitänsamt bekleidete. 1998 wurde er zum „Fußballer des Jahres" in Polen gewählt. Reiss, der im November 1998, kurz vor seinem Wechsel nach Berlin, sein Debüt in der polnischen Nationalmannschaft gab, kündigte an, daß ihn in seinem ersten Spiel für eine neue Mannschaft stets ein Tor gelinge. Das war so bei Poznan und auch in der Nationalmannschaft. Bei seinem ersten Auftritt im Hertha-Trikot, einem denkwürdigen Bundesligaspiel im Dezember 1998 beim Hamburger SV (4:0 für Hertha), gelang ihm ein attraktives Tor zur 1:0-Führung.

Rekdal, Kjetil (geb. 6.11.1968)
50 Bundesligaspiele für Hertha BSC/ 1 Tor (seit 1997)
Der norwegische Nationalspieler kam vor der Bundesligasaison 1997/98 nach Berlin. Er spielte vorher bei Molde FK, Borussia Mönchengladbach (9 Einsätze), Lierse SK und Stade Rennes. Hertha zahlte 1,9 Millionen Mark Ablösesumme an den französischen Erstligisten Rennes. Rekdal war WM-Teilneh-

mer 1994 und 1998 für Norwegen. Bei Hertha begann er zuerst als Mittelfeldspieler, kam da aber nicht zurecht und wechselte auf den Liberoposten, wo er zu einem sehr wertvollen Spieler aufstieg. Er übernahm im Laufe der Saison sogar das Kapitänsamt. Bei der WM 1998 in Frankreich schied er mit Norwegen im Achtelfinale aus. Im Gruppenspiel gegen Brasilien (2:1) gelang ihm vor einem Milliarden-Publikum an den TV-Schirmen per Foulstrafstoß der Siegtreffer. Bei der WM spielte Rekdal in speziell für ihn angefertigten goldenen Fußballstiefeln. Rekdal gehört zu den einflußreichsten Profis bei Hertha BSC, steht in der internen Mannschafts-Hierarchie dank seiner Erfahrung und seines Könnens ganz oben. Er wurde zum wichtigsten Ansprechpartner von Trainer Röber innerhalb der Mannschaft. Rekdal ist insgeheim fanatischer Anhänger des englischen Premier League-Vereins Leeds United und gilt als begnadeter Zocker.

Remark, Thomas (geb. 3.10.1959)
71 Bundesligaspiele für Hertha BSC/
13 Tore (1978-1983)
Stürmer Remark spielte außer bei Hertha noch bei Waldhof Mannheim in der Bundesliga (50 Spiele/18 Tore). Nach seiner Laufbahn wurde er Trainer und agierte auch als Spielertrainer bei Tasmania 73. Später Coach beim 1. FC Pforzheim (Oberliga Baden-Württemberg). Remark lebt in der Schweiz und trainiert den Drittligisten SV Muttenz.

Röber, Jürgen (geb. 25.12.1953)
Röber wurde in Gernrode im Harz als Sohn einer Bergarbeiterfamilie geboren. Bereits 1956 siedelte die Familie aus der früheren DDR nach Westdeutschland um. Seine ersten Stationen als junger Bursche waren die Vereine SuS Bertlich

(bei Recklinghausen), FC Zons, CfB Ford-Niehl und TuS Lingen, wo schließlich Werder Bremen auf ihn aufmerksam wurde. Röber galt als sehr kampfstarker, dynamischer und auch schußstarker Mittelfeldspieler. In Bremen spielte er die meisten Jahre gegen den Abstieg (1974 bis 1980) und versuchte mit seinem Wechsel zum FC Bayern München (1980/81), den Sprung in die Nationalmannschaft zu schaffen. Dreimal stand er bereits in der B-Nationalmannschaft. Doch aus dem Traum wurde nichts, in München war seinerzeit die Konkurrenz im Mittelfeld zu groß. Röber brachte es bei Bayern lediglich zu 14 Einsätzen. Er ging in die NASL nach Nordamerika, wo er in Kanada bei den Calgary Boomers spielte, die aber bald pleite gingen. Röber heuerte in England bei Nottingham Forest an, wo er ehrfurchtsvoll der „German Fighter" genannt und sofort Stammspieler wurde. Nach seiner Zeit in England spielte Röber noch vier Jahre in der Bundesliga bei Bayer Leverkusen. Insgesamt kam er auf 303 Bundesligaspiele, in denen er 75 Tore erzielte. Als Co-Trainer und später Spielertrainer bei Rot-Weiß Essen begann seine zweite Karriere als Fußball-Lehrer. Mit ihm gelang RWE der Sieg bei der Deutschen Amateurmeisterschaft 1992. 1993 löste er Christoph Daum beim VfB Stuttgart ab. 1995 wurde er nach anfangs sehr respektablen Erfolgen gemeinsam mit dem damaligen VfB-Manager Dieter Hoeneß vom Stuttgarter Präsidenten Mayer-Vorfelder entlassen. In Berlin, wo er im Dezember 1995 begann, war seine Anstellung mehrfach gefährdet. Zweimal retteten ihn die Mannschaft mit Erfolgen auf dem Platz, das Publikum („Röber ist der beste Mann") und Manager Dieter Hoeneß mit seiner besonnenen Art den Job. Im Februar 1999 unterzeichnete Röber einen neuen Zweijahresvertrag (Jahreseinkommen rund 1,4 Millionen Mark) bis Juni 2001 in Berlin. *(Siehe Kapitel: Die Väter des Erfolges I.)*

Rohde, Frank (geb. 2.3.1960)
48 Zweitligaspiele für Hertha BSC/ 3 Tore (1993-1995)
„Wuschi" Rohde hat eine interessante deutsch-deutsche Karriere hinter sich. Er stammt aus einer fußballbegeisterten Familie, in der drei Brüder erfolgreich Fußball spielten und auch als Trainer aktiv waren. Vater Egon Rohde war viele Jahre Nachwuchscoach beim BFC Dynamo und später beim Nachfolger FC Berlin in Hohenschönhausen. Frank Rohde, der als eisenharter, aber fairer Libero galt, kam über Dynamo Rostock-Mitte zum BFC Dynamo nach Ostberlin. Dort spielte er von 1969 bis 1990 und errang neun DDR-Meistertitel mit. Seine Bilanz: 205 Oberligaspiele und zehn Tore. Rohdes Leistungen fanden Ausdruck in 42 Länderspieleinsätzen für die DDR. Nach dem Fall der Mauer liebäugelte Rohde mit einem Engagement bei Hertha BSC, bekam aber kein Angebot. Gemeinsam mit seinem Klubkameraden Thomas Doll wechselte er 1990 zum Hamburger SV. 103mal spielte er für die Norddeutschen (7 Tore). Bei Hertha BSC wurde er, wie zuvor beim HSV, Mannschaftskapitän. Nach Beendigung seiner Karriere übernahm er den Regionalligisten Reinikkendorfer Füchse als Trainer und ging 1998 als Coach zum Drittligisten FC Sachsen Leipzig, wo er im April 1999 entlassen wurde. Seine älteren Brüder waren alle am Ball. Peter, Rainer und Jürgen agierten beim BFC Dynamo bzw. 1. FC Union Berlin. *(Siehe auch Interview in diesem Buch.)*

Roloff, Heinz
(geb. 21.9.1913; gest. 23.2.1998)
Der millionenschwere Berliner Bauunternehmer führte Hertha BSC als Präsident die lange Zeit von 1985 bis 1994. In seine Amtsperiode fielen der Abstieg aus der 2. Bundesliga in die Amateurliga, Wiederaufstieg, der Aufstieg in die erste Bundesliga 1989/90 und der sofortige Wiederabstieg. Roloff war zuerst im Wirtschaftsrat des Vereins tätig, wurde später von seinem Vorgänger Wolfgang Holst und dem ehemaligen Schatzmeister Günter Herzog für das höchste Ehrenamt empfohlen und am 25. November 1985 mit 295:30 Stimmen gewählt. Zu seinem Einstand spendierte er 200.000 Mark für die Hertha. In seiner Ära verschliß Roloff allein fünf Schatzmeister. Im Zuge der Lizenzierung übernahm er 1995 einen Vier-Millionen-Mark-Kredit, um dem Verein die Lizenz zu erhalten – nicht zum letzten Mal. Es heißt, Roloff habe insgesamt rund 10 Millionen Mark aus seiner Privatschatulle an die Hertha gegeben. Der oft knorrige und zuweilen kauzige Präsident mußte 1994 Rechtsanwalt Manfred Zemaitat weichen und wurde 1995 Ehrenpräsident. Um die Person Roloff

ranken sich viele Episoden. Bei einem Spiel der Amateure an der Osloer Straße im Wedding stand er einmal so dicht am Spielfeldrand, daß der Schiedsrichter ihn anraunzte und zurechtwies. Roloff schrie zurück: „Bei dem Geld, daß ich in den Klub reingesteckt habe, kann ich stehen, wo ich will."

Roy, Bryan (geb. 12.2.1970)
29 Bundesligaspiele/1 Tor für Hertha BSC (seit 1997)
Der 32fache niederländische National-spieler, EM-Teilnehmer 1992 und WM-Teilnehmer 1994, wechselte vor der Bundesligasaison 1997/98 für die dama-lige Rekordablösesumme von 3,15 Mil-lionen Mark zur Hertha. Zunächst schaffte er auch wegen zahlreicher Ver-letzungen nicht den ganz großen Durchbruch. Vorher spielte der offen-sive Mittelfeldmann bei Ajax Amster-dam, wo der berühmte Johann Cruyff sein erster Trainer war. Von dort führte sein Weg über Italien zu Nottingham Forest in die englische Premier League, wo er in seiner ersten Saison auf der In-sel 14 Tore schoß, später aber Ärger mit Trainer Stuart Pearce bekam und auf der Ersatzbank landete. Roy debütierte am 6. September 1989, also mit 19 Jahren, in der niederländischen Nationalmann-schaft beim 2:2 gegen Dänemark in Am-sterdam. Seine letzten internationalen Einsätze für die Oranjes absolvierte er bei der WM 1994 in den USA, wo er in drei Spielen über die Rolle des Ein-wechslers nicht hinauskam.

Rühl, Carl-Heinz (geb. 14.11.1939)
54 Bundesligaspiele für Hertha BSC/ 9 Tore (1963-1965)
„Calli" Rühl gehört zur ersten Genera-tion der Bundesligaspieler. Er wurde in Berlin geboren, kam aber erst über Vik-toria Köln zur Hertha und gehörte zur ersten Bundesligamannschaft 1963 zum Liga-Start. Stürmer Rühl wechselte nach Herthas Zwangsabstieg 1965 zum MSV Duisburg (65 Spiele/21 Tore) und da-nach zum 1. FC Köln (85 Spiele/35 To-re). „Rühls unheimlich harter Schuß als Rechtsaußen oder Mittelstürmer war ge-fürchtet", schrieb einst der *Kicker.* Rühl war später Trainer (u.a. 1860 München) und viele Jahre Manager beim Karlsru-her SC. 1995 übernahm er den Manager-posten bei Hertha BSC und versuchte mit Erfolg, mehr Professionalität in die Führungsetage der Berliner zu bekom-men. Rühl rieb sich später zunehmend mit Herthas Marketingpartner und Geldgeber Ufa, und in Berlin bereitete man unauffällig seinen Abgang vor. Auf-sichtsrat Robert Schwan empfahl Rühl süffisant über eine Boulevardzeitung „beim FC Bayern in die Lehre zu gehen." Noch in der Aufstiegssaison 1996/97 trat Rühl zurück und unterschrieb we-nig später als Sportdirektor beim 1. FC Köln. Nach dem Abstieg der Kölner 1997/98 demissionierte Rühl erneut.

Sanneh, Anthony (geb. 1.6.1971)
5 Bundesligaspiele für Hertha BSC (seit 1999)

Der US-Amerikaner kam im Januar 1999 ablösefrei vom zweimaligen Meister der „Major League Soccer", Washington D.C. United, zu Hertha BSC. Nach dem Spieler Christopher Sullivan, der Mitte der 90er Jahre nur einige Wochen beim damaligen Zweitligisten Hertha BSC weilte, ist Sanneh der zweite Amerikaner bei Hertha. Der dunkelhäutige, große Allrounder stammt aus Minneapolis/St. Paul (Bundesstaat Minnesota) und kam im Herbst 1998 unter dem neuen Nationaltrainer Bruce Arena, der auch sein Vereinstrainer in Washington war, zu drei Länderspielen. Wenige Wochen nach seiner Unterschrift in Berlin stand Sanneh im Februar 1999 im Länderspiel USA gegen Deutschland in Jacksonville/Florida im Team der Gastgeber. Beim sensationellen 3:0-Erfolg der Amerikaner schoß Sanneh das Tor zum 2:0 und wurde so über TV auch in Deutschland schnell bekannt.

Schimmöller, Hans-Günter (geb. 25.9.1935)
59 Bundesligaspiele für Hertha BSC/ 1 Tor (1963-1965)
Schimmöller gilt als Hertha-Urgestein und spielte in den Bundesliga-Gründerjahren eine wichtige Rolle in der Mannschaft. Der Abwehrspieler avancierte zeitweise zum Mannschaftskapitän. 1964 sorgte Schimmöller für Aufsehen, als er in einem Zeitungsinterview die Praktiken von Manager Holst kritisierte und anprangerte, daß Spieler, die Hertha aus Westdeutschland nach Berlin gelotst hatte, mehr Geld verdienten als die alteingesessenen Berliner Kicker. Schimmöller stand mehrfach vor dem Sprung in die deutsche Nationalmannschaft, schaffte es aber letztendlich nicht. Er bestritt 181 Spiele in der Vertragsliga/15 Tore (1956-1963) und nach

dem Zwangsabstieg der Hertha aus der ersten Bundesliga 54 Spiele in der Regionalliga/13 Tore (1965-1967). Schimmöller arbeitete später als Repräsentant bei der Schultheiß-Brauerei.

Schiller, Ingo (geb. 18.6.1965)
Studierte an der Universität in Essen Betriebswirtschaftslehre. Von 1992 bis 1998 bei Borussia Mönchengladbach in verschiedenen Tätigkeiten aktiv, zuletzt als Marketingleiter des Vereins. Schiller ist seit dem 1. Juni 1998 Geschäftsführer von Hertha BSC, seit September 1998 auch Mitglied des Präsidiums. Verantwortlich u.a. für die Erarbeitung der Lizenzunterlagen. Unter seiner Ägide bekam Hertha BSC im April 1999 vom Deutschen Fußball-Bund die Lizenz für die Spielzeit 1999/2000 erstmals seit vielen Jahren ohne jegliche Auflagen und Bedingungen.

Schiphorst, Bernd (geb. 29.1.1943)
Vorsitzender des Wirtschaftsrates von Hertha BSC, einem beratenden Organ. Schiphorst war 1984 der Gründer der Bertelsmann-Tochter Ufa Film- und Fernseh-GmbH und lange Jahre der Chef der Ufa. In dieser Funktion knüpfte er bereits 1992 erste Kontakte mit Hertha BSC und bereitete den Einstieg der Ufa in Berlin vor. Schiphorst ist seit Juli 1996 President & Chief Executive Officer der Bertelsmann New Media, in der die Multimedia-Aktivitäten des Bertelsmann-Konzerns gebündelt werden.

Schmidt, Andreas (geb. 14.9.1973)
58 Bundesligaspiele/6 Tore für Hertha BSC (seit 1997); 82 Zweitligaspiele/ 9 Tore für Hertha (1993-1997)
Seit Juli 1991 bei Hertha BSC. Andreas Schmidt gehörte wie Zwillingsbruder Oliver zur Amateurmannschaft, die

1993 sensationell das DFB-Pokalfinale gegen Bayer Leverkusen erreichte. Und er zählte zur Aufsteigermannschaft 1996/97. Der Manndecker mit Torqualitäten, auch Student der Betriebswirtschaft, kam zu 4 Einsätzen in der deutschen U-21-Auswahl unter Trainer Hannes Löhr. In der Bundesligasaison 1997/98 stieg er mit fünf Treffern nach Michael Preetz (14) zum zweitbesten Schützen der Berliner auf. A. Schmidt bekam den Ruf eines unangenehmen, aber stets fairen Abwehrspielers, der für Sonderbewachungen geeignet ist. 1999 erhielt er eine Berufung in die neue A-2-Nationalmannschaft.

Schmidt, Oliver (geb. 14.9.1973)
2 Bundesligaspiele für Hertha BSC (1997/98); 113 Zweitligaspiele für Hertha/1 Tor (1992-1997)
Der gebürtige Berliner kam 1991 vom SC Siemensstadt zur Hertha. Er gehörte der Amateurmannschaft an, die 1993 das DFB-Pokalfinale gegen Bayer Leverkusen erreichte. O. Schmidt gehörte zur Aufsteigermannschaft 1996/97 und kam zu 13 Einsätzen in der deutschen U-21-Auswahl. Nach Verletzungen (u.a. Schulteroperation) verlief die Bundesligasaison 1997/98 unglücklich für Oliver Schmidt, der wie sein Zwillingsbruder Andreas das Abitur ablegte und nebenbei Betriebswirtschaftslehre studierte. Er kam nur zu zwei Kurzeinsätzen (insgesamt 16 Minuten) bei Hertha. Nach der Saison 1997/98 wechselte er ablösefrei zum Zweitligisten Greuther-Fürth. Es war dies die erste fußballerische Trennung von seinem Zwillingsbruder.

Schmidt-Holtz, Rolf (geb. 31.8.1948)
Der Manager, der Rechts- und Staatswissenschaften sowie Psychologie studierte, sitzt seit Juni 1996 im neu installierten Aufsichtsrat von Hertha BSC.

Schmidt-Holtz übernahm den Vorsitz dieses Gremiums. Im Dezember 1997 gab er diese Position wegen Arbeitsüberlastung ab, blieb jedoch Mitglied des Kontrollorgans. Seine wichtigsten Karriere-Stationen: Chef vom Dienst im Bundespresseamt in Bonn, ARD-Korrespondent in Bonn, Chefredakteur Fernsehen im WDR, Moderator des sonntäglichen Presseclubs, Nachfolgesendung des „Internationalen Frühschoppens", Herausgeber der Illustrierten *Stern,* Mitglied des Exekutive Board von Bertelsmann-Entertainment, nach Fusion der Bertelsmann-Tochter Ufa mit der Luxemburger CLT (Compagnie Luxembourgeoisie de Telediffusion) zur CLT-Ufa deren Geschäftsführer und später Vorstandsvorsitzender. *(Siehe auch Interview in diesem Buch.)*

Schön, Helmut
(geb. 15.9.1915; gest. 23.2.1996)
Der „Lange" oder „der Mann mit der Mütze" gelangte als Spieler und vor allem als Trainer zu großen Ehren. Der gebürtige Dresdner spielte einst für Dresdenia (1928-1933), für den Dresdner SC (1933 bis 1945), mit dem der elegante Halbstürmer 1943 und 1944 Deutscher Fußballmeister wurde. Von 1945 bis 1950 gehörte er dem Nachfolger des DSC, der SG Dresden-Friedrichstadt an. Schön absolvierte zwischen 1937 und 1941 16 Länderspiele (17 Tore) für Deutschland. Schön trainierte später die SG Dresden-Friedrichstadt, die Auswahl von Sachsen und von Ostdeutschland. 1950 ging er gemeinsam mit einem Dutzend Dresdner Spieler von Sachsen nach Westberlin und schloß sich Hertha BSC an. Dort agierte er 1950 als Trainer und kam als Spieler noch dreimal zum Einsatz. Es folgten Trainereinsätze in Wiesbaden und im Saarland. Schön stieg 1956 zum Assistenten von Bundes-

trainer Sepp Herberger auf und beerbte diesen im November 1964. Bis Juni 1978 war Schön Bundestrainer. Seine großartige Bilanz: 139 Spiele mit 87 Siegen, 30 Unentschieden und 22 Niederlagen bei 292:107 Toren. Vizeweltmeister 1966 und Weltmeister 1974, Europameister 1972. Schön litt in seinen letzten Lebensjahren an der Alzheimer Krankheit und mußte in einem Pflegeheim untergebracht werden. Franz Beckenbauer sagte über den sympathischen Schön: „Als Bundestrainer schaffte er eine Atmosphäre, die dazu führte, daß jeder gern zur Nationalmannschaft fuhr. Auch das war ein Grund für seine enormen Erfolge."

Schwan, Robert (geb. 20.11.1921)
Der ehemalige Versicherungsdirektor aus München war in den sechziger Jahren der erste bezahlte Manager in der Bundesliga. Beim FC Bayern war er bald die graue Eminenz und amtierte bis 1977. Gleichzeitig stieg er zum persönlichen Berater und Manager von Franz Beckenbauer auf. 1966, nach der WM in England, hatte der 18jährige Beckenbauer einen Vertrag mit einem Shampoo-Hersteller abgeschlossen, dem ihm 1.000 Mark im Jahr bringen sollte. Schwan erklärte diesen Vertrag als sittenwidrig, löste ihn und besorgte Beckenbauer fortan viel höher dotierte Verträge.
Der im Branchenjargon „großer weißer Vogel" genannte Schwan gefiel sich mit extremen Aussprüchen, u.a. „Ich kenne nur zwei intelligente Menschen, Schwan am Vormittag und Schwan am Nachmittag." 1996 wurde Schwan in den Aufsichtsrat von Hertha BSC geholt, zunächst als sportlicher Berater. Im Dezember 1977 wurde er zum Nachfolger von Rolf Schmidt-Holtz als Chef des Aufsichtsrates gewählt. Im April 1998

sorgte Schwan nach dem Bundesligaspiel 1860 München gegen Hertha BSC (3:1) für einen Eklat, als er vor laufenden TV-Kameras die Entlassung von Trainer Röber verkündete. Später nahm er seine einsame Entscheidung wieder zurück. Schwan sorgte mit seinem Führungsstil auch in der Folgezeit für viel Wirbel in Berlin. Er lebt wechselweise in Majola (Schweiz) und in Kitzbühel (Österreich) und ist in vierter Ehe mit Maria verheiratet. Bis ins hohe Alter versucht er, sich mit Bergwandern und Kletterpartien fit zu halten.

Sidka, Wolfgang (geb. 26.5.1954)
184 Bundesligaspiele für Hertha BSC/ 24 Tore (1971-1980)
Der vielseitige Mittelfeldspieler bestritt nach seiner Zeit bei Hertha noch 34 Bundesligaspiele/3 Tore für 1860 München) und 115 Bundesligaspiele/17 Tore für Werder Bremen. Mit Bremen errang er dreimal den 2. Rang in der Deutschen Meisterschaft. Sidka kam als einjähriger Junge mit seinen Eltern von Westfalen nach Berlin. Zuerst spielte er in der Jugend des Berliner SV 92. 1970 wechselte er als A-Jugendlicher zu Hertha BSC. Als die Hertha nach dem Bundesliga-

skandal 1971 eine neue Mannschaft aufbauen mußte, kam Sidka bereits als Jugendlicher zu zwei Einsätzen in der Bundesliga. Aber erst ab der Saison 1974/75 zählte er zu den Stammspielern und wurde sofort mit Hertha Meisterschafts-Zweiter. 1977 und 1979 erreichte er mit Hertha jeweils das DFB-Pokalfinale. 1986 mußte Sidka, damals als Profi in Bremen aktiv, seine Laufbahn wegen einer Verletzung beenden. Er kehrte nach Berlin zurück und war einige Zeit bei Tennis Borussia als Spieler, Trainer und Manager in Personalunion beschäftigt. Danach übernahm er den Oberligisten VfB Oldenburg und führte diesen in die zweite Bundesliga. Weitere Stationen als Trainer waren: Tennis Borussia (Regionalliga), FC Oberneuland (Oberliga), Arminia Bielefeld (Regionalliga). Im August 1997 stieg Sidka zum Cheftrainer bei Werder Bremen auf. 1998 folgte die Entlassung, im Juni 1999 ein Engagement beim Regionalligisten VfL Osnabrück. Mitbekommen habe er viel von seinen ehemaligen Trainern, sagte Sidka einmal: „Von

Otto Rehhagel den Rhythmus der Planung, von Hertha-Coach Helmut Kronsbein die Schlitzohrigkeit und von Dettmar Cramer die Begeisterung für den Fußball."

Sobek, Hanne
(geb. 18.3.1900; gest. 17.2.1989)
Hanne Sobek gilt noch immer als der größte und beste Hertha-Spieler aller Zeiten. Unter Sobeks Regie als Halbstürmer gelangte Hertha zwischen 1926 und 1931 sechsmal in Folge ins Endspiel um die Deutsche Meisterschaft und gewann zweimal den Titel (1930 und 1931). Sobek war der geistige Kopf jener erfolgreichen Hertha-Mannschaft und deren Kapitän. Er schaffte in den 20er Jahren dank seiner Aura und seines Könnens den Sprung in die Berliner High Society, galt als Idol seiner Zeit und verkehrte mit Größen aus Film, Wirtschaft und Kultur. Sobek, der aus dem mecklenburgischen Mirow stammt, spielte bei Bavaria 90 (1914-1920), bei Alemannia 90 (1920-1925) und von 1925 bis 1939 bei Hertha BSC. Er kam zu zehn

Hanne Sobek (Mitte) mit Sohn Bernd und dessen Frau.

Länderspielen für Deutschland, in denen er zwei Tore schoß. Nach seiner erfolgreichen Karriere arbeitete Sobek als Reporter beim Berliner Rundfunk und später als Fußballtrainer. Dort betreute er die VBB-Auswahl (1950-1956), Union 06, Viktoria 89 und von 1959 bis 1963 auch Hertha BSC. Mit Hertha errang er 1961 und 1963 die Berliner Meisterschaft. Nach dem Zwangsabstieg der Hertha aus der ersten Bundesliga 1965 wegen überhöhter Spielergehälter amtierte Hanne Sobek einige Zeit als integrer Not-Vorsitzender. Sobek bestritt als Aktiver insgesamt 104 Städtespiele für Berlin und ist damit der Rekordhalter. Sobek starb 1989 und war bis zu seinem Tode ein geachteter und beliebter Mann. 1999 wurde Hanne Sobek eine besondere Ehrung zuteil. Der Sportplatz an der Osloer Straße in Wedding wurde offiziell in „Hanne-Sobek-Sportanlage" umbenannt. Eine würdige Gedenktafel kündet von den Verdiensten des einstigen Idols vieler Berliner. Sohn Bernd, der einst auch bei Tennis Borussia und Wacker 04 ein erfolgreicher Fußballer war, nahm die Ehrung entgegen. Bernd Sobeck wurde im April 1999 Mitglied bei Hertha BSC und erhielt die Mitgliedsnummer 180300. Die entspricht dem Geburtsdatum seines Vaters. *(Siehe Porträt in diesem Buch.)*

Sponsoren

Seit der Bundesligasaison 1997/98 engagiert sich die Versicherung „Die Continentale" als Hauptsponsor bei Hertha BSC, nachdem die Berliner den Vertrag mit Vorgänger „Trigema" (Textilunternehmen) aus Burladingen vorzeitig lösen konnten. Die Continentale unterstützt Hertha BSC pro Saison mit rund 4,3 Millionen Mark. Der Vertrag mit dem Hauptsponsor gilt vorerst bis zum Jahr 2000. „Die Continentale" gab für das Engagement bei Hertha BSC die langjährige erfolgreiche Zusammenarbeit mit Borussia Dortmund auf.

Stange, Bernd (geb. 14.3.1948)
Der diplomierte Fußball-Lehrer und Trainer absolvierte in der DDR eine lupenreine Karriere vom Vereins- zum Auswahltrainer. Von 1971 bis 1978 trainierte er die ehemalige Spitzenmannschaft der DDR-Oberliga, den FC Carl Zeiss Jena. Später wurde er Trainer der U-21-Auswahl der DDR und schließlich Nationaltrainer (1983-1988). Später übernahm er erneut den FC Carl Zeiss Jena und wechselte im Juli 1991 zu Hertha BSC. Er löste damals Karsten Heine ab. Stange lotste Mario Basler nach Berlin. Er erinnert sich: „Ich beobachtete ein Testspiel zwischen Rot-Weiß Essen, wo Basler spielte, und Schalke 04. Ich wollte damals einen gewissen Günter Schlipper verpflichten. Nach 20 Minuten hatte ich genug gesehen, wollte keinen Schlipper mehr, sondern die Nummer zwei der Essener. Das war Basler. In der Halbzeit habe ich den Verantwortlichen von Essen meinen Wunsch vorgetragen. Die sagten nur: 'Den Basler kannste haben!' Für schlappe 150.000 Mark holte ich den Mario nach Berlin." Stange amtierte bis 20. August 1992, ehe er nach einer 1:2-Niederlage der Hertha beim FC Hansa Rostock entlassen wurde. Stange kam später noch einmal für kurze Zeit als Sportdirektor zur Hertha, trat nach Bekanntwerden von Stasi-Kontakten 1995 aber zurück, um politische Auseinandersetzungen innerhalb des Vereins zu vermeiden. Die Vereinsführung unter Präsident Zemaitat hatte lange zu ihm gestanden, „weil er laut eigenen Aussagen und Aktenlage niemandem geschadet hatte".
Stange trainierte später den VfB Leipzig und ging für zwei Jahre in die Ukraine

zum dortigen Spitzenverein Dnepr Dnepropetrowsk. Den Mittelklasse-Verein führte er bis in den Europacup. Im Sommer 1998 unterschrieb er einen Zweijahres-Vertrag beim australischen Profiverein Perth Glory. Er ist damit der erste deutsche Fußballtrainer in Australien. Im Dezember 1998 erreichte er mit Perth Glory die Tabellenspitze der australischen Liga und wurde in der Öffentlichkeit als australischer Nationaltrainer gehandelt.

Steffenhagen, Arno (geb. 24.9.1949) 132 Bundesligaspiele/ 26 Tore für Hertha BSC (1968-1972) Steffenhagen spielte auch für den Hamburger SV in der Bundesliga (51 Spiele/ 13 Tore zwischen 1976 und 1978). Der Angreifer stammt aus der Jugend von Alt-Holland, dem Vorgängerverein von BSC Reinickendorf. Der Verein veranstaltet zu Ehren von Steffenhagen seit 1996 alljährlich den „Arno-Steffenhagen-Cup" für Nachwuchsmannschaften. 1998, bei der dritten Auflage, waren 82 Nachwuchsteams dabei. Steffenhagen (1 Länderspiel) ging nach Südafrika und in die USA. Er lebt heute in der Nähe von Chicago.

Storck, Bernd (geb. 25.1.1963) Assistent von Cheftrainer Jürgen Röber. Spielte einst bei Boele-Kabel Hagen, Westfalia Herne, VfL Bochum und Borussia Dortmund. Storck kam auf 171 Bundesligaspiele/8 Tore. Nach einer schweren Verletzung am Fußgelenk mußte er seine aktive Laufbahn beenden. Storck stand 1989 im Berliner Olympiastadion mit Borussia Dortmund im DFB-Pokalfinale gegen Werder Bremen und wurde nach dem 4:1-Sieg Pokalgewinner mit der Borussia. Storck lernte Jürgen Röber 1993 auf der Sporthochschule in Köln kennen. Bereits beim VfB Stuttgart war Storck 1994/95 der loyale Assistent von Röber. Seit Röbers Amtsantritt als Cheftrainer am 1. Januar 1996 bei Hertha BSC dessen Assistent. Storck übernimmt meist das Aufwärmtraining, auch die Konditionsarbeit und widmet sich speziellen Aufgaben mit einzelnen Spielern. Storck gilt als Freund schneller Autos und fuhr sogar Rennen.

Striek, Heinz (geb. 27.7.1918) Heinz Striek hat Hertha BSC viele Jahre in verantwortungsvollen Positionen begleitet und häufig in komplizierten Situationen dank seiner politischen Reputation und seines Fachwissens als Finanzexperte und Steuerberater geholfen. Von 1976 bis 1979 war Striek Vizepräsident, amtierte in dieser Zeit auch zweimal ungewollt als Präsident, weil seine jeweiligen Vereinschefs Klotz und Domrich zurücktraten. Später arbeitete Striek viele Jahre als Schatzmeister und auch als Steuerberater des Vereins. Zuletzt im Jahre 1994. Zehn Jahre überlappten sich sogar beide Funktionen. Striek war von 1962 bis 1975 im Berliner Senat tätig. Von 1962 bis 1967 arbeitete er als Staatssekretär, 1967 war er Bürgermeister unter Heinrich Albertz und Finanzsenator, von 1968 bis 1975 ausschließlich Finanzsenator. Striek galt natürlich als ein Senator, der als Fußballanhänger – er selbst spielte einst bei Ost 1910 (später Hohenschönhausener Sportverein) und bei Dresdenia – Hertha BSC stets wohlgesonnen war. 1975 wurde Striek Mitglied bei Hertha BSC und hat nach eigenen Aussagen seit 1928, sofern er in Berlin weilte, jedes Heimspiel der Hertha im Olympiastadion live erlebt. Anfang der 90er Jahre half er dem Verein aus finanzieller Not, indem er Geld in Millionenhöhe besorgte und dabei sogar sein Privatgrundstück beleihen mußte. Seine Meinung zu den explodierenden Gehältern in der aktuellen Fußballszene: „Wenn Fußballprofis und Manager mehr verdienen als der Bundeskanzler – egal, wie dieser heißt –, dann ist etwas nicht in Ordnung."

Sundermann, Jürgen (geb. 25.1.1940)
29 Bundesligaspiele für Hertha BSC (1964-1965)
Sundermann spielte u.a. bei Rot-Weiß Oberhausen, Viktoria Köln, FC Basel und Servette Genf. Er gilt als Wandervogel unter den Trainern. Seine wichtigsten Stationen: VfB Stuttgart, Grasshoppers Zürich, Stuttgarter Kickers, Racing Strasbourg, Schalke 04, Trabzonspor, Hertha BSC, Malatyaspor, SpVgg. Unterhaching, VfB Leipzig, Waldhof Mannheim und erneut der VfB Stuttgart, wo er 1995 für wenige Spiele Jürgen Röber beerbte. Sundermann, dem man einst in der Branche den Beinamen „Wundermann" verpaßte, agierte auch als Manager bei Hertha BSC. Ihn verband eine Freundschaft mit dem ehemaligen Hertha-Präsidenten Heinz Roloff. Sundermann hatte Hertha BSC einst 1986 in schwieriger Situation in der zweiten Bundesliga von Rudi Guten-

dorf übernommen. Auch er konnte damals den Absturz in die Amateurliga nicht verhindern. Nach dem Aufstieg 1988 in die 2. Bundesliga unter seiner Führung wurde er nach wenigen Spielen im Oktober 1988 entlassen und durch Werner Fuchs ersetzt. 1998 tauchte Sundermann als Berater beim Regionalligisten FC Rot-Weiß Erfurt auf. 1999 übernahm der Wandervogel das Training des österreichischen Erstligisten Vorwärts Steyr. Mit Steyr stieg er allerdings ab.

Sverrisson, Eyjölfur (geb. 3.8.1968)
55 Bundesligaspiele/5 Tore für Hertha BSC (seit 1997); 56 Zweitligaspiele für Hertha BSC/4 Tore (1995-1997)
Der isländische Nationalspieler wechselte 1995, geholt von Trainer Karsten Heine, von Istanbul nach Berlin (Ablöse: rund 800 000 Mark). Seine Karriere begann beim Insel-Verein UMF Tindastoll und führte ihn über den VfB Stuttgart und Besiktas Istanbul zu Hertha BSC. Sverrisson spielte auf Island nur beim Zweitligisten in Tindastoll, einer 3.000-Leute-Gemeinde. So wurde er Nationalspieler, ohne je in einer Mannschaft der ersten Liga auf der Insel gespielt zu haben. Der vielseitige Kämpfer Sverrisson, einer der Publikumslieblinge in Berlin, kam einst als Stürmer zur Hertha, wurde später unter Trainer Jürgen Röber zum Abwehrspieler umfunktioniert. In der Bundesligasaison 1997/98 übte er situationsbedingt das Wechselspiel und kam als Verteidiger und Stürmer zum Einsatz. Mit dem VfB Stuttgart (110 Spiele/21 Tore) wurde er 1992 Deutscher Meister, mit Besiktas 1995 türkischer Champion, jeweils unter Trainer Christoph Daum. „Jolly" gelten in Berlin sehr viele Sympathien wegen seines bescheidenen und freundlichen Auftretens außerhalb des Rasens

und seiner nimmermüden kämpferischen Einstellung auf dem Platz. Früher war Sverrisson sogar Basketball-Juniorennationalspieler auf Island.

Sziedat, Michael (geb. 22.8.1952)
280 Bundesligaspiele für Hertha BSC/
12 Tore (1971-1980)
Der Rekord-Bundesligaspieler der Berliner verdiente nach seiner Berliner Ära noch vier Jahre sein Geld in der Bundesliga bei Eintracht Frankfurt (99 Spiele/ 4 Tore). Später agierte er u.a. als Manager bei Blau-Weiß 90. Sziedat kam als 18jähriger Junioren-Auswahlspieler vom BFC Preussen zu Hertha BSC, als der Verein mit den Auswirkungen des Bundesligaskandals zu kämpfen hatte. Schnell etablierte sich der energische Abwehrspieler in der Stammelf. Sziedat war wenig verletzungsanfällig und hatte sich mit seiner kompromißlosen Spielweise bei Hertha unentbehrlich gemacht. Sziedat lebt heute in Zehlendorf und betreibt mit seiner Frau zwei Friseursalons. In seiner Freizeit wechselte er das Metier und spielt vorwiegend Tennis.
(Siehe auch Interview in diesem Buch.)

Tchami, Alphonse (geb. 14.2.1971)
29 Bundesligaspiele für Hertha BSC/
3 Tore (seit 1997)
Der bullig wirkende Nationalspieler des Kamerun kam im Juli 1997 von Boca Juniors Buenos Aires nach Berlin und bekam sofort den Beinamen der „Schwarze Büffel" verpaßt. Der WM-Teilnehmer 1994 (ein Einsatz) und 1998 (drei Einsätze) kostete 2,2 Millionen Mark an Ablöse. Er spielte zuvor bei Unisport de Bafang in Kamerun, später in Dänemark bei BK Odense und in Argentinien bei den Boca Juniors. Im Nationaltrikot übernahm er die Rückennummer 9 des legendären Stürmers Ro-

ger Milla. Tchami bestritt bisher 47 Länderspiele für Kamerun und konnte sich bei Hertha BSC noch nicht als Stammspieler etablieren.

Thom, Andreas (geb. 7.9.1965)
40 Bundesligaspiele für Hertha BSC/
5 Tore (seit 1998)
Andreas Thom steht für eine vielseitige deutsch-deutsche Karriere, wie sie nur sehr wenige Fußball-Profis aufweisen können. Der in Herzfelde bei Berlin geborene Thom kam sowohl in der Nationalmannschaft der DDR (51 Länderspiele/16 Tore), als auch in der deutschen Nationalelf zum Einsatz (10 Länderspiele/2 Tore). Thom spielte zuerst für den vielfachen DDR-Meister BFC Dynamo. Zwischen 1983 und der Hinrunde der Saison 1989/90 kam der gelernte Stürmer auf insgesamt 158 Oberligaspiele/77 Tore und zu einem Dutzend Europacupspielen mit dem BFC, mit dem er sechsmal Meister wurde. Im Januar 1990, wenige Wochen nach dem Fall der Mauer, wechselte Thom als erster Fußballer der damals noch bestehenden DDR in die Bundesliga, was einer Sensation gleichkam. Thom durfte mit Einwilligung des DDR-Fußballver-

bandes (DFV) zu Bayer Leverkusen ziehen. Die Ablösesumme betrug rund 3,5 Millionen Mark.

Für Bayer bestritt Thom von Januar 1990 bis Ende 1994/95 161 Bundesligaspiele/37 Tore. Von Leverkusen wechselte Thom 1995 nach Schottland zu Glasgow Celtic. In der schottischen Liga kam er auf 55 Spiele/12 Tore. Im Januar 1998 lotste ihn Dieter Hoeneß zurück nach Berlin. Hertha zahlte rund 800.000 Mark Ablöse an Celtic.

Thom wurde stets als eines der größten Talente des DDR-Fußballs bezeichnet. Weitere Daten: internationales Debüt für die DDR: 10.10.1984 gegen Algerien (5:2) in Aue; Länderspielabschied: 28.3. 1990 gegen USA (3:2) in Berlin; Debüt in der deutschen Nationalmannschaft: 19.12.1990 gegen die Schweiz (4:0) in Stuttgart; EM-Teilnehmer 1992 in Schweden; Fußballer des Jahres in der DDR 1988. Thoms Karriere wäre fast gescheitert, als er gerade 14 Jahre alt war. Er wollte nämlich einfach nicht wachsen. Und auf eine entsprechende, „normale" Körpergröße legten die DDR-Oberen und Sportfunktionäre großen Wert. Erst mit 16 Jahren wuchs Thom endlich in entsprechendem Tempo, und er nahm mit 17 das Training in der BFC-Oberligamannschaft auf.

Bei seinem Debüt im Trikot von Hertha BSC im Februar 1998 traf Thom nach nur einer Spielminute zum 1:0 gegen den VfL Wolfsburg. Thom entwickelte sich sehr schnell zu einem wertvollen Stammspieler der Hertha, war vor allem als Torevorbereiter äußerst wertvoll.

Thomas Jörg (geb. 23.3.1949) Hertha-Mitglied seit 1991. Der langjährige Besitzer der Tankzentrale Nord im Wedding (die verkaufte er im Sommer 1998) und einer Kfz-Werkstatt wurde im September 1992 Chef der Amateur-abteilung, später Beisitzer im Präsidium und 1994 Vizepräsident. Thomas, heute dienstältester Herthaner im Führungszirkel, ist für die Amateurabteilung und das Vereinsleben zuständig. Er kümmert sich maßgeblich um die Nachwuchsarbeit im Verein sowie um die Schaffung eines Jugendinternats.

Tretschok, Rene (geb. 23.12.1968) 32 Bundesligaspiele für Hertha BSC/ 4 Tore (seit 1998)

Der gebürtige Wolfener Tretschok begann seine Karriere beim ehemaligen DDR-Oberligisten HFC Chemie. Dort durchlief er teils gemeinsam mit seinen Berliner Teamkameraden Dariusz Wosz und Steffen Karl einige Nachwuchsmannschaften des Vereins. Tretschok wechselte 1992 in die Bundesliga zu Borussia Dortmund (61 Spiele/8 Tore), wurde ein Jahr an Tennis Borussia (damals 2. Bundesliga) ausgeliehen und spielte 1997/98 für den 1. FC Köln (34 Spiele/8 Tore). Der vielseitige und dynamische Mittelfeldmann wechselte vor der Spielzeit 1998/99 für eine Ablösesumme von rund zwei Millionen Mark zu Hertha BSC. Seit 1996 betreibt Tretschok eine Fußballschule („Fußballschule Rene Tretschok GbR") in Sachsen-Anhalt. Seit 1998 besteht auch das 1. Fußball-Nachwuchs-Zentrum Rene Tretschok e.V. in Wolfen.

Van Burik, Dick (geb. 29.11.1973)
49 Bundesligaspiele für Hertha BSC/ 1 Tor (seit 1997)
Der Abwehrspieler aus Holland kam im Sommer 1997 zu Hertha. Ablösesumme: 900.000 Mark. Der kopfballstarke Mann spielte 25mal in der holländischen U-21-Auswahl, kann auch einen ordentlichen Libero abgeben. Seine Stationen bisher: Ajax Amsterdam, FC Utrecht, NAC Breda. Van Burik durchlief die berühmte Ajax-Talenteschule. Der Kunstliebhaber kam im Wechsel als Manndecker und Libero bei Hertha zum Einsatz. Verletzungen warfen ihn regelmäßig in seiner Entwicklung zurück. Trainer Röber bescheinigt dem im Team beliebten Holländer enormes Potential.

Varga, Zoltan (geb. 1.1.1945)
34 Bundesligaspiele für Hertha BSC/ 9 Tore (1970-1972)
Der ungarische Nationalspieler flüchtete 1968 auf einer Reise der Olympiamannschaft seines Landes in Mexiko-City in den Westen. Über die USA und Belgien kam er nach Berlin. Varga wurde wegen seiner Flucht für zwei Jahre weltweit gesperrt. 1970 erhielt er nach umfangreichen Bemühungen der Hertha die Spielberechtigung. Der begnadete Techniker gab allerdings nur ein Intermezzo in Berlin. 1971 gehörte Varga zu den Hertha-Profis, die in den Bundesligaskandal verwickelt waren. Varga wurde erneut gesperrt und verließ Hertha BSC. Nach Stationen in Schottland, Holland und erneut in Deutschland kehrte Varga in seine Heimat zurück. Dort arbeitete er später als Trainer bei seinem alten Verein Ferencvaros Budapest und beim FC Dunaferr. *(Siehe auch Interview in diesem Buch.)*

Veit, Sixten (geb. 7.1.1970)
53 Bundesligaspiele/5 Tore für Hertha BSC (seit 1997); 32 Zweitligaspiele/ 3 Tore für Hertha BSC (1995-1997)
Trainer Karsten Heine holte den Sachsen, der in der zweiten Liga beim Chemnitzer FC auf sich aufmerksam machte, im Juli 1995 nach Berlin. Er war Mitglied der Aufsteigermannschaft 1997/ 98 und gilt als Allrounder und harter Abräumer vor der Abwehr – als „Dieter

Eilts von Hertha". Unter Trainer Röber entwickelte sich Veit zu einem wichtigen Bundesligaspieler, der eher unauffällig, aber oft sehr effektiv agiert. Sein erster Verein hat auch einen klangvollen Namen: Traktor Oberbobritzsch bei Freiberg in Sachsen.

Vollrath, Klaus-Dieter (geb. 12.2.1946)
Vollrath, genannt KdV, begann im Juli 1977 als erster Pressechef bei Hertha BSC. Er war später bis Juni 1994 in der Vereins-Geschäftsstelle im Bereich Öffentlichkeitsarbeit/Organisation tätig und galt als „Mann für alle Fälle". Der quirlige Vollrath, intimer Kenner der Berliner Fußballszene, organisierte Trainingslager und Testspiele, sprang als Stadionsprecher ein und betreute redaktionell das Stadionprogrammheft. „Ich habe alles gemacht", sagt Vollrath, „Wohnungen für Spieler besorgt oder die 2,2 Millionen Mark Ablöse für Mario Basler zur Bank gebracht." Vollrath, dem ein loses Mundwerk nachgesagt wird, wurde nur einmal gebremst. Er agierte im DFB-Pokal-Halbfinale 1993 zwischen den Hertha-Amateuren und dem Chemnitzer FC vor 56.000 Zuschauern im Olympiastadion als Sprecher. Beim Bekanntgeben der Formationen wurde ihm wegen eines technischen Defekts der Strom abgedreht. Vollrath blieb erstmals in einer Laufbahn sprachlos.

Warneke, Heinz (geb. 16.3.1931)
Mitglied des Aufsichtsrates von Hertha BSC (seit 1996). Der gelernte Elektriker, Betriebswirt und Psychologe arbeitete zuerst in der Industrie (bei „Bauknecht") und später als Generalbevollmächtigter der Braun-AG. Von 1970 bis 1980 amtierte der gebürtige Bremer als Direktor der Deutschlandhalle in Berlin. In diese Zeit fiel auch sein Engage-

ment als Präsident von Hertha BSC (1972-1974). Warneke war später als Geschäftsführer der Informationsgemeinschaft Münzspiel (IMS) tätig und trat als Lobbyist in Bonn auf. Warneke ist noch immer als Unternehmensberater tätig. Er übernahm 1972 Hertha BSC in äußerst schwieriger Situation. Der Verein war maßgeblich in den Bundesligaskandal mit Bestechungsgeldern verstrickt, die halbe Mannschaft war seinerzeit gesperrt. Den Verein drückten Schulden in Höhe von rund 6,5 Millionen Mark. Am Ende seiner Laufbahn als Präsident galt Hertha als schuldenfrei. Das Opfer dafür war allerdings sehr groß: Unter der Ägide von Warneke wurde der legendäre Hertha-Platz, die „Plumpe" am Gesundbrunnen, für rund 6,2 Millionen Mark verkauft. Mit seiner enormen Erfahrung und seinen unzähligen Kontakten zu Politik, Wirtschaft und Kunst zählt Warneke zu den wichtigsten Akteuren im Aufsichtsrat.

Weiner, Hans (geb. 29.11.1951)
218 Bundesligaspiele für Hertha BSC/ 12 Tore (1972-1979)
Der Abwehrspieler, überall nur „Hanne" gerufen, stammt aus dem westfälischen Neuenkirchen, wie er selbst sagt „vom Dorfe". Im Juni 1969 wurde er bei einem A-Jugendspiel von Neuenkirchen gegen Werther 1920 beobachtet und entdeckt. Weiner kam nach Berlin, wo er für Tennis Borussia spielte. Als er 1972 zu Hertha BSC ging, sagte der große TeBe-Anhänger, Kabarettist Wolfgang Gruner: „Du kannst überall hingehen, nur nicht zu Hertha!" Weiner hörte nicht auf Gruner, wurde mit Hertha 1974 Vizemeister und stand zweimal in Endspielen um den DFB-Pokal (1977 gegen Köln und 1979 gegen Düsseldorf). 13 Spiele bestritt er für die Berliner im UEFA-Cup. 1979 wechselte Weiner

zum FC Bayern München (Ablöse: 450.000 Mark) und wurde mit dem FC Bayern zweimal hintereinander Deutscher Meister. Später ging Weiner in die US-Profiliga und spielte zwei Jahre bei den Chicago Stings. 1984/85 kehrte er nach Berlin zurück und half Hertha BSC in der 2. Bundesliga, konnte aber 1985/86 auch nicht den Abstieg in die Amateurliga verhindern (insgesamt 65 Zweitligaspiele für Hertha / 3 Tore). 1985 eröffnete der gelernte Koch das Hotel „Tegeler Hof" in Alt-Tegel.

Wir Herthaner
Name des offiziellen Stadionmagazins von Hertha BSC. Auflage: rund 15.000 Exemplare pro Heimspiel. Aus einem einst eher unscheinbaren und biederen Programmheft hat sich „Wir Herthaner" unter Federführung der Berliner Agentur Powerplay zu einem des besten und attraktivsten Stadionprogramme der Bundesliga entwickelt. Auf mittlerweile rund 80 Hochglanzseiten erfährt der Stadionbesucher viel Wissenswertes über Verein, Gegner und die Liga. Das Heft besteht aus vielen interessanten redaktionellen Beiträgen (Spielerporträts, Reminiszenzen aus der Hertha-Vergangenheit) und aus Werbung, zumeist von Sponsorpartnern des Vereins. Das Heft enthält u.a. auch umfangreiche Statistiken und bietet den Anhängern unter der Rubrik „Fanfare" die Möglichkeit zum Meinungsaustausch.

Wirtschaftsrat
Der Wirtschaftsrat ist ein „unterstützendes Organ des Vereins ohne Weisungsbefugnis". Derzeit umfaßt er 23 Mitglieder aus Wirtschaft und Politik. Vorsitzender ist Bernd Schiphorst. Der Wirtschaftsrat wurde im November 1995 installiert und war ein erster wichtiger Schritt auf dem Wege zur Professionalisierung der Vereinsstrukturen und zum Akquirieren neuer Geldgeber.

Witt, Uwe (geb. 25.1.1939)
123 Bundesligaspiele/1 Tor für Hertha BSC (1968-1972)
Witt spielte zuvor beim FC St. Pauli und bei Holstein Kiel. Der Abwehrspieler wurde für „relativ wenig Geld" (Wolfgang Holst) nach Berlin geholt, wo er einen zuverlässigen Libero abgab. Den Linksfuß zeichneten gutes Stellungsspiel und saubere Tacklings aus. Galt privat ein wenig als Windhund. Witt war 1971 in den Bundesligaskandal verwickelt und hatte nach seiner Sperre keine Chance mehr bei Hertha BSC.

Wolter, Horst (geb. 8.6.1942)
48 Bundesligaspiele für Hertha BSC (1972-1977)
Torhüter Wolter bestritt 13 Länderspiele für Deutschland und absolvierte auch 195 Bundesligaspiele für Eintracht Braunschweig. Wolter, der heute in Braunschweig eine Versicherungsagentur betreibt, kam 1987 als Manager zu Hertha BSC und hatte wesentlichen Anteil am Aufstieg in die erste Bundesliga 1989/90. Er galt als ein Typ Manager, der sich nicht in die sportlichen Belange einmischte („Das ist einzig und allein Sache des Trainers"). Als Wolter zu Hertha kam, war nach seiner Ansicht „der Verein klinisch tot". Eigentlich wollte er nie ins Managergeschäft einsteigen, aber ihn reizte die Stadt Berlin. Er stammt schließlich aus Beelitz bei Berlin. Wolter, von Freunden nur „Luffe" genannt, ging viele Jahre in der von Hertha BSC enttäuschten Berliner Wirtschaft „Klinken putzen". Das Resultat: die Bildung eines sogenannten „Klubs der 100", einem Sponsorenpool. Nach dem Aufstieg in die erste Bundesliga 1989/90 stellte Wolter einen Dreijahres-Plan auf. „Zu-

erst müssen wir die Klasse halten. Im zweiten Jahr könnten wir dann oben ein wenig mitmischen. Und im dritten Jahr, nach kontinuierlichem Aufbau, dann in den UEFA-Cup-Bereich springen." Der Plan des Horst Wolter ging nicht auf. Hertha stieg sang- und klanglos ab, und auch Wolter mußte gehen.

Wojtowicz, Rudi (geb. 9.6.1956) Bestritt 76 Bundesligaspiele/2 Tore für Bayer Leverkusen (1982-1986) und 86 Bundesligaspiele für Fortuna Düsseldorf (1986-1992). Wojtowicz arbeitete später als Cheftrainer bei Fortuna Düsseldorf und Talentespäher für Bayer Leverkusen. 1999 engagierte ihn Hertha BSC als sogenannten Chefscout, der erstmals in der Vereinsgeschichte ein professionelles Sichtungssystem aufbauen soll.

Wosz, Dariusz (geb. 8.6.1969) 31 Bundesligaspiele für Hertha BSC/ 3 Tore (seit 1998) Wosz bestritt für den VfL Bochum 146 Bundesligaspiele/19 Tore und zuvor in der DDR-Oberliga für den HFC Chemie 93 Spiele/15 Tore. Der gebürtige Pole Wosz, dessen Familie in die ehemalige DDR übersiedelte, spielte zuerst beim HFC Chemie Fußball, besuchte eine Kinder- und Jugendsportschule in Halle/Saale. Dort wollte man ihm wegen fehlender Körpergröße zuerst nicht annehmen (Wosz mißt 1,69 m), ließ sich aber von seinem großen Talent überzeugen. Wosz kam zu 7 Länderspielen für die DDR. 1991 wechselte er für 1,2 Millionen Mark in die Bundesliga zum VfL Bochum. Dort avancierte er zum Führungsspieler und wurde von Bundestrainer Vogts in die deutsche Nationalmannschaft berufen (6 Länderspiele). Vor der Saison 1998/99 wechselte der Spielmacher alter Prägung zu Hertha BSC. Er kostete die damalige Rekordablösesumme von 5,2 Millionen Mark. Im Herbst 1998 holte ihn der neue Teamchef der Nationalmannschaft, Erich Ribbeck, in die Auswahl zurück. Wosz spielte beim 3:1-Sieg gegen Moldawien, wurde aber später nicht mehr berücksichtigt, was zu Verstimmungen führte. Wosz zählt nach wie vor zu den besten und kreativsten Mittelfeldspielern der Bundesliga und absolviert in jedem Spiel ein enormes Laufpensum.

Zemaitat, Manfred (geb. 6.5.1949) Der 1994 gewählte Hertha-Präsident stand früher meist in der Fankurve. Er kam 1993/94 ins Präsidium unter dem Vorsitz von Heinz Roloff. Zemaitat brachte den Vertrag mit dem Marketingpartner Ufa entscheidend mit auf den Weg und wurde im September 1994 nach einem Zweikampf mit Wolfgang Holst zum Präsidenten gewählt. Zemaitat ist Anwalt und arbeitet als Geschäftsführer in der Immobilienbranche. Zu Beginn seiner Amtszeit galt er als Vertreter des Neuen, des Modernen. Er hatte 1994 einen Dreijahres-Plan verkündet, in dem er binnen dieser Zeit den Aufstieg in die erste Bundesliga schaffen und den maroden Verein sanieren wollte. Das ist Zemaitat weitgehend gelungen. Später zerrieb er sich in Auseinandersetzungen mit Vertretern der Ufa, mit Trainer und Manager. Zemaitat trat am 15. September 1998 „aus persönlichen Gründen" von seinem Amt zurück.

Ziegert, Jochem (geb. 25.7.1954)
24 Zweitligaspiele für Hertha BSC/ kein Tor (1980-1982)
Jochem mit einem „m" am Ende stieg zu ungeahnter Popularität auf, als er die Amateure von Hertha BSC 1993 bis ins DFB-Pokalfinale brachte, wo die sogenannten „Hertha-Bubis" dem Bundesligisten Bayer Leverkusen mit 0:1 unterlagen. Ziegert mußte seine aktive Laufbahn als Spieler wegen eines schweren Kreuzbandrisses beenden. Er hatte Sport/Englisch studiert und wollte eigentlich Lehrer werden. Nach seiner Spielerlaufbahn wechselte er in die Oberfinanzdirektion und wurde Finanzbeamter. Später, nach der Umstrukturierung von Hertha BSC, die auch im Trainerbereich Wechsel mit sich brachte, trennte sich Hertha von Ziegert. Der übernahm als Trainer die Oberligamannschaft von Tasmania 73.

Zuschauer

Hertha BSC hält die Besucherrekorde im Berliner Olympiastadion für die erste und die zweite Bundesliga. Am 26. September 1969 sahen das Erstligaspiel Hertha BSC – 1.FC Köln (1:0) 88.075 Zuschauer. In der zweiten Bundesliga sorgten 75.000 Zuschauer für den Rekord beim Spiel Hertha BSC - 1. FC Kaiserslautern (2:0) am 7. April 1997. Im UEFA-Cup betrug die Vereinsrekordkulisse 76.006 Besucher am 25. April 1979 beim 2:1-Sieg im Halbfinale gegen Roter Stern Belgrad. Inoffiziell sollen es aber weit mehr Zuschauer

gewesen sein. Man spricht sogar von 97.000.
Die Rekordkulissen von Hertha BSC in der jeweiligen Bundesligasaison:

1963/64	1. FC Köln	81.111
1964/65	Hamburger SV	85.484
1968/69	Bor. Dortmund	65.244
1969/70	1. FC Köln	88.075
1970/71	1. FC Köln	86.113
1971/72	Bayern München	66.696
1972/73	Bayern München	54.194
1973/74	Bayern München	78.470
1974/75	Bayern München	81.732
1975/76	Bor. M'Gladbach	52.071
1976/77	Bor. M'Gladbach	76.629
1977/78	1. FC Köln	86.883
1978/79	Bayern München	29.349
1979/80	VfB Stuttgart	51.193
1982/83	Bayern München	57.682
1990/91	Bayern München	39.982
1997/98	Bayern München	76.000
1998/99	Bayern München	76.000
	Hansa Rostock	76.000
	Hamburger SV	76.000

Anmerkung des Autors: Dieses große Hertha-ABC erhebt keinen Anspruch auf Vollständigkeit, kann nur eine subjektive, wenn auch möglichst repräsentative Auswahl sein. Sicherlich hätten noch viele andere verdienstvolle Herthaner in dieser Bibliographie Aufnahme finden müssen.

Daten zum Verein
(Stand aller Daten im Anhang: Juni 1999)

Name: Hertha BSC e.V.
Gründung: 25. Juli 1892
Titel: Deutscher Fußballmeister 1930, 1931
Berliner Meister: 1905/06; 1914/15; 1916/17; 1917/18; 1924/25; 1925/26; 1926/27; 1927/28; 1928/29; 1929/30; 1930/31; 1932/33; 1934/35; 1936/37; 1943/44; 1956/57; 1960/61; 1962/63; 1965/66; 1966/67; 1967/68; 1986/87; 1987/88.
DFB-Pokal: Finalist 1977, 1979 und 1993 (mit den Amateuren)
UEFA-Pokal: Halbfinalist 1979
Mitglieder: 5.571
Fanklubs: 437 (davon 340 in Berlin, 74 im Umland, 17 in Deutschland, 6 im Ausland)
Fanklubmitglieder: 7.593
Abteilungen: Fußball, Boxen, Kegeln, Tischtennis.
Vereinsfarben: blau/weiß
Stadion: Berliner Olympiastadion (Fassungsvermögen: 76.000 Plätze)

Präsidium:
Präsident: Walter Müller
Vizepräsident: Jörg Thomas
Manager: Dieter Hoeneß
Kaufmännischer Leiter: Ingo Schiller

Funktionsteam:
Cheftrainer: Jürgen Röber
Assistent: Bernd Storck
Torwarttrainer: Nello di Martino und Enver Maric
Mannschaftsarzt: Dr. Ulrich Schleicher
Physiotherapeuten: Peter Bentin und Jörg Drill
Zeugwart: Tom Riedel
Amateurtrainer: Falko Götz
Assistent des Sportlichen Leiters: Martin Bader

Geschäftsstellenleiter: Matthias Huber
Pressesprecher: Hans-Georg Felder
Fanklubbeauftragter: Carsten Grab
Mitgliederbetreuung: Ralf Achenbach

Adresse: Hertha BSC, Hanns-Braun-Straße, Friesenhaus II, 14053 Berlin;
U-Bahnhof „Olympiastadion" (U2), S-Bahnhof „Olympiastadion" (S 5, S 75)
Telefon: 030-300 92 80; Fax: 030-300 928-99; Postfach: 1727 – 14007 Berlin.
Internet-Adresse: www.herthabsc.de.

Die Vereinsrekorde

(Nur erste Bundesliga)

Bundesligazugehörigkeit: 18 Jahre

Beste Bundesliga-**Plazierung**: 2. Rang (1974/75)

Schlechteste Bundesliga-Plazierung: Rang 18 (1982/83; 1990/91)

Bestbesuchtes Bundesligaspiel: Hertha BSC – 1. FC Köln 88.075 Zuschauer (26.9.1969)

Höchster **Sieg**: Hertha BSC – Borussia Dortmund 9:1 (am 18.4.1970)

Höchste Niederlage: 0:6 gegen den Hamburger SV (5.4.1980) und Werder Bremen (5.4.1991)

Meiste **Tore** in einer Saison: 67 (1969/70)

Wenigste Tore in einer Saison: 31 (1968/69)

Meiste Bundesliga-**Spiele**: Michael Sziedat mit 280

Zahl der in der Bundesliga eingesetzten Spieler: 182

Torschützenkönig: Michael Preetz, 23 Treffer in der Saison 1998/99

Meiste Bundesligatore: Erich Beer mit 83

Meiste verwandelte **Strafstöße**: Lorenz Horr (12 von 15)

Meiste **Platzverweise**: Uwe Kliemann mit 2; Hendrik Herzog 2 x Gelb-Rot

Meiste Spiele als **Trainer**: Helmut Kronsbein mit 212

Anzahl der **Tabellenführungen** in der Bundesliga: 3

Am häufigsten auf dem letzten Tabellenplatz der Bundesliga: 33mal in der Saison 1990/91

Teuerster **Transfer**: Marko Rehmer (vom FC Hansa Rostock). Er kam im Sommer 1999 für rund 7 Millionen Mark Ablösesumme.

Präsidenten und Trainer

Präsidenten/Vorsitzende
1892: Ernst Wisch
1897: Lothar Winnistädt/Theodor Haase
1901: Emil Schlag
1909: Wilhelm Wernicke
1932/33: Hans Pfeiffer (von der NSDAP eingesetzt)
1937: Gottfried Rinderspacher
1941: Karl Windgassen
nach 1945 (SG Gesundbrunnen):
Wilhelm Wernicke
Rudi Romanus
ab 1.8.1949 (wieder Hertha BSC):
Karl Windgassen
1952/53: Heinz Heydebreck
1959: Hans Höhne
1963: Siegfried Schmidt
Februar 1965 – Juli 1965: Hans Sobek (Notvorstand)
Juli 1965 – Juli 1967: Hans Höhne
Juli 1967 – September 1969: Heinz Lohmüller und Manfred Block (paritätisch)
September 1969 – Februar 1972: Erich Bautz
Februar 1972 – September 1974: Heinz Warneke
September 1974 – September 1976: Hans-Jörg Klotz
September 1976 – November 1979: Ottomar Domrich
November 1979 – November 1985: Wolfgang Holst
November 1985 – September 1994: Heinz Roloff
September 1994 – September 1998: Manfred Zemaitat
seit September 1998: Walter Müller

Aufsichtsratsvorsitzende
Juni 1996: Rolf Schmidt-Holtz; seit 22.12.1997: Robert Schwan.

Trainer/Übungsleiter
Vor dem Start zur Bundesliga im Jahre 1963 beschäftigte Hertha BSC nicht sehr viele Trainer/Übungsleiter, da sich die Mannschaft lange Zeit selbst trainierte.
Bekannte Trainer vor 1963 waren u.a.: die beiden Österreicher Dombi (1924/25) und Popovich (1926/27) sowie Richard Gerulaitis (von der stammt der Spruch: „Elf Freunde müßt ihr sein", 1928/29), Willi Knesebeck (1937), Hans Sauerwein (1939/40). Heiner Schuldt übernahm als verantwortlicher Konditions-Trainer und Masseur viele Jahre die Verantwortung, arbeitete bereits als eine Art Cheftrainer, ohne diese Funktion offiziell innezuhaben. Das betraf die Jahre 1925/26 bis 1930/31. 1927/28 war ein gewisser Täuble Trainer der Hertha.
Nach 1945: Fredy Stahr; Helmut Schoen (1950/51); Paul Gelhaar (1953/54-1956); Helmut Krüger (1956/57); Heinz Carolin, Gerhard Graf (1957/58); Hans Sobek (1959-1963).

Trainer ab Beginn der Bundesliga
1963/64: Josef Schneider (ab 1.7.1963)
1964/65: Josef Schneider, Gert Schulte (ab 9.März 1965)
1965/66: Gert Schulte
1966/67: Helmut Kronsbein

1967/68: Helmut Kronsbein
1968/69: Helmut Kronsbein
1969/70: Helmut Kronsbein
1970/71: Helmut Kronsbein
1971/72: Helmut Kronsbein
1972/73: Helmut Kronsbein
1973/74: Helmut Kronsbein
1974/75: Dettmar Cramer (ein Tag), Hans Eder (14. März-30. Juni 1974),
   Georg Keßler (ab 1. Juli 1974)
1975/76: Georg Keßler
1976/77: Georg Keßler
1977/78: Kuno Klötzer (ab 1. Juli 1977)
1978/79: Kuno Klötzer
1979/80: Hans Eder (28. Oktober-26. Dezember 1979),
   Helmut Kronsbein (ab 27. Dezember 1979)
1980/81: Uwe Klimaschefski
1981/82: Georg Gawliczek (ab 11. Dezember 1981)
1982/83: Georg Gawliczek
1983/84: Martin Luppen
1984/85: Uwe Kliemann
1985/86: Uwe Kliemann, Hans Eder, Rudi Gutendorf (1. Januar 1985 – 18.April 1985),
   Jürgen Sundermann (19. April 1985 – 8. Oktober 1988)
1986/87: Jürgen Sundermann
1987/88: Jürgen Sundermann
1988/89: Jürgen Sundermann (bis 8. Oktober 1988), Werner Fuchs
1989/90: Werner Fuchs
1990/91: Werner Fuchs, Pal Csernai (13. November 1990 – 12. März 1991), Peter Neururer
   (13. März 1991 – 28. Mai 1991), Karsten Heine (28. Mai 1991 – 30. Juni 1991)
1991/92: Bernd Stange (ab 1. Juli 1991)
1992/93: Bernd Stange, Günter Sebert (ab 20. August 1992)
1993/94: Günter Sebert, Uwe Reinders (ab 20. Oktober 1993),
   Karsten Heine (ab 20. März 1994)
1994/95: Karsten Heine
1995/96: Karsten Heine, Jürgen Röber (ab 1. Januar 1996).

Die Bilanzen der Bundesligatrainer
Josef Schneider: 52 Spiele, 13 Siege, 14 Remis, 25 Niederlagen, 40:64 Punkte/76:116 Tore
Gerhard Schulte: 8 Spiele, 3 Siege, 3 Remis, 2 Niederlagen, 9:7 Punkte/9:11 Tore
Helmut Kronsbein: 212 Spiele, 89 Siege, 51 Remis, 72 Niederlagen, 229:195 Punkte/
   327:311 Tore
Hans Eder: 16 Spiele, 4 Siege, 4 Remis, 8 Niederlagen, 12:20 Punkte/20:34 Tore
Georg Keßler: 102 Spiele, 43 Siege, 24 Remis, 35 Niederlagen, 110:94 Punkte/175:158 Tore
Kuno Klötzer: 78 Spiele, 26 Siege, 23 Remis, 29 Niederlagen, 78:81 Punkte/107:116 Tore
Georg Gawliczek: 34 Spiele, 5 Siege, 10 Remis, 19 Niederlagen, 20:48 Punkte/43:67 Tore
Werner Fuchs: 13 Spiele, 1 Sieg, 3 Remis, 9 Niederlagen, 5:21 Punkte/10:26 Tore
Pal Csernai: 7 Spiele, 1 Sieg, 3 Remis, 3 Niederlagen, 5:9 Punkte/7:11 Tore
Peter Neururer: 11 Spiele, 0 Siege, 2 Remis, 9 Niederlagen, 2:20 Punkte/15:40 Tore
Karsten Heine: 3 Spiele, 1 Sieg, 0 Remis, 2 Niederlagen, 2:4 Punkte/5:7 Tore
Jürgen Röber (seit 1.7. 97): 68 Spiele, 30 Siege, 15 Remis, 23 Niederlagen, 105 Punkte/
   100:85 Tore.

Die Plazierungen in den Meisterschaftsspielen seit 1901

1901/02: Verband Deutscher Fußball-Vereine, Staffel B:
2. Platz BFC Hertha 1892
10 Spiele/5 Siege/1 Remis/4 Niederlagen/
11:9 Punkte/ 27:36 Tore

1902/03: Berliner Meisterschaft:
8. Platz BFC Hertha 1892
14 Spiele/0/0/14/0:28 Punkte/20:47 Tore

1903/04: Berliner Meisterschaft:
4. Platz BFC Hertha 1892
14 Spiele/7/1/6/15:13 Punkte/32:35 Tore

1904/05: Berliner Meisterschaft:
4. Platz BFC Hertha 1892
14 Spiele/9/0/5/18:10 Punkte/50:35 Tore

1905/06: Berliner Meisterschaft:
1. Platz BFC Hertha 1892
14 Spiele/9/4/1/22:6 Punkte/50:23 Tore

1906/07: Berliner Meisterschaft:
5. Platz BFC Hertha 1892
14 Spiele/5/2/7/12:16 Punkte/54:55 Tore

1907/08: Berliner Meisterschaft:
7. Platz BFC Hertha 1892
14 Spiele/5/2/7/12:16 Punkte/37:43 Tore

1908/09: Berliner Meisterschaft:
4. Platz BFC Hertha 1892
16 Spiele/8/3/5/19:13 Punkte/53:30 Tore

1909/10: Berliner Meisterschaft:
4. Platz BFC Hertha 1892
16 Spiele/10/0/6/20:12 Punkte/54:32 Tore

1910/11: Berliner Meisterschaft:
4. Platz BFC Hertha 1892
16 Spiele/9/0/7/18:14 Punkte/54:42 Tore

1911/12: Berlin-Brandenburg, Staffel B:
2. Platz BFC Hertha 1892
18 Spiele/14/2/2/30:6 Punkte/53:22 Tore

1912/13: Berlin-Brandenburg:
3. Platz BFC Hertha 1892
18 Spiele/11/2/5/24:12 Punkte/50:32 Tore

1913/14: Berlin-Brandenburg:
2. Platz BFC Hertha 1892
18 Spiele/10/4/4/24:12 Punkte/36:21 Tore

1914/15: Berlin-Brandenburg:
1. Platz BFC Hertha 1892
18 Spiele/14/1/3/29:7 Punkte/70:19 Tore

1915/16: Berlin-Brandenburg:
2. Platz BFC Hertha 1892
18 Spiele/15/1/2/31:5 Punkte/59:23 Tore

1916/17: Berlin-Brandenburg:
1. Platz BFC Hertha 1892
18 Spiele/15/2/1/32:4 Punkte/70:21 Tore

1917/18: Berlin-Brandenburg:
1. Platz BFC Hertha 1892
27 Spiele/23/2/2/48:6 Punkte/99:31 Tore
(Die Serie wurde am 26.5.1918 abgebrochen)

1918/19: Berlin-Brandenburg:
18. Platz BFC Hertha 1892
34 Spiele/8/1/25/17:51 Punkte/33:17 Tore
(Hertha nahm nur an der 1. Serie teil, zur zweiten
Serie wurde Hertha wegen Zahlung von Handgeldern für einige Spieler disqualifiziert und die
Spiele kampflos für die Gegner gewertet).

1919/20: Berlin-Brandenburg:
13. BFC Hertha 1892
Hertha wurde im Dezember 1919 ausgeschlossen.

1920/21: Berlin-Brandenburg, Staffel B:
4. Platz BFC Hertha 1892
10 Spiele/3/4/3/10:10 Punkte/9:11 Tore

1921/22: Berlin-Brandenburg, Staffel B:
7. Platz BFC Hertha 1892
18 Spiele/8/1/9/15:21 Punkte/22:28 Tore

1922/23: Berlin-Brandenburg, Staffel B:
5. Platz BFC Hertha 1892
18 Spiele/7/3/8/17:19 Punkte/28:30 Tore
(am 7.8.1923 Fusion mit dem Berliner SC
1899 zu Hertha BSC Berlin)

1923/24: Berlin-Brandenburg, Staffel B:
2. Platz Hertha BSC
18 Spiele/10/6/2/26:10 Punkte/35:18 Tore

1924/25: Berlin-Brandenburg, Staffel A:
1. Platz Hertha BSC
18 Spiele/12/4/2/28:8 Punkte/47:18 Tore
Endspiel gegen Sieger der Staffel B:
Hertha BSC – Alemannia 90 3:1 und 3:2;
Endrunde um die Deutsche Meisterschaft:
3. Platz, 4:2 Punkte/7:4 Tore

1925/26: Berlin-Brandenburg, Staffel A:
1. Platz Hertha BSC
18 Spiele/15/2/1/32:4 Punkte/80:27 Tore
Endspiele gegen Sieger Staffel B:
Hertha – SV Norden-Nordwest 7:0 und 2:1;
Endrunde um die Deutsche Meisterschaft:
2. Platz, 6:2 Punkte/17:8 Tore;
Finale: Hertha BSC – SpVgg. Fürth 1:4

1926/27: Berlin-Brandenburg, Staffel A:
1. Platz Hertha BSC
20 Spiele/17/2/1/36:4 Punkte/103:20 Tore
Endspiele gegen Sieger Staffel B:
Hertha BSC – Kickers 1900 4:1 und 6:2;
Endrunde um die Deutsche Meisterschaft:
2. Platz, 6:2 Punkte/8:2 Tore;
Finale: Hertha BSC – 1. FC Nürnberg 0:2

1927/28: Berlin-Brandenburg, Staffel A:
1. Platz Hertha BSC
17 Spiele/13/3/1/29:5 Punkte/74:18 Tore
Endspiele gegen Sieger Staffel B:
Hertha – Tennis Borussia 3:2, 1:2 und 4:0;
Endrunde um die Deutsche Meisterschaft:
2. Platz, 6:2 Punkte/15:6 Tore.
Finale: Hertha BSC – Hamburger SV 2:5

1928/29: Berlin-Brandenburg, Staffel A:
1. Platz Hertha BSC
18 Spiele/14/2/2/30:6 Punkte/86:27 Tore.
Endspiele gegen Sieger Staffel B:
Hertha BSC – Tennis Borussia 1:0, 0:1, 5:2;
Endrunde um die Deutsche Meisterschaft:
2. Platz, 7:3 Punkte/17:7 Tore;
Finale: Hertha BSC – SpVgg. Fürth 2:3

1929/30: Berlin-Brandenburg, Staffel A:
1. Platz Hertha BSC
18 Spiele/16/1/1/33:3 Punkte/103:29 Tore
Endspiele gegen Sieger Staffel B:
Hertha BSC – Tennis Borussia 3:1 und 2:0;
Endrunde um die Deutsche Meisterschaft:
1. Platz, 9:1 Punkte/23:11 Tore;
Finale: Hertha BSC- Holstein Kiel 5:4

1930/31: Berlin-Brandenburg, Staffel A:
1. Platz Hertha BSC
18 Spiele/12/3/3/27:9 Punkte/89:31 Tore
Um die Meisterschaft spielten beide
Staffelsieger A und B, der Pokalsieger und
der Pommernmeister (PSV Stettin):
1. Platz Hertha BSC,
6 Spiele/5/1/0/11:1 Punkte/24:6 Tore;
Endrunde um die Deutsche Meisterschaft:
1. Platz, 8:0 Punkte/14:7 Tore;
Finale: Hertha BSC – 1860 München 3:2

1931/32: Berlin-Brandenburg, Staffel A:
2. Platz Hertha BSC
18 Spiele/12/2/4/26:10Punkte/68:32 Tore

1932/33: Berlin-Brandenburg, Staffel B:
1. Platz Hertha BSC
18 Spiele/16/1/1/33:3 Punkte/94:24 Tore
Endrunde um die Deutsche Meisterschaft:
11. Platz, 0:2 Punkte/1:4 Tore (Hindenburg
Allenstein – Hertha BSC 4:1).

1933/34: Gauliga Berlin-Brandenburg:
2. Platz Hertha BSC
22 Spiele/13/4/5/30:14 Punkte/77:41 Tore

1934/35: Gauliga Berlin-Brandenburg:
1. Platz Hertha BSC
20 Spiele/13/4/3/30:10 Punkte/56:31 Tore
Endrunde um die Deutsche Meisterschaft:
2. Platz (Gruppe I), 8:4 Punkte/22:7 Tore
(Rasensport Gleiwitz 2:0 und 1:2; York
Insterburg 7:3 und 9:0; Polizei Chemnitz
2:1 und 1:2)

1935/36: Gauliga Berlin-Brandenburg:
3. Platz Hertha BSC
18 Spiele/9/4/5/22:14 Punkte/39:29 Tore

1936/37: Gauliga Berlin-Brandenburg,
1. Platz Hertha BSC
18 Spiele/12/2/4/26:10 Punkte/52:26 Tore

Endrunde um die Deutsche Meisterschaft:
3. Platz (Gruppe II), 4:8 Punkte/12:13 Tore
(Viktoria Stolp 4:0 und 3:1; Schalke 04 1:2
und 1:2; Werder Bremen 1:3 und 2:5)

1937/38: Gauliga Berlin-Brandenburg:
2. Platz Hertha BSC .
18 Spiele/10/7/1/27:9 Punkte/44:26 Tore

1938/39: Gauliga Berlin-Brandenburg:
2. Platz Hertha BSC
18 Spiele/9/6/3/24:12 Punkte/35:23 Tore

1939/40: Sportbereich 3 Berlin-Brandenburg, Bereichsklasse Abteilung A:
5. Platz Hertha BSC
10 Spiele/3/2/5/8:12 Punkte/16:17 Tore

1940/41: Sportbreich 3 Berlin-Brandenburg, Bereichsklasse: 2. Platz Hertha BSC
22 Spiele/15/2/5/32:12 Punkte/64:44 Tore

1941/42: Sportbereich 3 Berlin-Brandenburg, Bereichsklasse: 3. Platz Hertha BSC
18 Spiele/10/3/5/23:13 Punkte/36:24 Tore

1942/43: Gauliga Berlin-Brandenburg:
3. Platz Hertha BSC
18 Spiele/9/3/6/21:15 Punkte/44:33 Tore

1943/44: Gauliga Berlin-Brandenburg:
1. Platz Hertha BSC
18 Spiele/14/2/2/30:6 Punkte/59:22 Tore
Endrunde um die Deutsche Meisterschaft,
Zwischenrunde: Hertha BSC – Heeres SV
Groß Born 2:3.

1944/45: Gauliga Berlin-Brandenburg:
8. Platz Hertha BSC
13 Spiele/4/1/8/9:17 Punkte/28:37 Tore
Die Meisterschaft wurde im April 1945
abgebrochen.

1945/46: Qualifikation z. Stadtliga, Staffel
Nord: 2. Platz SG Gesundbrunnen (vormals
Hertha BSC)
Stadtliga, Staffel C, 7. SG Gesundbrunnen
16 Spiele/6/0/10/12:20 Punkte/34:53 Tore

1946/47: 1. Ligaklasse, Staffel C:
2. Platz SG Gesundbrunnen
20 Spiele/15/1/4/31:9 Punkte/84:25 Tore

1947/48: 1. Ligaklasse, Staffel A:
9. Platz SG Gesundbrunnen
20 Spiele/7/2/11/16:24 Punkte/32:48 Tore

1948/49: 1. Ligaklasse, Staffel C:
1. Platz SG Gesundbrunnen
(seit 1.8.1949 wieder Hertha BSC),
18 Spiele/13/2/3/28:8 Punkte/55:24 Tore
Halbfinale um die Stadtmeisterschaft:
Hertha BSC – VfB Britz 1:2.

1949/50: Stadtliga Berlin:
10. Platz Hertha BSC
22 Spiele/5/6/11/16:28 Punkte/32:44 Tore

1950/51: Stadtliga Berlin:
3. Platz Hertha BSC
26 Spiele/13/6/7/32:20 Punkte/63:32 Tore

1951/52: Stadtliga Berlin:
4. Platz Hertha BSC
26 Spiele/12/6/8/30:22 Punkte/62:40 Tore

1952/53: Stadtliga Berlin:
13. Platz Hertha BSC
(Absteiger in die Amateurliga)
24 Spiele/3/6/15/12:36 Punkte/32:79 Tore

1953/54: Amateurliga Berlin:
1. Platz Hertha BSC
28 Spiele/22/3/3/47:9 Punkte/92:34 Tore

1954/55: Vertragsliga Berlin:
7. Platz Hertha BSC
22 Spiele/10/1/11/21:23 Punkte/37:44 Tore

1955/56: Vertragsliga Berlin:
10. Platz Hertha BSC
22 Spiele/7/4/11/18:26 Punkte/40:48 Tore

1956/57: Vertragsliga Berlin:
1. Platz Hertha BSC
22 Spiele/13/7/2/33:11 Punkte/61:32 Tore
Endrunde um die Deutsche Meisterschaft:
4. Platz Hertha BSC
3 Spiele/0/0/3/0:6 Punkte/3:19 Tore

1957/58: Vertragsliga Berlin:
6. Platz Hertha BSC
22 Spiele/8/4/10/20:24 Punkte/28:30 Tore.

1958/59: Vertragsliga Berlin:
3. Platz Hertha BSC
33 Spiele/19/5/9/43:23 Punkte/81:56 Tore

1959/60: Vertragsliga Berlin:
2. Platz Hertha BSC
30 Spiele/17/7/6/41:19 Punkte/67:28 Tore

1960/61: Vertragsliga Berlin:
1. Platz Hertha BSC
27 Spiele/18/8/1/44:10 Punkte/69:19 Tore
Endrunde um die Deutsche Meisterschaft:
4. Platz Hertha BSC
6 Spiele/1/1/4/3:9 Punkte/9:14 Tore

1961/62: Vertragsliga Berlin:
2. Platz Hertha BSC
27 Spiele/19/5/3/43:11 Punkte/73:32 Tore

1962/63: Vertragsliga Berlin:
1. Platz Hertha BSC
27 Spiele/22/1/4/45:9 Punkte/95:34 Tore
Endrunde um die Deutsche Meisterschaft:
3. Platz Hertha BSC
6 Spiele/1/1/4/3:9 Punkte/7:20 Tore

1963/64: 1. Bundesliga:
14. Platz Hertha BSC
30 Spiele/9/6/15/24:36 Punkte/45:65 Tore

1964/65: 1. Bundesliga:
14. Platz Hertha BSC
30 Spiele/7/11/12/25:35 Punkte/40:62 Tore
Der DFB verurteilt Hertha BSC wegen
Zahlung überhöhter Gehälter zum
Zwangsabstieg.

1965/66: Regionalliga Berlin:
1. Platz Hertha BSC
30 Spiele/29/0/1/58:2 Punkte/136:25 Tore.
Aufstiegsspiele zur Bundesliga:
3. Platz (gescheitert)

1966/67: Regionalliga Berlin:
1. Platz Hertha BSC
30 Spiele/28/1/1/57:3 Punkte/114:25 Tore
Aufstiegsspiele zur Bundesliga:
5. Platz (gescheitert)

1967/68: Regionalliga Berlin:
1. Platz Hertha BSC
30 Spiele/26/3/1/55:5 Punkte/104:11 Tore
Aufstiegsspiele zur Bundesliga:
1. Platz (Aufsteiger) gegen Rot-Weiß
Essen, SV Alsenborn, Göttingen 05 und
Bayern Hof.

1968/69: 1. Bundesliga:
14. Platz Hertha BSC
34 Spiele/12/8/14/32:36 Punkte/31:39 Tore

1969/70: 1. Bundesliga:
3. Platz Hertha BSC
34 Spiele/20/5/9/45:23 Punkte/67:41 Tore

1970/71: 1. Bundesliga:
3. Platz Hertha BSC
34 Spiele/16/9/9/41:27 Punkte/61:43 Tore

1971/72: 1. Bundesliga:
6. Platz Hertha BSC
34 Spiele/14/9/11/37:31 Punkte/46:55 Tore

1972/73: 1. Bundesliga:
13. Platz Hertha BSC
34 Spiele/11/8/15/30:38 Punkte/53:64 Tore

1973/74: 1. Bundesliga:
8. Platz Hertha BSC
34 Spiele/11/11/12/33:35 Punkte/56:60 Tore

1974/75: 1. Bundesliga:
2. Platz Hertha BSC
34 Spiele/19/6/9/44:24 Punkte/61:43 Tore

1975/76: 1. Bundesliga:
11. Platz Hertha BSC
34 Spiele/11/10/13/32:36 Punkte/59:61 Tore

1976/77: 1. Bundesliga:
10. Platz Hertha BSC
34 Spiele/13/8/13/34:34 Punkte/55:54 Tore

1977/78: 1. Bundesliga:
3. Platz Hertha BSC
34 Spiele/15/10/9/40:28 Punkte/59:48 Tore

1978/79: 1. Bundesliga:
14. Platz Hertha BSC
34 Spiele/9/11/14/29:39 Punkte/40:50 Tore

1979/80: 1. Bundesliga:
16. Platz Hertha BSC (Absteiger)
34 Spiele/11/7/16/29:39 Punkte/41:61 Tore

1980/81: 2. Bundesliga Nord:
3. Platz Hertha BSC
42 Spiele/31/2/9/64:20 Punkte/123: 42 Tore

1981/82: 2. Bundesliga:
2. Platz Hertha BSC (Aufsteiger)
38 Spiele/20/8/10/48:28 Punkte/84:47 Tore

1982/83: 1. Bundesliga:
18. Platz (Absteiger)
34 Spiele/5/10/19/20:48 Punkte/43:67 Tore

1983/84: 2. Bundesliga:
11. Platz Hertha BSC
38 Spiele/13/11/14/37:39 Punkte/64:57 Tore

1984/85: 2. Bundesliga:
14. Platz Hertha BSC
38 Spiele/10/15/13/35:41 Punkte/50:59 Tore

1985/86: 2. Bundesliga:
17. Platz Hertha BSC (Absteiger)
38 Spiele/8/15/15/31:45 Punkte/50:62 Tore

1986/87: Amateur-Oberliga Berlin:
1. Platz Hertha BSC
30 Spiele/24/5/1/53:7 Punkte/102:25 Tore
Aufstiegsspiele zur 2. Bundesliga: Platz 3
(gescheitert)

1987/88: Amateur-Oberliga Berlin:
1. Platz Hertha BSC
30 Spiele/22/4/4/48:12 Punkte/75:22 Tore
Aufstiegsspiele zur 2. Bundesliga: 1. Platz
(Aufsteiger) gegen Eintracht Braunschweig,
MSV Duisburg, Preußen Münster und VfL
Wolfsburg.

1988/89: 2. Bundesliga:
13. Platz Hertha BSC
38 Spiele/11/14/13/36:40 Punkte/45:44 Tore

1989/90: 2. Bundesliga:
1. Platz Hertha BSC (Aufsteiger)
38 Spiele/22/9/7/53:23 Punkte/65:39 Tore

1990/91: 1. Bundesliga:
18. Platz Hertha BSC (Absteiger)
34 Spiele/3/8/23/14:54 Punkte/37:84 Tore

1991/92: 2. Bundesliga, Nord, Vorrunde:
6. Platz Hertha BSC
22 Spiele/8/7/7/23:21 Punkte/30:26 Tore
Aufstiegsrunde: 3. Platz (gescheitert)

1992/93: 2. Bundesliga:
5. Platz Hertha BSC
46 Spiele/19/15/12/53:39 Punkte/82:55 Tore

1993/94: 2. Bundesliga:
11. Platz Hertha BSC
38 Spiele/11/15/12/37:39 Punkte/48:42 Tore

1994/95: 2. Bundesliga:
11. Platz Hertha BSC
34 Spiele/10/12/12/32:36 Punkte/41:45 Tore

1995/96: 2. Bundesliga:
14. Platz Hertha BSC
34 Spiele/11/12/11/42 Punkte/37:35 Tore

1996/97: 2. Bundesliga,
3. Platz Hertha BSC (Aufsteiger)
34 Spiele/17/7/10/58 Punkte/57:38 Tore

1997/98: 1. Bundesliga:
11. Platz Hertha BSC
34 Spiele/12/7/15/43 Punkte/41:53 Tore

1998/99: 1. Bundesliga:
3. Platz Hertha BSC
34 Spiele/18/8/8/62 Punkte/59:32 Tore

Hertha BSC in den Endrunden um die Deutsche Meisterschaft

1906:
Schlesien Breslau – Hertha BSC 1:7
Hertha BSC – VfB Leipzig 2:3

1925:
VfB Königsberg – Hertha BSC 2:3 n.V.
Hertha BSC – Turu Düsseldorf 4:1
FSV Frankfurt – Hertha BSC 1:0 n.V.
(in Fürth)

1926:
Hertha BSC – VfB Königsberg 4:0
Hertha BSC – FSV Frankfurt 8:2
(in Nürnberg)
Hertha BSC – Hamburger SV 4:2
SpVgg. Fürth – Hertha BSC 4:1
(Finale in Frankfurt)

1927:
VfB Königsberg – Hertha BSC 1:2
Hertha BSC – Holstein Kiel 4:2
Hertha BSC – SpVgg. Fürth 2:1 (in Leipzig)
Hertha BSC – 1. FC Nürnberg 0:2
(Finale in Berlin)

1928:
Hertha BSC – Sportfreunde Breslau 7:0
Holstein Kiel – Hertha BSC 0:4
Hertha BSC – Wacker München 2:1
(in Leipzig)
Hamburger SV – Hertha BSC 5:2
(Finale in Altona)

1929:
Hertha BSC- Preußen Hindenburg 8:1
(in Gleiwitz)
Hertha BSC – Schalke 04 4:1
(in Dortmund)
Hertha BSC – 1. FC Nürnberg 0:0 n.V.
Hertha BSC – 1. FC Nürnberg 3:2
(in Düsseldorf)
SpVgg. Fürth – Hertha BSC 3:2
(Finale in Nürnberg)

1930:
Hertha BSC – Beuthen 09 3:2
Köln-Sülz 07 – Hertha BSC 1:1 n.V.

Hertha BSC – Köln-Sülz 07 8:1
Hertha BSC – 1. FC Nürnberg 6:3
(in Leipzig)
Hertha BSC – Holstein Kiel 5:4
(Finale in Düsseldorf)

1931:
Hertha BSC – VfB Bielefeld 5:2
(in Dortmund)
Hertha BSC – SpVgg. Fürth 3:1
Hertha BSC – Hamburger SV 3:2 n.V.
(in Leipzig)
Hertha BSC – 1860 München 3:2
(Finale in Köln)

1933:
Hindenburg Allenstein – Hertha BSC 4:1

1935:
Hertha BSC – Vorwärts Rasensport
Gleiwitz 2:0
Hertha BSC – York Boyen Insterburg 7:3
Polizei SV Chemnitz – Hertha BSC 1:2
York Boyen Insterburg – Hertha BSC 0:9
Hertha BSC – Polizei SV Chemnitz 1:2
Vorwärts Rasensport Gleiwitz – Hertha
BSC 2:1

1. Chemnitz 10:2 Punkte/22:7 Tore
2. Hertha BSC 8:4/22:8
3. Gleiwitz 5:7/9:11
4. Insterburg 1:11/8:35

1937:
Victoria Stolp – Hertha BSC 0:4
Hertha BSC – Schalke 04 1:2
Hertha BSC – Werder Bremen 1:3
Schalke 04 – Hertha BSC 2:1
Werder Bremen – Hertha BSC 5:2
Hertha BSC – Victoria Stolp 3:1

1. Schalke 04 10:2/22:7
2. Bremen 9:3/20:10
3. Hertha BSC 4:8/12:13
4. Stolp 0:12/1:36

1944:
Luftwaffen SV Danzig – Hertha BSC 0:0 n.V.
Hertha BSC – Luftwaffen SV Danzig 7:1
Hertha BSC – Holstein Kiel 4:2
Heeres SV Groß-Born – Hertha BSC 3:2

1957:
1. FC Kaiserslautern – Hertha BSC 14:1
(in Wuppertal)
Kickers Offenbach – Hertha BSC 3:1
(in Essen)
Borussia Dortmund – Hertha BSC 2:1
(in Braunschweig)

1. Borussia Dortmund 6:0/7:4
2. Kickers Offenbach 4:2/8:4
3. 1. FC Kaiserslautern 2:4/17:8
4. Hertha BSC 0:6/3:19

1961:
Hertha BSC – 1. FC Nürnberg 0:2
Werder Bremen – Hertha BSC 1:0

1. FC Köln – Hertha BSC 3:4
Hertha BSC – 1. FC Köln 1:2
Hertha BSC – Werder Bremen 1:3
1. FC Nürnberg – Hertha BSC 3:3

1. 1. FC Nürnberg 10:2/18:9
2. Werder Bremen 6:6/8:11
3. 1. FC Köln 5:7/11:12
4. Hertha BSC 3:9/9:14

1963:
1. FC Kaiserslautern – Hertha BSC 1:1
Hertha BSC – 1. FC Nürnberg 0:2
Hertha BSC – 1. FC Köln 3:6
1. FC Köln – Hertha BSC 5:1
1. FC Nürnberg – Hertha BSC 5:0
Hertha BSC – 1. FC Kaiserslautern 3:0

1. 1. FC Köln 10:2/20:12
2. 1. FC Nürnberg 8:4/19:12
3. Hertha BSC 3:9/8:19
4. 1. FC Kaiserslautern 3:9/7:20

Die Helden der 20er und 30er Jahre – die Einsatztabelle

(Sechs Endspiel-Teilnahmen um die Deutsche Meisterschaft in Folge mit zwei Titeln)

Name	Saison	Spiele/Tore	Name	Saison	Spiele/Tore
Appel	1931	4/0	Leuschner	1926-1930	22/0
Domscheid	1926-1929	17/0	Müller	1927-1931	22/0
Fischer	1926-1928	12/0	Radecke	1930	4/0
Fritze	1929	5/2	Rokitta	1930	1/1
Gawenda	1926	1/0	Ruch	1926-1931	26/11
Gehlhaar	1928-1931	18/0	Schulz	1928-1930	8/8
Götze	1926-1927	7/0	Sobek	1926-1931	26/20
Grenzel	1926-1930	13/10	Stahr	1931	4/0
Gülle	1926-1928	12/2	Tewes	1926-1927	7/0
Hahn	1930-1931	9/4	Völker	1926-1931	23/0
Kirsei	1926-1931	24/26	Wilhelm	1929-1931	9/0
Lehmann	1929-1931	12/9			

Hertha BSC in Endspielen um Deutsche Meisterschaft und DFB-Pokal

Deutsche Meisterschaft

Endspiel am 13. Juni **1926** in Frankfurt/Main:
Hertha BSC – SpVgg. Fürth 1:4 (1:2)
Hertha spielte mit: Götze, Domscheid, Fischer, Leuschner, Tewes, Völker, Ruch, Sobek, Grenzel, Kirsei, Gülle.
SpVgg. Fürth spielte mit: Hörgren, Müller, Hagen, Kleinlein, Leinberger, Krauß I, Auer, Franz, Seiderer, Ascherl, Kießling.
Schiedsrichter: Spranger (Glauchau),
Zuschauer: 40.000,
Torfolge: 1:0 Ruch (19.), 1:1 Franz (27.), 1:2 Seiderer (43.), 1:3 Leuschner (57./Eigentor), 1:4 Ascherl (75.)

Endspiel am 12. Juni **1927** in Berlin:
Hertha BSC – 1. FC Nürnberg 0:2 (0:1)
Hertha spielte mit: Götze, Domscheid, Fischer, Leuschner, Tewes, Müller, Ruch, Sobek, Grenzel, Kirsei, Gülle.
Nürnberg spielte mit: Stuhlfauth, Popp, Winter, Köpplinger, Dr. Kalb, Schmidt, Reinmann, Hochgesang, Schmitt, Wieder, Träg.
Schiedsrichter: Guyenz (Essen),
Zuschauer: 50.000,
Torfolge: 0:1 Kalb (6.), 0:2 Träg (60.)

Endspiel am 29. Juli **1928** in Hamburg:
Hertha BSC – Hamburger SV 2:5 (1:3)
Hertha spielte mit: Gehlhaar, Domscheid, Fischer, Leuschner, Müller, Völker, Ruch, Sobek, Grenzel, Kirsei, Gülle.
Hamburg spielte mit: Blunk, Beier, Risse, Lang, Halvorsen, Carlsson, Kolzen, Ziegenspeck, Harder, Horn, Rave.
Schiedsrichter: Maul (Nürnberg),
Zuschauer: 40.000,
Torfolge: 0:1 Kolzen (12.), 0:2 Harder (15.), 0:3 Kolzen (20.), 1:3 Kirsei (38.), 1:4 Horn (57.), 1:5 Rave (64.), 2:5 Grenzel (75.)

Endspiel am 28. Juli **1929** in Nürnberg:
Hertha BSC – SpVgg. Fürth 2:3 (1:1)
Hertha spielte mit: Gehlhaar, Schulz, Domscheid, Leuschner, Müller, Völker, Ruch, Sobek, Fritze, Lehmann, Kirsei.
Fürth spielte mit: Neger, Hagen, Krauß I, Röschke, Leinberger, Krauß II, Auer, Rupprecht, Franz, Frank, Kießling.
Schiedsrichter: Bauwens (Köln),
Zuschauer: 35.000,
Torfolge: 0:1 Auer (30.), 1:1 Sobek (37.), 1:2 Frank (54.), 2:2 Sobek (68.), 2:3 Rupprecht (80.)

Endspiel am 22. Juni **1930** in Düsseldorf:
Hertha BSC – Holstein Kiel 5:4 (3:3)
Hertha spielte mit: Gehlhaar, Völker, Wilhelm, Leuschner, Müller, Radecke, Ruch, Sobek, Lehmann, Kirsei, Hahn.
Kiel spielte mit: Kramer, Zimmermann, Lagerquist, Baasch, Ohm, Lübke, Voß, Ritter, Ludwig, Widmaier, Esser.
Schiedsrichter: Guyenz (Essen),
Zuschauer: 40.000,
Torfolge: 0:1 Widmaier (3.), 0:2 Ritter (8.), 1:2 Sobek (19.), 2:2 Sobek (27.), 2:3 Ludwig (36.), 3:3 Lehmann (41.), 4:3 Lehmann (75.), 4:4 Ritter (75.), 5:4 Ruch (87.)

Endspiel am 14. Juni **1931** in Köln:
Hertha BSC – 1860 München 3:2 (1:2)
Hertha spielte mit: Gehlhaar, Völker, Wilhelm, Appel, Müller, Stahr, Ruch, Sobek, Lehmann, Kirsei, Hahn.
München spielte mit: Riemke, Schäfer, Wendt, Stock, Piedl, Eiberle, Stiglbauer, Lachner, Huber, Oeldenberger, Thalmeier.
Schiedsrichter: Fissenwerth (Köln),
Zuschauer: 64.000,
Torfolge: 0:1 Lachner (20.), 1:1 Sobek (27.), 1:2 Lachner (44.), 2:2 Sobek (75.), 3:2 Kirsei (89.)

DFB-Pokal

Endspiel am 28. Mai **1977** in Hannover:
Hertha BSC – 1. FC Köln 1:1 (1:1, 0:1)
nach Verlängerung
Hertha spielte mit: Nigbur, Sziedat, Brück,
Kliemann, Weiner, Hermandung (68.
Gersdorff), Sidka, Beer, Grau (112. Förster),
Granitza, Horr.
Köln spielte mit: Schumacher, Konopka,
Gerber, Strack, Zimmermann, Simmet,
Overath (91. Neumann), Flohe, van Gool,
Mülle, Löhr (81.Larsen).
Schiedsrichter: Frickel (München),
Zuschauer: 60.000,
Torfolge: 0:1 Müller (45.), 1:1 Horr (68.)

Wiederholungs-Endspiel am 30. Mai 1977
in Hannover:
Hertha BSC – 1. FC Köln 0:1 (0:0)
Hertha spielte mit: Nigbur, Brück, Sziedat,
Kliemann, Weiner, Hermandung (80.
Kristensen), Sidka (71. Gersdorff), Beer,
Grau, Granitza, Horr.
Köln spielte mit: Schumacher, Konopka,
Gerber, Strack, Zimmermann, Simmet,
Flohe, Neumann (76. Cullmann), van Gool,
Müller, Löhr.
Schiedsrichter: Ohmsen (Hamburg),
Zuschauer: 45.000, Tor: 0:1 Müller (70.)

Endspiel am 23. Juni **1979** in Hannover:
Hertha BSC – Fortuna Düsseldorf 0:1 (0:0,
0:0) nach Verlängerung
Hertha spielte mit: Nigbur, Kliemann,
Sziedat, Rasmussen, Weiner, Brück, Sidka,
Beer, Nüssing, Milewski (73. Agerbeck),
Krämer (91. Remark).
Düsseldorf spielte mit: Daniel, Zewe, Weikl,
Fanz, Baltes, Bommer, Schmitz, Köhnen,
T. Allofs (73. Dusend), Seel, K. Allofs.
Schiedsrichter: Linn (Altendiez),
Zuschauer: 58.000, Tor: 0:1 Seel (116.)

Endspiel am 12. Juni **1993** in Berlin:
Hertha BSC (Amateure) – Bayer
Leverkusen 0:1 (0:0)
Hertha spielte mit: Fiedler, Meyer, O.
Schmidt (73. Höpfner), Nied, A. Schmidt,
Kolczyk, Holzbecher, Klews, Ramelow,
Kaiser, Gezen.
Leverkusen spielte mit: Vollborn, Foda,
Wörns, Kree, Fischer, Scholz, Lupescu,
Hapal, Happe, Thom, Kirsten.
Schiedsrichter: Merk (Kaiserslautern),
Zuschauer: 76.391, Tor: 0:1 Kirsten (77.)

Hertha BSC im DFB-Pokal

1934/35:
Hauptrunde:
VfL Bitterfeld – Hertha BSC 1:2 n.V.
Hauptrunde:
Sportfreunde Dresden – Hertha BSC 1:0

1935/36:
Hauptrunde:
Hertha BSC – TG Eimsbüttel 3:2
Hauptrunde:
PSV Lübeck – Hertha BSC 1:3
Achtelfinale:
Hertha BSC – VfL Benrath 1:1 n.V.
Wiederholungsspiel:
VfL Benrath – Hertha BSC 8:2

1936/37:
1. Hauptrunde:
BuEV Danzig – Hertha BSC 2:3
2. Hauprunde:
Holstein Kiel – Hertha BSC 5:3

1937/38:
1. Hauptrunde:
1. SV Jena – Hertha BSC 1:2
2. Hauptrunde: Hertha BSC – Hindenburg
Allenstein kampflos für Hertha gewertet
Achtelfinale:
Rot-Weiß Essen – Hertha BSC 3:0

1938/39:
1. Hauptrunde:
Hertha BSC – SC Planitz 6:2
2. Hauptrunde: Vorwärts Rasensport
Gleiwitz – Hertha BSC 5:2

1939/40:
Vorrunde Berlin-Brandenburg:
Hertha BSC – Blau-Weiß 90 0:2

1940/41:
1. Hauptrunde:
Hertha BSC – Blau-Weiß 90 1:2

1941/42:
Vorrunde Berlin-Brandenburg:
Hertha BSC – Minerva 93 4:5

1942/43:
1. Hauptrunde:
TSG Rostock – Hertha BSC 1:7
2. Hauptrunde:
Hertha BSC – Holstein Kiel 0:3

1958/59:
Hertha BSC – Schwarz-Weiß Essen 3:6

1959/60:
Hertha BSC – FK Pirmasens 0:1

1963/64:
1. Hauptrunde:
Meidericher SV – Hertha BSC 1:2 n.V.
2. Hauptrunde:
Hertha BSC – SpVgg. Fürth 4:3
Viertelfinale:
Hertha BSC – 1. FC Köln 4:2
Halbfinale:
Eintracht Frankfurt – Hertha BSC 3:1

1964/65:
1. Hauptrunde:
Hertha BSC – Eintracht Braunschweig 1:5

1966/67:
1. Hauptrunde:
Hertha BSC – Bayern München 2:3 n.V.

1967/68:
1.Hauptrunde:
Hertha BSC – Hamburger SV 1:0 n.V.
2. Hauptrunde:
Hertha BSC – SV Völklingen 2:1
Viertelfinale:
Borussia Dortmund – Hertha BSC 2:1

1968/69:
1. Hauptrunde: Borussia
Mönchengladbach – Hertha BSC 5:2

1969/70:
1. Hauptrunde:
FK Pirmasens – Hertha BSC 1:2
2. Hauptrunde:
Schalke 04 – Hertha BSC 0:0 n.V.

Wiederholungsspiel:
Hertha BSC – Schalke 04 4:0
Viertelfinale:
Alemannia Aachen – Hertha BSC 1:0

1970/71:
1. Hauptrunde:
Wattenscheid 09 – Hertha BSC 1:2
2. Hauptrunde: Hertha BSC – Borussia
Mönchengladbach 1:3

1971/72:
1. Hauptrunde:
Schalke 04 – Hertha BSC 3:1
Hertha BSC – Schalke 04 3:0
(Hertha wurde disqualifiziert, da der nicht
spielberechtigte Zoltan Varga mitwirkte)

1972/73:
1. Hauptrunde:
OSC Hannover – Hertha BSC 0:6
Hertha BSC – OSC Hannover 3:0
2. Hauptrunde:
MSV Duisburg – Hertha BSC 1:2
Hertha BSC – MSV Duisburg 4:2
3. Hauptrunde:
Werder Bremen – Hertha BSC 2:0
Hertha BSC – Werder Bremen 2:2

1973/74:
1. Hauptrunde:
Hertha BSC – Fortuna Düsseldorf 2:2 n.V.
Fortuna Düsseldorf – Hertha BSC 1:1
n.V./1:4 im Elfmeterschießen
2. Hauptrunde:
Wattenscheid 09 – Hertha BSC 1:0

1974/75:
1. Hauptrunde: Eintracht Braunschweig –
Hertha BSC 4:1 n.V.

1975/76:
1. Hauptrunde:
FV Weinheim – Hertha BSC 1:7
2. Hauptrunde:
Hertha BSC – VfB Stuttgart 4:2
3. Hauptrunde:
Stuttgarter Kickers – Hertha BSC 1:3
Achtelfinale:
Hertha BSC – Eintracht Frankfurt 1:0 n.V.
Viertelfinale:
Hertha BSC – Röchling Völklingen 1:1 n.V.

Röchling Völklingen – Hertha BSC 1:2
Halbfinale:
1. FC Kaiserslautern – Hertha BSC 4:2

1976/77:
1. Hauptrunde:
Hertha BSC – TuS Langerwehe 7:3
2. Hauptrunde:
Hertha BSC – Bayern Hof 3:1
3. Hauptrunde:
Darmstadt 98 – Hertha BSC 0:1 n.V.
Achtelfinale:
MSV Duisburg – Hertha BSC 1:2
Viertelfinale:
Hertha BSC – Bayern München 4:2 n.V.
Halbfinale:
Bayer Uerdingen – Hertha BSC 0:1
Finale: Hertha BSC – 1. FC Köln 1:1 n.V.
Wiederholungsspiel:
Hertha BSC – 1. FC Köln 0:1

1977/78:
1. Hauptrunde:
RSV Rehburg – Hertha BSC 1:6
2. Hauptrunde:
SV Chio Waldhof – Hertha BSC 1:3
3. Hauptrunde:
FC Augsburg/Amateure – Hertha BSC 0:4
Achtelfinale:
FC Homburg – Hertha BSC 1:1 n.V.
Wiederholung:
Hertha BSC – FC Homburg 4:1 n.V.
Viertelfinale:
MSV Duisburg – Hertha BSC 1:0

1978/79:
1. Hauptrunde:
FV Würzburg – Hertha BSC 0:2 n.V.
2. Hauptrunde:
Wormatia Worms – Hertha BSC 1:1 n.V.
Wiederholungsspiel:
Hertha BSC – Wormatia Worms 2:0
3. Hauptrunde: Hertha BSC – Borussia
Mönchengladbach 2:0
Achtelfinale:
Hertha BSC – 1. FC Köln 2:0 n.V.
Viertelfinale:
Hertha BSC – Bayer Uerdingen 6:1
Halbfinale:
Hertha BSC – Eintracht Frankfurt 2:1
Finale:
Hertha BSC – Fortuna Düsseldorf 0:1 n.V.

1979/80:
1. Hauptrunde:
SB Heidenheim – Hertha BSC 0:4
2. Hauptrunde:
Werder Bremen – Hertha BSC 0:2
3. Hauptrunde:
Hertha BSC – TuS Langerwehe 0:0 n.V.
Wiederholungsspiel:
TuS Langerwehe – Hertha BSC 2:1

1980/81:
1. Hauptrunde:
Hertha BSC – Holstein Kiel 3:1
2. Hauptrunde:
Hertha BSC – FV Würzburg 4:1
3. Hauptrunde:
Hertha BSC – Darmstadt 98 4:1
Achtelfinale:
Hertha BSC – Bayer Uerdingen 5:1
Viertelfinale:
Hertha BSC – Fortuna Düsseldorf 2:1
Halbfinale:
Eintracht Frankfurt – Hertha BSC 1:0

1981/82:
1. Hauptrunde:
Hertha BSC – Bayer Leverkusen/Amat. 5:1
2. Hauptrunde:
Hertha BSC – Viktoria Griesheim 6:2
3. Hauptrunde: Hertha BSC – SSV Ulm 1:2

1982/83:
1. Hauptrunde:
Hertha Zehlendorf – Hertha BSC 2:4 n.V.
2. Hauptrunde:
SpVgg. Bayreuth – Hertha BSC 0:1
Achtelfinale:
Hertha BSC – Hamburger SV 2:1
Viertelfinale: VfB Stuttgart – Hertha BSC 2:0

1983/84:
1. Hauprunde:
FC Homburg – Hertha BSC 0:6
2. Hauptrunde:
TuS Schloß Neuhaus- Hertha BSC 0:2
Achtelfinale:
Göttingen 05 – Hertha BSC 0:1
Viertelfinale:
Hertha BSC – Schalke 04 3:3 n.V.
Wiederholungsspiel:
Schalke 04 – Hertha BSC 2:0

1984/85:
1. Hauptrunde:
Hertha BSC – Hessen Kassel 1:0
2. Hauptrunde:
Hertha BSC – Fortuna Köln 4:3 n.V.
Achtelfinale:
Hertha BSC – Bayer Leverkusen 0:4

1985/86:
1. Hauptrunde:
Hertha BSC – Bayer Leverkusen 2:5

1986/87:
1. Hauptrunde:
Hertha BSC – Bayern München 1:2

1987/88:
1. Hauptrunde:
Viktoria Köln – Hertha BSC 1:3
2. Hauptrunde:
Hertha BSC – Bayer Uerdingen 1:2

1989/90:
1. Hauptrunde:
FC Gütersloh – Hertha BSC 1:1 n.V.
Wiederholungsspiel:
Hertha BSC – FC Gütersloh 0:1

1990/91:
1. Hauptrunde:
DSC Wanne Eickel – Hertha BSC 1:3
2. Hauptrunde:
Hertha BSC – MSV Duisburg 1:2

1991/92:
1. Hauptrunde:
SC Jülich 1910 – Hertha BSC 2:1

1992/93:
2. Hauptrunde:
SC Freiburg – Hertha BSC 2:4
Hertha BSC/Amat. – SGK Heidelberg 3:0
3. Hauptrunde:
SV Meppen – Hertha BSC 2:4 n.V.
Hertha BSC/Amateure – VfB Leipzig 4:2
Achtelfinale:
Bayer Leverkusen – Hertha BSC 1:0
Hertha BSC/Amateure – Hannover 96 4:3
Viertelfinale:
Hertha BSC/Amateure – 1. FC Nürnberg 2:1

Halbfinale:
Hertha BSC/Amateure – Chemnitzer FC 2:1
Finale:
Hertha BSC/Amat. – Bayer Leverkusen 0:1

1993/94:
1. Hauptrunde:
FC Remscheid – Hertha BSC 2:3
2. Hauptrunde:
Hertha BSC – Hamburger SV 3:5 n.V.

1994/95:
1. Hauptrunde:
Kickers Offenbach – Hertha BSC 3:1

1995/96:
1. Hauptrunde:
SV Mettlach – Hertha BSC 0:4
2. Hauptrunde:
Lok/Altmark Stendal – Hertha BSC 3:2 n.V.

1996/97:
1. Hauptrunde:
Lok/Altmark Stendal – Hertha BSC 1:5
2. Hauptrunde:
Hertha BSC – VfB Stuttgart 1:1 n.V./
Elfmeterschießen 4:5

1997/98:
1. Hauptrunde: Eisenhüttenstädter FC
Stahl – Hertha BSC 0:4
2. Hauptrunde:
VfB Stuttgart – Hertha BSC 2:0

1998/99:
1. Hauptrunde:
Post SV Regensburg – Hertha BSC 0:2
2. Hauptrunde:
Bayer Leverkusen – Hertha BSC 1:1 n.V./
Elfmeterschießen 3:4
Achtelfinale:
Tennis Borussia – Hertha BSC 4:2

Hertha BSC im Europapokal

Messepokal

1963/64:

Hertha BSC – AS Rom 1:3
AS Rom – Hertha BSC 2:0

1964/65:

Hertha BSC – FC Antwerpen 2:1
FC Antwerpen – Hertha BSC 2:0

1969/70:

Union Las Palmas – Hertha BSC 0:0
Hertha BSC – Union Las Palmas 1:0

Hertha BSC – Juventus Turin 3:1
Juventus Turin – Hertha BSC 0:0

Vitoria Setubal – Hertha BSC 1:1
Hertha BSC – Vitoria Setubal 1:0

Hertha BSC – Inter Mailand 1:0
Inter Mailand – Hertha BSC 2:0

UEFA-Cup

1970/71:

Nyköping BK – Hertha BSC 2:4
Hertha BSC – Nyköping BK 4:1

Hertha BSC – Spartak Trnava 1:0
Spartak Trnava – Hertha BSC 3:1

1971/72:

Hertha BSC – Elfsborg Boras 3:1
Elfsborg Boras – Hertha BSC 1:4

AC Mailand – Hertha BSC 4:2
Hertha BSC – AC Mailand 2:1

1975/76:

Hertha BSC – HJK Helsinki 4:1
HJK Helsinki – Hertha BSC 1:2

Hertha BSC – Ajax Amsterdam 1:0
Ajax Amsterdam – Hertha BSC 4:1

1978/79:

Hertha BSC – Trakia Plowdiw 0:0
Trakia Plowdiw – Hertha BSC 1:2

Hertha BSC – Dynamo Tbilissi 2:0
Dynamo Tbilissi – Hertha BSC 1:0

Esbjerg BK – Hertha BSC 2:1
Hertha BSC – Esbjerg BK 4:0

Hertha BSC – Dukla Prag 1:1
Dukla Prag – Hertha BSC 1:2

Roter Stern Belgrad – Hertha BSC 1:0
Hertha BSC – Roter Stern Belgrad 2:1

Hertha BSC in den Aufstiegsspielen zur ersten und zweiten Bundesliga

Aufstiegsspiele zur 1. Bundesliga **1965/66**:
Hertha BSC – FK Pirmasens 1:1
Kickers Offenbach – Hertha BSC 1:0
Fortuna Düsseldorf – Hertha BSC 4:1
Hertha BSC – Fortuna Düsseldorf 3:2
Hertha BSC – Kickers Offenbach 2:1
FK Pirmasens – Hertha BSC 2:1

Endstand:
1. Fortuna Düsseldorf 8:4 Punkte/17:8 Tore
2. FK Pirmasens 8:4/10:8
3. Hertha BSC 5:7/8:11
4. Kickers Offenbach 3:9/5:13

Aufstiegsspiele zur 1. Bundesliga **1966/67**:
Arminia Hannover – Hertha BSC 1:1
Hertha BSC – Bayern Hof 2:0
Schwarz-Weiß Essen – Hertha BSC 3:2
Hertha BSC – Borussia Neunkirchen 1:2
Hertha BSC – Arminia Hannover 0:3
Bayern Hof – Hertha BSC 2:1
Hertha BSC – Schwarz-Weiß Essen 0:1
Borussia Neunkirchen – Hertha BSC 0:1

Endstand:
1. Borussia Neunkirchen 11:5/17:12
2. Schwarz-Weiß Essen 10:6/13:9
3. Arminia Hannover 7:9/14:14
4. Bayern Hof 7:9/11:16
5. Hertha BSC 5:11/8:12

Aufstiegsspiele zur 1. Bundesliga **1967/68**:
Rot-Weiß Essen – Hertha BSC 2:2
Hertha BSC – Göttingen 05 1:0
SV Alsenborn – Hertha BSC 2:1
Hertha BSC – Bayern Hof 2:0
Göttingen 05 – Hertha BSC 0:0
Hertha BSC – Rot-Weiß Essen 2:0
Bayern Hof – Hertha BSC 2:3
Hertha BSC- SV Alsenborn 1:1

Endstand:
1. Hertha BSC 11:5/12:7
2. Rot-Weiß Essen 9:7/9:9
3. SV Alsenborn 8:8/12:14
4. Göttingen 05 7:9/10:11
5. Bayern Hof 5:11/12:14

Aufstiegsspiele zur 2. Bundesliga **1986/87**:
Hertha BSC – SpVgg. Erkenschwick 0:0
Arminia Hannover – Hertha BSC 0:1
Hertha BSC – SV Meppen 2:2
BVL Remscheid – Hertha BSC 1:2
SpVgg. Erkenschwick – Hertha BSC 2:1
Hertha BSC – Arminia Hannover 3:1
SV Meppen – Hertha BSC 1:1
Hertha BSC – BVL Remscheid 1:3

Endstand:
1. BVL Remscheid 10:6/11.5
2. SV Meppen 10:6/13:10
3. Hertha BSC 9:7/11:10
4. SpVgg. Erkenschwick 6:10/7:12
5. Arminia Hannover 5:11/10:15

Aufstiegsspiele zur 2. Bundesliga **1987/88**:
VfL Wolfsburg – Hertha BSC 2:2
Hertha BSC – MSV Duisburg 3:0
Eintracht Braunschweig – Hertha BSC 2:1
Hertha BSC – Preußen Münster 3:0
Hertha BSC – VfL Wolfsburg 3:1
MSV Duisburg – Hertha BSC 6:1
Hertha BSC – Eintracht Braunschweig 2:0
Preußen Münster – Hertha BSC 1:4

Endstand:
1. Hertha BSC 11:5/19:12
2. Eintracht Braunschweig 11:5/12:8
3. MSV Duisburg 10:6/19:13
4. Preußen Münster 4:12/10:18
5. VfL Wolfsburg 4:12/13:22

Aufstiegsrunde zur 1. Bundesliga **1991/92**:
Hertha BSC – FC St. Pauli 2:1
Bayer Uerdingen – Hertha BSC 2:3
SV Meppen – Hertha BSC 0:1
Hertha BSC – VfB Oldenburg 2:2
Hannover 96 – Hertha BSC 2:1
FC St. Pauli – Hertha BSC 0:3
Hertha BSC – Bayer Uerdingen 0:5
Hertha BSC – SV Meppen 3:1
VfB Oldenburg – Hertha BSC 1:0
Hertha BSC – Hannover 96 1:1

Endstand:
1. Bayer Uerdingen 39:25/47:29
2. VfB Oldenburg 38:26/56:39
3. Hertha BSC 35:29/46:41
4. FC St.Pauli 35:29/40:38
5. Hannover 96 34:30/34:37
6. SV Meppen 30:34/36:37

(Die ersten sechs Mannschaften der 2. Liga Nord spielten den Aufsteiger aus, die letzten sechs kämpften gegen den Abstieg).

Tabellen, Aufgebote und Torschützen
seit 1963 (nur Erste Bundesliga)

1963/64:

1.	1. FC Köln	30	78:40	45-15
2.	Meidericher SV	30	60:36	39-21
3.	Eintracht Frankfurt	30	65:41	39-21
4.	Borussia Dortmund	30	73:57	33-27
5.	VfB Stuttgart	30	48:40	33-27
6.	Hamburger SV	30	69:60	32-28
7.	TSV München 1860	30	66:50	31-29
8.	FC Schalke 04	30	51:53	29-31
9.	1. FC Nürnberg	30	45:56	29-31
10.	Werder Bremen	30	53:62	28-32
11.	Eintr. Braunschweig	30	36:49	28-32
12.	1. FC Kaiserslautern	30	48:69	26-34
13.	Karlsruher SC	30	42:55	24-36
14.	**Hertha BSC Berlin**	30	45:65	24-36
15.	Preußen Münster	30	34:52	23-37
16.	1. FC Saarbrücken	30	44:72	17-43

Schimmöller 30 Spiele; Altendorff 28, Rühl 28, Klimaschefski 28, Steinert 27, Faeder 27, Eder 26, Beyer 24, Tillich 24, Rehhagel 23, L. Groß 23, Schlesinger 10, Waclawiak 10, Heuer 8, Borchert 7, Krumnow 6, Schüler 1.
Torschützen: Faeder 9, Altendorff 6, Rühl 6, Steinert 6, Beyer 5, Klimaschefski 4, Waclawiak 4, Bochert 3, L. Groß 1, Schimmöller 1.

1964/65:

1.	Werder Bremen	30	54:29	41-19
2.	1. FC Köln	30	66:45	38-22
3.	Borussia Dortmund	30	67:48	36-24
4.	TSV München 1860	30	70:50	35-25
5.	Hannover 96	30	48:42	33-27
6.	1. FC Nürnberg	30	44:38	32-28
7.	Meidericher SV	30	46:48	32-28
8.	Eintracht Frankfurt	30	50:58	29-31
9.	Eintr. Braunschweig	30	42:47	28-32
10.	Borussia Neunkirchen	30	44:48	27-33
11.	Hamburger SV	30	46:56	27-33
12.	VfB Stuttgart	30	46:50	26-34
13.	1. FC Kaiserslautern	30	41:53	25-35

14.	**Hertha BSC Berlin**	30	40:62	25-35
15.	Karlsruher SC	30	47:62	24-36
16.	FC Schalke 04	30	45:60	22-38

Rehhagel 30, Eder 30, Schimmöller 29, Klimaschefski 29, Sundermann 29, Kremer 27, Rühl 26, Fahrian 25, Schulz 22, Faeder 21, Krampitz 16, Altendorff 14, Steinert 13, L. Groß 11, Krumnow 3, Borchert 3, Tillich 2.
Torschützen: Krampitz 8, Schulz 7, Rehhagel 6, Kremer 4, Faeder 3, Klimaschefski 3, Rühl 3, Altendorff 2, Steinert 2, L. Groß 1.

1968/69:

1.	Bayern München	34	61:31	46-22
2.	Alemannia Aachen	34	57:51	38-30
3.	Bor. Mönchengladbach	34	61:46	37-31
4.	Eintr. Braunschweig	34	46:43	37-31
5.	VfB Stuttgart	34	60:54	36-32
6.	Hamburger SV	34	55:55	36-32
7.	FC Schalke 04	34	45:40	35-33
8.	Eintracht Frankfurt	34	46:43	34-34
9.	Werder Bremen	34	59:59	34-34
10.	TSV München 1860	34	44:59	34-34
11.	Hannover 96	34	47:45	32-36
12.	MSV Duisburg	34	33:37	32-36
13.	1. FC Köln	34	47:56	32-36
14.	**Hertha BSC Berlin**	34	31:39	32-36
15.	1. FC Kaiserslautern	34	45:47	30-38
16.	Borussia Dortmund	34	49:54	30-38
17.	1. FC Nürnberg	34	45:55	29-39
18.	Kickers Offenbach	34	42:59	28-40

Witt 34, Brungs 34, Steffenhagen 34, Ferschl 32, Krafczyk 32, L. Groß 31, Enders 31, Sangulin 30, Wild 29, Kröner 25, Ipta 25, Fraydl 18, V. Groß 17, Bredenfeld 16, Adelmann 15, Weber 12, Hausmann 2, Krumnow 1, Altendorff 1.
Torschützen: Brungs 7, Ipta 5, Bredenfeld 4, Krafczyk 4, Steffenhagen 4, Kröner 3, L. Groß 1, Sangulin 1, Weber 1.

1969/70:

1.	Bor. Mönchengladbach	34	71:29	51-17
2.	Bayern München	34	88:37	47-21
3.	**Hertha BSC Berlin**	34	67:41	45-23
4.	1. FC Köln	34	83:38	43-25
5.	Borussia Dortmund	34	60:67	36-32
6.	Hamburger SV	34	57:54	35-33
7.	VfB Stuttgart	34	59:62	35-33
8.	Eintracht Frankfurt	34	54:54	34-34
9.	FC Schalke 04	34	43:54	34-34
10.	1. FC Kaiserslautern	34	44:55	32-36
11.	Werder Bremen	34	38:47	31-37
12.	Rot-Weiß Essen	34	41:54	31-37
13.	Hannover 96	34	49:61	30-38
14.	Rot-Weiß Oberhausen	34	50:62	29-39
15.	MSV Duisburg	34	35:48	29-39
16.	Eintr. Braunschweig	34	40:49	28-40
17.	TSV München 1860	34	41:56	25-43
18.	Alemannia Aachen	34	31:83	17-51

Witt 34, Gayer 34, Steffenhagen 34, Brungs 33, Patzke 32, Ferschl 30, Weber 28, Wild 27, Altendorff 26, V. Groß 22, Horr 22, Enders 21, Bredenfeld 17, L. Groß 16, Fraydl 13, Ipta 13, Laube 1.
Torschützen: Brungs 15, Gayer 13, Horr 13, Weber 5, Steffenhagen 4, Wild 4, Altendorff 3, Bredenfeld 3, Patzke 3, Enders 1, Ferschl 1.

1970/71:

1.	Bor. Mönchengladbach	34	77:35	50-18
2.	Bayern München	34	74:36	48-20
3.	**Hertha BSC Berlin**	34	61:43	41-27
4.	Eintr. Braunschweig	34	52:40	39-29
5.	Hamburger SV	34	54:63	37-31
6.	FC Schalke 04	34	44:40	36-32
7.	MSV Duisburg	34	43:47	35-33
8.	1. FC Kaiserslautern	34	54:57	34-34
9.	Hannover 96	34	53:49	33-35
10.	Werder Bremen	34	41:40	33-35
11.	1. FC Köln	34	46:56	33-35
12.	VfB Stuttgart	34	49:49	30-38
13.	Borussia Dortmund	34	54:60	29-39
14.	Arminia Bielefeld	34	34:53	29-39
15.	Eintracht Frankfurt	34	39:56	28-40
16.	Rot-Weiß Oberhausen	34	54:69	27-41
17.	Kickers Offenbach	34	49:65	27-41
18.	Rot-Weiß Essen	34	48:68	23-45

V. Groß 34, Patzke 34, Gayer 34, Horr 33, Wild 32, Steffenhagen 32, Gergely 31, Sperlich 30, Ferschl 29, Witt 24, Varga 22, Weber 22, Rumor 20, Brungs 17, Enders 14, Altendorff 1, Kellner 1.
Torschützen: Horr 21, Gayer 14, Steffenhagen 9, Varga 5, Weber 3, Wild 3, Brungs 2, Sperlich 2, Patzke 1.

1971/72:

1.	Bayern München	34	101:38	55-13
2.	FC Schalke 04	34	76:35	52-16
3.	Bor. Mönchengladbach	34	82:40	43-25
4.	1. FC Köln	34	64:44	43-25
5.	Eintracht Frankfurt	34	71:61	39-29
6.	**Hertha BSC Berlin**	34	46:55	37-31
7.	1. FC Kaiserslautern	34	59:53	35-33
8.	VfB Stuttgart	34	52:56	35-33
9.	VfL Bochum	34	59:69	34-34
10.	Hamburger SV	34	52:52	33-35
11.	Werder Bremen	34	63:58	31-37
12.	Eintr. Braunschweig	34	43:48	31-37
13.	Fortuna Düsseldorf	34	40:53	30-38
14.	MSV Duisburg	34	36:51	27-41
15.	Rot-Weiß Oberhausen	34	33:66	25-43
16.	Hannover 96	34	54:69	23-45
17.	Borussia Dortmund	34	34:83	20-48
18.	Arminia Bielefeld	34	0:0	0-0

Hermandung 34, Horr 32, Steffenhagen 32, Witt 31, Beer 31, Gayer 30, Sziedat 29, Ferschl 29, V. Groß 28, Enders 28, Gutzeit 25, Sperlich 23, Varga 12, Zengerle 9, Rumor 8, Kellner 5, Gergely 4, F. Hanisch 3, Zander 3, Schulz 2, Sidka 2, Schumann 2, Eder 1, Lahn 1.
Torschützen: Horr 11, Beer 8, Steffenhagen 8, Hermandung 7, Varga 4, Gayer 3, Gutzeit 2, Sperlich 1, Witt 1, Zengerle 1.

1972/73:

1.	Bayern München	34	93:29	54-14
2.	1. FC Köln	34	66:51	43-25
3.	Fortuna Düsseldorf	34	62:45	42-26
4.	Wuppertaler SV	34	62:49	40-28
5.	Bor. Mönchengladbach	34	82:61	39-29
6.	VfB Stuttgart	34	71:65	37-31
7.	Kickers Offenbach	34	61:60	35-33
8.	Eintracht Frankfurt	34	58:54	34-34
9.	1. FC Kaiserslautern	34	58:68	34-34
10.	MSV Duisburg	34	53:54	33-35
11.	Werder Bremen	34	50:52	31-37
12.	VfL Bochum	34	50:68	31-37
13.	**Hertha BSC Berlin**	34	53:64	30-38
14.	Hamburger SV	34	53:59	28-40

15.	FC Schalke 04	34	46:61	28-40
16.	Hannover 96	34	49:65	26-42
17.	Eintr. Braunschweig	34	33:56	25-43
18.	Rot-Weiß Oberhausen	34	45:84	22-46

Brück 34, Horr 34, Hermandung 33, Sziedat 33, Beer 30, F. Hanisch 29, L. Müller 29, Grau 28, Riedl 25, Wolter 22, Gutzeit 21, Weiner 21, K. Müller 15, Zander 14, Werthmüller 11, P. Hanisch 9, Lenz 7, Zengerle 5, Buchberger 4.
Torschützen: Horr 12, Beer 10, Hermandung 5, Gutzeit 5, K. Müller 5, Brück 4, L. Müller 4, Sziedat 4, Weiner 2, Grau 1, Riedl 1.

1973/74:

1.	Bayern München	34	95:53	49-19
2.	Bor. Mönchengladbach	34	93:52	48-20
3.	Fortuna Düsseldorf	34	61:47	41-27
4.	Eintracht Frankfurt	34	63:50	41-27
5.	1. FC Köln	34	69:56	39-29
6.	1. FC Kaiserslautern	34	80:69	38-30
7.	FC Schalke 04	34	72:68	37-31
8.	**Hertha BSC Berlin**	34	56:60	33-35
9.	VfB Stuttgart	34	58:57	31-37
10.	Kickers Offenbach	34	56:62	31-37
11.	Werder Bremen	34	48:56	31-37
12.	Hamburger SV	34	53:62	31-37
13.	Rot-Weiß Essen	34	56:70	31-37
14.	VfL Bochum	34	45:57	30-38
15.	MSV Duisburg	34	42:56	29-39
16.	Wuppertaler SV	34	42:65	25-43
17.	Fortuna Köln	34	46:79	25-43
18.	Hannover 96	34	50:66	22-46

L. Müller 34, Hermandung 34, Brück 34, Sziedat 33, Weiner 33, Beer 33, Horr 32, K. Müller 32, Zander 31, F. Hanisch 29, Riedl 27, Gutzeit 18, Grau 16, Koppenhöfer 7, Werthmüller 3, Wolter 3, Walleitner 2, K.P. Hanisch 1.
Torschützen: Hermandung 11, Beer 9, K. Müller 9, Horr 7, Gutzeit 6, Brück 3, L. Müller 3, Sziedat 3, Riedl 2, Grau 1, F. Hanisch 1.

1974/75:

1.	Bor. Mönchengladbach	34	86:40	50-18
2.	**Hertha BSC Berlin**	34	61:43	44-24
3.	Eintracht Frankfurt	34	89:49	43-25
4.	Hamburger SV	34	55:38	43-25
5.	1. FC Köln	34	77:51	41-27
6.	Fortuna Düsseldorf	34	66:55	41-27
7.	FC Schalke 04	34	52:37	39-29

8.	Kickers Offenbach	34	72:62	38-30
9.	Eintr. Braunschweig	34	52:42	36-32
10.	Bayern München	34	57:63	34-34
11.	VfL Bochum	34	53:53	33-35
12.	Rot-Weiß Essen	34	56:68	32-36
13.	1. FC Kaiserslautern	34	56:55	31-37
14.	MSV Duisburg	34	59:77	30-38
15.	Werder Bremen	34	45:69	25-43
16.	VfB Stuttgart	34	50:79	24-44
17.	Tennis Borussia Berlin	34	38:89	16-52
18.	Wuppertaler SV	34	32:86	12-56

Zander 34, L. Müller 34, Kliemann 34, Weiner 34, Horr 34, Grau 34, Hermandung 32, Beer 32, Sziedat 31, Sidka 30, K. Müller 30, Brück 25, Szymanek 14, Magnusson 9, Wolter 1.
Torschützen: Beer 11, Kliemann 7, Grau 6, K. Müller 6, Sidka 6, Szymanek 5, Hermandung 4, Horr 3, L. Müller 3, Sziedat 3, Brück 2, Weiner 2, Magnusson 1.

1975/76:

1.	Bor. Mönchengladbach	34	66:37	45-23
2.	Hamburger SV	34	59:32	41-27
3.	Bayern München	34	72:50	40-28
4.	1. FC Köln	34	62:45	39-29
5.	Eintr. Braunschweig	34	52:48	39-29
6.	FC Schalke 04	34	76:55	37-31
7.	1. FC Kaiserslautern	34	66:60	37-31
8.	Rot-Weiß Essen	34	61:67	37-31
9.	Eintracht Frankfurt	34	79:58	36-32
10.	MSV Duisburg	34	55:62	33-35
11.	**Hertha BSC Berlin**	34	59:61	32-36
12.	Fortuna Düsseldorf	34	47:57	30-38
13.	Werder Bremen	34	44:55	30-38
14.	VfL Bochum	34	49:62	30-38
15.	Karlsruher SC	34	46:59	30-38
16.	Hannover 96	34	48:60	27-41
17.	Kickers Offenbach	34	40:72	27-41
18.	Bayer Uerdingen	34	28:69	22-46

Weiner 34, Beer 34, Brück 34, Sziedat 33, Sidka 33, Grau 28, Horr 27, Kostedde 26, Hermandung 26, Kliemann 21, Wolter 21, Szymanek 20, Zander 15, Walbeek 13, Diefenbach 13, Rasmussen 12, Magnusson 11, Hanisch 6, Wohlfarth 1.
Torschützen: Beer 23, Kostedde 14, Szymanek 7, Horr 3, Weiner 3, Brück 2, Hermandung 2, Sidka 2, Grau 1, Sziedat 1.

1976/77:

1.	Bor. Mönchengladbach	34	58:34	44-24
2.	FC Schalke 04	34	77:52	43-25
3.	Eintr. Braunschweig	34	56:38	43-25
4.	Eintracht Frankfurt	34	86:57	42-26
5.	1. FC Köln	34	83:61	40-28
6.	Hamburger SV	34	67:56	38-30
7.	Bayern München	34	74:65	37-31
8.	Borussia Dortmund	34	73:64	34-34
9.	MSV Duisburg	34	60:51	34-34
10.	**Hertha BSC Berlin**	34	55:54	34-34
11.	Werder Bremen	34	51:59	33-35
12.	Fortuna Düsseldorf	34	52:54	31-37
13.	1. FC Kaiserslautern	34	53:59	29-39
14.	1. FC Saarbrücken	34	43:55	29-39
15.	VfL Bochum	34	47:62	29-39
16.	Karlsruher SC	34	53:75	28-40
17.	Tennis Borussia Berlin	34	47:85	22-46
18.	Rot-Weiß Essen	34	49:103	22-46

Brück 34, Nigbur 33, Grau 33, Hermandung 33, Weiner 32, Beer 31, Sidka 30, Sziedat 29, Granitza 26, Horr 26, Kliemann 26, Diefenbach 26, Gersdorff 16, Kristensen 14, Rasmussen 11, Szymanek 6, Gründel 4, Krämer 3, Wolter 1, Förster 1.
Torschützen: Granitza 15, Horr 6, Beer 5, Hermandung 5, Sidka 5, Kristensen 4, Gersdorff 3, Grau 3, Kliemann 3, Szymanek 2, Brück 1, Gründel 1, Krämer 1, Rasmussen 1.

1977/78:

1.	1. FC Köln	34	86:41	48-20
2.	Bor. Mönchengladbach	34	86:44	48-20
3.	**Hertha BSC Berlin**	34	59:48	40-28
4.	VfB Stuttgart	34	58:40	39-29
5.	Fortuna Düsseldorf	34	49:36	39-29
6.	MSV Duisburg	34	62:59	37-31
7.	Eintracht Frankfurt	34	59:52	36-32
8.	1. FC Kaiserslautern	34	64:63	36-32
9.	FC Schalke 04	34	47:52	34-34
10.	Hamburger SV	34	61:67	34-34
11.	Borussia Dortmund	34	57:71	33-35
12.	Bayern München	34	62:64	32-36
13.	Eintr. Braunschweig	34	43:53	32-36
14.	VfL Bochum	34	49:51	31-37
15.	Werder Bremen	34	48:57	31-37
16.	TSV München 1860	34	41:60	22-46
17.	1. FC Saarbrücken	34	39:70	22-46
18.	FC St. Pauli	34	44:86	18-50

Nigbur 34, Brück 34, Sziedat 34, Nüssing 34, Kliemann 33, Sidka 33, Beer 33, Weiner 31, Granitza 31, Gersdorff 31, Kristensen 31, Grau 18, Diefenbach 10, Rasmussen 7, Förster 5, Gründel 4, Krämer 3, Albert 2.
Torschützen: Granitza 17, Gersdorff 8, Brück 6, Nüssing 6, Beer 5, Sidka 5, Kristensen 4, Weiner 3, Grau 2, Förster 1, Kliemann 1.

1978/79:

1.	Hamburger SV	34	78:32	49-19
2.	VfB Stuttgart	34	73:34	48-20
3.	1. FC Kaiserslautern	34	62:47	43-25
4.	Bayern München	34	69:46	40-28
5.	Eintracht Frankfurt	34	50:49	39-29
6.	1. FC Köln	34	55:47	38-30
7.	Fortuna Düsseldorf	34	70:59	37-31
8.	VfL Bochum	34	47:46	33-35
9.	Eintr. Braunschweig	34	50:55	33-35
10.	Bor. Mönchengladbach	34	50:53	32-36
11.	Werder Bremen	34	48:60	31-37
12.	Borussia Dortmund	34	54:70	31-37
13.	MSV Duisburg	34	43:56	30-38
14.	**Hertha BSC Berlin**	34	40:50	29-39
15.	FC Schalke 04	34	55:61	28-40
16.	Arminia Bielefeld	34	43:56	26-42
17.	1. FC Nürnberg	34	36:67	24-44
18.	SV Darmstadt 98	34	40:75	21-47

Brück 34, Nigbur 34, Nüssing 33, Weiner 33, Sziedat 32, Beer 29, Agerbeck 26, Kliemann 24, Rasmussen 24, Sidka 24, Diefenbach 22, Gersdorff 22, Krämer 21, Milewski 21, Blechschmidt 17, Granitza 15, Remark 11, Förster 4, Toppel 2.
Torschützen: Beer 12, Brück 5, Agerbeck 3, Gersdorff 3, Krämer 3, Granitza 2, Milewski 2, Nüssing 2, Sidka 2, Weiner 2, Blechschmidt 1, Diefenbach 1.

1979/80:

1.	Bayern München	34	84:33	50-18
2.	Hamburger SV	34	86:35	48-20
3.	VfB Stuttgart	34	75:53	41-27
4.	1. FC Kaiserslautern	34	75:53	41-27
5.	1. FC Köln	34	72:55	37-21
6.	Borussia Dortmund	34	64:56	36-32
7.	Bor. Mönchengladbach	34	61:60	36-32
8.	FC Schalke 04	34	40:51	33-35
9.	Eintracht Frankfurt	34	65:61	32-36
10.	VfL Bochum	34	41:44	32-36

11.	Fortuna Düsseldorf	34	62:72	32-36
12.	Bayer Leverkusen	34	45:61	32-36
13.	TSV München 1860	34	42:53	30-38
14.	MSV Duisburg	34	43:57	29-39
15.	Bayer Uerdingen	34	43:61	29-39
16.	**Hertha BSC Berlin**	34	41:61	29-39
17.	Werder Bremen	34	52:93	25-43
18.	Eintr. Braunschweig	34	32:64	20-48

Diefenbach 33, Kleff 33, Brück 32, Sidka 32, Kliemann 30, Agerbeck 29, Remark 26, Sziedat 26, Krämer 24, Rasmussen 22, Förster 18, Plücken 17, Gersdorff 16, Milewski 15, Nüssing 14, Dörflinger 10, Timme 9, Schlumberger 8, Baake 7, Verel 5, Dickert 3, C. Werner 3, Laohakul 3, M. Werner 2, Toppel 2.
Torschützen: Agerbeck 9, Dörflinger 4, Remark 4, Sidka 4, Brück 3, Kliemann 2, Krämer 2, Milewski 2, Rasmussen 2, Schlumberger 2, Diefenbach 1, Gersdorff 1, Plücken 1, Sziedat 1, Toppel 1.

1982/83:

1.	Hamburger SV	34	79:33	52-16
2.	Werder Bremen	34	76:38	52-16
3.	VfB Stuttgart	34	80:47	48-20
4.	Bayern München	34	74:33	44-24
5.	1. FC Köln	34	69:42	43-25
6.	1. FC Kaiserslautern	34	57:44	41-27
7.	Borussia Dortmund	34	78:62	39-29
8.	Arminia Bielefeld	34	46:71	31-37
9.	Fortuna Düsseldorf	34	63:75	30-38
10.	Eintracht Frankfurt	34	48:57	29-39
11.	Bayer Leverkusen	34	43:66	29-39
12.	Bor. Mönchengladbach	34	64:63	28-40
13.	VfL Bochum	34	43:49	28-40
14.	1. FC Nürnberg	34	44:70	28-40
15.	Eintr. Braunschweig	34	42:65	27-41
16.	FC Schalke 04	34	48:68	22-46
17.	Karlsruher SC	34	39:86	21-47
18.	**Hertha BSC Berlin**	34	43:67	20-48

Quasten 34, Remark 34, Schneider 34, Blau 33, Mohr 33, Rasmussen 33, Gruler 31, Killmaier 31, Ehrmantraut 30, Timme 28, Schmitz 24, Beck 23, Stöhr 16, Glöde 11, Emig 9, Mack 7, Bonhof 6, Jüttner 4.
Torschützen: Remark 9, Blau 6, Killmaier 6, Mohr 5, Timme 5, Schneider 4, Glöde 2, Bonhof 1, Gruler 1, Ehrmantraut 1, Rasmussen 1, Beck 1, Stöhr 1.

1990/91:

1.	1. FC Kaiserslautern	34	72:45	48-20
2.	Bayern München	34	74:41	45-23
3.	Werder Bremen	34	46:29	42-26
4.	Eintracht Frankfurt	34	63:40	40-28
5.	Hamburger SV	34	60:38	40-28
6.	VfB Stuttgart	34	47:44	38-30
7.	1. FC Köln	34	50:43	37-31
8.	Bayer Leverkusen	34	47:46	35-33
9.	Bor. Mönchengladbach	34	49:54	35-33
10.	Borussia Dortmund	34	46:57	34-34
11.	SG Wattenscheid 09	34	42:51	33-35
12.	Fortuna Düsseldorf	34	40:49	32-36
13.	Karlsruher SC	34	46:52	31-37
14.	VfL Bochum	34	50:52	29-39
15.	1. FC Nürnberg	34	40:54	29-39
16.	FC St. Pauli	34	33:53	27-41
17.	Bayer Uerdingen	34	34:54	23-45
18.	**Hertha BSC Berlin**	34	37:84	14-54

Junghans 28, Halvorsen 28, Gries 28, Lünsmann 28, Görtz 27, Holzer 26, Schlegel 26, Scheinhardt 24, Kretschmer 22, Rahn 21, Unglaube 20, Gowitzke 19, Zernicke 18, Winkhold 17, Greiser 15, Celic 14, Mischke 13, Kruse 12, Jakobs 11, Farrington 9, Klaus 8, Sejna 6, Patzke 6, Zetzmann 3, Zimmer 2.
Torschützen: Gries 6, Kretschmer 6, Rahn 5, Unglaube 4, Lünsmann 3, Greiser 3, Kruse 2, Schlegel 2, Görtz 1, Winkhold 1, Zernicke 1, Holzer 1, Zetzmann 1, Celic 1.

1997/98:

1.	1. FC Kaiserslautern	34	63:39	68
2.	Bayern München	34	69:37	66
3.	Bayer Leverkusen	34	66:39	55
4.	VfB Stuttgart	34	55:49	52
5.	FC Schalke 04	34	38:32	52
6.	Hansa Rostock	34	54:46	51
7.	Werder Bremen	34	43:47	50
8.	MSV Duisburg	34	43:44	44
9.	Hamburger SV	34	38:46	44
10.	Borussia Dortmund	34	57:55	43
11.	**Hertha BSC Berlin**	34	41:53	43
12.	VfL Bochum	34	41:49	41
13.	TSV München 1860	34	43:54	41
14.	VfL Wolfsburg	34	38:54	39
15.	Bor. Mönchengladbach	34	54:59	38
16.	Karlsruher SC	34	48:60	38
17.	1. FC Köln	34	49:64	36
18.	Arminia Bielefeld	34	43:56	32

Preetz 32, A. Schmidt 31, Dinzey 29, Sverrisson 28, Veit 28, Herzog 27, Karl 27, Kiraly 27, Rekdal 26, Arnold 26, Covic 25, van Burik 25, Roy 22, Mandreko 20, Tchami 18, Fährmann 15, Dardai 14, Thom 12, Kruse 11, Hartmann 9, Fiedler 7, Lakies 3, O. Schmidt 2, Neuendorf 1, Vural 1.
Torschützen: Preetz 14, A. Schmidt 5, Covic 4, Rekdal 3, Sverrisson 3, Arnold 2, Thom 2, van Burik 1, Karl 1, Veit 1, Roy 1, Tchami 1, Dinzey 1.

1998/99:

1.	Bayern München	34	76:28	78
2.	Bayer Leverkusen	34	61:30	63
3.	**Hertha BSC Berlin**	34	59:32	62
4.	Borussia Dortmund	34	48:34	57
5.	1. FC Kaiserslautern	34	51:47	57
6.	VfL Wolfsburg	34	54:49	55
7.	Hamburger SV	34	47:46	50
8.	MSV Duisburg	34	48:45	49
9.	1860 München	34	49:56	41
10.	FC Schalke 04	34	41:54	41
11.	VfB Stuttgart	34	41:48	39
12.	SC Freiburg	34	36:44	39
13.	Werder Bremen	34	41:47	38
14.	Hansa Rostock	34	49:58	38
15.	Eintracht Frankfurt	34	44:54	37
16.	1. FC Nürnberg	34	40:50	37
17.	VfL Bochum	34	40:65	29
18.	Bor. Mönchengladbach	34	41:79	21

Kiraly 34, Preetz, 34, Tretschok 32, Wosz 31, Thom 28, Sverrisson 27, Schmidt 27, Hartmann 27, Herzog 26, Veit 25, Rekdal 24, van Burik 24, Dardai 21, Neuendorf 14, Mandreko 13, Covic 13, Aracic 13, Tchami 11, Reiss 10, Roy 7, Maas 6, Sanneh 5, Olic 2, Saba 1.
Torschützen: Preetz 23, Aracic 5, Tretschok 4, Veit 4, Thom 3, Wosz 3, Neuendorf 3, Sverrisson 2, Hartmann 2, Herzog 2, Tchami 2, Schmidt 1, Rekdal 1, Dardai 1, Mandreko 1, Reiss 1.

Der Zuschauerschnitt seit 1963

(1. Bundesliga)

1963/64: 34.606 Zuschauer
1964/65: 36.781 Zuschauer
1968/69: 42.843 Zuschauer
1969/70: 41.675 Zuschauer
1970/71: 43.833 Zuschauer
1971/72: 23.793 Zuschauer
1972/73: 24.417 Zuschauer
1973/74: 28.803 Zuschauer
1974/75: 36.955 Zuschauer

1975/76: 23.715 Zuschauer
1976/77: 24.868 Zuschauer
1977/78: 25.615 Zuschauer
1978/79: 16.464 Zuschauer
1979/80: 23.457 Zuschauer
1982/83: 22.624 Zuschauer
1990/91: 15.471 Zuschauer
1997/98: 52.958 Zuschauer
1998/99: 52.402 Zuschauer

Improvisation in allen Ehren...

... aber Erfolg ist nicht nur eine Frage von Geschicklichkeit oder Glück. Besonders in finanziellen Fragen kommt es auf jedes Detail und exakte Planung an. Am besten mit der Beratung eines starken Partners.

■ Reden wir darüber.

Telefon: 34 07-18 26

Villa Schweizer Häuschen
Hotel & Restaurant
Rudolf-Breitscheid-Allee 107/109
15366 Neuenhagen
Telefon: (0 33 42) 24 66-0, Fax: 24 66 22

Das Hotel und Restaurant „Villa Schweizer Häuschen" in un-mittelbarer Nähe der **Galopprennbahn Hoppegarten** gele-gen, verfügt über 8 Doppelzimmer mit bester Ausstattung. Das **Restaurant** bietet in mehreren Räumen 130 Personen Platz. Die Küche verwöhnt Sie mit deutschen und internationalen Speisen – besondere Spezialität sind Fisch- und Wildgerichte; saisonbedingte Speisenangebote sorgen für Abwechslung. Im Sommer können Sie auch auf der **Terrasse** und im **Biergar-ten** genießen. **Tagungsraum, Gesellschaftsraum** für ca. 40 Personen. Hauseigener Parkplatz. Geöffnet täglich ab 11 Uhr.

Hallo Freunde

*Sie feiern –
Ihre „Hertha"*

P = **Personal**
A = **Ausstattung**
R = **Rhythmus**
T = **Tombola**
Y = **?**

*wir statten aus!
Auch bei Ihnen zu „Haus"*

*Euer Stammi
und sein Team*

Fußball? Immobilie?
Alles eine Frage der Strategie und Standortwahl.

Wohnen im Regie-rungsviertel

Optimal für Familien

Individuell im Dachgeschoß; TÜV-geprüft

Immobilien sowohl für den Eigennutz als auch zur Kapitalanlage. Wir bieten eine vielversprechende Auswahl in fast allen Berliner Stadtteilen z.B. Dahlem, Mitte, Hohenschönhausen, Steglitz, Pankow, Frohnau sowie Hermsdorf.

CONSELL
Gesellschaft für Vermögensanlagen mbH

Cicerostraße 26 · 10709 Berlin · Telefon (030) 89 67 05-0 · Telefax (030) 89 67 05-10

Wer gewinnt?

ES STEHT IN DER

Alle Bundesligaspieler von Hertha BSC

A

Adelmann, Reinhold (30.3.1946)	15 Spiele/0 Tore	(1968-1969)
Agerbeck, Henrik (10.9.1956)	55 Spiele/12 Tore	(1978-1980)
Albert, Erwin (27.3.1954)	2 Spiele/0 Tore	(1977-1978)
Altendorff, Hans-Joachim (22.12.1940)	70 Spiele/10 Tore	(1963-1971)
Aracic, Ilija (15.11.1970)	13 Spiele/5 Tore	(seit 1998/99)
Arnold, Marc (19.9.1970)	26 Spiele/2 Tore	(1997-1998)

B

Baake, Hans-Jürgen (2.3.1954)	7 Spiele/0 Tore	(1979-1980)
Beck, Bernd (18.7.1956)	23 Spiele/1 Tor	(1982-1983)
Beer, Erich (9.12.1946)	253 Spiele/83 Tore	(1971-1979)
Beyer, Harald (21.9.1938)	24 Spiele/5 Tore	(1963-1964)
Blau, Rolf (21.5.1952)	33 Spiele/6 Tore	(1982-1983)
Blechschmidt, Rainer (20.12.1953)	17 Spiele /1 Tor	(1978-1979)
Bonhof, Rainer (29.3.1952)	6 Spiele/1 Tor	(1982-1983)
Borchert, Eberhard (22.5.1941)	10 Spiele/3 Tore	(1963-1965)
Bredenfeld, Hermann (3.11.1947)	33 Spiele/6 Tore	(1968-1970)
Brück, Holger (30.9.1947)	261 Spiele/26 Tore	(1972-1980)
Brungs, Franz (4.12.1936)	84 Spiele/24 Tore	(1968-1971)
Buchberger, Heinz-Peter (24.9.1949)	4 Spiele/0 Tore	(1972-1973)
Burik, Dick van (20.11.1973)	49 Spiele/1 Tor	(seit 1997/98)

C

Celic, Dragutin (19.8.1962)	14 Spiele /1 Tor	(1990-1991)
Covic, Ante (31.8.1975)	38 Spiele/4 Tore	(seit 1997/98)

D

Dardai, Pal (16.3.1976)	35 Spiele/1 Tor	(seit 1997/98)
Dickert, Pierre (3.8.1960)	3 Spiele/0 Tore	(1979-1980)
Diefenbach, Jürgen (27.3.1956)	104 Spiele/2 Tore	(1975-1980)
Dinzey, Michel (15.10.1972)	29 Spiele/71 Tor	(1997-1998)
Dörflinger, Paul (23.1.1955)	10 Spiele/4 Tore	(1979-1980)

E

Eder, Hans (14.11.1934)	57 Spiele/0 Tore	(1963-1972)
Ehrmantraut, Horst (11.12.1955)	30 Spiele/1 Tor	(1982-1983)
Emig, Karl-Heinz (29.6.1962)	9 Spiele/0 Tore	(1982-1983)
Enders, Peter (21.9.1948)	94 Spiele/1 Tor	(1968-1972)

F

Faeder, Helmut (3.7.1935)	48 Spiele/12 Tore	(1963-1965)
Fahrian, Wolfgang (31.5.1941)	25 Spiele/0 Tore	(1964-1965)
Fährmann, Christian (5.10.1975)	15 Spiele/ 0 Tore	(1997-1998)
Farrington, Mark (15.6.1965)	9 Spiele/0 Tore	(1990-1991)

Ferschl, Karl-Heinz (7.7.1944)	120 Spiele/1 Tor	(1968-1972)
Fiedler, Christian (27.3.1975)	7 Spiele/0 Tore	(1997-1998)
Förster, Hans-Joachim (1.8.1955)	28 Spiele/1 Tor	(1976-1980)
Fraydl, Gernot (10.12.1939)	31 Spiele/0 Tore	(1968-1970)

G

Gayer, Wolfgang (9.1.1943)	98 Spiele/30 Tore	(1969-1972)
Gergely, Laszlo (28.10.1941)	35 Spiele/0 Tore	(1970-1972)
Gersdorff, Bernd (18.11.1946)	85 Spiele/15 Tore	(1976-1980)
Glöde, Heiko (12.7.1961)	11 Spiele/2 Tore	(1982-1983)
Görtz, Armin (30.8.1959)	27 Spiele/1 Tor	(1990-1991)
Gowitzke, Torsten (8.1.1967)	19 Spiele /0 Tore	(1990-1991)
Granitza, Karl-Heinz (1.11.1951)	73 Spiele/34 Tore	(1976-1979)
Grau, Gerhard (27.10.1947)	157 Spiele/14 Tore	(1972-1978)
Greiser, Dirk (24.2.1963)	15 Spiele/2 Tore	(1990-1991)
Gries, Theo (10.2.1961)	28 Spiele/6 Tore	(1990-1991)
Groß, Lothar (10.2.1940)	81 Spiele/3 Tore	(1963-1970)
Groß, Volkmar (31.1.1948)	101 Spiele/0 Tore	(1968-1972)
Gruler, Walter (24.8.1951)	31 Spiele/1 Tor	(1982-1983)
Gründel, Heinz (13.2.1957)	8 Spiele/1 Tor	(1976-1978)
Gutzeit, Peter (14.12.1946)	64 Spiele/13 Tore	(1971-1974)

H

Halvorsen, Jan-Halvor (8.3.1963)	28 Spiele/0 Tore	(1990-1991)
Hanisch, Frank (6.11.1953)	68 Spiele/1 Tor	(1971-1976)
Hanisch, Peter (29.1.1952)	10 Spiele/0 Tore	(1972-1974)
Hartmann, Michael (11.7.1974)	36 Spiele/2 Tore	(seit 1997/98)
Hausmann, Karl-Heinz (4.9.1943)	2 Spiele/0 Tore	(1968-1969)
Hermandung, Erwin (25.8.1944)	192 Spiele/34 Tore	(1971-1977)
Herzog, Hendrik (2.4.1969)	53 Spiele/2 Tore	(seit 1997/98)
Heuer, Klaus (14.9.1935)	8 Spiele/0 Tore	(1963-1964)
Holzer, Robert (2.8.1966)	26 Spiele/1 Tor	(1990-1991)
Horr, Lorenz (27.9.1942)	240 Spiele/75 Tore	(1969-1977)

I

Ipta, Werner (18.3.1942)	38 Spiele/6 Tore	(1968-1970)

J

Jakobs, Michael (18.7.1959)	11 Spiele/0 Tore	(1990-1991)
Junghans, Walter (26.10.1958)	28 Spiele/0 Tore	(1990-1991)
Jüttner, Robert (24.11.1959)	4 Spiele/0 Tore	(1982-1983)

K

Karl, Steffen (3.2.1970)	27 Spiele/1 Tor	(1997-1998)
Kellner, Michael (28.9.1942)	6 Spiele/0 Tore	(1970-1972)
Killmaier, Werner (21.4.1955)	31 Spiele/6 Tore	(1982-1983)
Kiraly, Gabor (1.4.1976)	61 Spiele/0 Tore	(seit 1997/98)
Klaus, Fred (27.2.1967)	8 Spiele/0Tore	(1990-1991)
Kleff, Wolfgang (16.11.1946)	33 Spiele/0 Tore	(1979-1980)
Kliemann, Uwe (30.6.1949)	168 Spiele/13 Tore	(1974-1980)
Klimaschefski; Uwe (11.12.1938)	57 Spiele/7 Tore	(1963-1965)
Koppenhöfer, Herward (25.5.1946)	7 Spiele/0 Tore	(1973-1974)

„Wir vertreten nicht nur die Allianz, sondern schließen eine Allianz mit Hertha BSC."

Die Firma Ballwanz & Wustrack ist eine der größten Generalvertretungen der Allianzversicherung. Stolz ist das 1967 gegründete Unternehmen vor allem auf seine starke Außendienstmannschaft und die damit verbundene Topkundenbetreuung. Denn Sicherheit heißt für Ballwanz & Wustrack auch, sich mit Sicherheit um die Bedürfnisse und Wünsche ihrer Kunden zu kümmern. Daß das Geschäft nicht die einzige Sache ist, beweisen sie durch ihr Engagement für die Kunst. Sie vereinen Kunst und Kommerz durch regelmäßige Ausstellungen in ihrer Galerie in der Marienfelder Chaussee 133 und zeigen auch hier Qualität. Damit jedoch nicht genug. Die Firma Ballwanz & Wustrack hat auch eine Allianz mit Hertha BSC geschlossen. Als Mitglied im Förderkreis Hertha BSC ist das Unternehmen auch hier am Ball und unterstützt aktiv den Berliner Spitzensport.

BALLWANZ & WUSTRACK   Allianz ⒾⒾⒾ

Ballwanz & Wustrack, Frankfurter/Allianz Versicherungen Generalvertretung, Marienfelder Chaussee 133
12349 Berlin, Tel. 0 30/76 29 62-50, Fax 0 30/743 55 47

weitere Büros: Kronenstr. 70, 10117 Berlin, Tel. 0 30/201 09 20, Fax 0 30/204 43 65
Berliner Str. 17, 10715 Berlin, Tel. 0 30/873 03 06, Fax 0 30/873 87 52

Kostedde, Erwin (21.5.1946)	26 Spiele/14 Tore	(1975-1976)
Krafczyk, Dieter (23.9.1941)	32 Spiele/4 Tore	(1968-1969)
Krämer, Dietmar (11.9.1955)	51 Spiele/6 Tore	(1976-1980)
Krampitz, Michael (17.9.1942)	15 Spiele/8 Tore	(1964-1965)
Kremer, Willibert (15.10.1939)	28 Spiele/4 Tore	(1964-1965)
Kretschmer, Sven (31.12.1970)	22 Spiele/6 Tore	(1990-1991)
Kristensen, Jörgen (12.12.1946)	45 Spiele/8 Tore	(1976-1978)
Kröner, Rudolf (6.1.1942)	25 Spiele/3 Tore	(1968-1969)
Krumnow, Hans-Jürgen (17.2.1943)	10 Spiele/0 Tore	(1963-1969)
Kruse, Axel (28.9.1967)	23 Spiele/2 Tore	(1990-1991/1997-1998)

L

Lahn, Jürgen (26.10.1953)	1 Spiel/0 Tore	(1971-1972)
Lakies, Carsten (81.1.1971)	3 Spiele/0 Tore	(1997-1998)
Laohakul, Vithaya (1.2.1954)	3 Spiele/0 Tore	(1979-1980)
Laube,Bernd (13.11.1950)	1 Spiel/0 Tore	(1969-1970)
Lenz, Manfred (21.11.1947)	7 Spiele/0 Tore	(1972-1973)
Lünsmann, Mike (23.11.1969)	28 Spiele/3 Tore	(1990-1991)

M

Maas, Rob (17.12.1969)	6 Spiele/0 Tore	(1998/99)
Mack, Peter (30.1.1959)	7 Spiele/0 Tore	(1982-1983)
Magnusson, Benno (4.2.1953)	20 Spiele/1 Tor	(1974-1976)
Mandreko, Sergej (1.8.1971)	33 Spiele/1 Tor	(seit 1997/98)
Milewski, Jürgen (19.10.1957)	36 Spiele/4 Tore	(1978-1980)
Mischke, Frank (19.6.1961)	13 Spiele/0 Tore	(1990-1991)
Mohr, Jürgen (18.8.1958)	33 Spiele/5 Tore	(1982-1983)
Müller, Kurt (9.5.1948)	77 Spiele/20 Tore	(1972-1975)
Müller, Ludwig (25.8.1941)	97 Spiele/10 Tore	(1972-1975)

N

Neuendorf, Andreas (9.2.1975)	15 Spiele/3 Tore	(seit 1997/98)
Nigbur, Norbert (8.5.1948)	101 Spiele/0 Tore	(1976-1979)
Nüssing, Dieter (15.8.1949)	81 Spiele/8 Tore	(1977-1980)

O

Olic, Ivica (14.9.1979)	2 Spiele/0 Tore	(seit 1998/99)

P

Patzke, Bernd (14.3.1943)	66 Spiele/4 Tore	(1969-1971)
Patzke, Wolfgang (24.2.1959)	6 Spiele/0 Tore	(1990-1991)
Plücken, Hans-Günter (15.11.1954)	17 Spiele/1 Tor	(1979-1980)
Preetz, Michael (17.8.1967)	66 Spiele /37 Tore	(seit 1997/98)

Q

Quasten, Gregor (3.10.1952)	34 Spiele/0 Tore	(1982-1983)

R

Rahn, Uwe (21.5.1962)	21 Spiele/5 Tore	(1990-1991)
Rasmussen, Ole (19.3.1952)	109 Spiele/4 Tore	(1975-1980, 1982-1983)
Reiss, Piotr (20.6.1972)	10 Spiele/1 Tor	(seit 1998/99)
Rehhagel, Otto (9.8.1938)	53 Spiele/6 Tore	(1963-1965)

Rekdal, Kjetil (6.11.1968)	50 Spiele/4 Tore	(seit 1997/98)
Remark, Thomas (5.10.1959)	71 Spiele/13 Tore	(1978-1983)
Riedl, Johannes (2.1.1950)	52 Spiele/3 Tore	(1972-1974)
Roy, Bryan (12.2.1970)	29 Spiele/1 Tor	(seit 1997/98)
Rühl, Carl-Heinz (14.11.1939)	54 Spiele/9 Tore	(1963-1965)
Rumor, Jürgen (19.2.1945)	28 Spiele/0 Tore	(1970-1972)

S

Saba, Christian (29.12.1978)	1 Spiel/0 Tore	(1998/99)
Sanneh, Anthony (1.6.1971)	5 Spiele/0 Tore	(seit 1998/99)
Sangulin, Ivan (20.4.1938)	30 Spiele/0 Tore	(1968-1969)
Scheinhardt, Daniel (25.10.1970)	24 Spiele/0 Tore	(1990-1991)
Schimmöller, Hans-Günter (25.9.1935)	59 Spiele/1 Tor	(1963-1965)
Schlegel, Norbert (9.3.1961)	26 Spiele/2 Tore	(1990-1991)
Schlesinger, Peter (8.10.1937)	10 Spiele /0 Tore	(1963-1964)
Schlumberger, Thorsten (29.10.1960)	8 Spiele/2 Tore	(1979-1980)
Schmidt, Andreas (14.9.1973)	58 Spiele/6 Tore	(seit 1997/98)
Schmidt, Oliver (14.9.1973)	2 Spiele/0 Tore	(1997-1998)
Schmitz, Hubert (15.4.1955)	24 Spiele/0 Tore	(1982-1983)
Schneider, Werner (26.7.1954)	34 Spiele/4 Tore	(1982-1983)
Schüler, Günter (10.2.1934)	1 Spiel/0 Tore	(1963-1964)
Schulz, Detlef (17.2.1951)	2 Spiele/0 Tore	(1971-1972)
Schulz, Kurt (2.6.1937)	22 Spiele/7 Tore	(1964-1965)
Schumann, Andreas (16.6.1952)	2 Spiele/0 Tore	(1971-1972)
Sejna, Marco (20.3.1972)	6 Spiele/0 Tore	(1990-1991)
Sidka, Wolfgang (26.5.1954)	184 Spiele/24 Tore	(1971-1980)
Sperlich, Hans-Jürgen (29.2.1948)	53 Spiele/3 Tore	(1970-1972)
Steffenhagen, Arno (24.9.1949)	132 Spiele/26 Tore	(1968-1972)
Steinert, Lutz (18.3.1939)	40 Spiele/8 Tore	(1963-1965)
Stöhr, Edmund (17.9.1956)	16 Spiele/1 Tor	(1982-1983)
Sundermann, Jürgen (25.1.1940)	29 Spiele/0 Tore	(1964-1965)
Sverrisson, Eyjölfur (3.8.1968)	55 Spiele/5 Tore	(seit 1997/98)
Sziedat, Michael (22.8.1952)	280 Spiele/12 Tore	(1971-1980)
Szymanek, Detlef (16.4.1954)	40 Spiele/14 Tore	(1974-1977)

T

Tchami, Alphonse (14.2.1971)	29 Spiele/3 Tore	(seit 1997/98)
Thom, Andreas (7.9.1965)	40 Spiele/5 Tore	(seit 1997/98)
Tillich, Wolfgang (25.11.1939)	26 Spiele /0 Tore	(1963-1965)
Timme, Dieter (23.9.1956)	37 Spiele/5 Tore	(1979-1983)
Toppel, Michael (8.8.1957)	4 Spiele/1 Tor	(1978-1980)
Tretschok, Rene (23.12.1968)	32 Spiele/4 Tore	(seit 1998/99)

U

Unglaube, Rene (6.11.1965)	20 Spiele/4 Tore	(1990-1991)

V

Varga, Zoltan (1.1.1945)	34 Spiele/9 Tore	(1970-1972)
Veit, Sixten (7.1.1970)	53 Spiele/5 Tore	(seit 1997/98)
Verel, Engin (15.9.1956)	5 Spiele/0 Tore	(1979-1980)
Vural, Hasan (17.12.1973)	1 Spiel/0 Tore	(1997-1998)

W

Waclawiak, Horst (1.1.1938)	10 Spiele/4 Tore	(1963-1964)
Walbeek, Stephanus (6.5.1948)	13 Spiele/0 Tore	(1975-1976)
Walleitner, Klaus (12.9.1947)	2 Spiele/0 Tore	(1973-1974)
Weber, Jürgen (29.6.1944)	62 Spiele/9 Tore	(1968-1971)
Weiner, Hans (29.11.1950)	217 Spiele/12 Tore	(1972-1979)
Werner, Christian (17.5.1958)	3 Spiele/0 Tore	(1970-1980)
Werner, Manfred (2.2.1951)	2 Spiele/0 Tore	(1979-1980)
Werthmüller, Gerd (4.11.1948)	14 Spiele/0 Tore	(1972-1974)
Wild, Tasso (1.12.1940)	88 Spiele/7 Tore	(1968-1971)
Winkhold, Andre (4.3.1962)	17 Spiele/1 Tor	(1990-1991)
Witt, Uwe (25.1.1939)	123 Spiele/1 Tor	(1968-1972)
Wohlfahrt, Michael (27.4.1956)	1 Spiel/0 Tore	(1975-1976)
Wolter, Horst (8.6.1942)	48 Spiele/0 Tore	(1972- 1977)
Wosz, Dariusz (8.6.1969)	31 Spiele/3 Tore	(seit 1998/99)

Z

Zander, Thomas (10.8.1951)	97 Spiele/0 Tore	(1971-1976)
Zengerle, Hans (12.4.1947)	14 Spiele/1 Tor	(1971-1973)
Zernicke, Marco (5.12.1969)	18 Spiele/1 Tor	(1990-1991)
Zetzmann, Thomas (14.12.1970)	3 Spiele/1 Tor	(1990-1991)
Zimmer, Martin (8.3.1970)	2 Spiele/0 Tore	(1990-1991)

FUSSBALLBÜCHER IM VERLAG DIE WERKSTATT

Norbert Kuntze:
Rehhagel
Biographie eines
Meistertrainers
220 S., gebunden
ISBN 3-89533-273-9
DM 34,–
öS 248 / sFr 31,50

Otto Rehhagel verkörpert wie kein zweiter die 36jährige Geschichte
der Bundesliga. Als Spieler erlebte er den Anpfiff bei Hertha BSC,
als Trainer feierte er in Bremen und Kaiserslautern Triumphe.
Rundfunk-Redakteur Norbert Kuntze liefert keine königstreue Huldigung,
sondern ein respektvoll-kritisches Porträt.

Fußball für Millionen.
Die Geschichte
der deutschen
Nationalmannschaft
460 S., gebunden
ISBN 3-89533-274-7
ca. DM 48,–
öS 350 / sFr 44,50

Erstmals liegt ein ausführliches Buch über die Geschichte der Nationalmannschaft vor: vom ersten (inoffiziellen) Spiel gegen die Lehrmeister
aus England 1899, über die Elf der Nazi-Zeit und den denkwürdigen
3:2-Sieg von Bern 1954, über die Fußballrebellen der siebziger Jahre,
Beckenbauers Comback als Trainer bis zur „Elf der Millionäre" von heute.

VERLAG DIE WERKSTATT
LOTZESTR. 24a · 37083 GÖTTINGEN

Alle deutschen Nationalspieler von Hertha BSC

Erich Beer: 24 Länderspiele / 7 Tore
1975: Holland 1:1, Österreich 2:0,
Griechenland 1:1, Bulgarien 1:0, Türkei 5:0
1976: Malta 8:0, Spanien 1:1, Spanien 2:0,
Jugoslawien 4:2 n.V., CSSR 2:2 n.V./3:5
nach Elf., Wales 2:0, CSSR 2:0.
1977: Frankreich 0:1, Jugoslawien 2:1,
Argentinien 3:1, Brasilien 1:1, Mexiko 2:2,
Finnland 1:0, Italien 2:1.
1978: Brasilien 0:1, Polen 0:0, Italien 0:0,
Holland 2:2, Österreich 2:3

Hans Sobek: 10 Länderspiele / 2 Tore
(8 Länderspiele für Hertha BSC, 2 für
Alemannia 90)
1923: Schweiz 2:1
1925: Holland 1:2
1928: Schweden 0:2
1929: Schweiz 7:1, Schottland 1:1,
Schweden 3:0
1930: Dänemark 3:6
1931: Österreich 0:6, Schweden 0:0,
Norwegen 2:2

Bernd Patzke: 24 Länderspiele (6 für
Hertha BSC, 18 für 1860 München)
1965: Italien 1:1, Zypern 5:0
1967: Marokko 5:1, Bulgarien 1:0, Albanien
6:0, Jugoslawien 0:1, Frankreich 5:1, Jugoslawien 3:1, Rumänien 0:1, Albanien 0:0
1968: Zypern 1:0, Brasilien 2:2, Chile 1:2,
Mexiko 0:0
1969: Wales 1:1, Schottland 1:1, Österreich 1:0, Zypern 12:0
1970: Irland 2:1, Peru 3:1, Italien 3:4 n.V.,
Uruguay 1:0
1971: Albanien 1:0, Türkei 3:0

Paul Gelhaar: 2 Länderspiele
1928: Schweden 0:2
1931: Österreich 0:6

Helmut Faeder: 1 Länderspiel
1958: Ägypten 1:2

Herbert Hirth: 1 Länderspiel
1909: Ungarn 3:3

Otto Jungtow: 1 Länderspiel
1913: England 0:3

Willi Kirsei: 1 Länderspiel
1924: Schweden 1:4

Emil Krause: 1 Länderspiel
1933: Polen 1:0

Ernst Müller: 1 Länderspiel
1931: Österreich 0:6

Hans Ruch: 3 Länderspiele / 2 Tore
(1 Länderspiel für Hertha BSC,
2 Länderspiele für Union 92)
1925: Schweden 0:1, Finnland 5:3
1929: Schottland 1:1

Fritz Schulz: 1 Länderspiel
1909: Ungarn 3:3

Willi Völker: 1 Länderspiel
1929: Finnland 4:0

Volkmar Groß: 1 Länderspiel
1970: Griechenland 3:1

Arno Steffenhagen: 1 Länderspiel
1971: Mexiko 5:0

Uwe Kliemann: 1 Länderspiel
1975: Holland 1:1

Erwin Kostedde: 3 Länderspiele (1 Spiel für
Hertha BSC, 2 Spiele für Offenb. Kickers)
1974: Malta 1:0
1975: England 0:2, Griechenland 1:1

Willi Tänzer: 1 Länderspiel
1908: Österreich 2:3

Dariusz Wosz: 7 Länderspiele (1 Spiel für
Hertha BSC, 6 Spiele für den VfL Bochum),
7 Länderspiele für die DDR (HFC Chemie)
1997: Israel 1:0, Albanien 3:2, Ukraine 2:0,
Ukraine 0:0, Portugal 1:1, Armenien 4:0;
1998: Moldawien 3:1.

Michael Preetz: 3 Länderspiele
1999: USA 0:3, Kolumbien 3:3, Nordirland 3:0

Die Ausländer bei Hertha BSC

(nur erste Bundesliga)

Agerbeck, Henrik (Dänemark) 1978-1980 (55 Spiele/12 Tore)
Kristensen, Jörgen (Dänemark) 1976-1978 (45/8)
Rasmussen, Ole (Dänemark) 1975-1980, 1982-1983 (109/4)

Mandreko, Sergej (Tadschikistan/Österreich) 1997-1999 (33/1)

Farrington, Mark (England) 1990-1991 (9/0)

Walbeek, Stephanus (Niederlande) 1975-1976 (13/0)
Roy, Bryan (Niederlande) 1997-1999 (29/1)
van Burik, Dick (Niederlande) 1997-1999 (49/1)
Maas, Rob (Niederlande) 1998-1999 (6/0)

Sverrisson, Eyjölfur (Island) 1995-1999 (55/5)

Celic, Dragutin (Jugoslawien) 1990-1991 (14/1)
Sangulin, Ivan (Jugoslawien) 1968-1969 (30/0)

Halvorsen, Jan (Norwegen) 1990-1991 (28/0)
Rekdal, Kjetil (Norwegen) 1997-1999 (50/4)

Fraydl, Gernot (Österreich) 1968-1970 (31/0)

Gergely, Laszlo (Rumänien) 1970-1972 (35/0)

Varga, Zoltan (Ungarn) 1970-1972 (34/9)
Dardai, Pal (Ungarn) 1997-1999 (35/1)
Kiraly, Gabor (Ungarn) 1997-1999 (61/0)

Tchami, Alphonse (Kamerun) 1997-1999 (29/3)

Magnusson, Benno (Schweden) 1974-1976 (20/1)

Verel, Engin (Türkei) 1979-1980 (5/0)

Laohakul, Vithaya (Thailand) 1979-1980 (3/0)

Müller, Kurt (Schweiz) 1972-1975 (77/20)

Olic, Ivica (Kroatien) 1998-1999 (2/0)
Aracic, Ilija (Kroatien) 1998-1999 (13/5)

Reiss, Piotr (Polen) 1998-1999 (10/1)

Saba, Christian (Ghana) 1998-1999 (1/0)

Sanneh, Anthony (USA) 1998-1999 (5/0)

Alle bestraften Hertha-Spieler im Bundesliga-Skandal 1971

Tasso Wild:
Sperre vom 24.7.1971 bis 30.6.1975, aber
Freigabe für das Ausland, begnadigt am
26.11.1973.

Bernd Patzke:
Sperre vom 24.7.1971 bis 30.6.1975, aber
Freigabe für das Ausland, begnadigt am
26.11.1973.

Jürgen Rumor:
Sperre ab 23.1.1972
Sperre auf Lebenszeit, 15.000 Mark
Geldbuße, begnadigt 1973.

Zoltan Varga:
Sperre vom 23.1.1972 bis 30.6.1974, ab
1.7.1972 Freigabe für das Ausland, 15.000
Mark Geldbuße.

Laszlo Gergely:
Sperre ab 23.1.1972
Sperre auf Lebenszeit, 15.000 Mark
Geldbuße, begnadigt am 26.11.1973.

Volkmar Groß:
Sperre vom 21.6.1972 bis 20.6.1974,
15.000 Mark Geldstrafe, begnadigt am
26.11.1973.

Peter Enders:
Sperre vom 21.6.1972 bis 20. 6.1974,
15.000 Mark Geldbuße, begnadigt am
29.8.1973.

Wolfgang Gayer:
Sperre vom 21.6.1972 bis 20.6.1974,
15.000 Mark Geldstrafe, begandigt am
26.11.1973.

Arno Steffenhagen:
Sperre vom 21.6.1972 bis 20.6.1974,
15.000 Mark Geldbuße, begnadigt am
26.11.1973.

Uwe Witt:
Sperre vom 21.6.1972 bis 20.6.1974,
15.000 Mark Geldbuße, wegen
Nichtzahlung der Verfahrenskosten und
der Geldbuße ist Witt noch heute gesperrt.

Karl-Heinz Ferschl:
Sperre vom 21.6.1972 bis 20.6.1974,
15.000 Mark Geldbuße, begnadigt am
26.11.1973.

Hans-Jürgen Sperlich:
Sperre vom 21.6.1972 bis 20.6.1974,
15.000 Mark Geldbuße, begnadigt am
26.11.1973.

Franz Brungs:
Sperre vom 21.6.1972 bis 20.6.1974,
15.000 Mark Geldbuße, begnadigt am
26.11.1973.

Michael Kellner:
Sperre vom 21.6.1972 bis 20.6.1974,
15.000 Mark Geldbuße, Kellner blieb bis
zum 12.10.1981 gesperrt wegen
Nichtzahlung von Verfahrenskosten und
Geldbuße.

Jürgen Weber:
Sperre vom 21.6.1973 bis 23.6.1974,
15.000 Mark Geldbuße, begnadigt am
26.11.1973.

Bestrafter Funktionär: Wolfgang Holst
Sperre vom 24.3.1973 bis 23.3.1978 für
alle Ämter im Verein. Begnadigt am
20.12.1977.

Enzyklopädie
des deutschen
Ligafußballs

Literatur und Quellennachweis

Archiv Hanne Sobek privat

Archiv Klaus-Dieter Vollrath privat

Archiv *Die Fußballwoche,* Union-Sportverlag (diverse Jahrgänge)

„Bundesliga – Massenunterhaltung oder gesellschaftspolitische Aufgabe?" (Auszug aus den Ausführungen des 1. Vorsitzenden des Bundesligavereins Hertha BSC, Heinz Warneke, anläßlich des 80jährigen Bestehens des Vereins/ 5. Juli 1972)

Bohmbach, Peter / Rosenzweig, Ludwig: „Ha-Ho-He – Hertha BSC", press line Verlag GmbH Essen, 1990

Deutsche Fußball-Meister, 2. Band; Verlag *Der Kicker,* ohne Jahrgangsangabe

Fischer, Bernd/Nachtigall, Rainer: „Fußball in Berlin – Skandal ohne Ende", Sportverlag Berlin, 1992

Friedemann, Horst (Hg.): „Sparwasser und Mauerblümchen", Klartext Verlag, Essen, 1991

Grengel, Ralf: „Hertha BSC – Das Geheimnis unserer Pokal-Wunder", Klaus Kelle Verlag GmbH, 1993

Grengel, Ralf: „Danke Jungs!" Offizielles Jahrbuch von Hertha BSC, Saison 1997/98; Powerplay, Radio- und TV-Produktion, Verlag GmbH, 1998

Grüne, Hardy: „Vom Kronprinzen zur Bundesliga", Enzyklopädie des deutschen Liga-Fußballs, Band 1; AGON Sportverlag GmbH, Kassel 1996

Grüne, Hardy: „Bundesliga & Co. 1963-1997", Enzyklopädie des deutschen Liga-Fußballs, Band 2; AGON Sportverlag GmbH, Kassel 1997

Hartwig, Wolfgang/Weise, Günter: „100 Jahre Fußball in Berlin", Sportverlag Berlin, 1997

„Hundert Jahre Hertha BSC", Eine Festschrift zum Jubiläum, Hertha BSC Berlin, 1992

„90 Jahre Hertha BSC", Wedding-Druck, 1982

„75 Jahre Hertha BSC", Herausgeber: Hertha BSC e.V.; Verfasser: Lutz Rosenzweig, Rudi Rosenzweig, Rudi Romanus, Wolf-Dietrich de Marne

Homann, Ulrich/Thomann, Ernst: „Als die Ente Amok lief", Geschichten aus den ersten 10 Jahren Fußball-Bundesliga 1963-1973; Klartext Verlag, Essen, 1989

Jubiläumsausgabe *Fußballwoche* zum 75-jährigen Bestehen, Februar 1999, Union-Sportverlag

Kicker-Almanach, 1998, Copress-Verlag, München

„Kicker-Jahrbuch des Fußballs 1982/83", Copress-Verlag, München 1982

„Kicker-Sportmagazin – spezial 30 Jahre Bundesliga", Olympia-Verlag GmbH, Nürnberg 1993

Kronsbein, Helmut: „Fiffi – gefeiert und gefeuert", Alfred-Strothe Verlag, Hannover 1972

Roik-Bogner, Christine: „Der Hertha-Sportplatz", Geschichtslandschaften Berlin, Orte und Ereignisse, Band 3

Rohr, Bernd/Simon, Günter: „Fußball-Lexikon", Copress Verlag GmbH, München 1993

Rosenzweig, Lutz: „Fußball in Berlin", Copress Verlag, München 1987

Salzmann, Peter: „Fußball-Heimat Dresden", Geschichte und Geschichten zwischen Abpfiff und Anstoß, 1998, Sächsisches Druck- und Verlagshaus GmbH Dresden

Schimmler, Bernd: „Der Wedding – ein Bezirk zwischen Tradition und Fortschritt", Verlagsbuchhandlung Koll, 1985

Schimmler, Bernd und der Weddinger Heimatverein, Verein für Weddinger Geschichte e.V. (Austellungsmanuskript „Ha-Ho-He – Hertha BSC", 1998)

Tragmann, Harald; Voß, Harald: Die Hertha-Statistik, 100 Jahre im Überblick, 1992

Tromp, Winfried: „Hauptsache Freizeit", Merkur Verlag, Berlin 1991

UFA-Fußballstudie 98, UFA-Sports GmbH, Hamburg

Weise, Günter: Serie in der *Fußballwoche* 1997 (Hertha BSC in der ersten Bundesliga)

Wittig, Eberhard: „Ha-Ho-He – Hertha BSC", Copress Verlag, München 1971

Fotonachweis

Umschlag (2): Jürgen Engler

Farbfotos Innenteil: Jürgen Engler (4); Bernd König (1)

Sonstige Fotos Innenteil:

Jürgen Engler: S. 121, 177, 184, 191, 192, 193, 197, 198, 201, 205, 208, 213, 215, 220, 223, 225, 227, 213, 237, 255, 269, 271, 297, 321, 329, 342, 352, 358, 369, 374, 387, 391, 392, 443

Horstmüller: S. 104, 115, 133, 134, 139, 147, 157, 162, 167, 168, 347, 352, 369, 373, 376, 389, 398

Agentur Schirner: S. 91, 99, 113, 151, 155, 171, 359

Christoph Höhne: S. 13, 234, 267, 275, 400, 402

Horizont: S. 313, 318/319, 368, 371, 402

Bernd König: S. 224/245, 253 (3x), 257, 335

Günter Peters: S. 287, 290, 352, 380, 401

Sobek privat: S. 39, 70, 71, 75

Bernd Wende: S. 143, 173, 181, 301, 310, 396

Außerdem: Heinrich von der Becke, Behrendt, Camera 4, Contrast, Hartung, Kühne, Marco Leipold, M. Schmidt, Bruno Scholz

Zum Autor

Michael Jahn, Jahrgang 1952, arbeitet seit 1985 als Sportredakteur bei der *Berliner Zeitung,* für die er auch von Fußballwelt- und Europameisterschaften und Olympischen Spielen berichtete. Jahn gilt als profunder Kenner der Berliner Fußballszene und beobachtet seit vielen Jahren intensiv den Weg von Hertha BSC. Jahn ist verheiratet und lebt mit Frau Brigitte und Tochter Franziska in Berlin-Weißensee.

VEREINSBÜCHER IM VERLAG DIE WERKSTATT
FÜR FANS, DIE <u>MEHR</u> WISSEN WOLLEN

Die Bayern – Die Geschichte eines Rekordmeisters.
»Die bisher gründlichste Vereinsgeschichte des FCB, die nebenbei
mit einschlägigen Vorurteilen aufräumt.« (taz)
544 Seiten, Fotos, Spielerporträts, statistischer Anhang.
ISBN 3-89533-203-8, DM 44,– / sFr 41,– / öS 321,–

»Und Du stehst immer wieder auf!« – Die Geschichte von Borussia
Dortmund. 90 spannende BVB-Jahre: Der Aufstieg einer Revierelf
zum Champions-League-Gewinner.
416 Seiten, Fotos, Spielerporträts, statistischer Anhang.
ISBN 3-89533-237-2, DM 39,80 / sFr 37,– / öS 291,–

1. FC Nürnberg: Die Legende des Club
Die wechselhafte Geschichte des ruhmreichen Vereins, »sachkundig
und gut geschrieben.« (Süddt. Zeitung)
384 Seiten, Fotos, Spielerporträts, statistischer Anhang
ISBN 3-89533-163-5, DM 39,80 / sFr 37,– / öS 291,–

1. FC Kaiserslautern: Die Roten Teufel sind wieder da
Die Erfolgsgeschichte des Traditionsvereins und die drei wilden Jahre
1996-98 mit Pokalsieg, Abstieg, Meisterschaft.
384 Seiten, Fotos, Spielerporträts, statistischer Anhang.
ISBN 3-89533-221-6, DM 39,80 / sFr 37,– / öS 291,–

Hamburger Sportverein: Immer erster Klasse.
Die ausführliche Historie des »noblen Klassikers« – »das bisher
beste Buch zum HSV«. (Hamburger Rundschau)
416 Seiten, Fotos, Spielerporträts, statistischer Anhang.
ISBN 3-89533-220-8, DM 39,80 / sFr 37,– / öS 291,–

Schalke 04: Der Mythos lebt
»Eine lückenlose Chronologie, kenntnisreich geschildert und
glaubwürdig analysiert.« (Hattrick)
368 Seiten, Fotos, Spielerporträts, statistischer Anhang.
ISBN 3-89533-164-3, DM 39,80 / sFr 37,– / öS 291,–

Bitte auch Gesamtprospekt anfordern.

VERLAG DIE WERKSTATT
LOTZESTR. 24a · 37083 GÖTTINGEN